3 ESO
Tecnologia

Advertiment
D'acord amb la llei, aquest llibre no és un material fungible. Per tant, els exercicis que s'hi proposen no s'han de resoldre in situ, sinó al quadern de l'alumnat. Si al llibre hi ha espais en blanc, requadres buits o línies de punts, és simplement perquè l'alumnat tingui un model o una pauta de resolució.

Coberta
La Page

Disseny de maqueta
Naono SL

Maquetació
Fotoletra SA

Realització tècnica
R. M. del Castillo, A. Muñoz

Il·lustracions
A. Blasco, J. L. Ferrer, E. Hernández, Kaffa

Fotografies
AGE Fotostock, Arxiu Teide, F. Martí, G. Santomà, Shutterstock

Primera edició
Tercera impressió, 2017

info@editorialteide.com
www.editorialteide.com

ISBN: 978-84-307-9094-4
Dipòsit legal: B 15559-2015
Imprès a Arlequin & Pierrot SL - 08029 Barcelona

3 ESO
Tecnologia

R. Martínez, E. Nogueira, S. Resa

TEIDE

Esquema de la unitat

Presentació de la unitat

Aquesta doble pàgina conté:

- Número i títol de la unitat.
- Text introductori breu.
- Activitats inicials relacionades amb la il·lustració. L'objectiu és avaluar els coneixements previs dels alumnes.

Desenvolupament dels continguts

Estructura

Aquestes pàgines estan organitzades en apartats i subapartats numerats.

Il·lustració

Part gràfica (dibuixos, esquemes, etc.) que ajuda a clarificar el text.

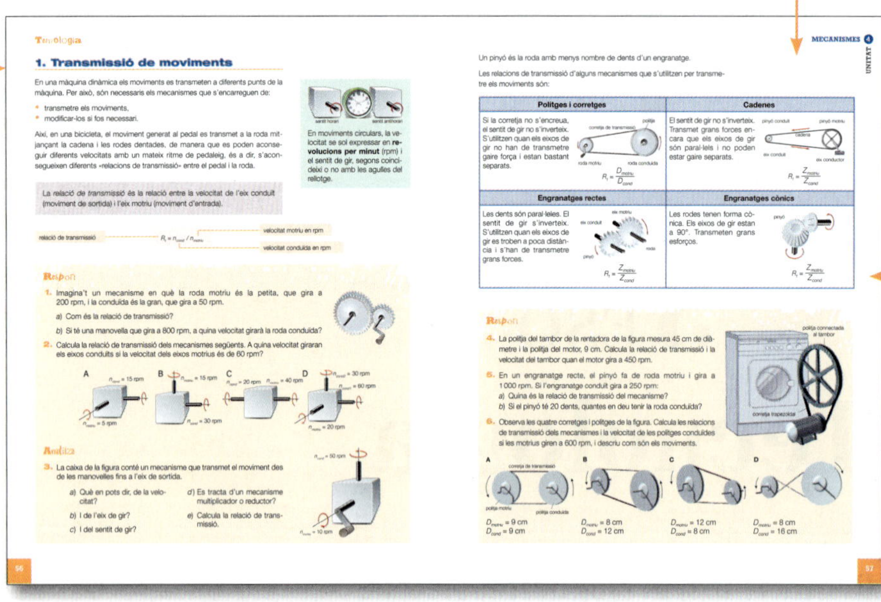

Activitats

Estan tipificades segons el grau de dificultat que presenten i poden ser:

- Respon
- Experimenta
- Taller d'informàtica
- Calcula
- Representa
- Analitza
- Debat
- Dissenya

Definicions

Els continguts fonamentals es destaquen sobre un fons de color.

Competències bàsiques

Plantejament

Es treballa en contextos de la realitat dels alumnes per acostar-se al seu entorn tecnològic.

Tasques

Aquestes qüestions pretenen contribuir a l'adquisició de les diferents competències bàsiques.

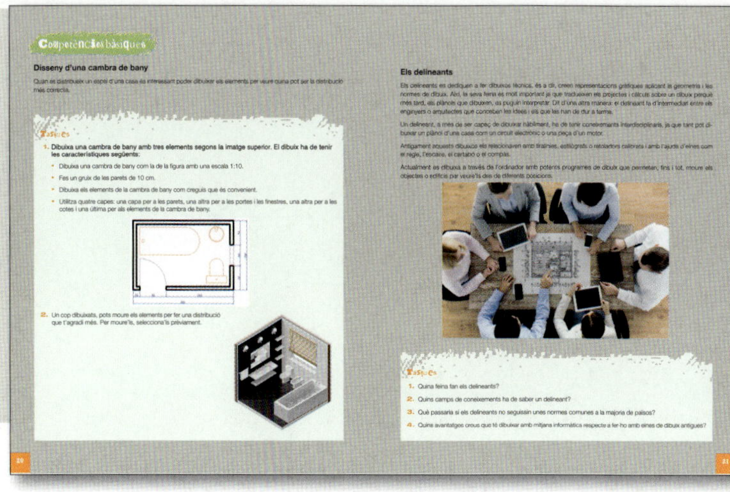

Síntesi

La síntesi és un resum que recull els continguts fonamentals de la unitat per tal de facilitar-ne l'estudi.

L'apartat **Recursos en xarxa** pretén fomentar l'ús de les tecnologies de la informació i la comunicació amb qüestions formulades a partir de recursos d'Internet.

Activitats finals

Mitjançant la realització d'aquestes activitats es pretén reforçar i ampliar els continguts estudiats.

Propostes de treball

Al final del llibre presentem diferents processos tecnològics perquè siguin duts a terme a l'aula taller. S'hi treballen d'una manera pràctica els continguts estudiats.

Índex

Kits de material

Per realitzar les següents propostes de treball es poden adquirir els kits de muntatge indicats:

***Kit:* Reductora**

Proposta de treball 3. Reductora de velocitat

Amb el material disponible es pot fer:

Materials
• 1 llistó de fusta de pi de 15 cm de longitud i de 10 × 45 cm • 2 espàrrecs M4 de 10 i 8 cm • 15 rosques M4 • 8 volanderes planes • 1 cargol autoroscant de cap cilíndric de 7 mm de longitud i 3 mm de Ø • 1 motor d'1,5/4,5 V • 1 suport per a motor • 2 rodes dentades de PVC de 38 dents i 40 mm de Ø • 2 rodes dentades de PVC de 13 dents i 15 mm de Ø • 1 reductor amb pas de 4 a 2 mm de Ø

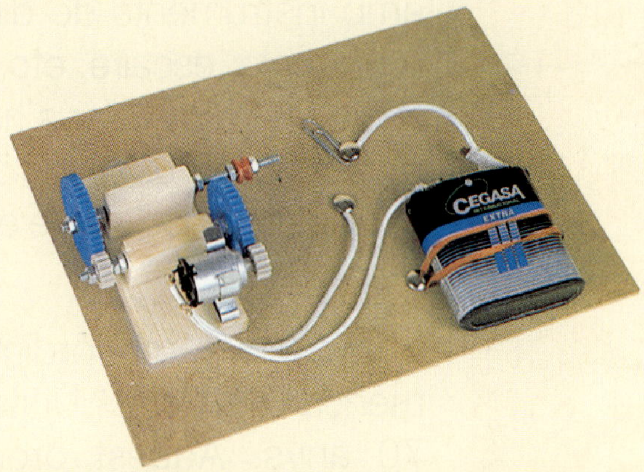

***Kit:* Pont llevadís**

Proposta de treball 5. Pont llevadís

Amb el material disponible es pot fer:

Materials	Eines
• Base metàl·lica foradada • Tira metàl·lica escairada i foradada • Tira metàl·lica ranurada • Barra roscada M4 • Cargols de cap cilíndric M4 de 10 i 40 mm • Femelles M4 • 2 politges de 10 mm de Ø • 1 roda dentada de 60 dents • 2 planxes de poliestirè en U • Fil de coure • Suro, DM o fullola de 4 mm de gruix • Suro, DM o un llistó de 10 mm de gruix • 5 xinxetes • 6 clips • 2 m de fil conductor • Estany per soldar • Cinta adhesiva • Cola	• Serra d'arquet • Llima fina • Clau fixa de 7 mm • Alicates de punta plana • Alicates pelacables • Tornavís de punta plana • Soldador elèctric

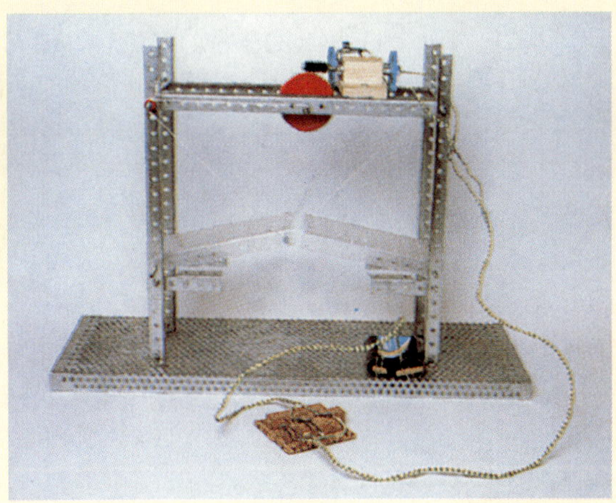

UNITAT 1

Disseny assistit per ordinador. LibreCAD

Antigament es dissenyava dibuixant amb instruments de dibuix tradicionals: regle, escaire, etc. Però la utilització de l'ordinador s'ha estès de tal manera que l'ús d'equips informàtics s'ha fet imprescindible en l'elaboració de dibuixos.

El disseny amb ordinador va començar als Estats Units deu fer uns 70 anys. Aquest procediment va rebre el nom de *computer aided design*, del qual provenen les sigles CAD. En català aquest terme es pot traduir per 'disseny assistit per ordinador' i les sigles són DAO.

En aquesta unitat ens endinsarem en aquest món començant amb un programa de dibuix en 2D.

Activitats inicials

1. Intenta dibuixar al teu ordinador una figura com la de la imatge inferior, utilitzant un programa de dibuix senzill (per exemple, el Paint). Anota tots els inconvenients que trobis.

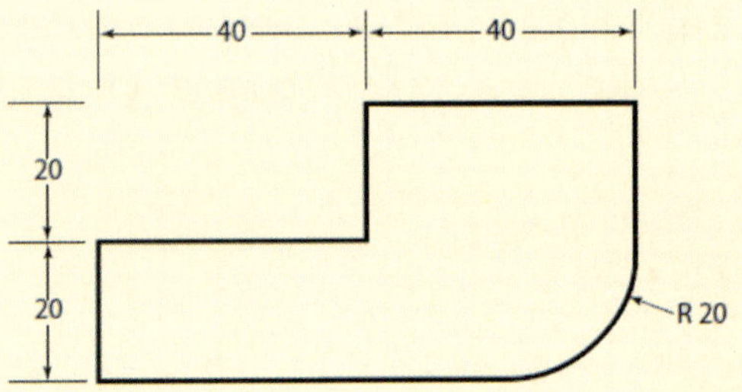

1. Disseny assistit per ordinador 2D

En el mercat es poden trobar dos grups de programes de disseny gràfic:

1. **Programes de disseny artístic.** Aquests programes es basen en una trama de punts anomenats *píxels*. A cada píxel s'hi adjudica un color, de manera que un grup de píxels formen una imatge. Com més gran sigui LA densitat de píxels, millor serà la definició de la imatge.

   Les imatges creades amb aquest sistema s'anomenen *mapa de bits* (*bit-map*); se solen gravar amb l'extensió *bmp* i normalment ocupen molta memòria. Els programes que utilitzen aquest sistema són, entre d'altres, el Paint per a dibuix i el Photoshop i el Paint Shop Pro per al tractament d'imatges.

Exemple de pixelització d'una imatge.

2. **Programes vectorials.** Aquests programes tracten les imatges amb nombres; així, per exemple, una recta es defineix per la seva equació matemàtica. En aquests programes, els diferents elements es poden tractar independentment.

   Les imatges creades amb programes vectorials ocupen menys memòria, i encara que s'ampliïn o es redueixin no perden definició. Els programes que utilitzen aquest sistema són l'AutoCAD, l'AutoSketch I LibreCAD.

Imatge creada amb programa vectorial.

Taller d'informàtica

1. Comparació entre el programa de mapa de bits i el programa vectorial

Els dibuixos que es fan amb el Word es duen a terme amb programes vectorials, mentre que els que es fan amb el Paint es fan amb programes de disseny artístic.

1. Entra al Word i dibuixa dos rectangles de diferent mida, un al costat de l'altre, i acoloreix-los.
2. Arrossega un rectangle dins de l'altre de manera que el petit aparegui per sobre del blau.
3. Ara canvia el color del marc dels rectangles perquè en lloc de negres siguin vermells.
4. Intenta repetir el mateix amb el Paint i compara els resultats. Grava tots dos dibuixos i compara també la memòria que ocupen.

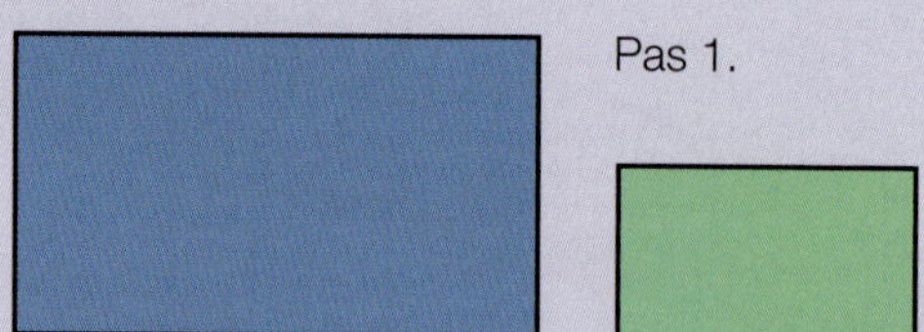

Pas 1.

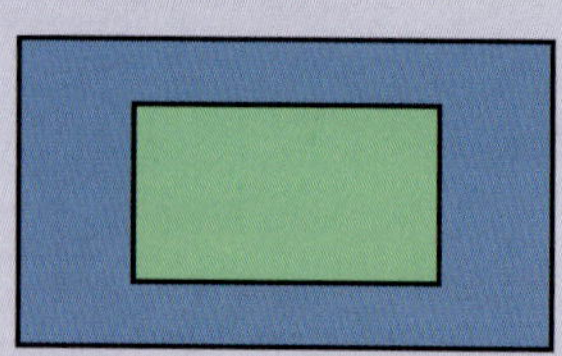

Pas 2.

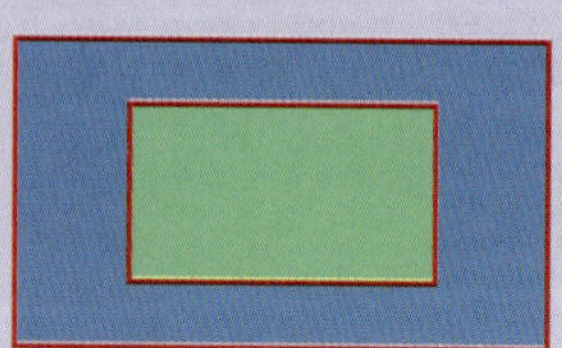

Pas 3.

2. LibreCAD

Hi ha programes que permeten dibuixar un objecte i girar-lo per poder veure'l des de diferents posicions: són programes de dibuix en 3D. En canvi, altres programes de dibuix lineal són molt útils per dibuixar plànols.

El LibreCAD és un programa lliure de dibuix lineal en 2D que pot funcionar amb diversos sistemes operatius, com l'OSX, el Windows o el Linux. Te'l pots descarregar a través de la web *http://librecad.org* i, tot i que inicialment està en anglès, es pot canviar l'idioma mitjançant el menú *Editar|Preferencias*.

El seu antecessor és el QCad i s'assembla bastant a l'AutoCAD, un dels programes més estesos de disseny en 3D d'ús professional.

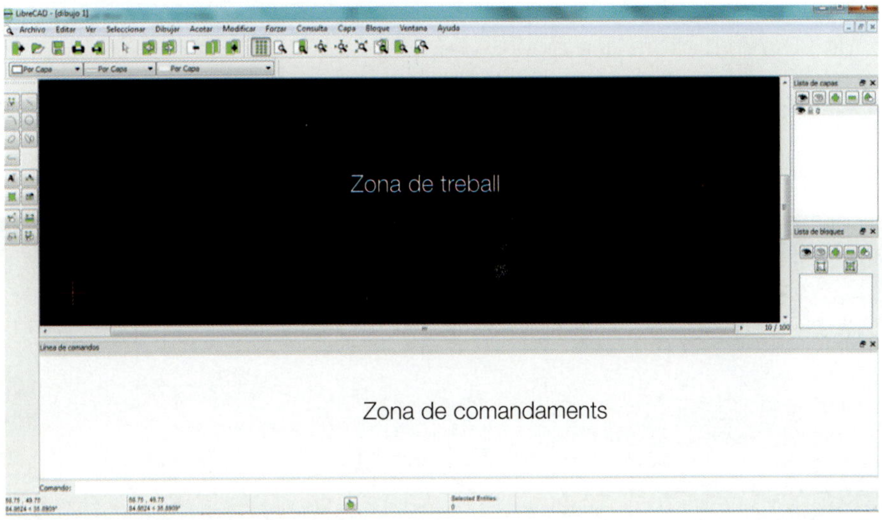

2. Primers passos amb el LibreCAD

1. Abans de començar a fer un dibuix amb el LibreCAD, s'han de definir els paràmetres del dibuix (les unitats de treball, la mida de paper, la graella, l'escala del dibuix, etc.).

   Entra al libreCAD i al menú *Editar | Propiedades del dibujo actual* defineix els paràmetres següents:

   - Full: A4, vertical.
   - Unitats: mil·límetres.
   - Graella: mostrar la graella i auto.
   - Cotes i Splines: els que hi ha per defecte.

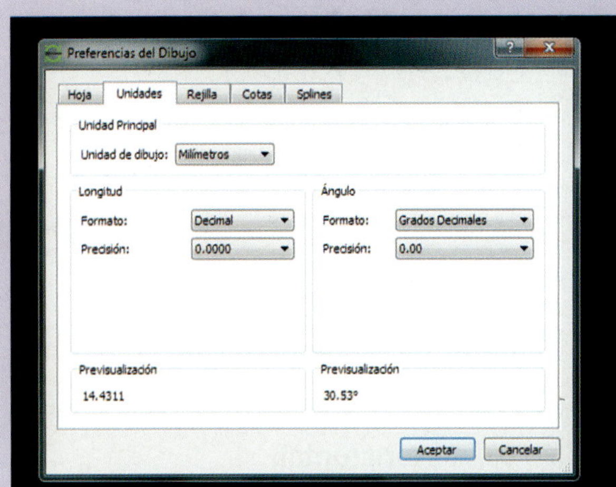

2. Selecciona el botó *Mostrar la barra de herramientas Líneas* per poder accedir als botons de línia.
3. Selecciona ara el botó *Rectángulos* . Observa com se t'obriran automàticament els botons de *Puntos de referencia,* que, de moment, no utilitzarem.

4. Per indicar els dos cantons del rectangle, escriu les coordenades «0, 0» a la barra de comandaments per tal d'indicar el punt del primer cantó. Para indicar el segon cantó escriu les coordenades «210, 297», que corresponen a un DIN A4. D'aquesta manera tindrem els límits que corresponen a un full de paper.

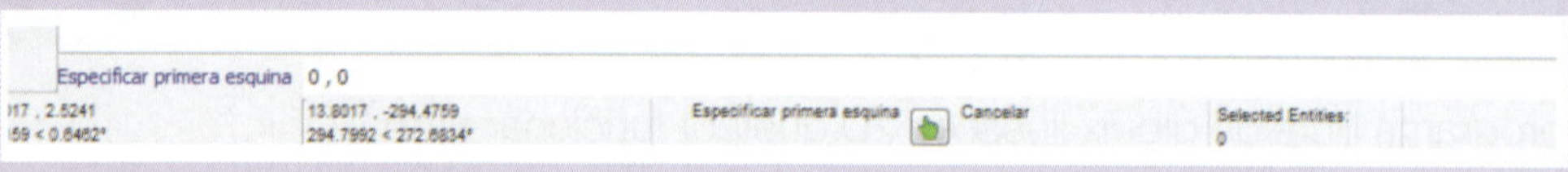

5. Segurament el rectangle t'haurà quedat retallat. Per veure'l complet prem el botó *Ajustar todo*.

6. Si vols guanyar espai a la zona de treball, situa't sobre el límit superior de la zona de comandaments i arrossega-la fins on vulguis.

7. Fixa't també en el botó *Volver al menú principal*, que et permetrà retrocedir fins als botons principals d'eines.

8. Afegeix un text de 30 mm d'altura que digui «A4».

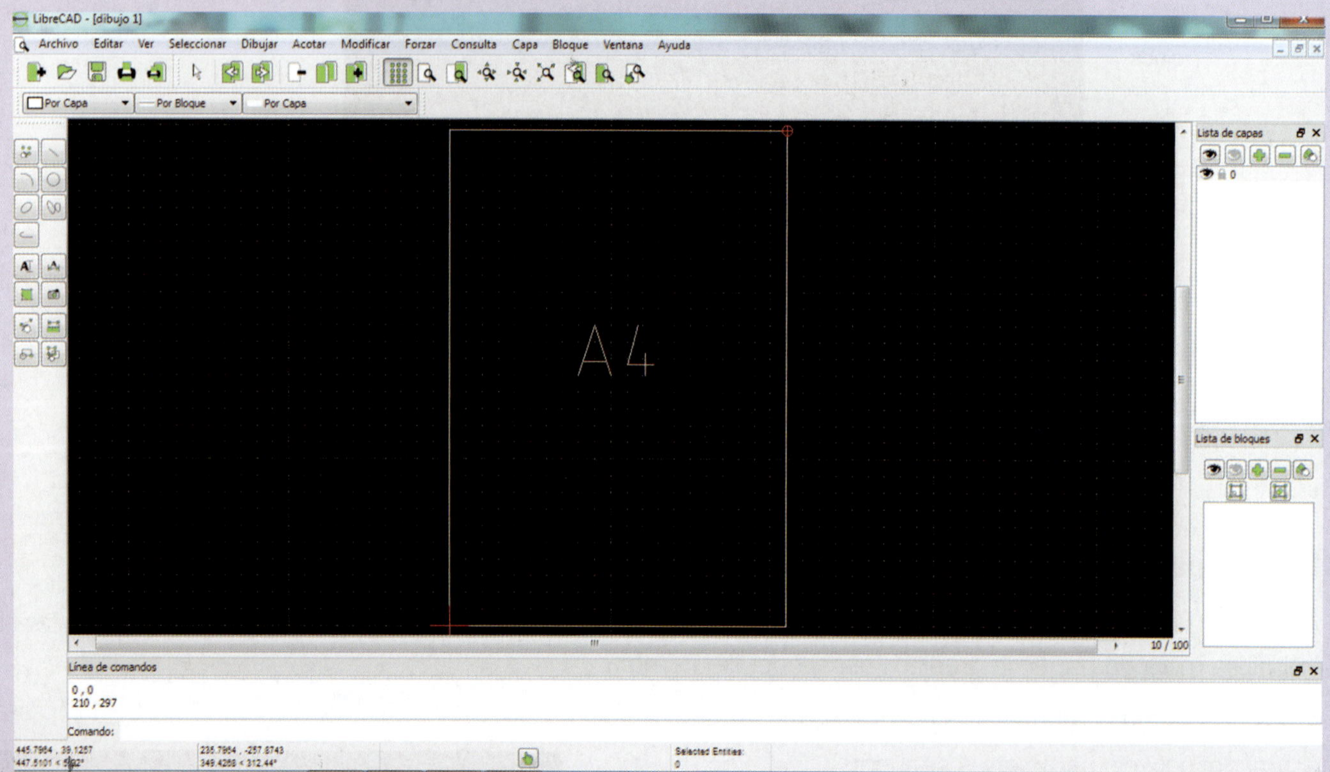

9. Amb el botó *Vista previa de impresión* podràs simular com quedaria impresa. Fins i tot pots desplaçar el full fins que s'ajusti amb el dibuix.

10. Desa els dibuixos amb el nom **02-A4Vertical.**

3. Dibuixar un rectagle DIN A4 horitzontal

Repeteix el taller anterior, però ara el DIN A4 ha de quedar en posició apaïsada. Quan l'hagis dibuixat desa'l amb el nom **03-A4Horitzontal.**

Accés als botons d'eines

Les eines van apareixent agrupades en blocs en funció del dibuix que s'estigui fent. A través dels botons del menú principal es pot accedir a la resta d'eines.

Per exemple, per dibuixar una línia vertical, en primer lloc s'ha de clicar sobre la línia del menú principal. Aleshores s'accedeix a totes les opcions de línia per poder seleccionar la línia vertical.

Un cop seleccionada s'obre un nou bloc de botons: seleccionarem *Forzar puntos de referencia* per ajudar a situar la línia que es vol dibuixar. Per tornar al menú principal s'ha de clicar sobre la tecla corresponent.

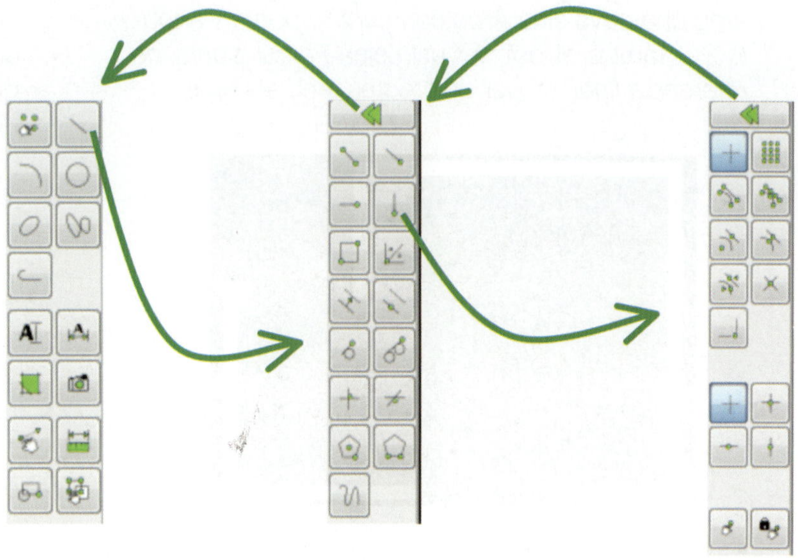

Menú principal d'eines. Menú de línies. Menú de forçar punts de referència.

Taller d'informàtica

4. Dibuix en planta d'un dormitori

1. Obre l'anterior document **03-A4Horitzontal,** que ens servirà per tenir els límits del paper, i assegura't que en les propietats del dibuix actual del menú *Editar* s'ha seleccionat el full de paper horitzontal.

2. Amb l'eina *Línea con dos puntos* dibuixa les parets de l'habitació segons les dimensions que es mostren a la pàgina següent. La separació entre els punts representa 10 cm, així que les parets són de 10 cm d'amplada.

3. Arrossegant el ratolí selecciona totes les parets per omplir-les alhora. Per fer-ho, utilitza l'eina *Crear un rallado* que trobaràs al botó del menú principal. Passa directament al segon bloc de botons i tria l'opció *Relleno sólido*.

4. Dibuixa la porta i la finestra. Primer dibuixa els arcs amb una nova eina *Arco con centro, punto y ángulo* . També et pot ser útil l'eina *Forzar punto de referencia final* per unir rectes amb els arcs.

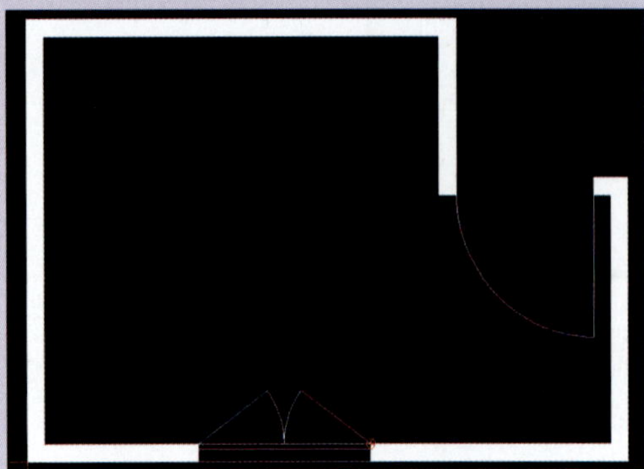

5. Afegeix una nova capa mitjançant el botó *Añadir nueva capa* amb el nombre de mobles i línies de color magenta amb gruix per defecte. Dibuixa uns quants mobles com vulguis. Observa que amb el botó *Mostrar capas* pots amagar o mostrar les diferents capes.

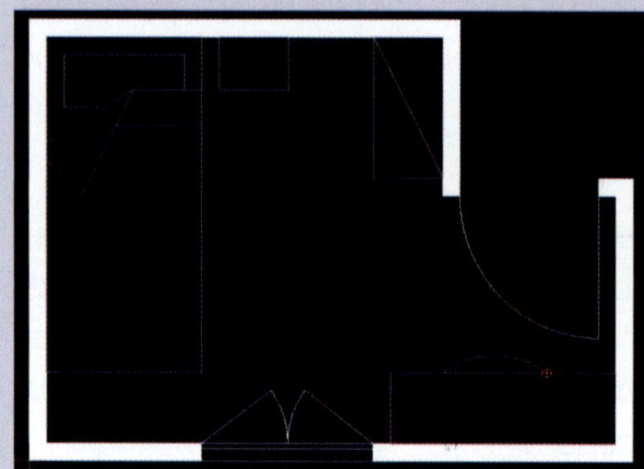

6. Ara acotarem el dibuix però prèviament farem dues accions. La primera consisteix a afegeix-hi una nova capa que anomenarem «Cotes» i les línies seran de color verd. La segona consistirà a anar al menú *Editar* | *Preferencias del dibujo* | *Cotas* i establir els valors de la figura.

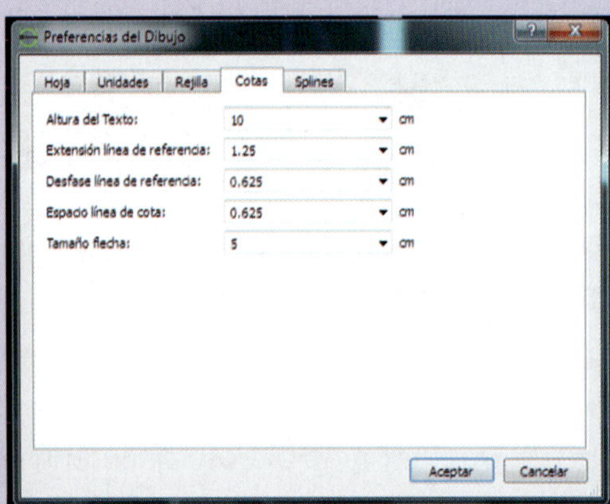

7. Finalment dibuixarem les cotes amb l'eina *Mostrar menú dimensiones* i seguidament *Cota horizontal* i *Cota vertical* . Sempre amb la graella com a punts de referència.

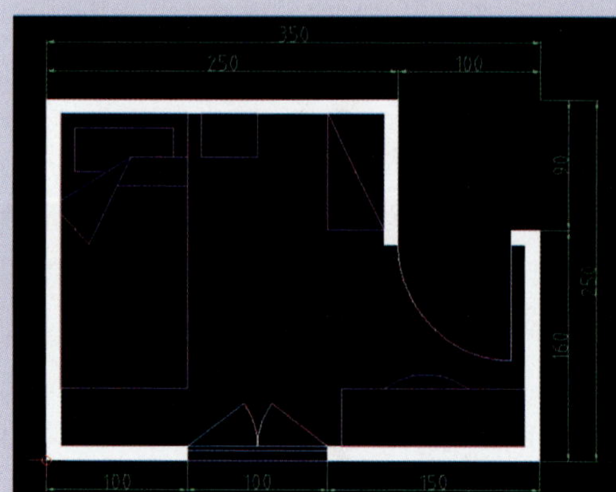

8. Amb el menú *Archivo* | *Vista previa de impresión* podràs veure com queda. Per tornar a la vista normal torna a seleccionar la mateixa opció.

9. Guarda el dibuix amb el nom **04-Dormitori.**

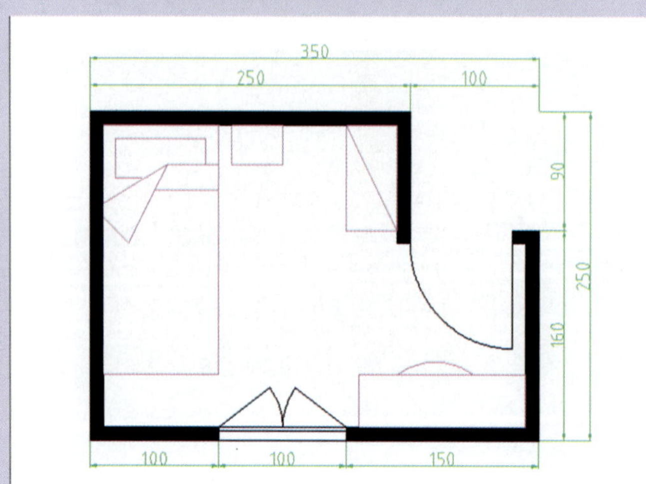

Taller d'informàtica

5. Dibuix de la vista d'alçat d'un dispensador de cinta adhesiva

1. Obre el document taller anterior **02-A4Vertical**, que ens servirà per tenir els límits del paper. Esborra les lletres i assegura't que en les *Propiedades del dibujo* del menú *Editar* tens activades les opcions següents:

   - Full A4 Vertical
   - Unitats del dibuix actual: «mil·límetres»

   Assegura't també que tens activades les barres d'eines: *Primeros pasos* i *Estándar*.

2. Amb les eines de *Lista de capas*, afegeix quatre noves capes amb les característiques següents:

<table>
<tr><th>Capa 0</th><th>Capa 1</th><th>Capa 2</th><th>Capa 3</th><th>Capa 4</th></tr>
<tr><td>Marc del paper
(defecte)</td><td>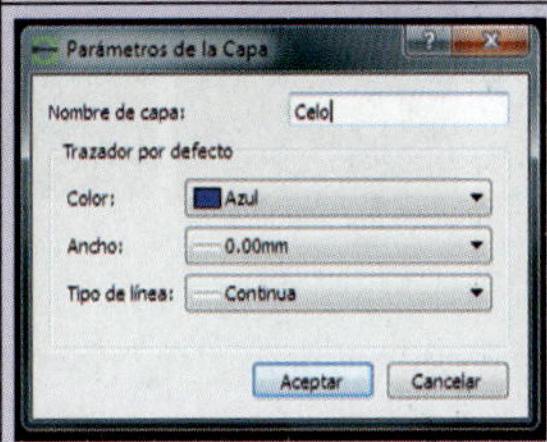
</td><td>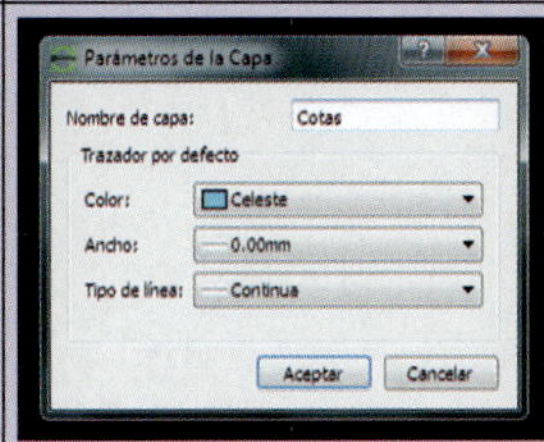
</td><td>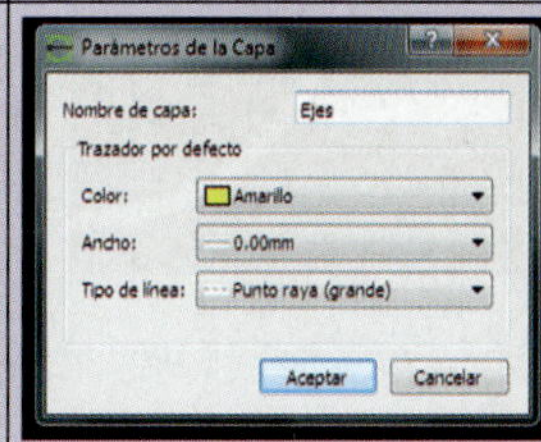
</td><td>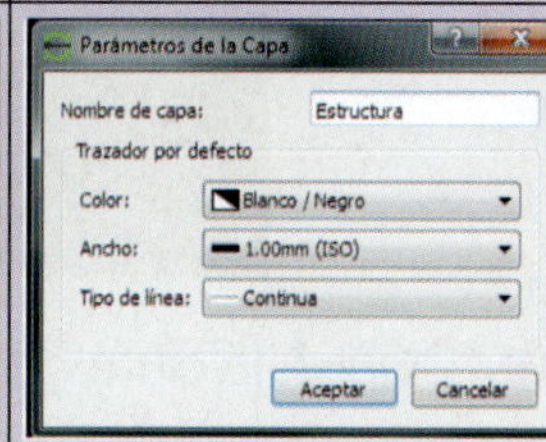
</td></tr>
</table>

3. Activa la capa d'eixos. Dibuixa dues línies d'eixos verticals de 60 mm separades 35 mm. Després dibuixa un eix horitzontal de 90 mm. Procura que estigui centrada a la pàgina.

4. A la capa d'estructures dibuixa una circumferència i dos arcs corresponents a l'estructura del dispensador de cinta adhesiva segons les cotes de la figura. Activa la capa corresponent.

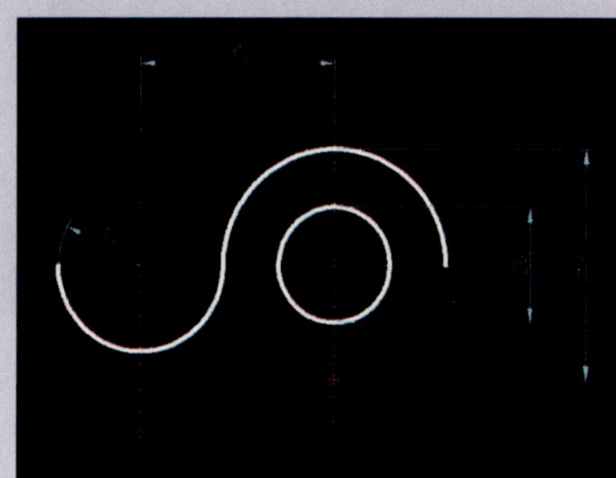

5. Dibuixa les quatre línies restants segons les cotes aplicades.

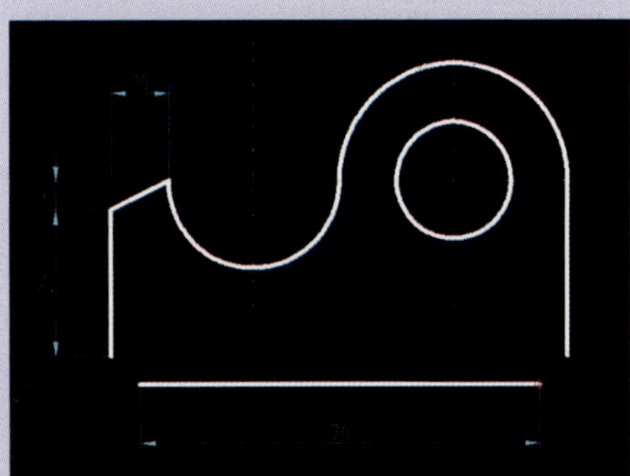

6. Dibuixa els dos arcs amb un radi de 5 mm.

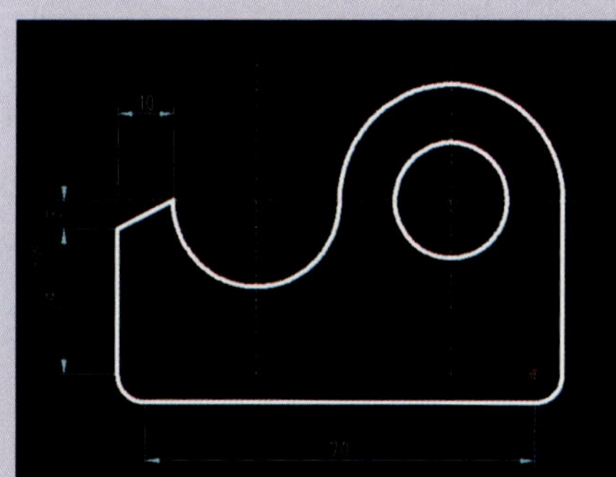

7. Crea una nova capa per a la Fulla de tallar que sigui de color vermell i de línies de 5 mm. Dibuixa les dues línies. La inclinada ha de ser perpendicular al dispensador de cinta adhesiva, perquè ho sigui utilitza l'eina *Líneas ortogonales* i després selecciona la línia a la qual hagi de ser perpendicular.

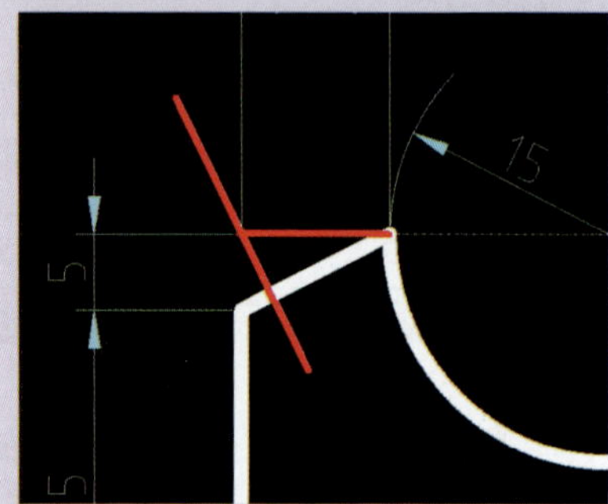

8. Per retallar la línia sobrant, utilitza les eines *Mostrar menú modificar* i seguidament *Recortar|Alargar*. Primer s'ha de seleccionar l'objecte que indica el límit, i, seguidament, el que es vol retallar.

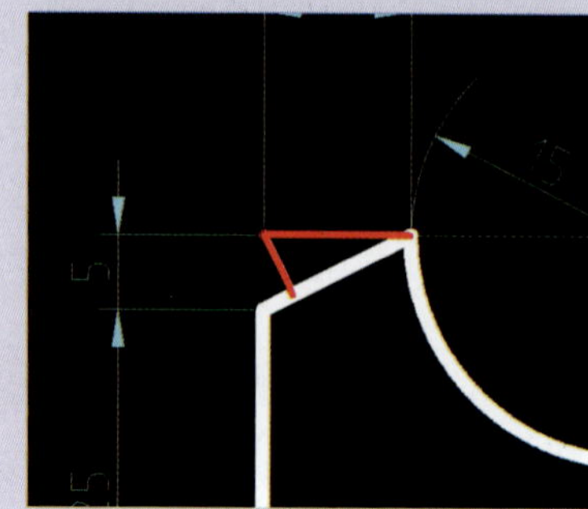

9. Dibuixa la cinta adhesiva. Selecciona la capa corresponent i dibuixa una circumferència de 25 mm de radi. Després s'ha de dividir en dues parts tal com s'explica en el pas següent.

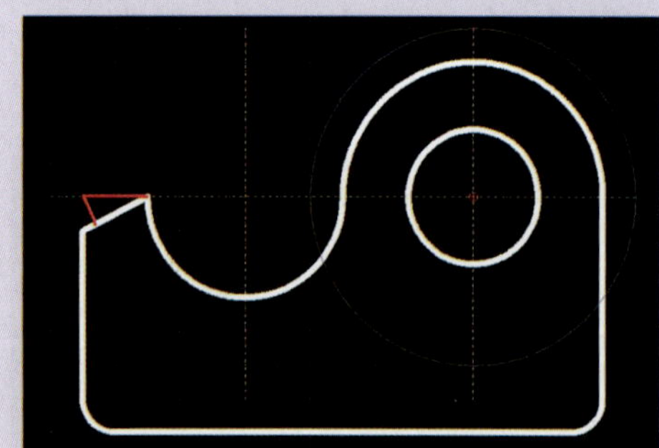

10. Torna a seleccionar el menú *Modificar* per treballar amb l'eina *Dividir*. Primer hauràs d'escollir el cercle i després el punt per on el vulguis dividir amb l'eina *Intersección*. Repeteix el procés per a l'altre punt.

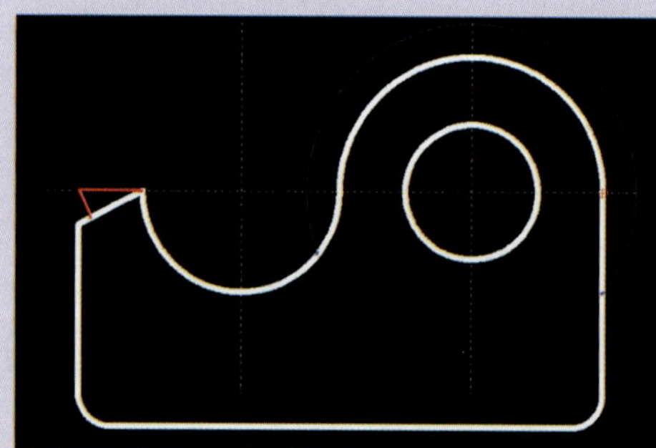

11. Esborra la part sobrant i dibuixa la recta de la cinta adhesiva que va des de la fulla de tallar fins a la tangent amb la circumferència. Fes servir l'eina *Circunferencia tangente a un punto*.

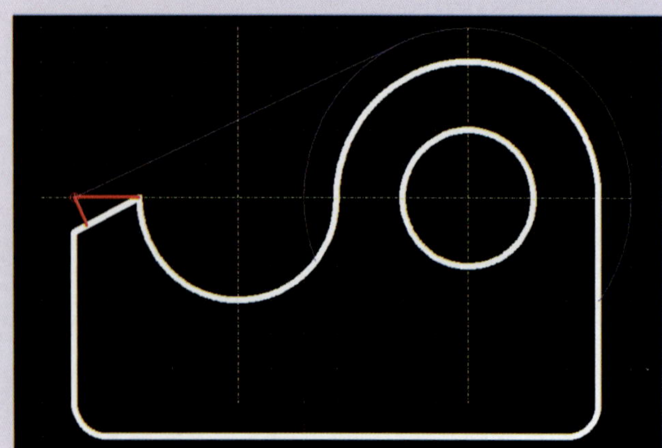

12. Finalment observa els resultats a través de l'eina *Vista previa de impresión*.

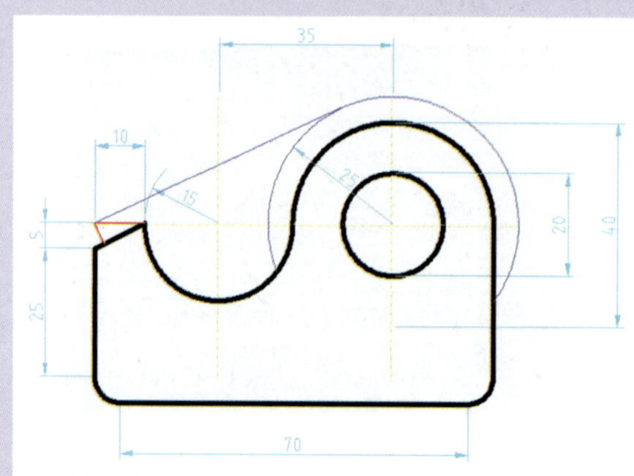

Síntesi

Elabora el teu propi resum de la unitat, completant els espais en blanc amb les paraules clau.

1. Els programes de _________ assistit per ordinador poden ser vectorials o de mapa de bits. També es poden classificar en programes 2D, també anomenats programes de dibuix _________, i programes 3D.

2. El LibreCAD és un programa de dibuix tècnic similar a l'_______. Encara que no és tan _______ també s'hi poden fer una infinitat de dibuixos amb precisió, tot i que és molt més _______ d'utilitzar.

3. Els elements més importants de la interfície del LibreCAD són l'_______ de treball, la barra d'eines, els _______ d'eines, la línia de capes i la línia de comandament.

4. Una de les _______ més interessants del LibreCAD són els punts de referència, que ens permeten ________ interseccions, tangents, punts de la graella, finals, principis, punts mitjans, etc.

5. La graella és una _________ en la qual es pot variar la mida i seleccionar punts de manera precisa de manera que es pot dibuixar amb _________.

6. Gràcies a les ________ podem fer dibuixos agrupant-los en diferents nivells. Així, podem utilitzar una capa per a part d'una figura, una altra per als eixos, una altra per a les ________, una altra per al text, etc. Aquestes capes es poden ________ o amagar.

Paraules clau

seleccionar, cotes, lineal, botons,disseny, capes, AutoCAD, eines, potent, mostrar, quadrícula, senzill, àrea, exactitud

Recursos en xarxa

A part del LibreCAD, l'AutoCAD o l'AutoSketch hi ha altres programes de dibuix tècnic. Busca informació sobre algun d'aquests programes i indica'n les característiques principals.

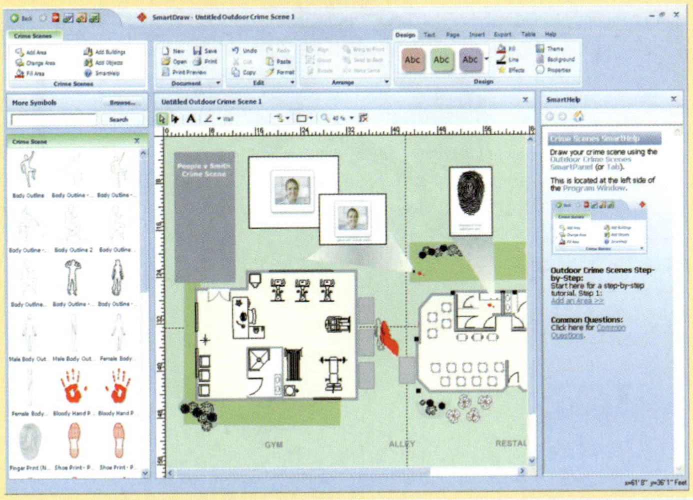

Competències bàsiques

Disseny d'una cambra de bany

Quan es distribueix un espai d'una casa és interessant poder dibuixar els elements per veure quina pot ser la distribució més correcta.

Tasques

1. **Dibuixa una cambra de bany amb tres elements segons la imatge superior. El dibuix ha de tenir les característiques següents:**
   - Dibuixa una cambra de bany com la de la figura amb una escala 1:10.
   - Fes un gruix de les parets de 10 cm.
   - Dibuixa els elements de la cambra de bany com creguis que és convenient.
   - Utilitza quatre capes: una capa per a les parets, una altra per a les portes i les finestres, una altra per a les cotes i una última per als elements de la cambra de bany.

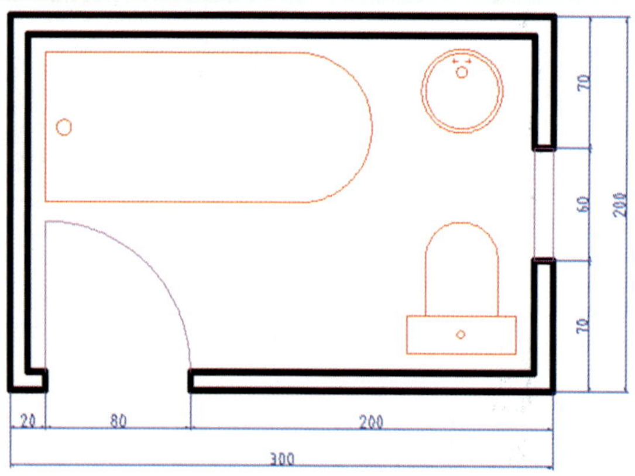

2. Un cop dibuixats, pots moure els elements per fer una distribució que t'agradi més. Per moure'ls, selecciona'ls prèviament.

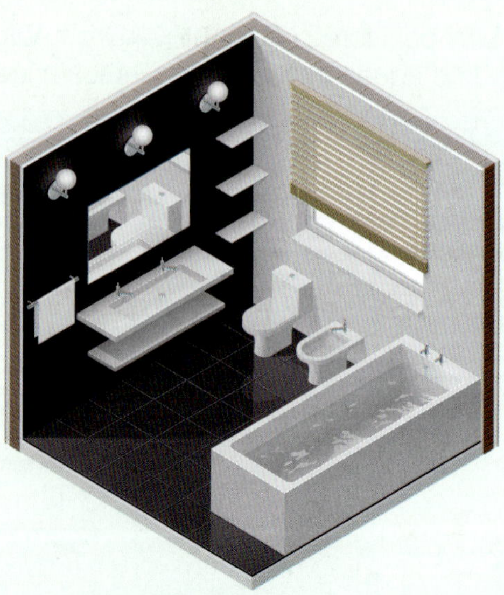

Els delineants

Els delineants es dediquen a fer dibuixos tècnics, és a dir, creen representacions gràfiques aplicant la geometria i les normes de dibuix. Així, la seva feina és molt important ja que tradueixen els projectes i càlculs sobre un dibuix perquè més tard, els plànols que dibuixen, es puguin interpretar. Dit d'una altra manera: el delineant fa d'intermediari entre els enginyers o arquitectes que conceben les idees i els que les han de dur a terme.

Un delineant, a més de ser capaç de dibuixar hàbilment, ha de tenir coneixements interdisciplinaris, ja que tant pot dibuixar un plànol d'una casa com un circuit electrònic o una peça d'un motor.

Antigament aquests dibuixos els relacionaven amb tiralínies, estilògrafs o retoladors calibrats i amb l'ajuda d'eines com el regle, l'escaire, el cartabó o el compàs.

Actualment es dibuixa a través de l'ordinador amb potents programes de dibuix que permeten, fins i tot, moure els objectes o edificis per veure'ls des de diferents posicions.

Tasques

1. Quina feina fan els delineants?
2. Quins camps de coneixements ha de saber un delineant?
3. Què passaria si els delineants no seguissin unes normes comunes a la majoria de països?
4. Quins avantatges creus que té dibuixar amb mitjans informàtics respecte a fer-ho amb eines de dibuix antigues?

Activitats finals

1. Taller d'informàtica. Crear blocs

Quan es dibuixa algun element amb diverses línies aquestes no es poden pintar de colors excepte que el dibuix sigui tot un bloc i no línies independents. En aquest taller crearem un bloc i el pintarem.

a) Dibuixa la figura inferior i observa com pots seleccionar cada línia independentment perquè no és un sol bloc.

b) Activa l'eina *Crear bloque* i selecciona d'una en una totes les línies del dibuix. Seguidament clica sobre el botó *Continuar acción* i selecciona el punt de referència del bloc (per exemple la cantonada superior). Ja només queda posar nom al bloc.

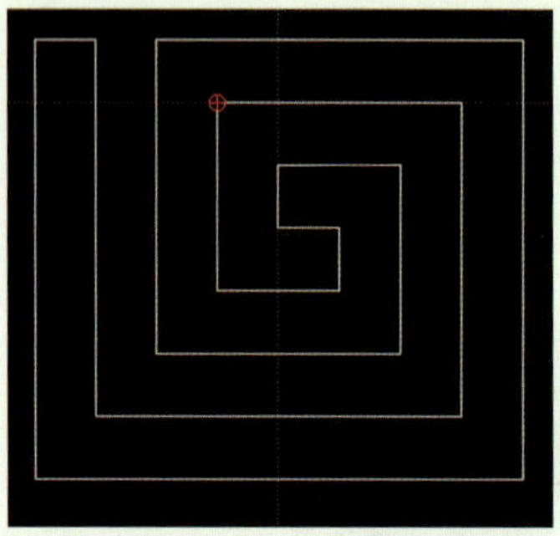

c) Ara ja no podràs seleccionar les línies independentment. Quan ho intentis quedarà seleccionat tot el bloc.

d) Per pintar el bloc utilitza l'eina *Crear rallado*. Quan seleccionis el bloc i continuïs l'acció, s'obrirà una finestra amb diferents opcions. Tria el color sòlid.

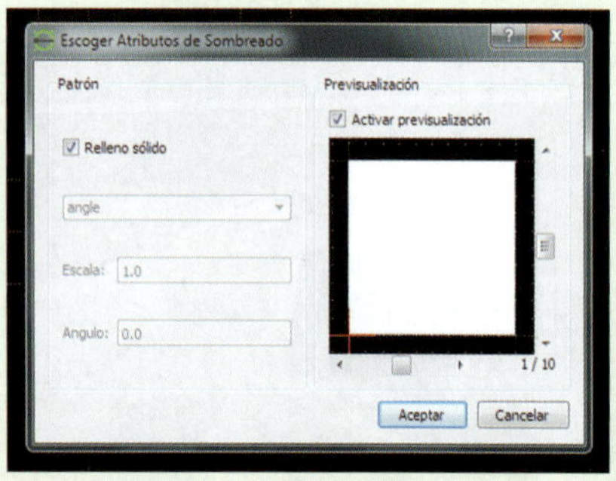

2. Taller d'informàtica. Dibuixar un objecte

Dibuixa el bolígraf de la figura. Cada element és un bloc diferent i una capa té un color també diferent.

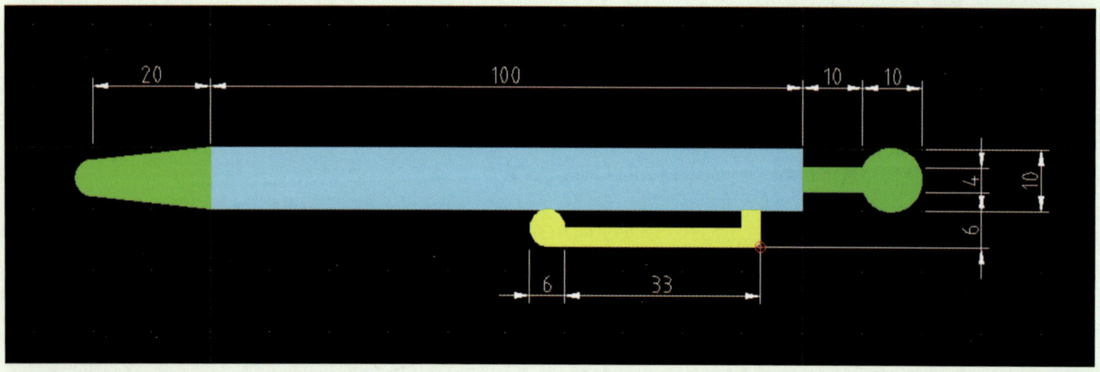

3. Taller d'informàtica. Dibuixar les vistes d'un objecte

Aplicant els coneixements adquirits, fes les vistes d'alçat i de planta de la peça, segons les mides indicades.

Aquest dibuix haurà de tenir quatre capes: una per a la peça, una altra per al ratllat, una altra per a les cotes i una última per a les línies d'eixos.

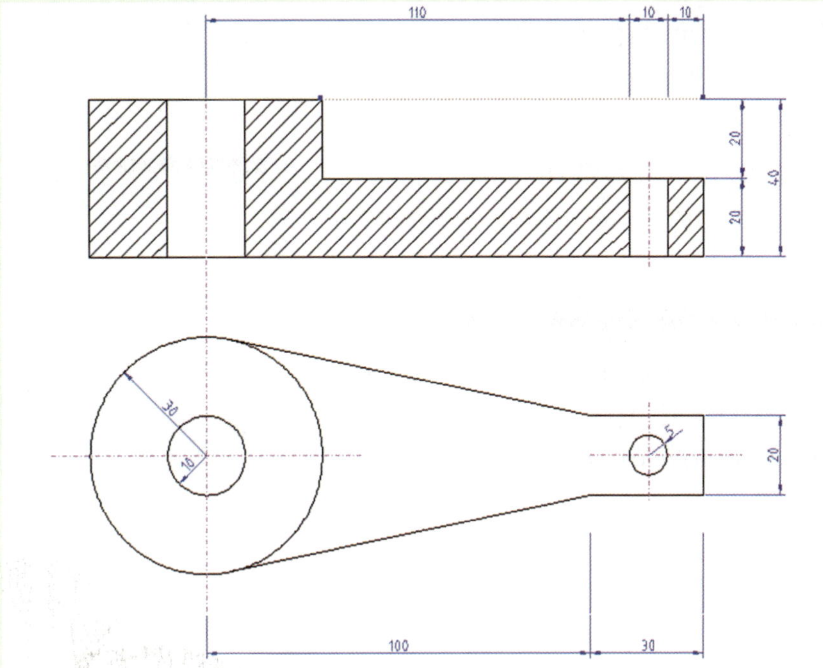

Orientacions:

- En primer lloc, crea i defineix les quatre capes i comença dibuixant tot el contorn de la peça (figura 1).
- Tot seguit, dibuixa per sobre de les peces les línies per crear els tres blocs per al ratllat. Per fer-ho amaga la peça.
- Un cop creats els blocs, ja es poden omplir de color.
- Finalment, acaba de dibuixar els eixos i les cotes.

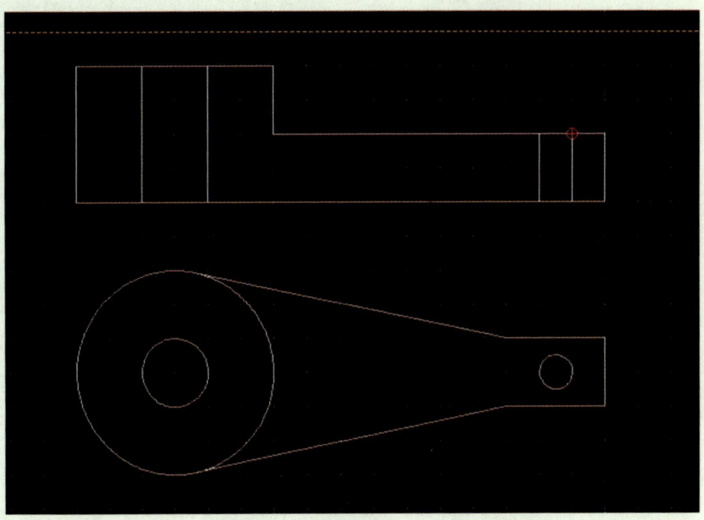

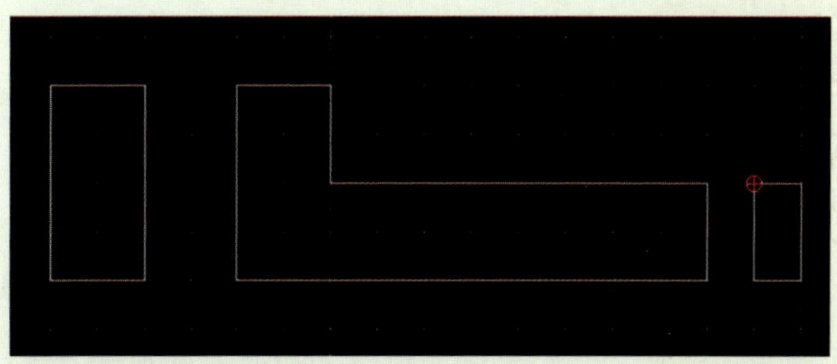

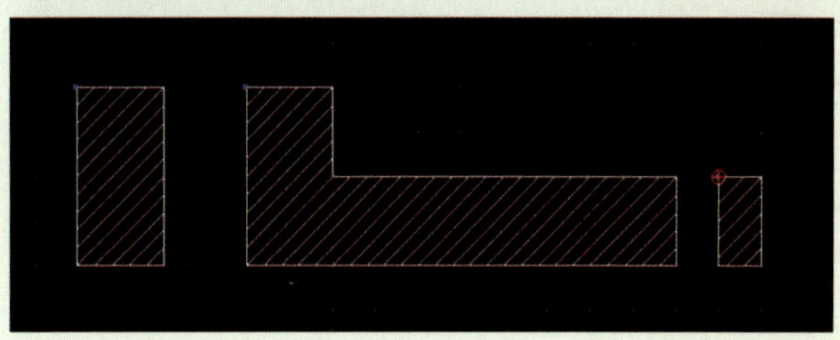

UNITAT 2

Estructures

Si observes atentament el teu entorn, comprovaràs que estem envoltats de tota mena d'estructures. **Tant els éssers vius com el gran nombre d'objectes que ha dissenyat i creat l'ésser humà poden entendre's com a estructures,** unes molt senzilles i altres més complexes: l'esquelet humà, el tronc d'un arbre o bé un pont, una torre o una edificació qualsevol.

En aquesta unitat **aprendràs a distingir els diferents tipus d'estructures, sobretot les creades en l'àmbit tecnològic**, i n'identificaràs els elements principals. Per acabar, a través d'experiències ben senzilles, coneixeràs quins esforços les afecten.

Activitats inicials

1. Observa el dibuix de Leonardo da Vinci i el de l'avió. Quines similituds tenen?

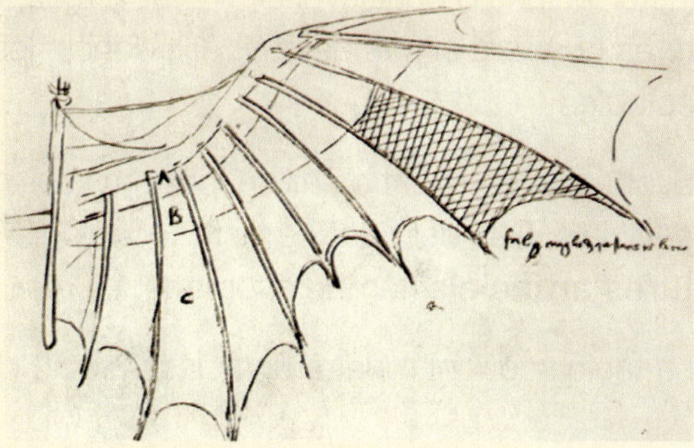

2. Per construir la torre de la fotografia s'ha utilitzat bàsicament acer. Observa com estan unides les barres. Quina figura formen constantment?

1. Tipus d'estructures

Les **estructures** tenen la finalitat de subjectar elements, mecanismes, instal·lacions o qualsevol altre cos; a més, també poden servir per vèncer barreres com ara el pas de rius. Així doncs, les estructures han de ser resistents i estables.

Si observem el nostre entorn, podem veure-hi estructures naturals i estructures artificials. Des del punt de vista tecnològic, només ens interessen **les estructures artificials** (també anomenades *resistents*).

La taula següent mostra una classificació d'aquest tipus d'estructures:

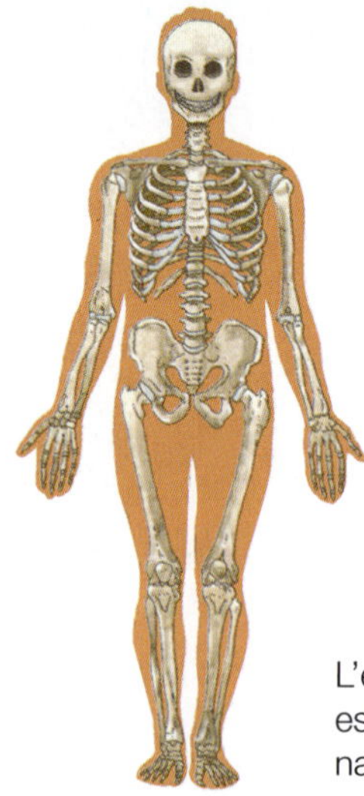

L'esquelet és una estructura natural.

<table>
<tr><th colspan="3">Estructures artificials</th></tr>
<tr><th colspan="2">Massisses o de gravetat</th><th>Laminars</th></tr>
<tr><td colspan="2">Són estructures massisses i pesants, construïdes per acumulació de materials. Són les més antigues. En són un exemple les piràmides i les catedrals.
</td><td>Es basen en la utilització de làmines a les quals es dóna forma per augmentar-ne la resistència. La carrosseria d'un cotxe i un armari metàl·lic són exemples d'aquest tipus d'estructures.
</td></tr>
<tr><th colspan="3">D'armadura</th></tr>
<tr><td>Entramades
Es construeixen amb elements verticals i horitzontals; per exemple, una taula o una escala.
</td><td>Triangulades
Es construeixen unint barres per formar triangles, com en les grues de la construcció.
</td><td>Penjades

S'utilitzen bàsicament en ponts en què la càrrega la suporten els cables subjectes a les torres.</td></tr>
</table>

Es podria fer una altra classificació de les estructures a partir del material de què estan compostes; per exemple, cartró, fusta, plàstic, teles, metalls o materials petris.

Analitza

1. Respon les qüestions següents:

a) Com podries aconseguir que un simple full de paper pogués suportar pesos com si fos una columna?

b) Quina relació té això amb l'esquelet humà?

c) Quines similituds hi ha entre el nostre esquelet i les estructures artificials?

d) A quin tipus d'estructura pertany la cadira on seus? Justifica la resposta.

2. Observa la fotografia del pont de la badia de San Francisco. Identifica-hi i descriu els tipus d'estructures que s'hi poden veure.

Respon

3. Confecciona una taula de cinc columnes amb una llista d'estructures massisses, laminars, entramades, triangulades i penjades.

4. Observa les estructures següents, identifica-les i classifica-les segons:

- que siguin naturals o artificials;
- el tipus d'estructura artificial;
- el material amb què són fetes.

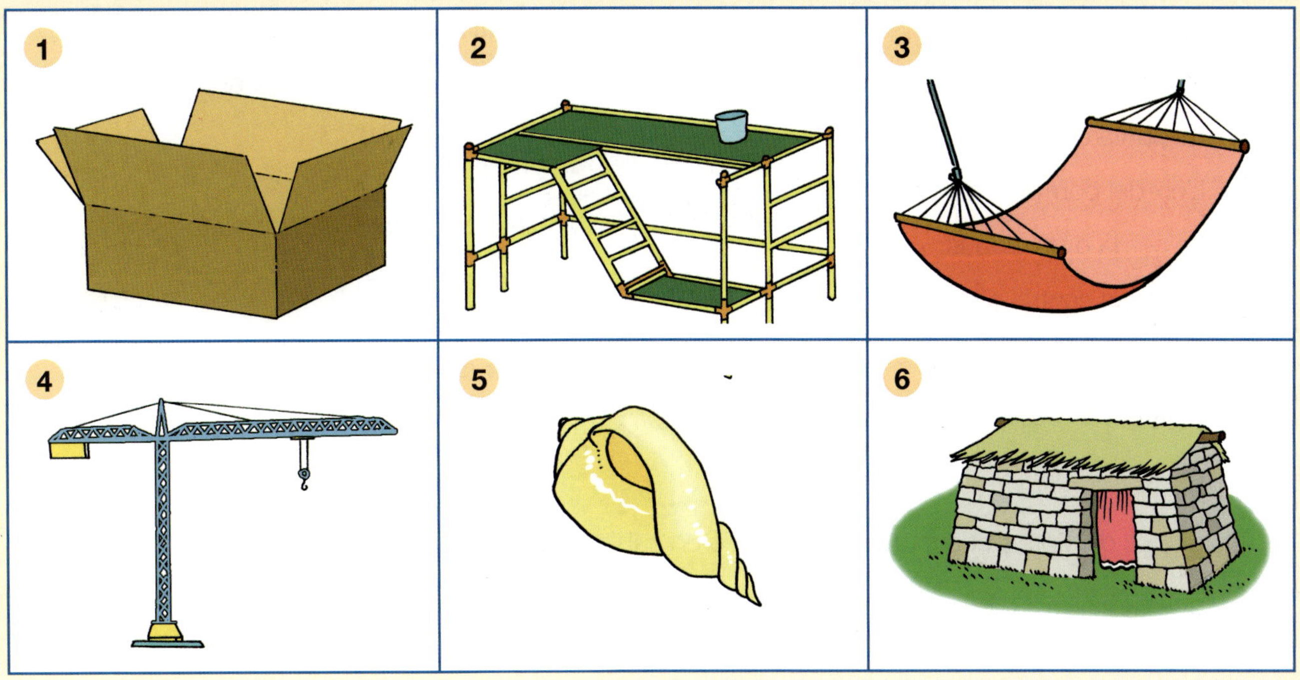

2. Esforços en les estructures

Els elements de les estructures estan sotmesos a l'acció de forces externes que tendeixen a deformar-los o desplaçar-los, és a dir, a uns esforços determinats. Els esforços elementals, tal com s'ha estudiat a la unitat 4, són:

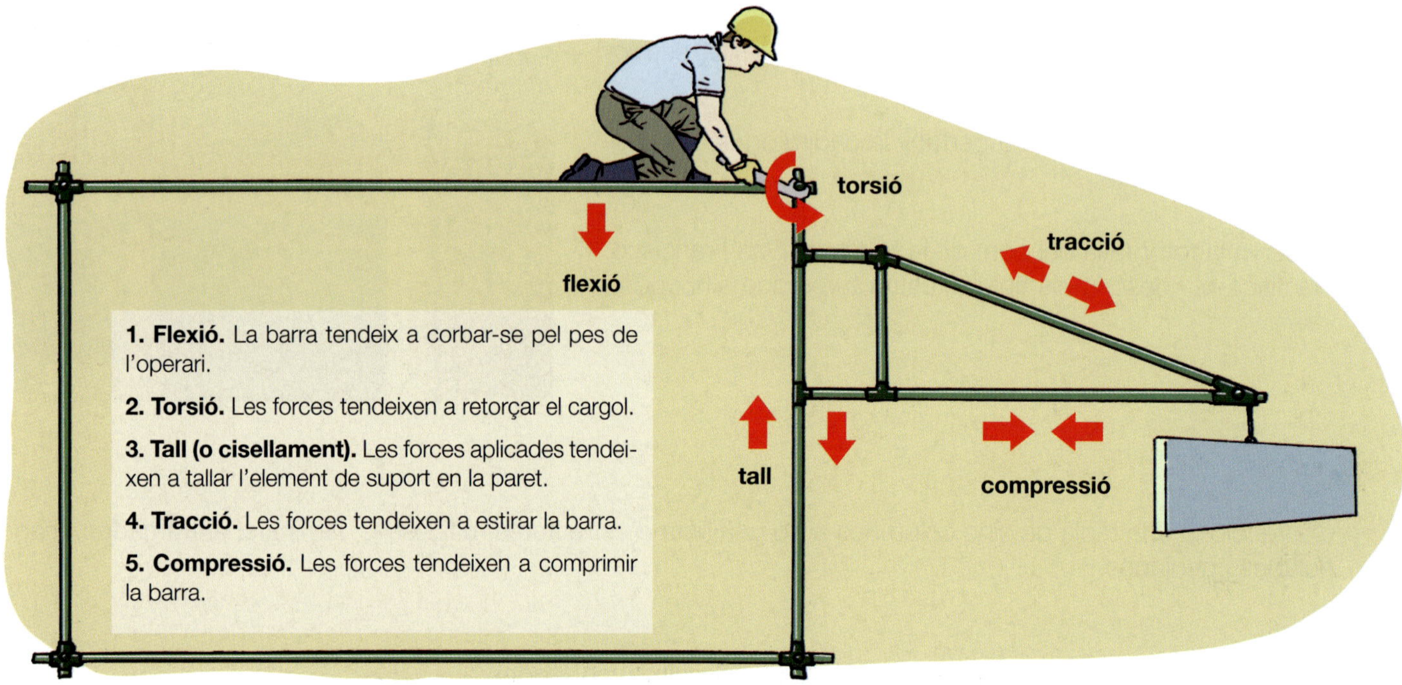

Respon

5. Indica quin tipus d'esforç suporten els elements següents:

- La pota d'una cadira.
- Un tauló de bastida.
- La punta d'un bolígraf.
- L'eix del pom d'una porta.
- La corda d'un globus.
- El cargol central d'unes tisores.
- Un ganxo penjat a la paret.
- Un ganxo penjat al sostre.
- La barra que sosté una antena de televisió.
- El seient d'una bicicleta.
- L'eix del pedal d'una bicicleta.
- La cadena d'una bicicleta.
- El rebló que uneix dues anelles en la cadena d'una bicicleta.

Analitza

6. Quin tipus d'esforç pot suportar una corda o un cable? Raona la resposta.

7. Quines conclusions treus de l'experiència que es proposa a la pàgina següent dels esforços en les barres?

Experimenta

Esforços en les barres

Material i estris
• palletes de refresc
• cartolina
• cola i clips
• cinta adhesiva
• llapis o bolígrafs llargs
• estris de dibuix
• tisores o cúter

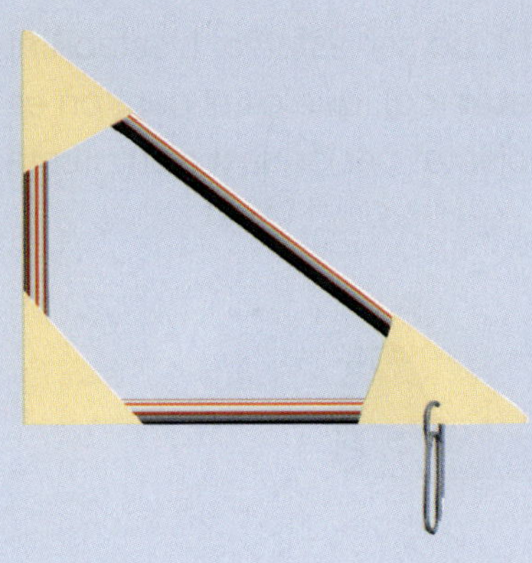

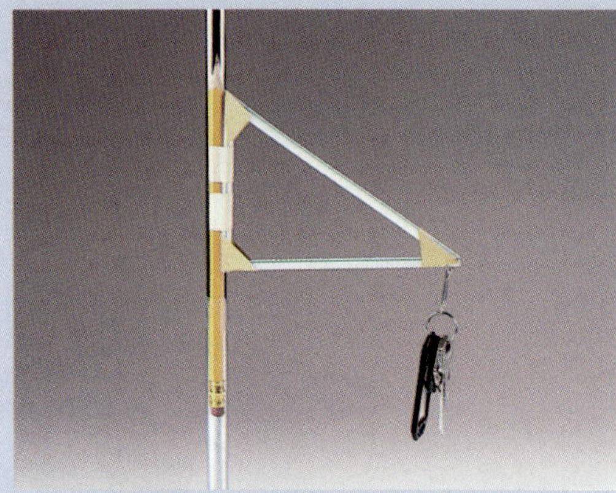

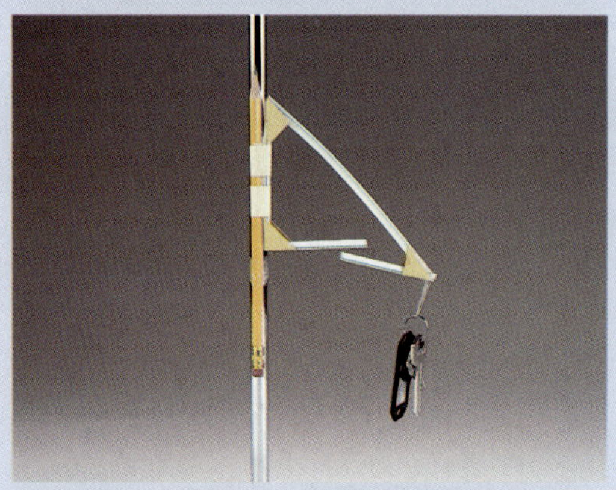

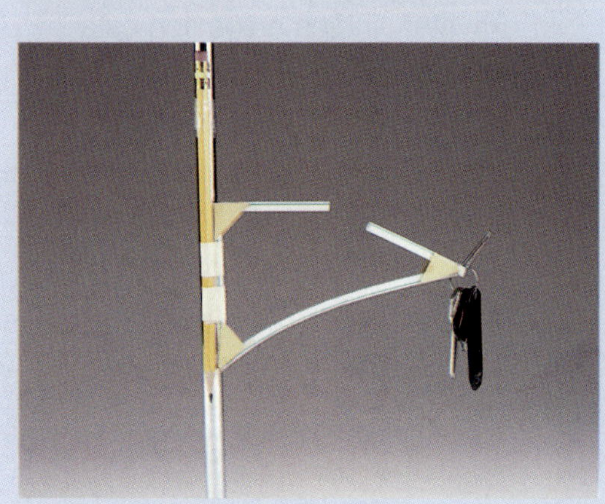

1. Retalla dos jocs de palletes de 90, 120 i 150 mm, respectivament.
2. Fes una petita osca ben a prop d'un dels extrems de cada una de les palletes de 120 mm i col·loca-hi un clip en posició vertical.
3. Posa les palletes formant un triangle com el de la figura. Encola-les. Utilitza triangles rectangles de cartolina de 2 cm de costat. A més d'ajudar-te a enganxar les palletes, els triangles reforçaran l'estructura.
4. Quan la cola estigui seca col·loca cada estructura damunt d'un llapis o bolígraf llarg enganxant-les amb la cinta adhesiva. Mantenint el muntatge en posició vertical, col·loca diferents càrregues penjant del clip. Series capaç de dir a quin tipus d'esforç està sotmesa cada palleta?
5. Talla per la meitat la palleta més llarga d'una de les estructures. Col·loca una petita càrrega penjant del clip (o bé estira'l lleugerament amb la mà). Què passa amb els dos extrems del tall? A quin tipus d'esforç està sotmesa la palleta?
6. Talla ara la palleta horitzontal de l'altra estructura també per la meitat i aplica una petita càrrega al clip. Què passa ara amb els dos extrems del tall? A quin tipus d'esforç està sotmesa la palleta?
7. Inverteix els llapis i aplica petites càrregues als clips corresponents a cada estructura. Què passa ara amb els dos extrems del tall de les palletes? A quin tipus d'esforç estan sotmeses?

3. Estabilitat en les estructures

Una estructura és estable quan se sosté per si sola i cal una força exterior per tombar-la; contràriament, és inestable quan no se sosté per si sola.

Perquè una estructura compleixi la seva funció ha de ser estable. L'estabilitat d'una estructura depèn del seu **centre de gravetat** (cg), que és el punt on es concentra tota la massa d'un cos, els quals, subjectat per aquest punt, resta en equilibri.

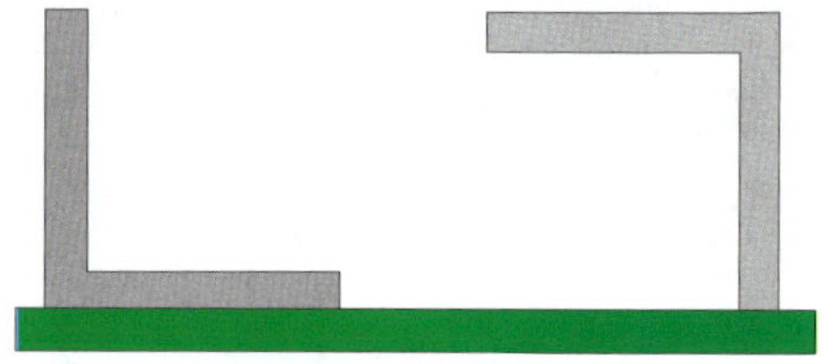

Estructura estable. Estructura inestable.

- En una figura regular, el cg es troba al centre.
- En una figura simètrica, el cg es troba a l'eix de simetria.
- En un triangle, es troba a 1/3 de l'altura.

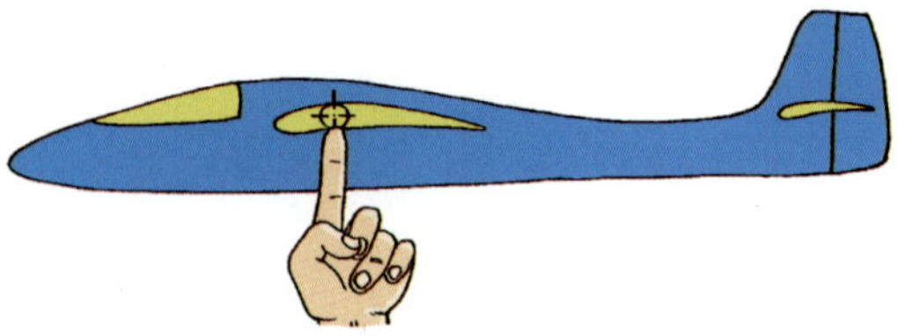

Per augmentar l'estabilitat d'una estructura cal seguir algunes regles:

Els centres de gravetat han d'estar com més avall millor.		La base de les estructures ha de ser com més ampla millor.		El centre de gravetat ha d'estar sobre la vertical d'un punt de la base.	
				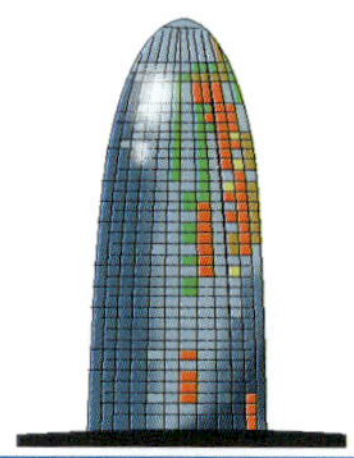	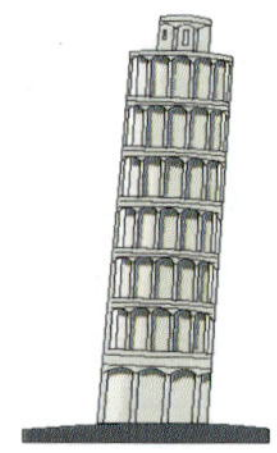

Analitza

8. Creus que el centre de gravetat d'un cos està sempre a l'interior o també es pot trobar en un punt exterior?

9. Sabent que cada quadre fa 1 cm de costat, dibuixa els cossos de la dreta, localitza'n el centre de gravetat i indica quins són estables i quins són inestables.

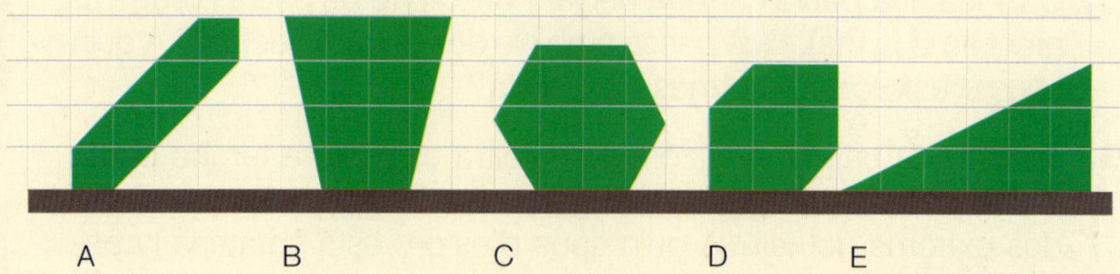

10. Com podries conèixer el centre de gravetat d'una figura plana completament irregular?

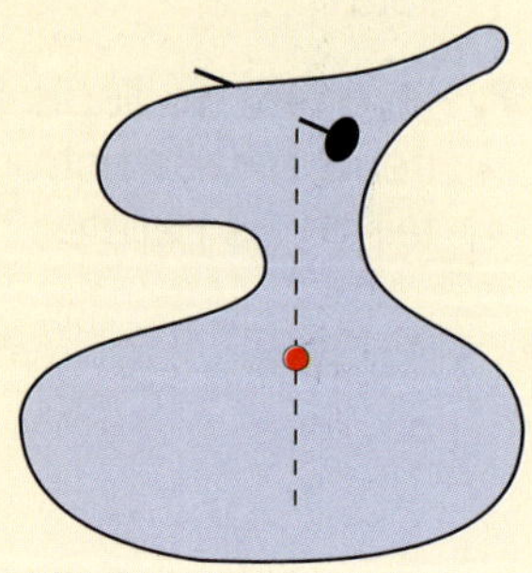

11. Observa els dibuixos que il·lustren la taula de dalt i descriu què et suggereixen.

4. Estructures entramades

Aquests tipus d'estructures presenten **elements verticals** i **elements horitzontals**.

Els primers suporten el pes de tota l'estructura en una petita secció, els pilars, o bé el reparteixen tot al llarg de **parets mestres** o **murs**.

Els elements horitzontals són les **bigues**, que s'encarreguen de suportar el pes de l'estructura per transmetre'l als murs o pilars on recolzen pels extrems. Les **jàsseres** són bigues grosses que sostenen les altres bigues.

Si bé es poden utilitzar diferents materials com ara la fusta, l'acer, etc., aquests elements es fabriquen generalment amb **formigó armat**.

Vinclament

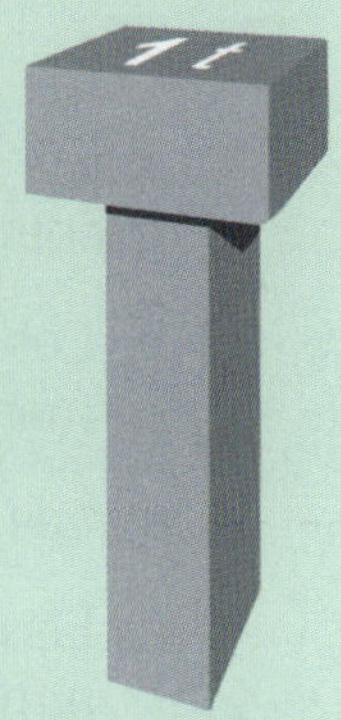

Encara que a cop d'ull sembla que els pilars estan sotmesos a esforços de compressió, la realitat és que la deformació que sofreixen sol ser lateral. Per tant, els pilars hauran de ser resistents al vinclament, que és la deformació d'un element llarg i estret en la part central quan és sotmès a compressió.

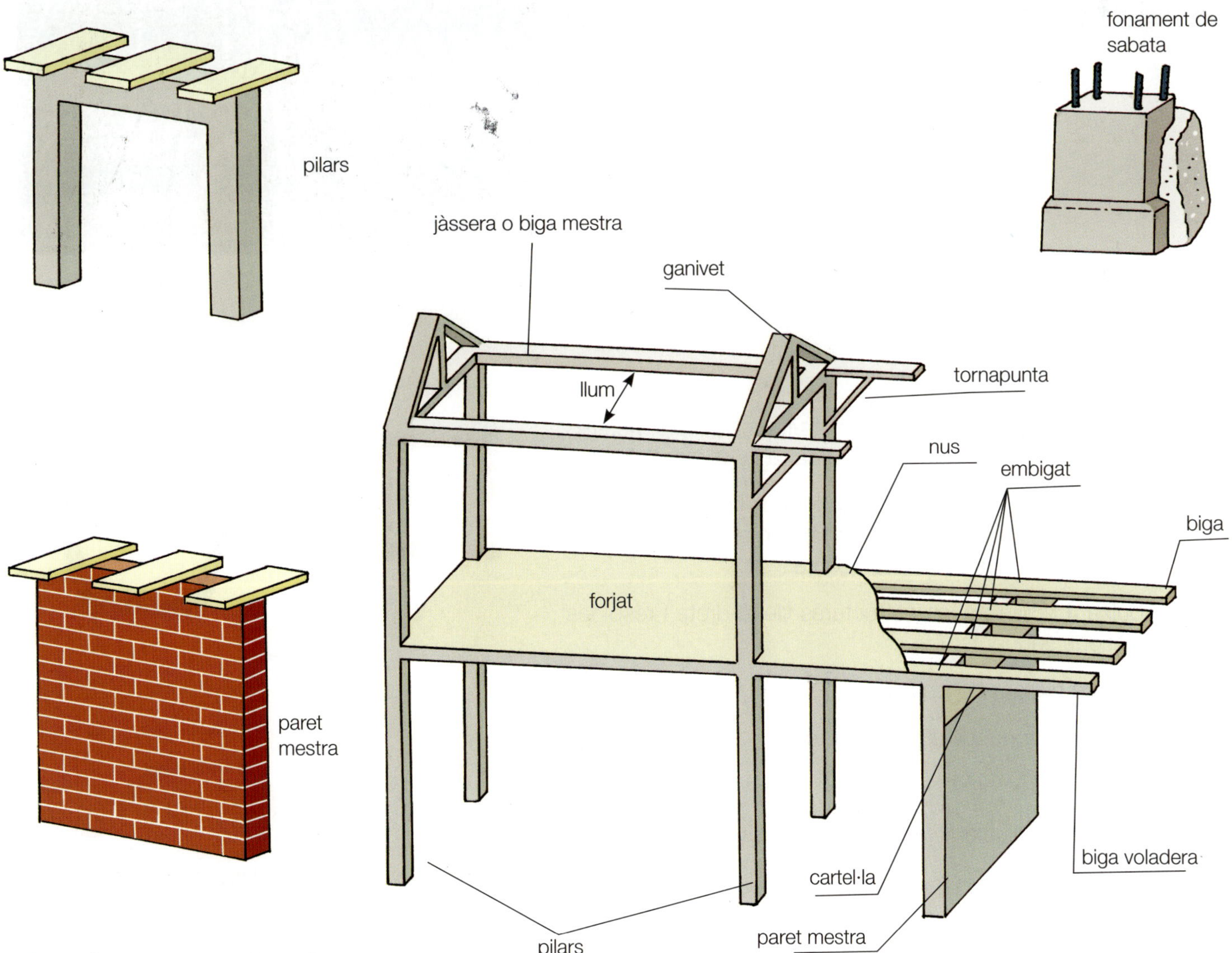

Elements d'una estructura entramada.

Respon

12. Indica si són veritables (V) o falses (F) les afirmacions següents:

a) Les estructures entramades només presenten elements horitzontals.

b) Les jàsseres són bigues molt grosses.

c) Els pilars dels habitatges solen fabricar-se amb formigó armat.

d) Els forjats són elements verticals.

e) Les bigues de l'embigat tenen la secció més gran que les jàsseres.

13. Esbrina si el teu institut està construït amb parets mestres o amb pilars. Indica com has arribat a la teva conclusió.

14. Indica quins elements de l'estructura de l'habitatge representada a la pàgina anterior pertanyen a l'estructura vertical i quins a l'estructura horitzontal.

15. Dibuixa a la llibreta les estructures de la dreta i resol les qüestions següents:

a) Indica el nom de les figures.

b) Indica si són regulars o no ho són.

c) Indica si són rígides.

d) Proposa solucions per fer rígides les que no ho són.

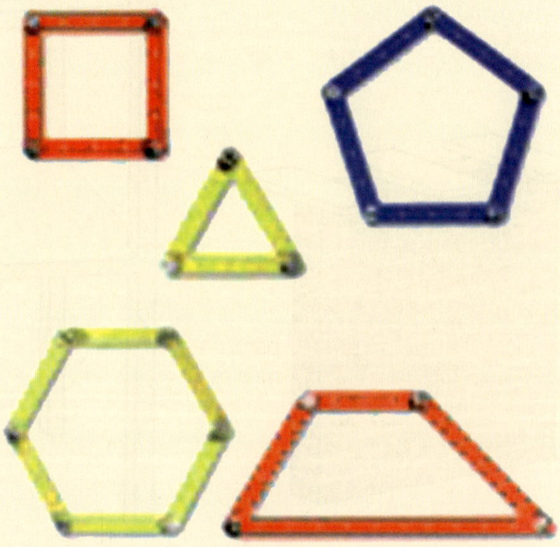

5. Estructures triangulades

La característica principal de les estructures triangulades és que es componen de barres entrellaçades que formen triangles; constitueixen, així, una estructura rígida.

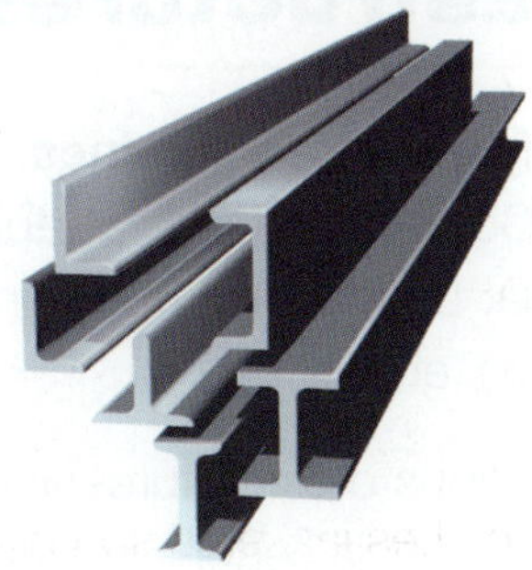

Perfils d'acer.

Transformació d'una estructura en estructura rígida.

Els elements més importants de les estructures són:

- les **barres**, que poden tenir perfils diferents;
- els **tirants**, que suporten bigues, pilars o altres elements;
- els **nusos**, que són les unions de les diferents barres.

Nusos amb reblons o cargols.

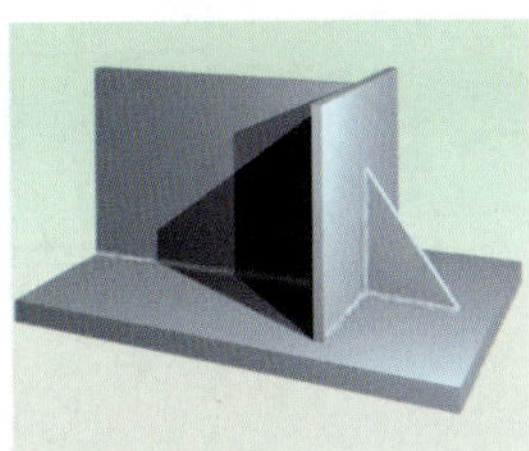

Nusos soldats.

Estructura triangulada.

Experimenta

Triangulació

Material i estris
• cartolina • clips • cola • estris de dibuix • tisores

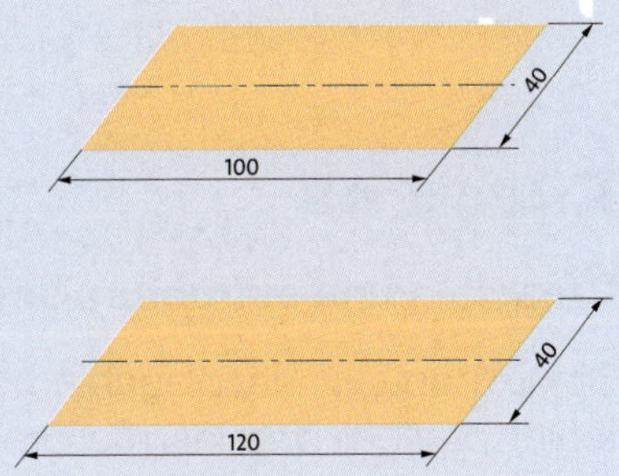

1. Retalla vuit tires de cartolina de 100 × 40 mm i una de 120 × 40 mm.
2. Doblega-les per la meitat i encola-les formant dos quadres, un dels quals amb la tira llarga en la posició de la diagonal.
3. Col·loca un clip en un dels vèrtexs i, subjectant amb la mà el vèrtex oposat, vés-hi afegint pesos: primer en una estructura; després, a l'altra.
4. Observa què passa i anota-ho a la llibreta de Tecnologia.

6. Estructures laminars

Estan formades per **làmines**, de vegades subjectes a una estructura molt lleugera. Com ja s'ha indicat abans, constitueixen la carcassa d'objectes d'ús quotidià: un frigorífic, un ordinador i els perifèrics (torre, monitor, impressora, altaveus), etc.

Aquest tipus d'estructures aprofiten la propietat que tenen les làmines d'oferir més resistència segons com es col·loquen.

Respon

16. Observa les estructures representades en els dibuixos; en una taula de dues columnes, assenyala primer si són laminars o no. En el cas que ho siguin, indica en la segona columna si es componen només d'una làmina o si hi intervé algun altre element estructural.

Analitza

17. Esmenta alguns objectes del teu entorn que utilitzin estructures laminars.

18. Observa la il·lustració de dalt a la dreta. De quina manera se sosté millor la goma d'esborrar? De què depèn?

Experimenta

Creació d'una estructura laminar

Dibuixa aquest desplegable en una cartolina o cartró reciclat, tenint present que les mesures han de ser tres vegades més grans de les que tens a la figura. Retalla-ho i doblega-ho per les línies de punts. Obtindràs un estoig on podràs desar bolígrafs, llapis, etc.

Quina conclusió podríem treure respecte de l'estructura construïda a partir d'una làmina?

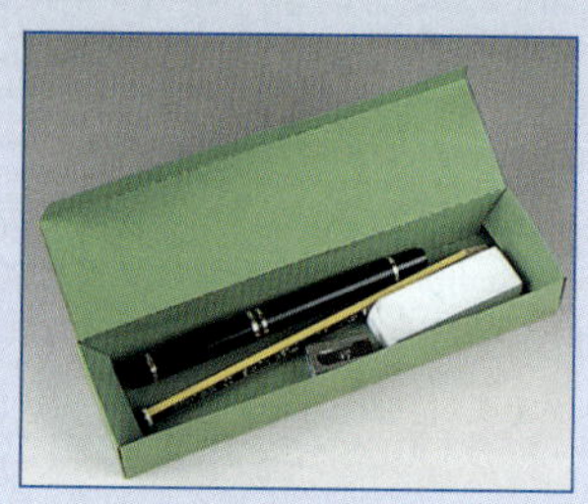

Síntesi

Elabora el teu propi resum de la unitat, completant els espais en blanc amb les paraules clau.

1. Tant les ___________ naturals com les ___________ tenen la missió de suportar el pes total del conjunt i proporcionar-li ___________ i consistència.
2. Quan les forces que actuen sobre l'element d'una estructura tendeixen a ___________ diem que està sotmès a flexió.
3. La diferència entre un esforç de tracció i un altre de ___________ és que el primer tendeix a ___________ l'element de l'estructura, mentre que el segon tendeix a comprimir-lo.
4. Els principals elements de les estructures ___________ són els pilars, les parets i les ___________.
5. Una estructura és estable quan es necessita alguna ___________ per ensorrar-la, i és inestable quan no se ___________ per si sola.
6. Perquè una estructura sigui ___________ és molt important saber on està situat el seu ___________ de gravetat.
7. La ___________ consisteix a formar triangles amb les barres d'una estructura per fer-la ___________.
8. Les estructures ___________ consten bàsicament de làmines de diferents materials, que normalment formen les ___________ dels objectes.

Paraules clau

entramades, força, estructures, sosté, estirar, bigues, centre, estable, rígida, compressió, artificials, carcasses, estabilitat, laminars, corbar-lo, triangulació

Recursos en xarxa

Ja hem explicat en les pàgines anteriors que els centres de gravetat són molt importants en les estructures. En aquesta pàgina web podràs jugar a muntar estructures amb diferents elements. El teu enginy i rapidesa seran essencials.

Trobaràs l'enllaç a: *http://www.editorialteide.com/?9094.*

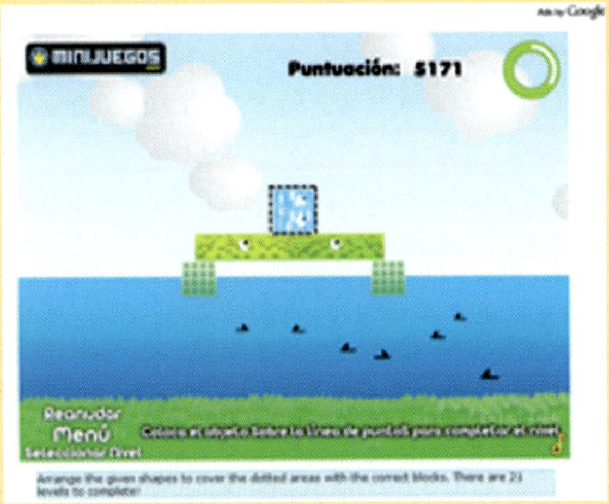

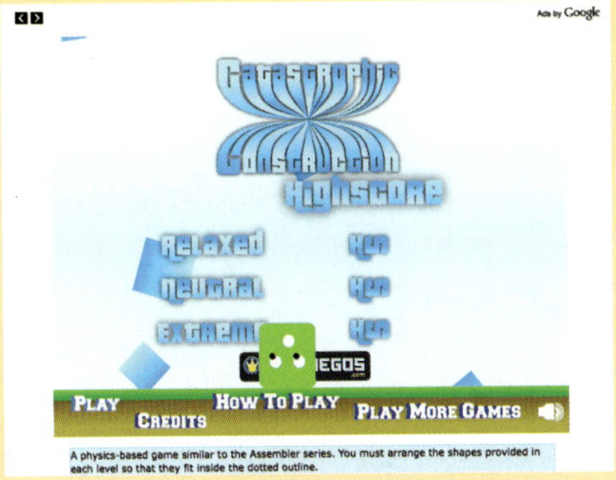

Competències bàsiques

El pont més llarg del món

Els 3300 metres que separen l'illa de Sicília i el sud de la península Italiana se salvaran amb la construcció d'un pont penjant o, com també s'acostuma a anomenar-los, *suspès*.

Aquest tipus de pont és necessari en aquest cas per què la gran profunditat del mar a l'estret de Messina fa impossible qualsevol altra mena de construcció. Una alternativa al pont hauria estat la construcció d'un túnel, però l'activitat sísmica de la zona desaconsella aquesta solució.

El pont serà aerodinàmic i antiterratrèmols per poder suportar la força del vent i els tremolors terrestres. Tindrà dues columnes que subjectaran els cables principals d'1,3 metres de diàmetre compostos amb fils d'acer. Farà 55 metres d'alçària sobre el nivell del mar, tindrà una amplada de 60 metres i pesarà unes 55000 tones.

Ara bé, el pont projectat més llarg és el que unirà Qatar i Bahrain per damunt del mar. Tindrà columnes al llarg dels seus 40 km de longitud i, per creuar-lo amb cotxe a 60 km/h, es tardarà 40 minuts.

Tasques

1. En el text es comparen dos tipus de ponts. Quines diferències trobaríem entre l'un i l'altre pel que fa al tipus d'estructura?
2. Per què s'ha optat per un pont en suspensió, a l'estret de Messina?
3. Per què no s'ha optat per un pont en suspensió, a l'estret de Qatar?
4. Suposant que cada pis fa 2,5 metres d'alçària, quants pisos tindria un edifici tan alt com el pont de Messina?

Fabricació de portapòstits

Mitjançant una estructura laminar, metàl·lica i soldada, s'ha decidit fabricar 100 portapòstits on càpiguen papers de 10 × 10 cm.

El disseny que es vol fer servir és el de la figura amb les mides indicades, i els portapòstits es fabricaran amb xapes fines de llauna. Damunt les xapes es dibuixarà, tallarà, doblegarà i soldarà el desenvolupament dels portapòstits.

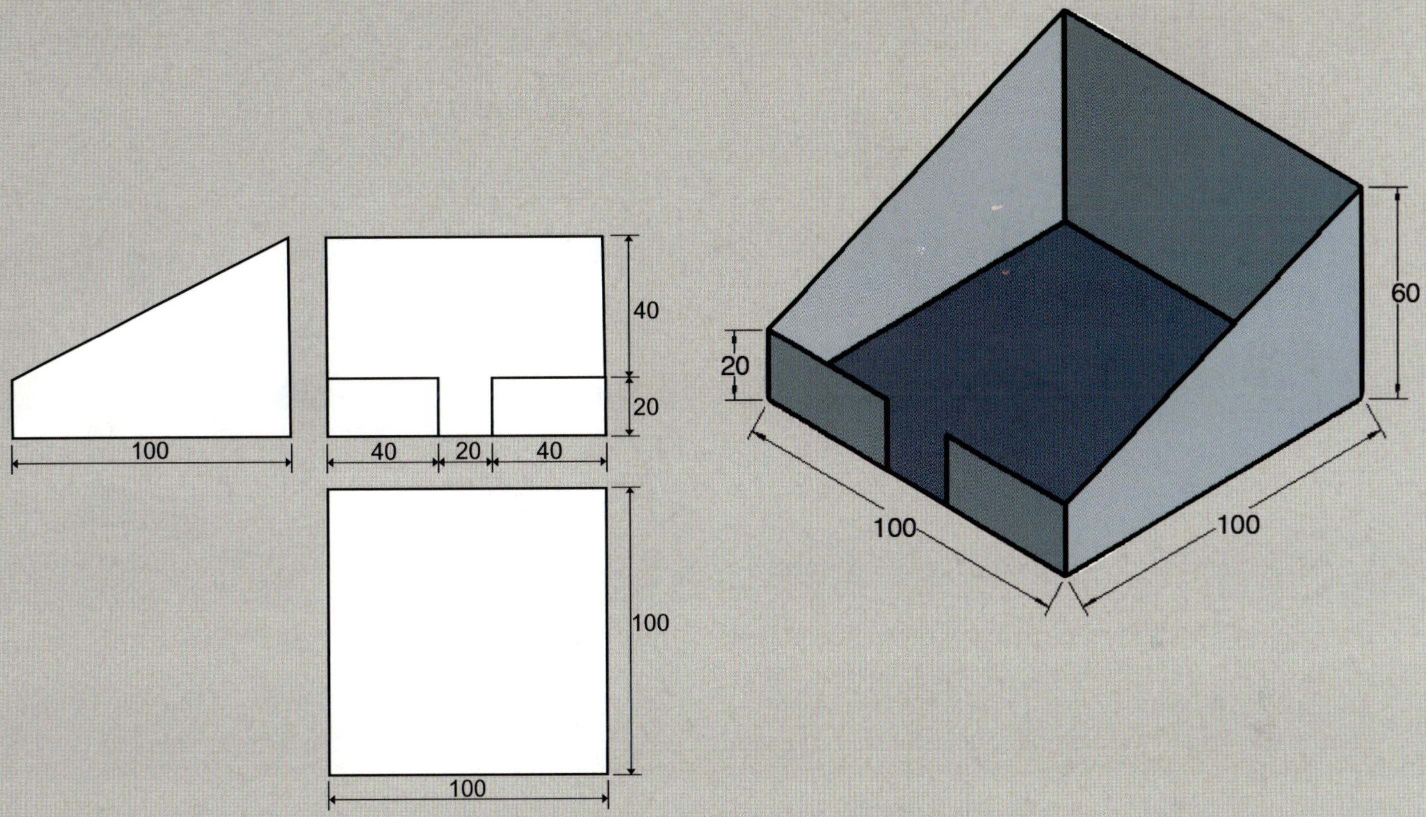

Tasques

1. Fes el croquis del desenvolupament del portapòstits. Recorda que l'has d'acotar.
2. Si el portapòstits es fabrica a partir de planxes rectangulars, quines mides haurien de tenir aquestes planxes tenint en compte el desenvolupament del portapòstits?
3. Si el fabricant compra planxes grans d'1 × 1 m, quants portapòstits podria fabrica amb cada planxa?
4. Pensa com caldria dividir cada planxa i dibuixa-ho.
5. Quantes planxes d'un metre de costat caldrien per fabricar els 100 portapòstits?

Activitats finals

1. Observa els punts assenyalats amb fletxes en els objectes que hi ha en la il·lustració i indica el tipus d'esforç a què estan sotmesos.

2. Fes el muntatge de la figura amb canyes de refresc de 7 cm de longitud. Pots fer servir cilindres de paper per unir-les i triangles de cartolina per reforçar les unions. Quan l'adhesiu s'hagi assecat, col·loca l'estructura sobre dos suports i aplica diferents càrregues al clip sense que s'arribin a deformar les canyes que fan de barres.

Copia el diagrama de l'estructura a la llibreta de Tecnologia i anota-hi el tipus d'esforç (tracció o compressió) a què està sotmesa cada barra.

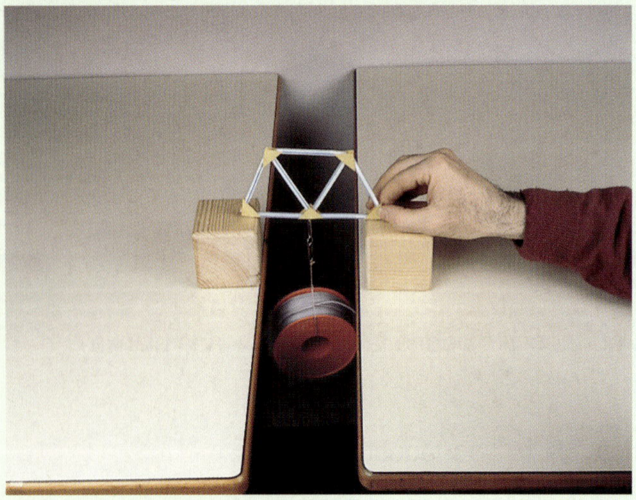

3. Dibuixa, en una goma d'esborrar nova, un quadrat al centre de la cara més gran.

a) Agafa la goma per tots dos extrems i sotmet-la a diferents esforços (tracció, compressió, flexió, torsió i cisallament). Observa com es deforma el quadrat.

b) Dibuixa a la llibreta de Tecnologia el quadrat original i la figura que resulta de cada deformació, i escriu al costat el nom de l'esforç a què ha estat sotmesa la goma.

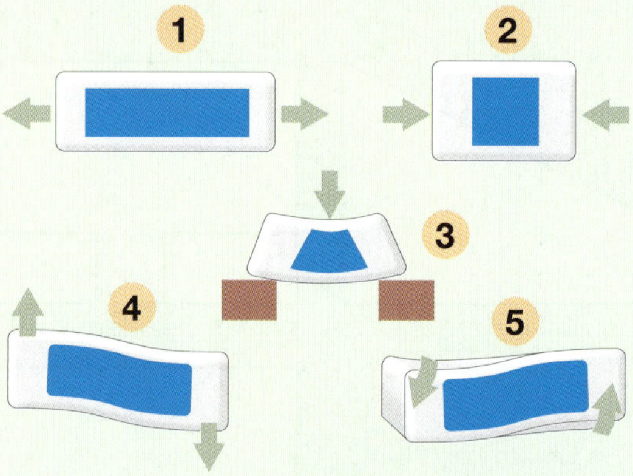

Amb un estri de dibuix ben senzill també podem estudiar els efectes dels esforços en les estructures.

4. Amb una cartolina elabora els muntatges següents i comprova'n la resistència quan se sotmeten a càrregues:

5. Col·loca un escuradents recolzant cada extrem en un suport. Aguanta'ls amb una mà i amb l'altra pressiona l'escuradents amb un objecte rígid com mostra la fotografia. Què li passa, a l'escuradents? A quin tipus d'esforç està sotmès?

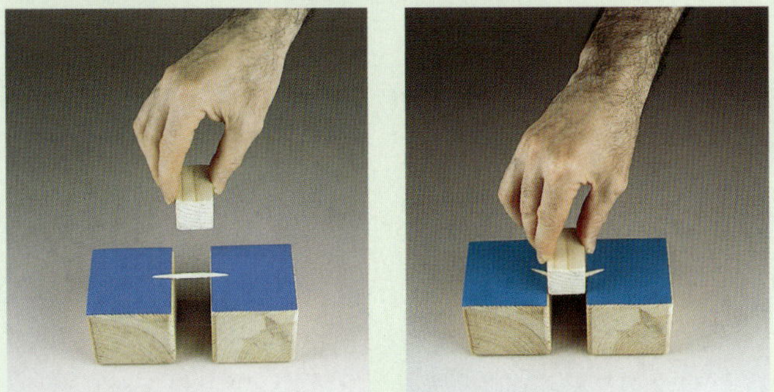

6. Agafa una canya de refresc amb ratlles longitudinals i talla-la de manera que te'n quedi un tros d'uns 15 cm. Encola un clip a cada extrem de la canya amb l'ajut d'un cilindre de paper plegat per la meitat.

a) Quan el conjunt estigui ben sec, sotmet la canya als esforços del requadre inferior.

b) Quin és l'esforç que aguanta millor la canya de refresc? Per què?

Esforç	Representació
Torsió: Agafa cada clip amb els dits índex i polze i gira suaument tots dos extrems en sentit contrari. Observa la deformació de les ratlles de la canya.	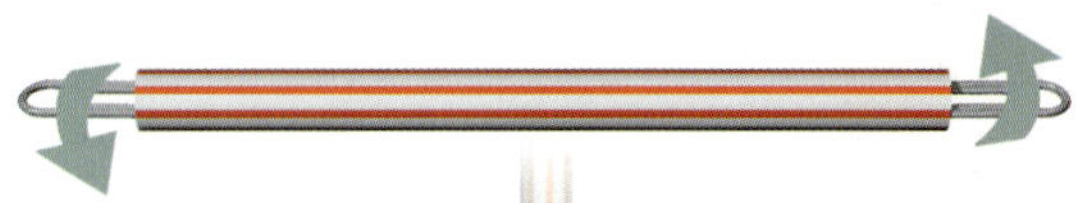
Tracció: Subjecta la canya per un extrem i vés col·locant diferents càrregues sobre el clip de l'extrem oposat sense que arribin a deformar la canya. Anota la càrrega màxima col·locada.	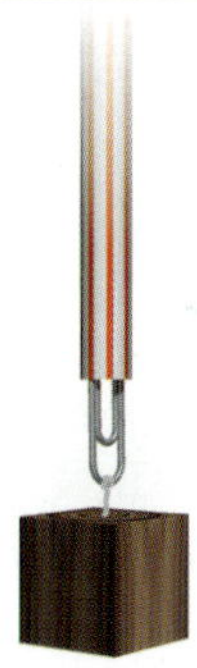
Flexió: Col·loca cada extrem de la canya sobre un suport i penja-hi petites càrregues.	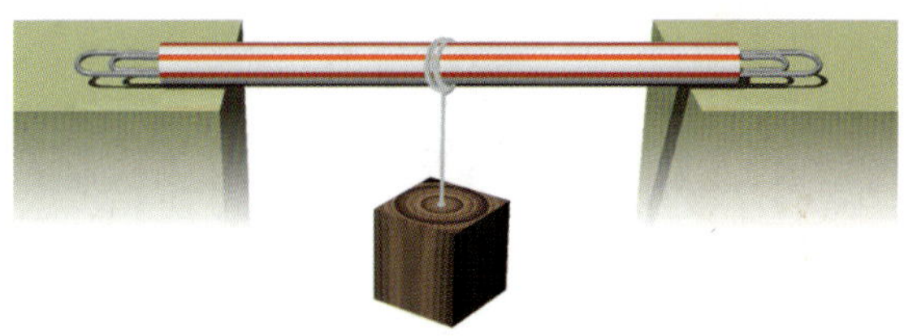
Compressió: Pressiona lleugerament els extrems de la canya amb les mans.	
Tall: Col·loca cada extrem de la canya sobre un suport i pressiona-la amb un objecte rígid.	

3

UNITAT

Màquines

L'energia no es crea ni es destrueix, només es transforma. **Les màquines es dissenyen i es construeixen amb la finalitat de facilitar la vida a les persones, transformant l'energia perquè ens sigui útil.**

En aquesta unitat analitzarem les màquines, des de les més senzilles fins a les més complexes, n'estudiarem les parts, com es classifiquen, i farem càlculs senzills sobre el treball i la potència que desenvolupen.

Activitats inicials

1. A la il·lustració podem veure una màquina molt curiosa. Respon les preguntes que hi ha a sota.:

a) Quina funció té, aquesta màquina?

b) D'on obté l'energia per funcionar?

c) Per què creus que en lloc de rodes té potes?

d) Creus que es mou lentament o és molt ràpida? Com faries que es mogués més ràpidament?

e) Quines parts hi diferenciaries?

1. Màquines: classificació i parts

energia o informació d'entrada

MÁQUINA
conjunt d'elements degudament interconnectats, capaços de transformar l'energia en treball útil o que permeten transformar informació

treball útil o informació de sortida

Es poden enumerar una infinitat d'artefactes, des dels més simples fins als més complexos, ideats per l'ésser humà amb l'objecte de satisfer les seves necessitats amb el mínim esforç possible. Tots aquests artefactes s'anomenen **màquines**.

1. Classificació de les màquines

Hi ha una gran diversitat de criteris per intentar classificar les màquines, i aquí farem servir els següents:

1. Segons la transformació que es produeixi: energètica o d'informació.
2. Segons el lloc d'aplicació: a la llar, en el transport, en la indústria, en l'agricultura, etc.
3. Segons si tenen o no moviment: dinàmiques (com una batedora) o estàtiques (com un telèfon).

Un cotxe és una màquina que transforma energia química en treball útil. S'utilitza per al transport i és una màquina dinàmica, ja que a l'interior té mecanismes que es mouen.

Respon

1. Dibuixa una taula amb dues columnes. En una escriu el nom de cinc màquines del teu entorn i, en l'altra, els problemes que resolen.

Màquina	Problema que resol

Recorda que les formes d'energia més habituals són:

– Energia elèctrica
– Energia mecànica
  • Energia cinètica (de moviment)
  • Energia potencial (de posició)
– Energia tèrmica
– Energia química
– Energia electromagnètica
– Energia lluminosa

Analitza

2. Dibuixa un diagrama de blocs com el de la figura per a cadascuna de les transformacions energètiques indicades i apunta el nom d'una màquina que faci aquesta transformació.

1. energia química en energia calorífica
2. energia química en energia mecànica
3. energia elèctrica en energia calorífica
4. energia elèctrica en energia mecànica
5. energia eòlica en energia elèctrica
6. energia tèrmica en energia mecànica

Energia química → Escalfador d'aigua → Energia calorífica

2. Parts de les màquines

Si ens centrem en les màquines amb elements mòbils que transformen energia per facilitar un treball, veurem que la majoria tenen diverses parts comunes.

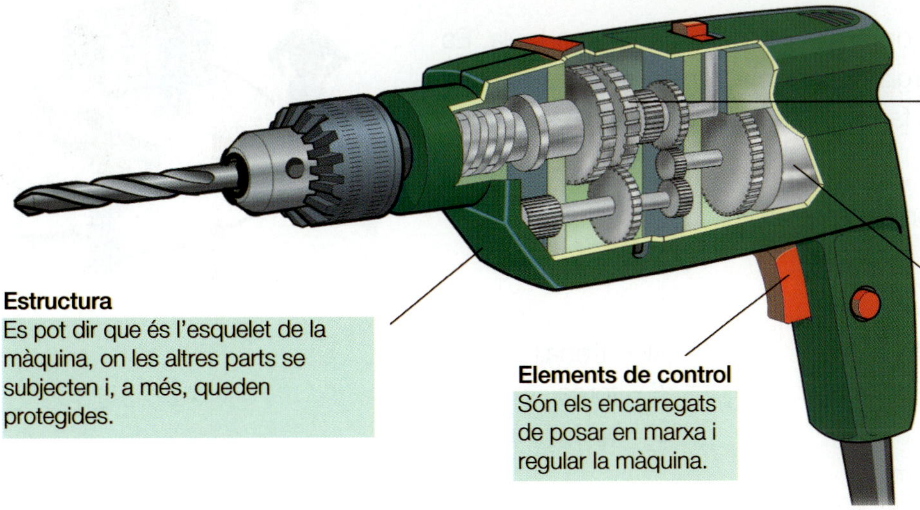

Elements transmissors de moviment
Són els mecanismes encarregats de transmetre el moviment i la força del motor a les parts de la màquina que els aprofiten.

Motor
És l'element motriu que genera el moviment en la màquina. La majoria dels motors solen ser tèrmics o elèctrics.

Estructura
Es pot dir que és l'esquelet de la màquina, on les altres parts se subjecten i, a més, queden protegides.

Elements de control
Són els encarregats de posar en marxa i regular la màquina.

Respon

3. Copia a la llibreta una taula com la de sota. Indica amb un asterisc a les caselles corresponents si les màquines disposen de les parts descrites i respon les preguntes que hi ha a sota.

Màquina	Estructura	Motor	Mecanismes	Elements de control
espremedora				
escalfador d'aigua	*			*
rentadora				
vídeo				
ordinador				
eixugacabells				
frigorífic				
bicicleta				
torradora				
cotxe				

a) Quines diferències hi ha entre les parts de l'escalfador d'aigua i de la rentadora?
b) Quina transformació energètica té lloc en l'escalfador? Hi ha alguna màquina de la taula que faci la mateixa transformació?
c) Quines són les parts comunes a totes les màquines? Per què?
d) Quines parts diferencien una bicicleta d'un cotxe?

Analitza

4. Classifica les màquines següents segons els criteris estudiats:

 rellotge mecànic

 vaixell

 tractor

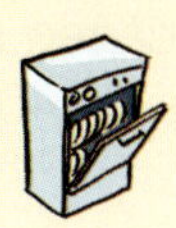 rentaplats

 televisor

2. Treball, energia, rendiment i potència en les màquines

1. Treball, energia i rendiment

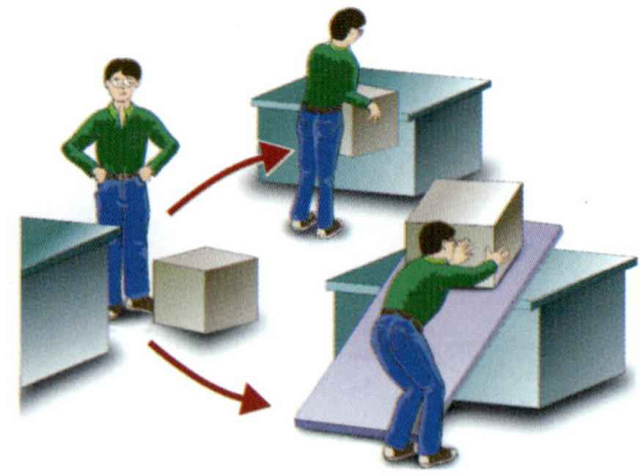

En la imatge s'aprecien dues maneres de pujar una caixa sobre una taula. Es pot interpretar que el treball fet (o energia necessària per pujar la caixa) és el mateix. Evidentment, per la rampa es fa menys esforç, però es recorre més distància.

Així, el treball es pot calcular amb l'expressió següent:

$$W = F \times d$$

1 joule (J) = 1 newton (N) × 1 metre (m)

on:

W = treball
F = força
d = distància

Les màquines transformen energia en treball, però no tota l'energia que entra es transforma en treball útil, ja que s'hi produeixen pèrdues, és a dir, les màquines no tenen un rendiment (η) del 100 % perquè perden energia.

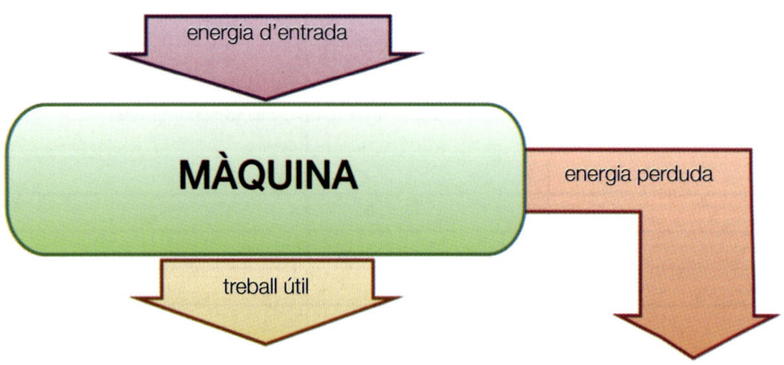

Diferència entre treball i energia

Tant el treball com l'energia es mesuren en joules, però el treball s'associa a «moviment» i, en canvi, l'energia és «allò» que es pot transformar en treball.

Resol

5. Un operari empeny un carretó emprant una força de 30 N durant 100 m. Quin treball ha fet?

6. Si per portar la bossa de la compra durant 1 km fem un esforç de 50 N, quin treball hem fet?

7. Quina força hem de fer per desplaçar una caixa 200 m sabent que el treball necessari per a aquest desplaçament és de 40 000 J?

8. Durant un matí, un muntacàrregues absorbeix 50 000 J d'energia, però el treball que ha fet és de 40 000 J. Calcula l'energia que s'ha perdut.

2. Potència

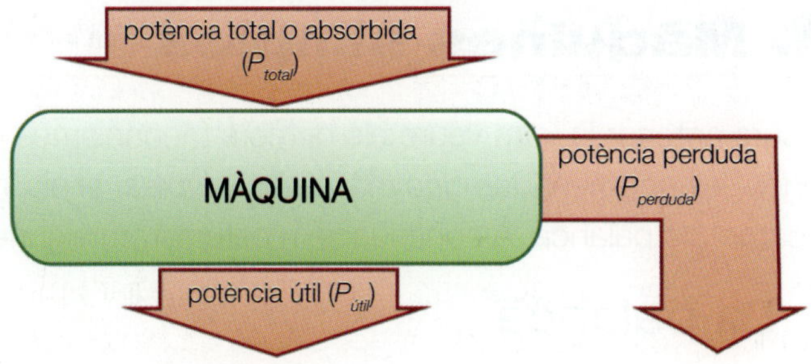

Imagina't que per fer un treball disposes de dues màquines: una tarda 1 minut i l'altra, 2 minuts. És lògic pensar que la primera és més potent que la segona. Així, la potència d'una màquina ve donada per l'expressió següent:

$$P = \frac{W}{t}$$

1 watt (W) = 1 joule (J) / 1 segon (s)

on:

P = potència

W = treball

t = temps

$$\eta = \frac{P_{útil}}{P_{total}} \cdot 100$$

$$P_{total} = P_{útil} + P_{perduda}$$

Exemple

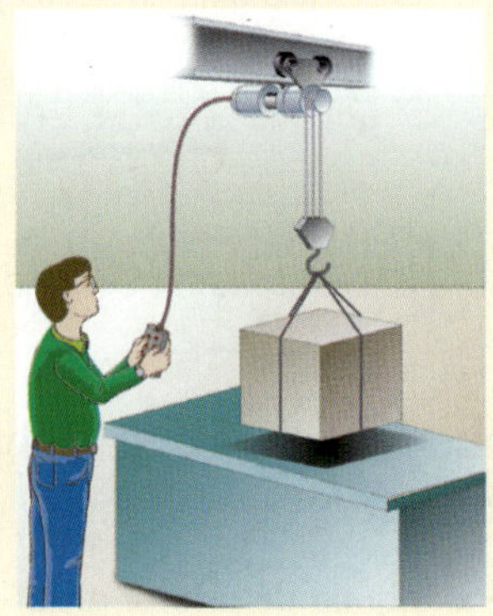

Per aixecar una caixa a 1 m d'altura s'ha de fer una força de 500 N. Una politja amb un motor A tarda 5 segons a pujar la caixa i una altra politja amb un motor B tarda 10 segons.

a) Quin treball fa el motor A? I el B?
$W_A = W_B = F \cdot d = 500 \cdot 1 = 500$ J

b) Quina potència útil té el motor A? I el B?
$P_{útil\ A} = W_A / t_A = 500 / 5 = 100$ W
$P_{útil\ B} = W_B / t_B = 500 / 10 = 50$ W

c) Si el motor A absorbeix una potència de 120 J, quin rendiment té? Quina potència es perd?

$$\eta = \frac{P_{útil\ A}}{P_{total\ A}} \cdot 100 = \frac{100}{120} \cdot 100 = 83{,}33\ \%$$

$P_{total} = P_{útil} + P_{perduda}$, per la qual cosa $P_{perduda} = P_{total} - P_{útil} = 120\ W - 100\ W = 20\ W$

Una altra unitat de potència és el cavall de vapor, molt utilitzat en automoció. L'equivalència entre W i CV és:

1 CV = 736 W

El treball, *W* (*work*), s'expressa en joules i no s'ha de confondre amb la potència, *P*, que s'expressa en watts (W).

Resol

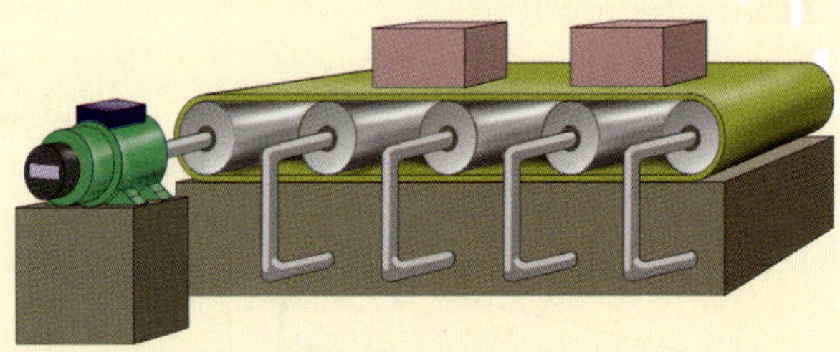

9. Un toro mecànic trasllada maons a un camió situat a 300 m de distància. Si fa una força de 500 N i tarda 30 s a arribar al camió:
a) Quin treball ha fet?
b) Quina potència té?
c) Quina potència té en cavalls de vapor?

10. Una cinta transportadora fa una força de 200 N per traslladar caixes a 10 m de distància i tarda 4 s. Si la cinta es mou gràcies a un motor elèctric de 700 W de potència, calcula'n el rendiment.

11. Un motor elèctric absorveix una potència de 2 500 W. Determina'n el rendiment si la potència útil és de 3 CV.

3. Màquines simples

El curs anterior ja vam veure els primers mecanismes que van utilitzar les persones, les anomenades *cinc màquines simples*: el pla inclinat, la roda, la politja, el cargol i la palanca. A continuació n'estudiarem algunes amb més profunditat.

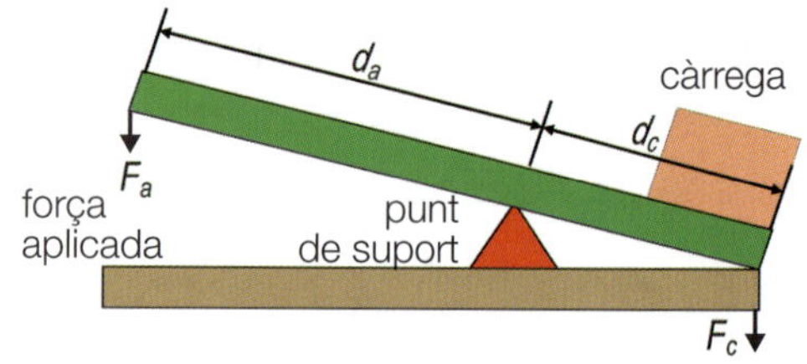

1. La palanca

Les palanques són unes barres rígides que oscil·len sobre un punt de suport. Segons on estigui situat aquest punt, es poden multiplicar petites forces per fer grans treballs. La llei de la palanca s'expressa de la manera següent:

$$F_a \cdot d_a = F_c \cdot d_c$$

- d_a: Distància entre la força aplicada i el punt de suport. S'expressa en metres (m).
- F_a: Força aplicada. S'expressa en newtons (N).
- F_c: Força de la càrrega. S'expressa en newtons (N).
- d_c: Distància entre la càrrega i el punt de suport. S'expressa en metres (m).

Segons la posició del punt de suport, es poden distingir palanques de primer grau, segon grau o tercer grau.

Palanques de primer grau

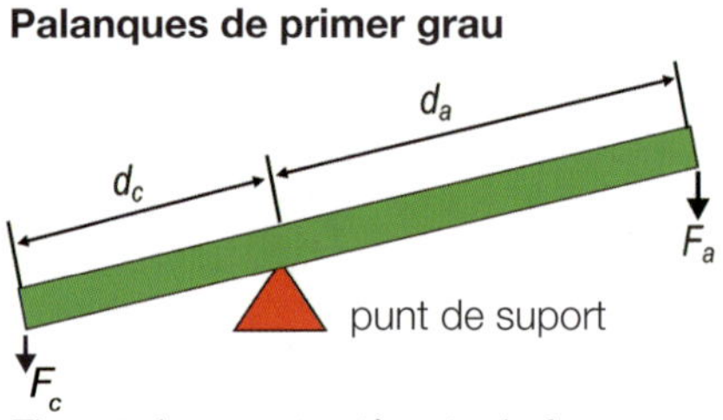

El punt de suport està entre la força aplicada i la càrrega.

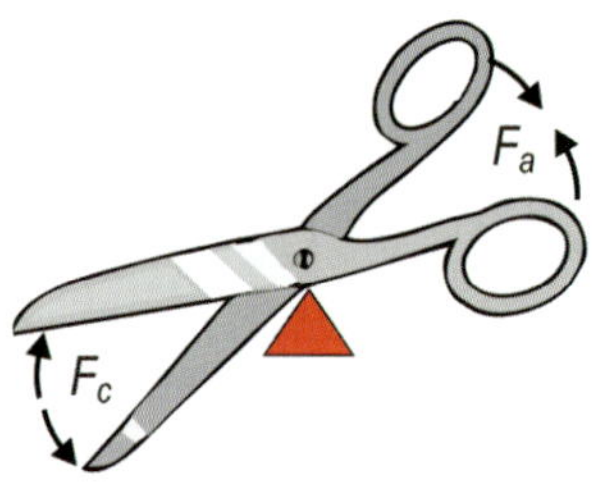

tisores

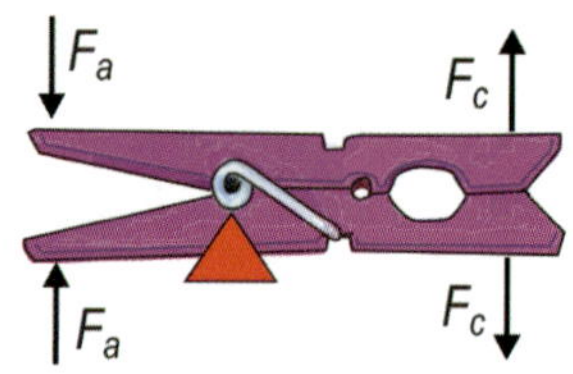

agulla d'estendre

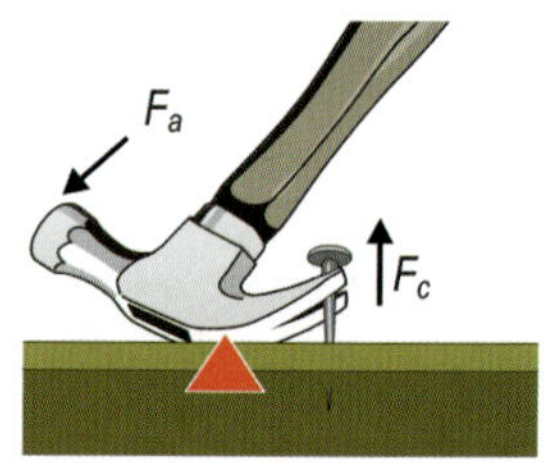

martell

Palanques de segon grau

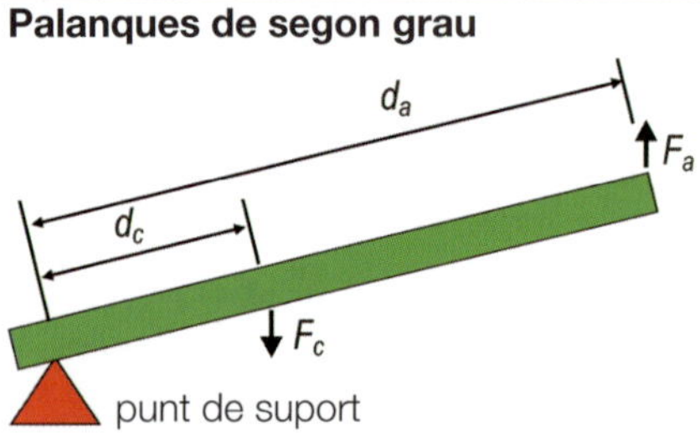

La càrrega està entre el punt de suport i la força aplicada.

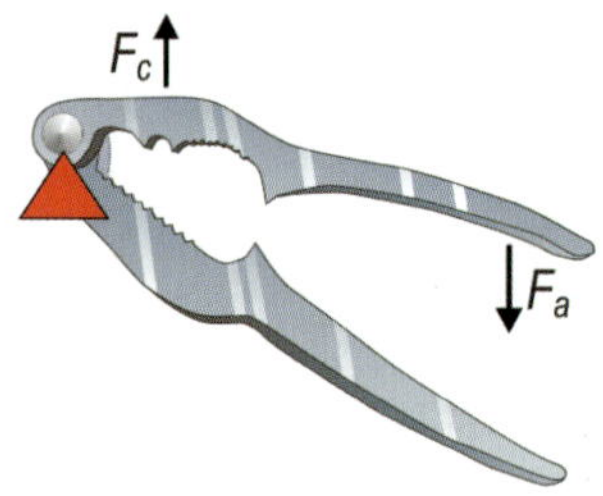

trencanous

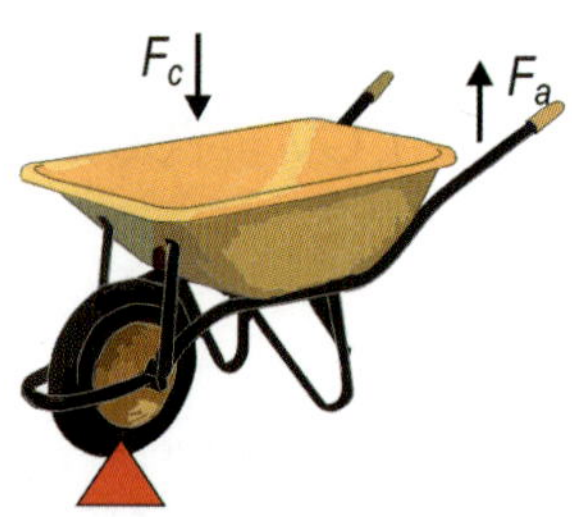

carretó

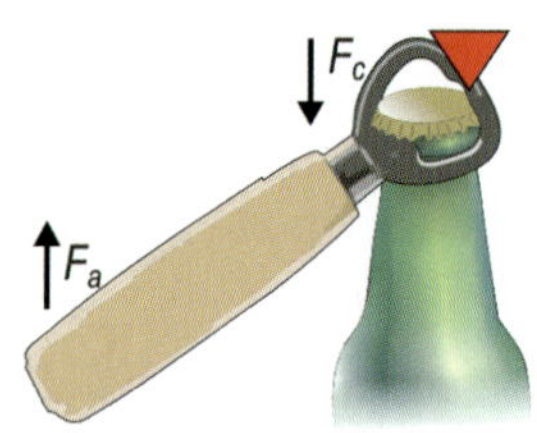

obridor

Palanques de tercer grau

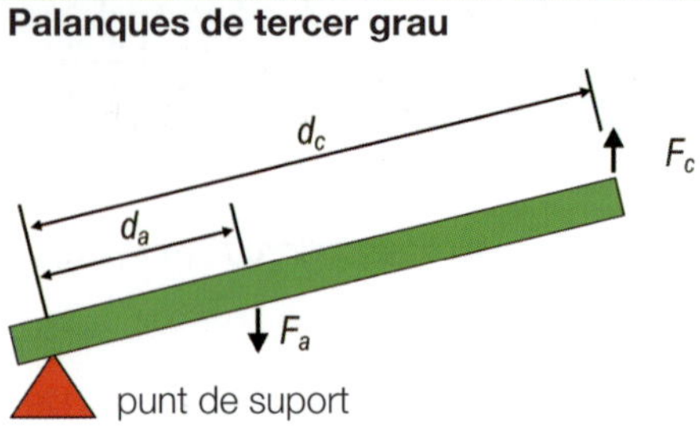

La força aplicada està entre el punt de suport i la càr

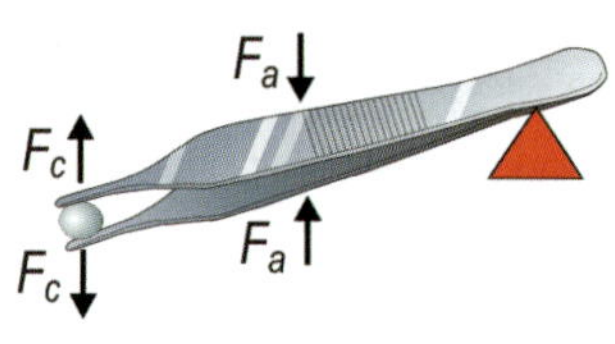

pinces

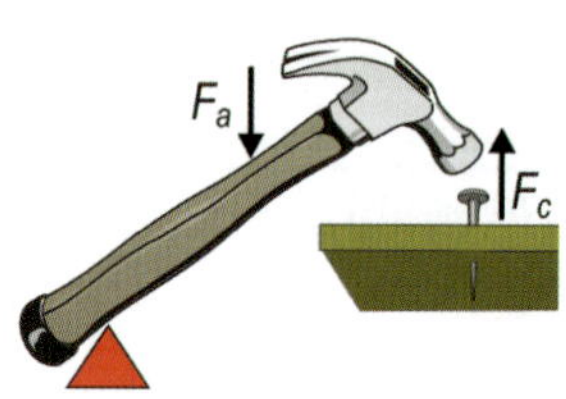

martell

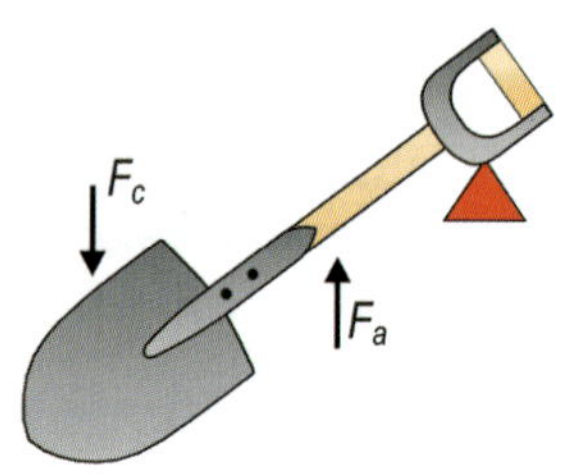

pala

2. El cargol

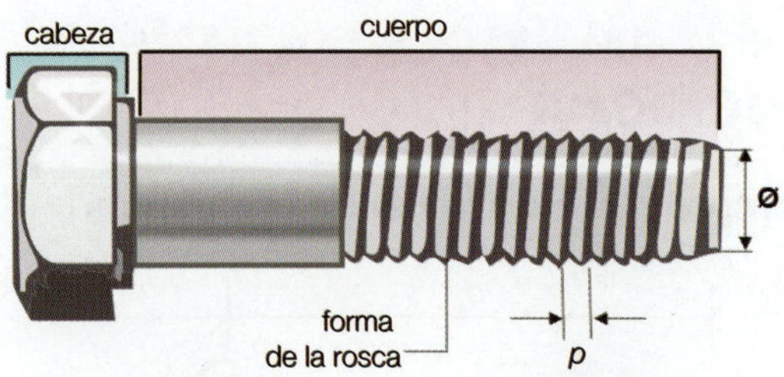

Una de les aplicacions més importants del cargol és quan s'utilitza amb una femella. Perquè la femella i el cargol s'enrosquin perfectament, cal definir molt bé:

- El **pas** (*p*), que és la distància entre les dents.
- La **mètrica** (mètrica 2, M-2, mètrica 3, M-3, etc.), que indica els mil·límetres que té de diàmetre.

Cada vegada que es fa una volta al cargol, la femella avança una distància corresponent al pas.

3. La politja

La politja és una roda que disposa d'una ranura on s'insereix una corda o corretja. D'aquesta manera, encara que es faci la mateixa força, es poden aixecar pesos més còmodament.

La unió de diverses politges s'anomena **polispast**. En el de la figura, cal fer la meitat de força, però cal estirar el doble de corda.

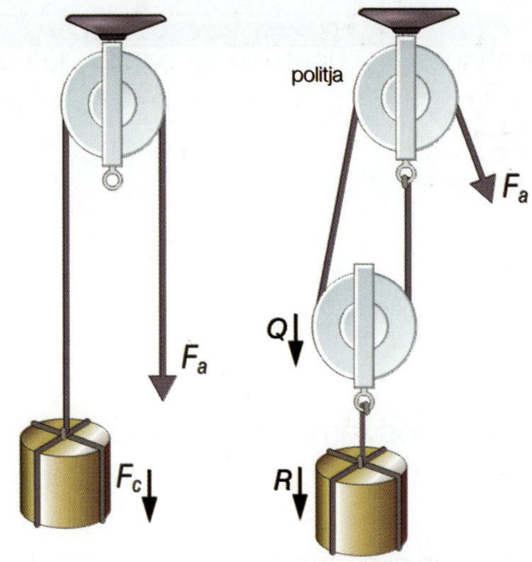

Politja fixa.

Polispast: sistema de politges esglaonades que consta del mateix nombre de politges fixes i mòbils.

Resol

12. Observa el tamboret de la figura:

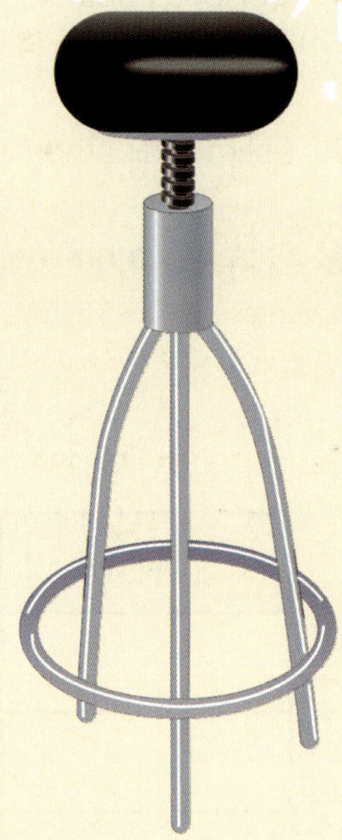

a) Explica com funciona.

b) Si el pas de rosca és de 5 mm, quant es desplaça el seient cada vegada que es fa una volta?

c) Quant es desplaça el seient si es fan cinc voltes?

d) Quantes voltes cal fer al seient perquè pugi 10 cm?

13. El pes d'un nen que es troba a 1 m del punt de suport d'un gronxador genera una força de 440 N. Quina força haurà de fer la seva germana petita si es troba a 2 m del punt de suport?

14. Per aixecar una pedra s'ha de fer una força de 5 000 N, però disposem d'una palanca de 2 m de longitud i col·loquem el punt de suport a 25 cm de la pedra. Quina força haurem de fer si utilitzem la palanca?

Analitza

15. Per aixecar a pols una caixa cal aplicar una força de 300 N:

a) Quina força s'ha d'aplicar i quanta corda cal estirar per pujar la caixa 2 m amb una politja fixa?

b) Quina força s'ha d'aplicar i quanta corda cal estirar per pujar la caixa 2 m amb un polispast format per una politja fixa i una de mòbil?

Experimenta

Comprovació de la llei de la palanca

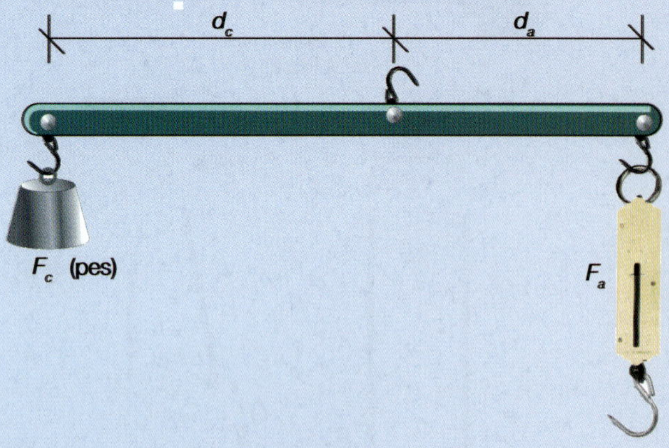

Materialls i eines
• Barra metàl·lica foradada del tipus Mecano
• 1 dinamòmetre
• 1 regle graduat o un flexòmetre
• 1 balança
• 1 tros de fusta aglomerada
• 1 llistó de pi
• Objectes de diferent pes

Les palanques són màquines simples que ens permeten reduir l'esforç que necessitem per moure una càrrega. En aquest experiment comprovarem aquesta afirmació mitjançant un missatge senzill.

1. Efectua el muntatge de la figura col·locant el suport superior a una distància inferior a la meitat de la barra.

2. Mesura els braços de la palanca d_c i d_a i emplena la taula.

3. Col·loca l'objecte a l'extrem esquerre un cop s'hagi pesat. Calcula la força F_a. Recorda que $F = m \cdot g$. Transporta la dada a la taula.

4. Estira el dinamòmetre fins que s'equilibri la barra (posició horitzontal). Transporta també la dada de F_a a la taula.

5. Comprova que es compleix:

$$F_a \cdot d_c = F_c \cdot d_a$$

6. Repeteix l'experiment amb altres objectes, tal com hem fet anteriorment.

Objecte	F_a (N)	d_c (m)	F_c (N)	d_a (m)	$F_a \cdot d_c = F_c \cdot d_a$

Síntesi

Elabora el teu propi resum de la unitat, completant els espais en blanc amb les paraules clau.

1. Les màquines són ____________ inventats per l'ésser humà amb l'objectiu de satisfer les seves necessitats amb el mínim __________ possible.
2. Les màquines es poden classificar segons la ____________ que produeixen, segons el lloc de ________ i segons que tinguin o no moviment.
3. Les màquines que tenen moviment s'anomenen màquines ____________ i s'hi produeix una transformació de l'energia ____________ en energia útil.
4. Les parts principals d'una màquina són l'________, l'element motor, els elements de transmissió i ____________ de moviments i els elements de control.
5. La potència d'una màquina ve donada per la ____________ entre el treball fet i el temps emprat. El rendiment d'una màquina ve donat per la relació entre la potència ____________ i la total.
6. Les primeres ____________ es basaven en principis físics elementals per estalviar esforços a les persones. Antigament, s'anomenaven *cinc* ____________ *simples* i són el pla inclinat, el cargol, la palanca, la roda i la politja.
7. Les ____________ són barres rígides que oscil·len sobre un punt de suport.

Paraules clau

transformació, palanques, dinàmiques, relació, estructura, artefactes, coixinets, màquines, útil, transformació, aplicació, absorbida, cinc, esforç

Recursos en xarxa

A Internet es poden trobar diversos programes de simulació de mecanismes. Un d'ells es diu Relatran, creat per Jaume Dellunde, que es pot descarregar lliurement. Aquest programa permet fer tests i exercicis, amb diferents graus de dificultat, sobre màquines simples i mecanismes. A més, disposa d'un simulador amb el qual podràs comprovar el funcionament d'alguns mecanismes.

Entra al programa i practica els coneixements que has adquirit en aquesta unitat.

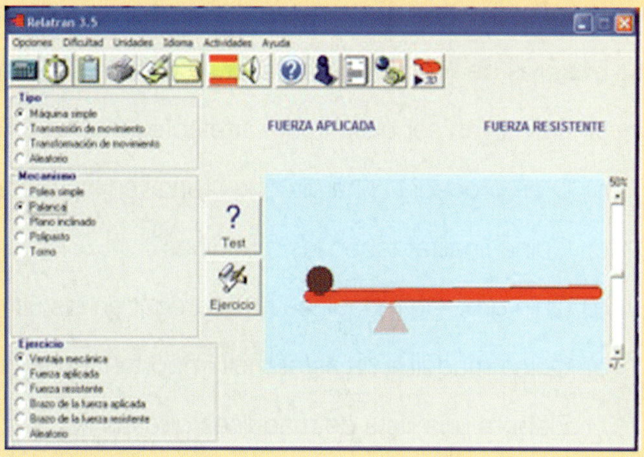

Competències bàsiques

Què són les màquines?

Si miréssim enrere comprovaríem que la preocupació de l'ésser humà per estalviar-se feina ha estat constant en la història. La força muscular que utilitzaven els humans primitius de seguida es va substituir per mecanismes simples, com per exemple la palanca, el pla inclinat i la roda, que permetien moure càrregues d'una manera més còmoda i eficaç.

A l'edat mitjana s'aprofitava l'energia del vent i de l'aigua gràcies als molins de vent i les rodes hidràuliques.

A l'era moderna, la màquina de vapor va ser un element decisiu per al desenvolupament de la societat del segle XIX. Avui dia la revolució de la informàtica i dels mitjans audiovisuals està marcant el que s'ha anomenat *era digital*.

Podríem haver enumerat una infinitat d'artefactes, des dels més simples fins als més complexos, inventats per l'ésser humà amb l'objectiu de satisfer les seves necessitats fent el mínim esforç possible. Tots aquests artefactes s'anomenen **màquines**.

Així, una màquina és un conjunt d'elements capaços de transformar energia en treball útil; per exemple, en una llanxa motora, l'energia química del combustible és transformada en energia mecànica (moviment).

Tasques

1. Després de llegir el text anterior resol les preguntes següents:

a) Quins van ser els primers artefactes que va utilitzar l'ésser humà per estalviar-se feina?

b) D'on procedia l'energia que utilitzaven les primeres màquines inventades per l'ésser humà?

c) Quina finalitat tenen les màquines?

d) Quin grup de màquines ha aparegut en els últims temps?

e) Quina màquina ha estat molt important en el desenvolupament de la societat?

f) Elabora una llista de màquines que fas servir al llarg d'un dia.

2. El balancí de la figura, que pertany a l'Albert i la Conxita, mesura 4 m de longitud. La força màxima que l'Albert és capaç d'exercir és de 500 N i la Conxita, 600 N. Amb aquestes dades, resol les preguntes que hi ha a continuació::

a) De quina màquina simple es tracta? Quin tipus de màquina és?

b) Dibuixa un esquema d'aquesta màquina.

c) Si tots dos ocupen els seients i fan la mateixa força, què passarà?

d) Si l'Albert seu a l'esquerra i exerceix una força de 500 N, a quina distància del punt de suport s'haurà d'asseure la Conxita perquè el balancí continuï en equilibri si exerceix una força de 600 N?

e) Si la Conxita se situa a l'extrem exercint una força de 600 N, què passarà?

3. Analitza el tallaungles i indica a quin tipus de màquina pertany.

Activitats finals

1. Calcula el treball que cal efectuar per aixecar un cos que pesi 1 200 N fins a una altura de 9 m.

2. Una persona empeny una maleta per una estació de ferrocarril una distància de 20 m. Si el treball total que ha realitzat és de 1 200 J, quina força hauria d'aplicar?

3. De quin tipus són les palanques següents? Justifica la resposta amb un dibuix explicatiu.

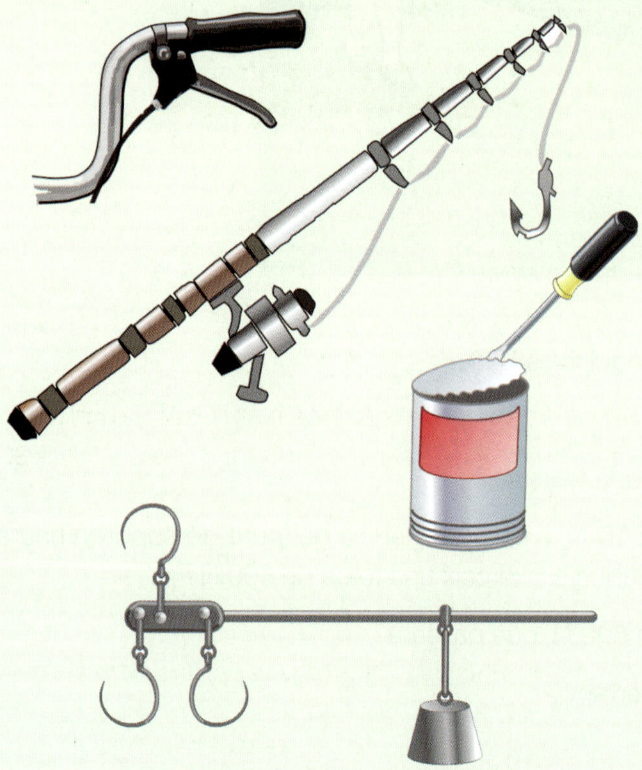

4. A quina distància s'ha de col·locar una persona que pesa 60 kg per aixecar una càrrega que pesa 100 kg?

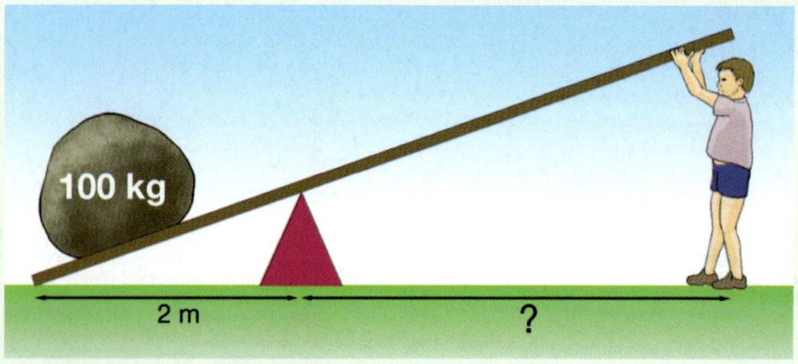

Si la palanca mesura 3 metres i el punt de suport està situat a 0,5 m de la càrrega, amb quin pes haurem d'aixecar-la?

5. Una grua eleva una càrrega de 600 N des de terra fins al quart pis d'un edifici en construcció, en un temps de 30 segons. Determina:

a) El treball efectuat, si l'alçada de cada pis és de 3 m.

b) La potència desenvolupada en W i en CV.

c) El rendiment, si el motor de la grua absorbeix una potència de 2 400 W.

6. Observa el llevataps de la figura i assenyala de quines màquines simples està format.

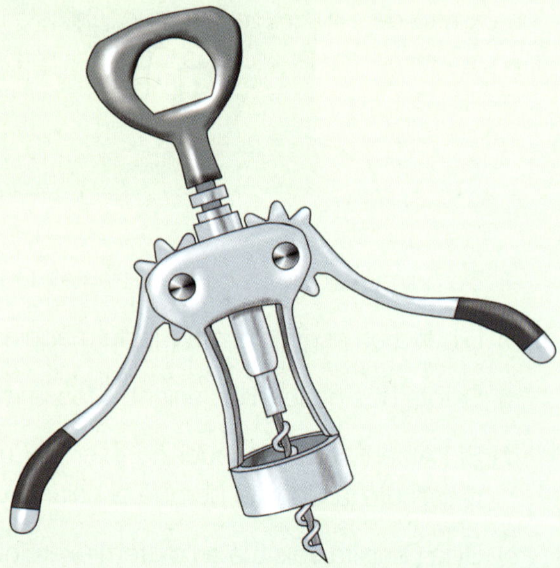

7. Si està compost per alguna palanca, digues a quin grau pertany. Raona la resposta amb dibuixos.

8. Digues si fa un o no treball mecànic en les següents situacions. Justifica la resposta.

a) Un treballador en una obra que puja una galleda plena de formigó amb l'ajuda d'una politja.

b) Una grua que empeny aquest formigó.

c) Una companya de classe que empeny l'envà de l'aula de Tecnologia.

d) Una molla comprimida a la qual se li treu el passador que l'aguanta i que empeny una caixa.

e) Un frigorífic que refreda els aliments que té a l'interior.

f) Una batedora que bat ous.

9. Quin és el rendiment d'una màquina que no té pèrdues?

10. Analitza una clau anglesa i enumera les màquines simples que la componen.

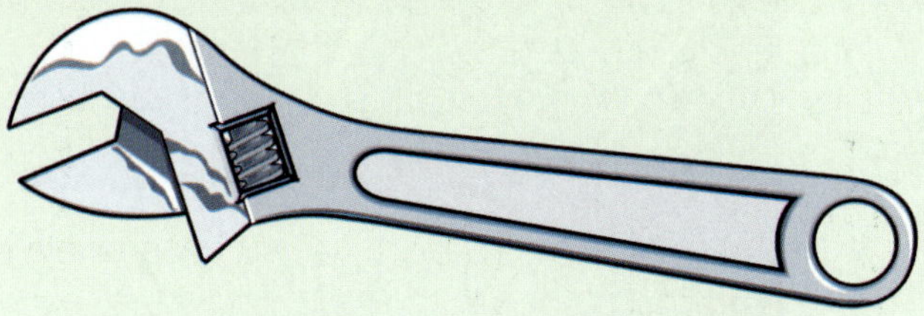

11. Un operari transporta un sac de ciment de 25 kg en un carretó de 140 cm de longitud. Calcula la força en newtons (N) que ha de fer per moure el sac, si està situat a 60 cm de la roda.

12. La figura representa una balança romana. Respon les preguntes següents sobre aquesta màquina:

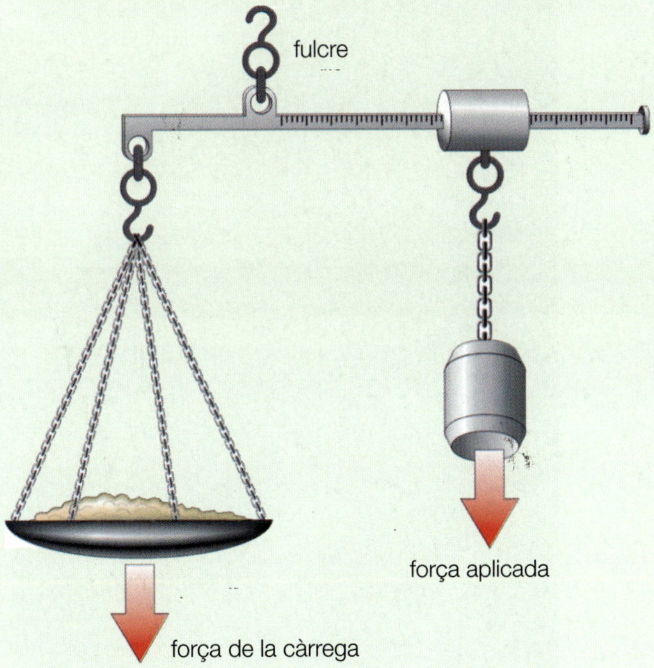

a) Per a què serveix?

b) En quin tipus de palanca es basa la seva construcció?

c) Explica'n el funcionament.

13. Si disposem d'un cargol de rosca senzilla amb un pas d'1,2 mm, quant avançarà la femella per cada volta completa?

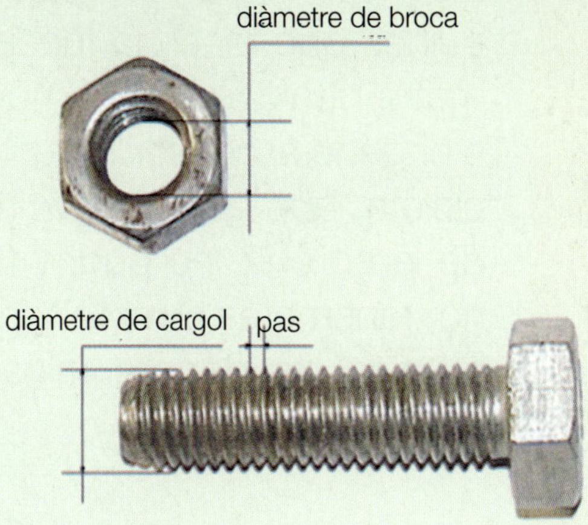

☐ *0,6 mm*
☐ *12 mm*
☐ *2,4 mm*
☐ *1,2 mm*

14. Un cotxe amb motor de combustió té una potència útil de 120 CV. Si el seu rendiment és del 30 %, calcula:

a) La potència total o absorbida en CV i en kW.

b) La potència perduda.

c) Investiga en què es perd aquesta potència.

UNITAT 4

Mecanismes

Si observem al nostre voltant, és difícil no trobar màquines i mecanismes que ens faciliten el nostre dia a dia. Els mecanismes són part de les màquines que tenen la funció de transmetre i transformar el moviment que s'hi genera per ser aprofitat. Una bicicleta, que genera moviment a l'eix de la corona, no podria funcionar si no transmetés el moviment generat a la roda de darrere mitjançant una roda i un pinyó.

Activitats inicials

1. Analitza la figura de la il·lustració i contesta:

a) Per a què serveix aquesta màquina?

b) Enumera els mecanismes que hi apareixen.

c) Explica'n el funcionament.

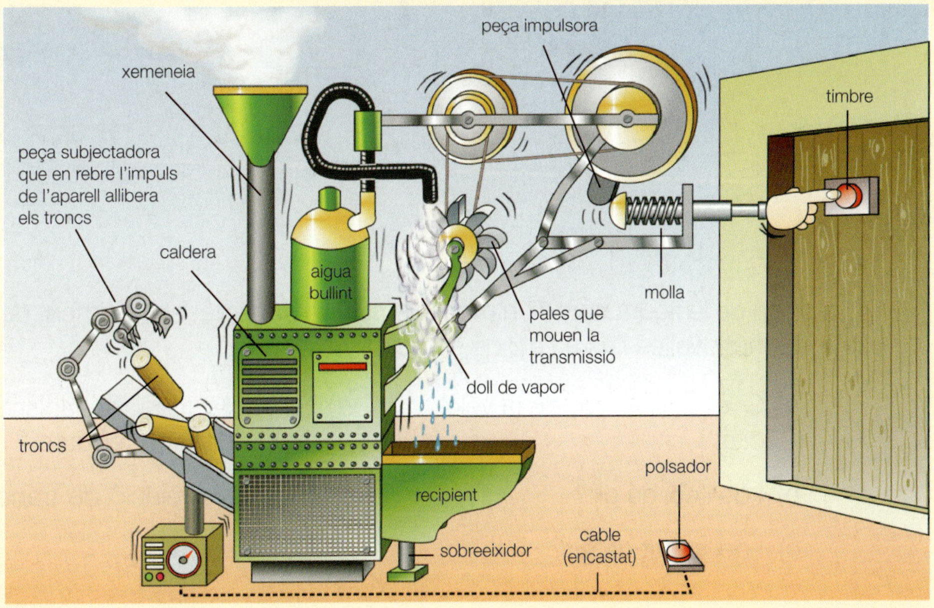

1. Transmissió de moviments

En una màquina dinàmica els moviments es transmeten a diferents punts de la màquina. Per això, són necessaris els mecanismes que s'encarreguen de:

- transmetre els moviments,
- modificar-los si fos necessari.

Així, en una bicicleta, el moviment generat al pedal es transmet a la roda mitjançant la cadena i les rodes dentades, de manera que es poden aconseguir diferents velocitats amb un mateix ritme de pedaleig, és a dir, s'aconsegueixen diferents «relacions de transmissió» entre el pedal i la roda.

En moviments circulars, la velocitat se sol expressar en **revolucions per minut** (rpm) i el sentit de gir, segons coincideixi o no amb les agulles del rellotge.

La *relació de transmissió* és la relació entre la velocitat de l'eix conduït (moviment de sortida) i l'eix motriu (moviment d'entrada).

$$R_t = n_{cond} / n_{motriu}$$

relació de transmissió: R_t; velocitat motriu en rpm: n_{motriu}; velocitat conduïda en rpm: n_{cond}

Resol

1. Imagina't un mecanisme en què la roda motriu és la petita, que gira a 200 rpm, i la conduïda és la gran, que gira a 50 rpm.

   a) Com és la relació de transmissió?

   b) Si té una manovella que gira a 800 rpm, a quina velocitat girarà la roda conduïda?

2. Calcula la relació de transmissió dels mecanismes següents. A quina velocitat giraran els eixos conduïts si la velocitat dels eixos motrius és de 60 rpm?

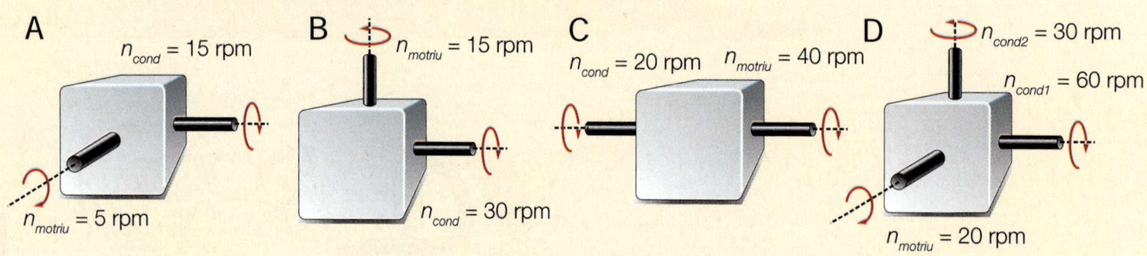

Analitza

3. La caixa de la figura conté un mecanisme que transmet el moviment des de les manovelles fins a l'eix de sortida.

   a) Què en pots dir, de la velocitat?

   b) I de l'eix de gir?

   c) I del sentit de gir?

   d) Es tracta d'un mecanisme multiplicador o reductor?

   e) Calcula la relació de transmissió.

Un pinyó és la roda amb menys nombre de dents d'un engranatge.

Les relacions de transmissió d'alguns mecanismes que s'utilitzen per transmetre els moviments són:

Politges i corretges

Si la corretja no s'encreua, el sentit de gir no s'inverteix. S'utilitzen quan els eixos de gir no han de transmetre gaire força i estan bastant separats.

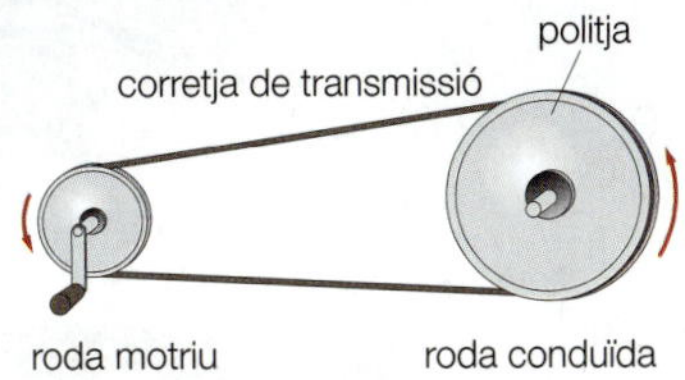

$$R_t = \frac{D_{motriu}}{D_{cond}}$$

Cadenes

El sentit de gir no s'inverteix. Transmet grans forces encara que els eixos de gir són paral·lels i no poden estar gaire separats.

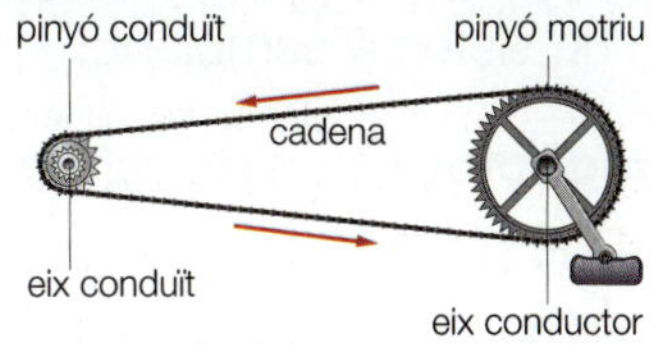

$$R_t = \frac{Z_{motriu}}{Z_{cond}}$$

Engranatges rectes

Les dents són paral·leles. El sentit de gir s'inverteix. S'utilitzen quan els eixos de gir es troben a poca distància i s'han de transmetre grans forces.

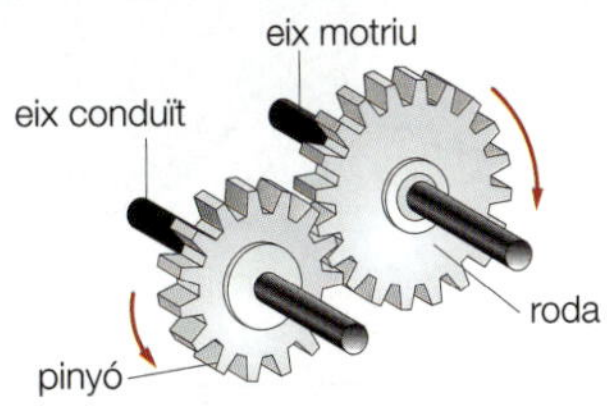

$$R_t = \frac{Z_{motriu}}{Z_{cond}}$$

Engranatges cònics

Les rodes tenen forma cònica. Els eixos de gir estan a 90°. Transmeten grans esforços.

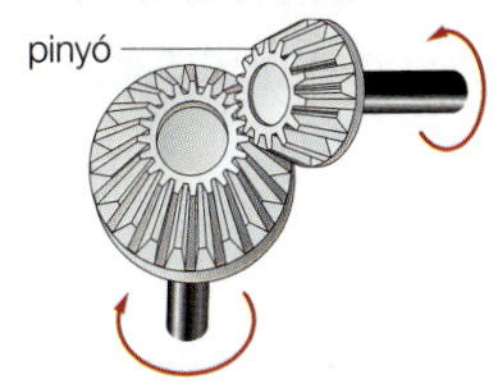

$$R_t = \frac{Z_{motriu}}{Z_{cond}}$$

Resol

4. La politja del tambor de la rentadora de la figura mesura 45 cm de diàmetre i la politja del motor, 9 cm. Calcula la relació de transmissió i la velocitat del tambor quan el motor gira a 450 rpm.

5. En un engranatge recte, el pinyó fa de roda motriu i gira a 1 000 rpm. Si l'engranatge conduït gira a 250 rpm:

a) Quina és la relació de transmissió del mecanisme?

b) Si el pinyó té 20 dents, quantes en deu tenir la roda conduïda?

6. Observa les quatre corretges i politges de la figura. Calcula les relacions de transmissió dels mecanismes i la velocitat de les politges conduïdes si les motrius giren a 600 rpm, i descriu com són els moviments.

A

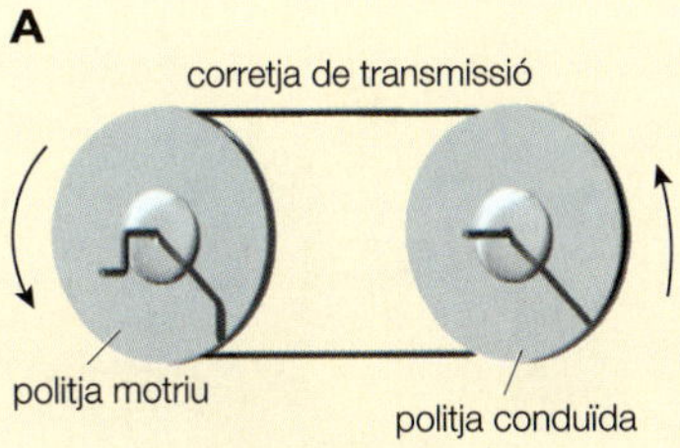

$D_{motriu} = 9$ cm
$D_{cond} = 9$ cm

B

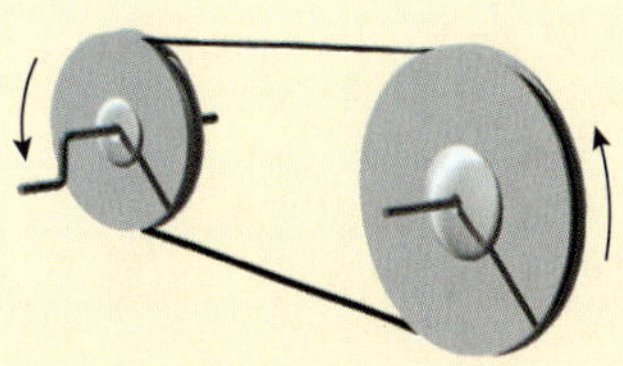

$D_{motriu} = 8$ cm
$D_{cond} = 12$ cm

C

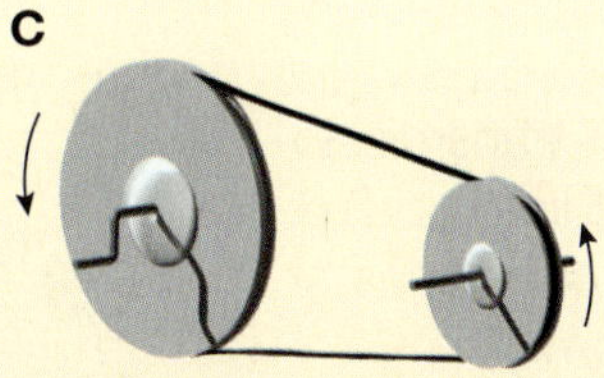

$D_{motriu} = 12$ cm
$D_{cond} = 8$ cm

D

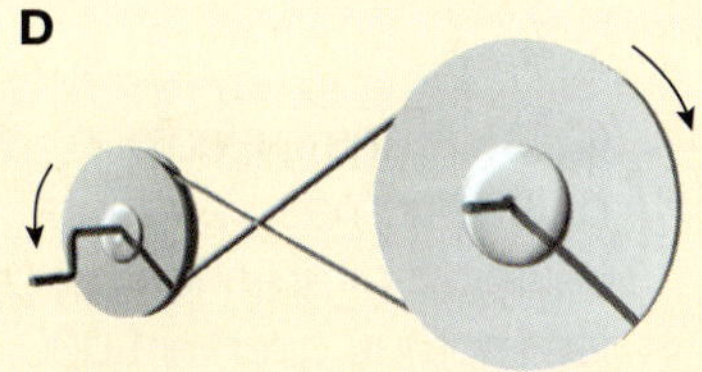

$D_{motriu} = 8$ cm
$D_{cond} = 16$ cm

Algunes aplicacions usuals dels mecanismes són l'arbre de politges, les transmissions de les bicicletes i els reductors.

L'**arbre de politges** és una aplicació de la transmissió per politges i corretges. Variant la posició de la corretja es poden aconseguir diferents velocitats amb un únic motor, com passa amb el trepant de columna. Les **transmissions de les bicicletes** utilitzen un sistema semblant.

El **reductor** és un mecanisme que té la finalitat de reduir la velocitat de gir dels motors, que, en general, sol ser molt ràpida. Un sistema per construir un reductor consisteix a unir dos engranatges sobre un mateix eix. Un altre sistema és utilitzar un cargol sense fi.

Arbre de politges d'un trepant de columna.

Transmissió d'una bicicleta.

> Un **mecanisme és reversible** quan la roda motriu pot utilitzar-se com conduïda o al revés.

Reducció de velocitat mitjançant engranatges	Reducció de velocitat mitjançant un cargol sense fi
 Suposant que la 1 és la roda motriu i la 4 la conduïda, s'obtenen dues reduccions de velocitat R_{t12} i R_{t34}. Així, la relació de transmissió total ve donada pel producte de les dues: $R_t = R_{t12} \cdot R_{t34} = \frac{Z_1}{Z_2} \cdot \frac{Z_3}{Z_4}$	 És un mecanisme format per un cargol i una roda dentada en el qual només es pot transmetre el moviment del cargol cap a la roda. Si el cargol té una sola entrada de rosca, la relació de transmissió ve donada pel nombre de dents de la roda. Es tracta d'un mecanisme no reversible. $R_t = \frac{1}{Z}$

Resol

7. Calcula les relacions de transmissió dels sistemes següents. Indica a quina velocitat giraran les rodes conduïdes si les motrius giren a 1 000 rpm.

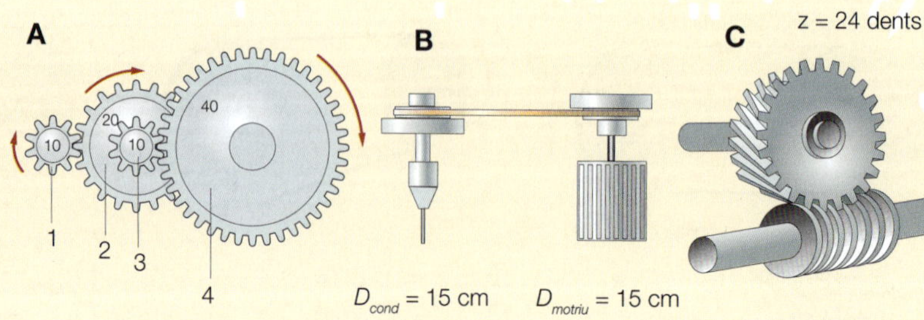

Taller d'informàtica

1. El programa Yenka

A continuació farem servir el programa Yenka per comprovar el funcionament de diferents mecanismes.

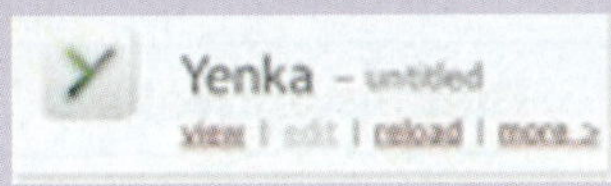

1. Entra al programa i accedeix a *Technology* | *Gears*. Situa't sobre l'opció *Edit*, que et permetrà introduir elements a l'àrea de treball.
2. Obre la carpeta d'objectes Objects i arrossega el motor de velocitat constant al centre de l'àrea de treball. Fent-hi doble clic podràs indicar la velocitat de gir, que, en aquest cas, serà de 40 rpm.
3. Selecciona ara un engranatge doble i situa una de les rodes de manera que coincideixi amb l'eix del motor. Posa 10 dents per a l'engranatge motriu (*Gear*) i 40 dents per a l'engranatge conduït.
4. Observa els sentits de gir dels tres elements i les velocitats. Per veure millor el gir pots variar la posició de visió del mecanisme.

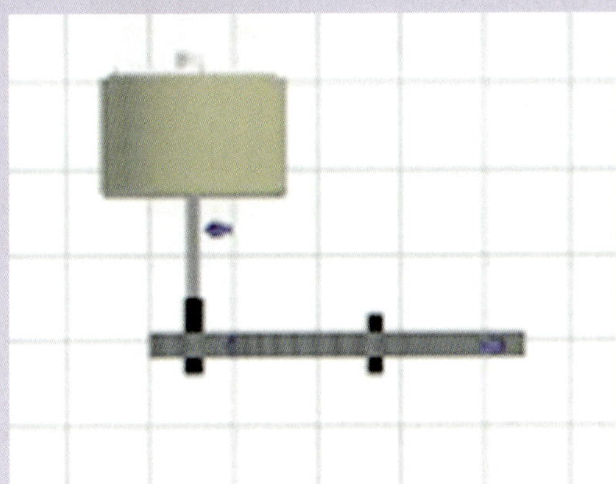

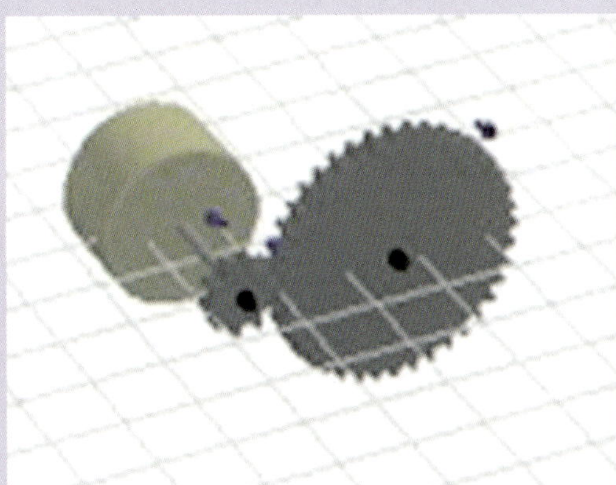

5. Calcula la relació de transmissió i la velocitat de la roda conduïda.
6. Desa el mecanisme dissenyat amb el nom **Reductor 1 Etapa**.

2. Muntatge de dos motors

Fes els dos muntatges de la figura, comprova'n el funcionament, i calcula la relació de transmissió i la velocitat de la roda final si el motor gira a 120 rpm.

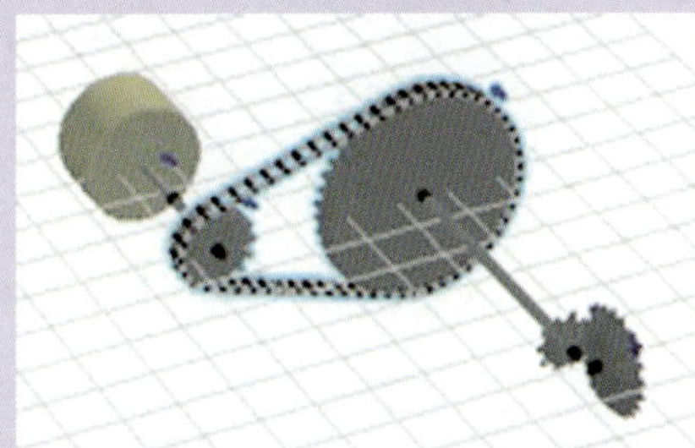

Z_1 = 15 dents
Z_2 = 45 dents
Z_3 = 10 dents
Z_4 = 20 dents

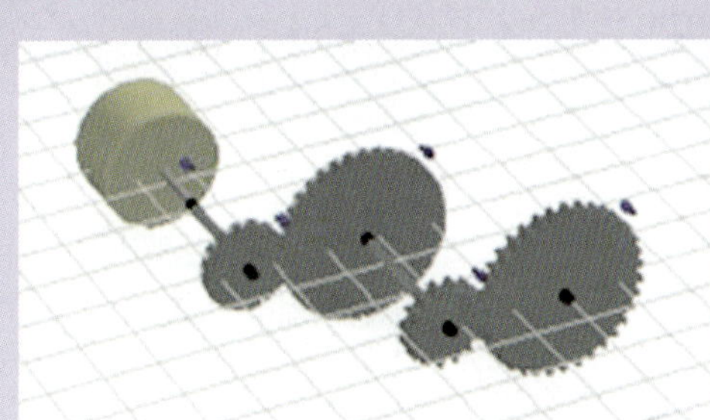

Z_1 = 16 dents
Z_2 = 32 dents
Z_1 = 16 dents
Z_2 = 32 dents

3. Disseny d'un mecanisme

Mitjançant el programa de simulació Yenka, dissenya un mecanisme que compleixi les condicions següents:

- El moviment ha de començar en un motor que giri a 400 rpm i acabar en una roda dentada que giri a 10 rpm.
- L'eix del motor ha d'estar horitzontal i el de la roda conduïda final, en posició vertical.
- Has d'utilitzar el mínim nombre possible d'elements.
- No hi ha d'haver engranatges amb més de 20 dents.

2. Transformació de moviments

Els mecanismes vistos fins ara es limiten a transmetre moviment d'un punt a un altre, però sense variar el tipus de moviment. Hi ha altres màquines que, a més de transmetre el moviment, el transformen de circular a rectilini o a l'inrevés. Entre aquestes destaquen:

Pinyó-cremallera

Es tracta d'un mecanisme reversible, ja que l'element motriu pot ser tant el pinyó com la cremallera.

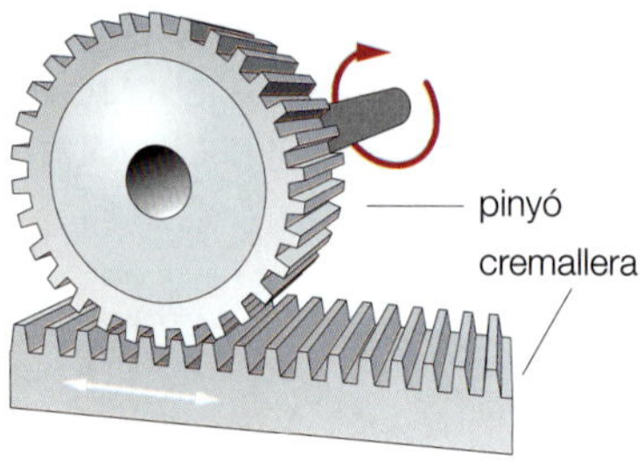

Biela-manovella

La manovella subjectada per un extrem gira arrossegant la biela; aquesta, al seu torn, arrossega una peça que es desplaça linealment per una guia. Es tracta d'un mecanisme reversible.

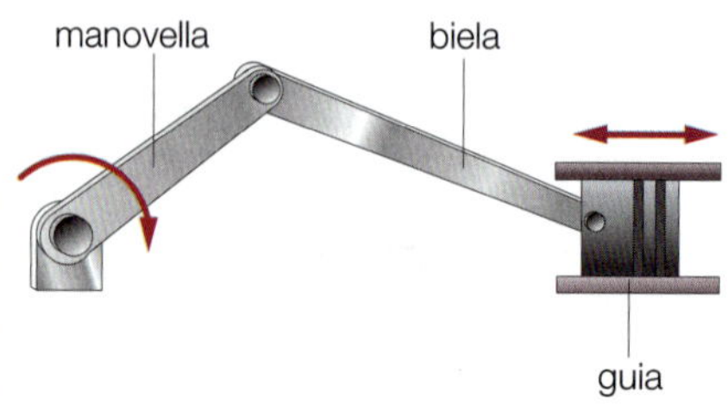

Lleva

La lleva gira de forma excèntrica i un seguidor hi està en contacte constant. Aquest mecanisme no és reversible, ja que el moviment sempre es transmet de la lleva cap al seguidor.

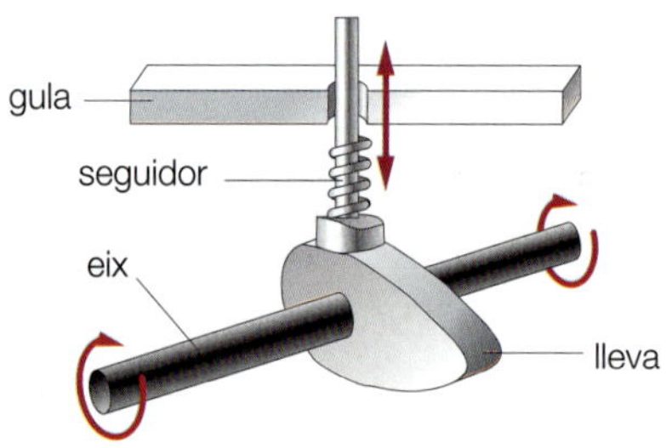

Cargol-femella

En girar la femella, el cargol es desplaça linealment. Per cada volta del cargol, la femella és desplaçada a una distància que correspon al seu pas.

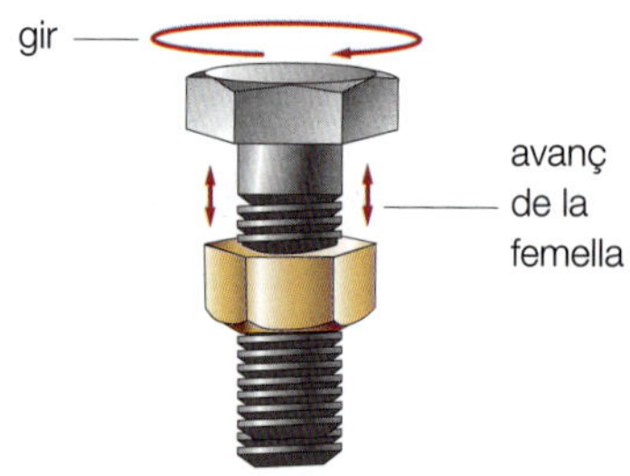

Analitza

8. Observa els aparells següents. Descriu-ne l'ús i explica'n el funcionament identificant els mecanismes que hi intervenen.

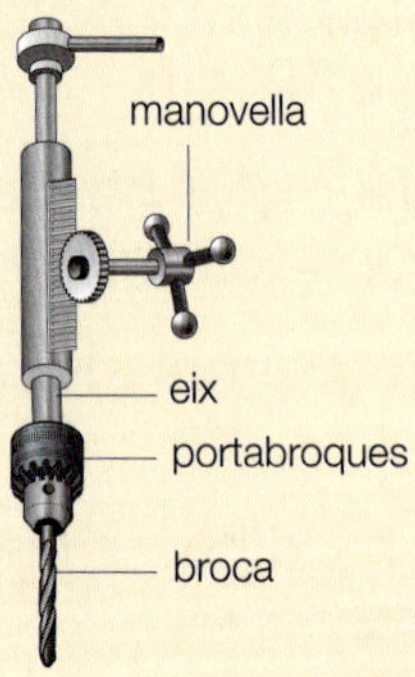

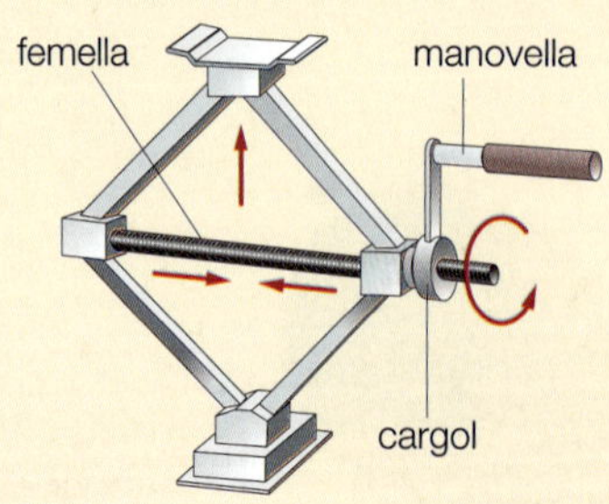

3. Elements auxiliars

Les màquines, a més dels mecanismes vistos fins ara, en tenen uns altres que compleixen altres funcions, com els **coixinets** o el **cadell**.

Els eixos són elements cilíndrics sobre els quals es munten rodes, politges o altres mecanismes. Per exemple, si es vol que una roda pugui girar lliurement sobre un eix, cal intercalar-hi un coixinet.

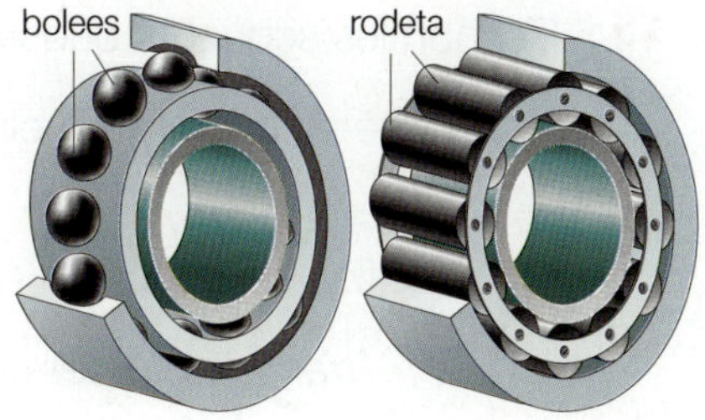

Coixinet de boles. Coixinet de rodets.

El cadell és un mecanisme que permet el gir d'una roda dentada en un sol sentit. En la figura es pot veure com el cadell, que és un element mòbil, s'encaixa entre les dents de l'engranatge gràcies a la força de la molla. La roda de la figura només pot girar en sentit horari.

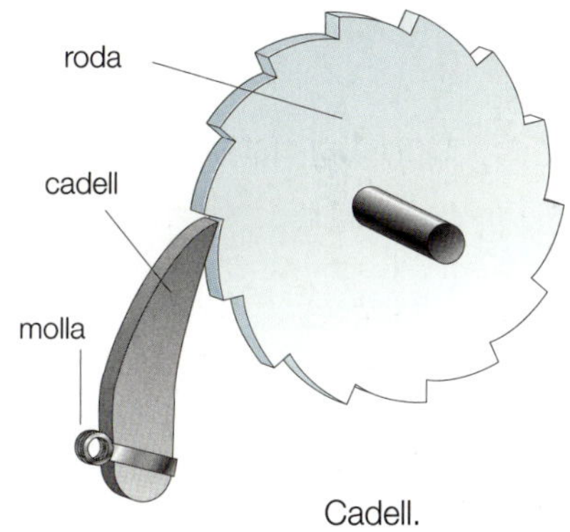

Cadell.

Analitza

9. En els dibuixos es pot apreciar una roda i una clau combinada. Identifica els elements auxiliars de què disposen i explica'n la funció.

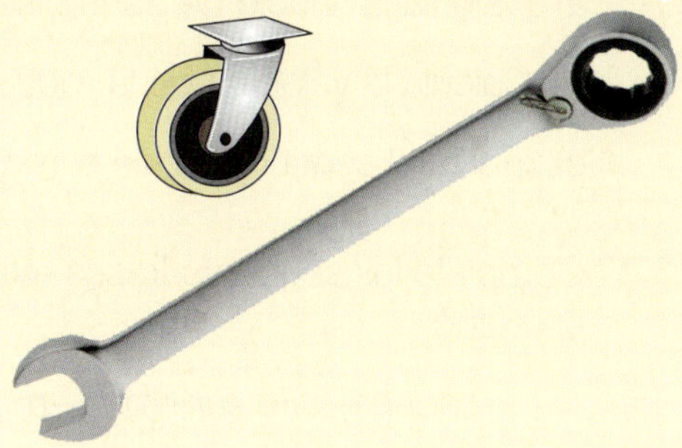

10. Observa la posició del cadell a cadascuna de les figures i indica:

a) Quins cadells estan ben muntats i permetran el gir de la roda en un sol sentit?

b) Quins pesos es quedaran en la seva posició sense baixar?

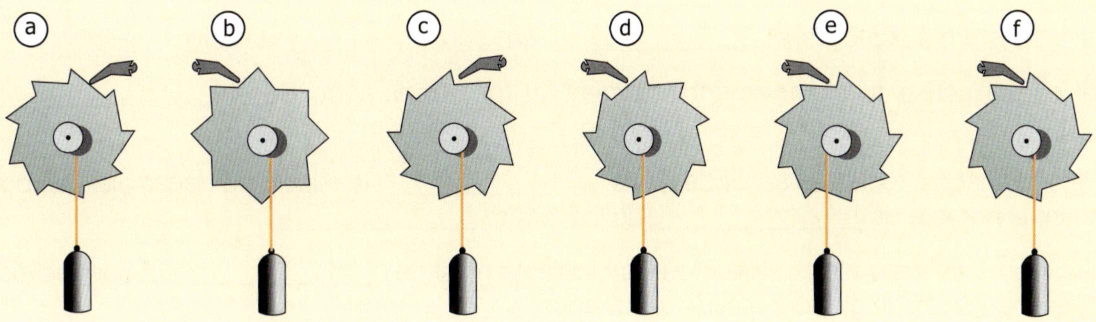

Respon

11. Respon les següents qüestions:

a) En què es diferencien els sistemes de transmissió de moviment i els sistemes de transformació de moviment?

b) Classifica els següents elements segons que siguin de transmissió o de transformació de moviment:

transmissió per cadena – biela – manovella – cigonyal – lleva – engranatges – cargol sense fi

transmissió per corretja

Transmissió de moviment	Transformació del moviment

Resol

12. Donat el sistema d'engranatges de la figura:

A = 12 dents

B = 36 dents

C = 12 dents

D = 48 dents

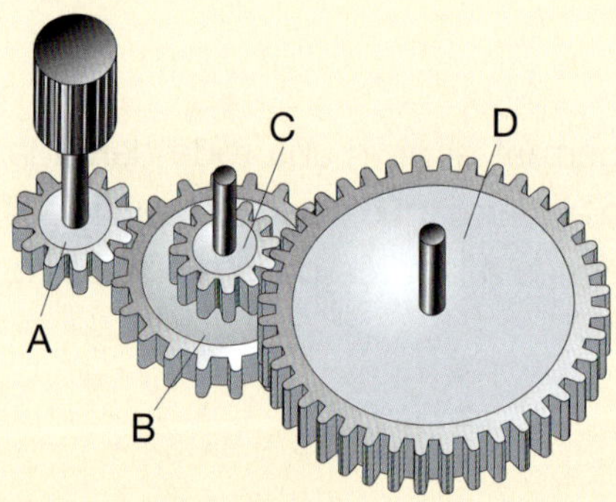

a) Calcula la relació de transmissió parcial i total.

b) Calcula la velocitat de la roda A si la roda D gira a 1 000 rpm.

c) Indica el sentit de gir de la roda D si la roda A té sentit horari.

13. Completa les següents frases referides als mecanismes escrivint la paraula correcta en cadascun dels espais en blanc:

cadena – circular – roda – allunyats – dents – pinyó-cremallera – inverteix – rectilini – cargol – dentades

a) Els trens de muntanya utilitzen un sistema de ______________ per superar els forts pendents.

b) La lleva transforma el moviment ______________ en ______________ de vaivé.

c) En el cargol sense fi, el moviment solament es pot transmetre de el ______________ cap a la ______________.

d) En els engranatges rectes, el sentit de gir es ______________ i la relació de transmissió es pot trobar relacionant el nombre de ______________ de les rodes ______________.

e) El mecanisme de transmissió utilitzat en les bicicletes és el de ______________. En aquest tipus de mecanismes, els eixos de gir poden estar relativament ______________.

Síntesi

Elabora el teu propi resum de la unitat, completant els espais en blanc amb les paraules clau.

1. Els ______________ s'encarreguen de transmetre els ______________ i modificar-los si fos necessari.
2. La relació de transmissió ve donada per la relació entre la ____________ de la roda conduïda i la de la roda ____________.
3. Els mecanismes de transmissió no modifiquen el tipus de moviment, mentre que els de transformació converteixen el moviment ____________ en lineal o a l'inrevés.
4. Alguns mecanismes que transformen el moviment són el cargol, la biela-manovella, la ____________ o el pinyó-cremallera.
5. En les màquines hi ha uns elements metàl·lics l'objectiu dels quals no és transmetre el moviment. Són els ____________ o el cadell, que garanteix que una ____________ dentada només pugui girar en un sentit.
6. El mecanisme de transmissió per ______________ s'utilitza quan els eixos de gir no han de transmetre massa força i estan bastant ______________.
7. En el mecanisme de transmissió per cadena, el sentit de ______________ no s'inverteix i es transmet el moviment entre dues rodes ______________.
8. En els mecanismes d'engranatges ____________, els eixos de gir són ______________ i estan a poca distància. El sentit de gir s'inverteix.

Paraules clau

motriu, lleva, roda, corretja, rectes, velocitat, circular, coixinets, paral·leles, moviments, girs, cinc, separats, mecanismes, dentades

Recursos en xarxa

A Internet es poden trobar diversos programes de simulació de mecanismes. Un d'ells es diu Relatran, creat per Jaume Dellunde, que es pot descarregar lliurement. Aquest programa permet fer tests i exercicis, amb diferents graus de dificultat, sobre màquines simples i mecanismes. A més, disposa d'un simulador amb el qual podràs comprovar el funcionament d'alguns mecanismes.

Entra al programa i practica els coneixements que has adquirit en aquesta unitat.

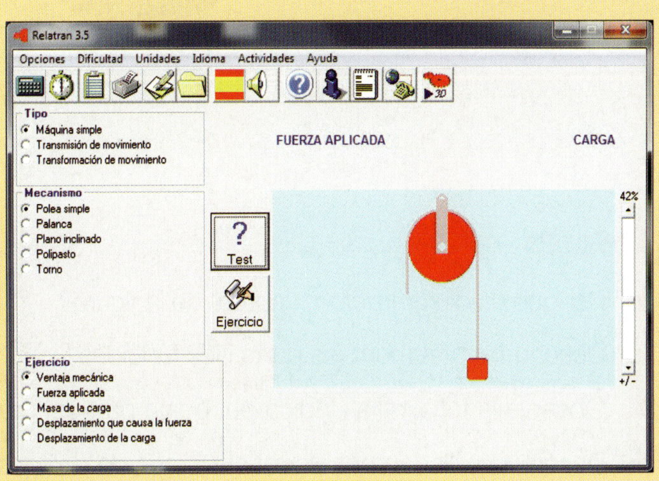

Competències bàsiques

El gramòfon

Qui havia de dir fa cent anys que podríem portar centenars de cançons a la butxaca per escoltar-les amb una qualitat excepcional. L'origen dels actuals equips de música i dels MP3 o MP4 van ser els gramòfons i, posteriorment, els tocadiscos.

La paraula *gramòfon* deriva del grec *grámma* 'escriptura' i *fonos* 'so'. Es tracta del primer sistema utilitzat per gravar i reproduir sons sobre un disc pla, i va ser patentat el 1888, als Estats Units, per l'alemany Emile Berliner.

El gramòfon es compon d'un amplificador en forma de campana, un braç a l'extrem del qual hi ha una agulla i un plat giratori que dóna voltes a una velocitat constant. Al principi, el gir s'originava donant corda al mecanisme i, més tard, amb l'aplicació de l'electricitat, mitjançant un motor elèctric.

Per gravar sobre els discos, les ones sonores es transformen en vibracions mecàniques que fan moure l'agulla, la qual traça solcs a una profunditat determinada sobre un disc que va girant. Aquests solcs formen una espiral.

Inversament, per reproduir el so, el disc origina unes vibracions que són captades per l'agulla i transformades en el so emès per l'amplificador.

Tasques

1. Per què es diu *gramòfon*, l'aparell de la figura?
2. Descriu-ne breument les parts i les funcions.
3. Observa la fotografia i indica per quina part del gramòfon se subjecta l'amplificador.
4. Descriu detalladament els mecanismes de politges.

La transmissió d'una bicicleta

Per adaptar-se millor a diferents pendents i velocitats, es fabriquen bicicletes amb marxes. Les marxes són degudes als desenvolupaments, és a dir, a la relació entre el nombre de voltes de la roda i la quantitat de pedalades. Així, un desenvolupament 2:1 ens indica que per cada volta del pedal la roda en fa dues. Aquesta relació s'estableix pel nombre de dents, tant del plat com del pinyó.

La figura següent mostra la transmissió d'una bicicleta amb dos plats i quatre pinyons:

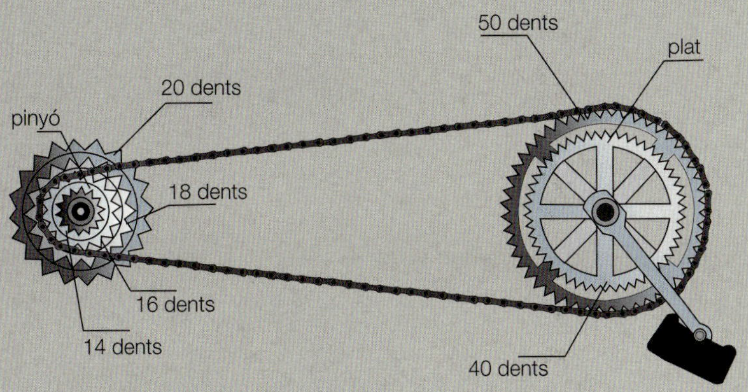

Tasques

1. Quantes combinacions diferents es poden obtenir?
2. En una taula com la següent, indica el valor de tots els desenvolupaments:

	Pinyó$_{\text{més gran}}$	Pinyó$_{\text{gran}}$	Pinyó$_{\text{petit}}$	Pinyó$_{\text{més petit}}$
Plat$_{\text{gran}}$	50/20			
Plat$_{\text{patit}}$				

3. Es tracta de mecanismes reductors o amplificadors de velocitat?
4. Ordena els desenvolupaments de la taula de més gran a més petit.
5. Quantes voltes farà la roda en fer una pedalada amb la marxa més llarga? I amb la més curta?
6. Si el radi de la roda és de 0,35 m, quina distància recorrerà la bicicleta en fer una pedalada amb la marxa més llarga? I amb la més curta?

Activitats finals

1. Observa les corrioles de la figura. Si volem reduir la velocitat quatre vegades, quin diàmetre ha de tenir la corriola conduïda si la motriu mesura 6 cm?

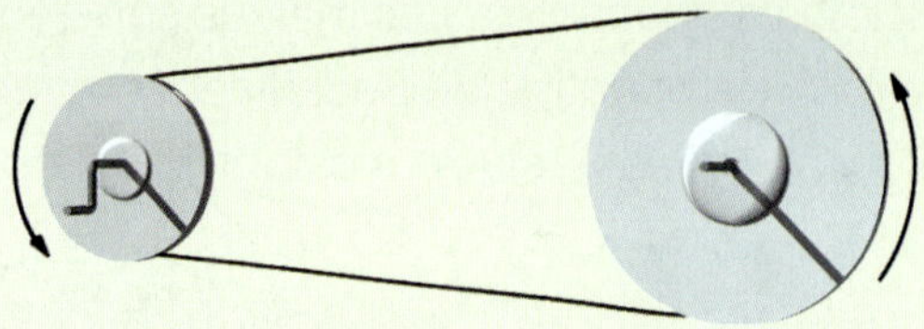

2. Un ciclista utilitza un plat de 60 dents i un pinyó de 15 dents, com s'observa en la figura:

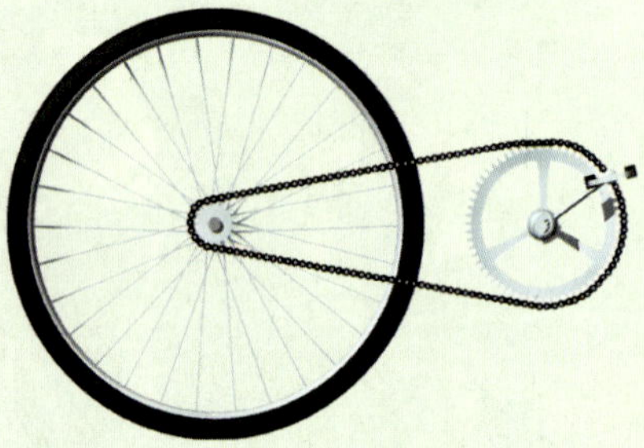

a) Calcula'n la relació de transmissió.

b) Si el ciclista pedaleja a 40 rpm, a quina velocitat gira la roda de la bicicleta?

c) En quin tipus de terreny creus que està corrent el ciclista?

3. Sabent que l'eix motriu gira en sentit horari, en quin sentit girarà l'últim element?

a)

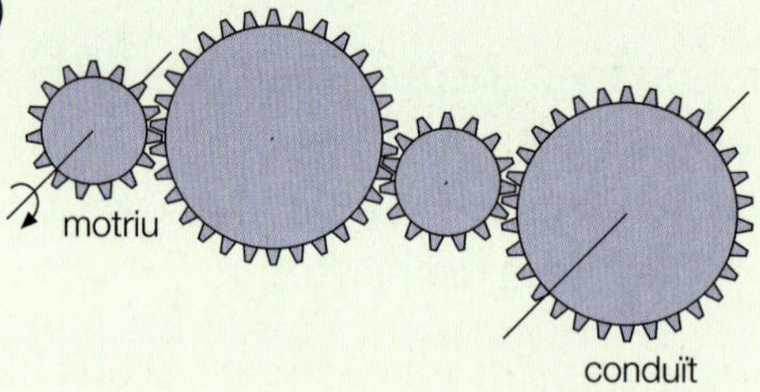

b)

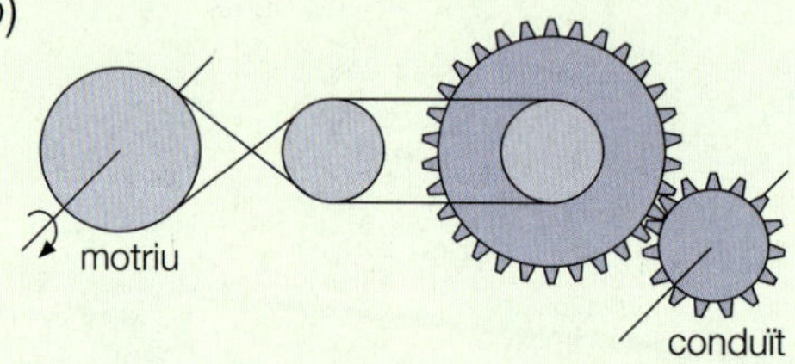

c)

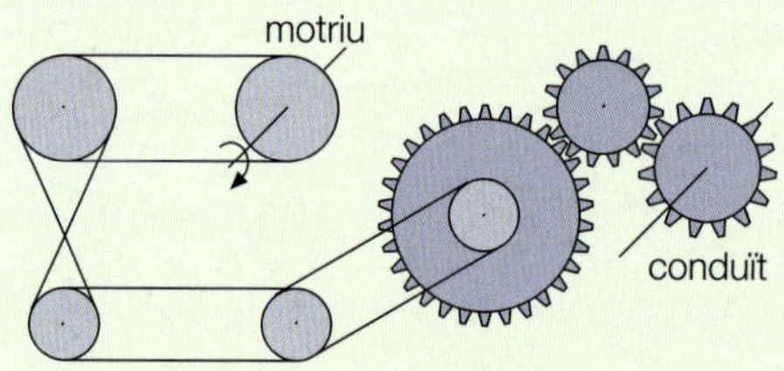

4. Copia la taula següent a la llibreta i completa-la:

Tipus d'engranatge	Característiques del moviment d'entrada	Característiques del moviment de sortida
transmissió per corretja		
transmissió per cadena		
engranatge recte		
engranatge cònic	És un moviment circular.	És un moviment circular en què l'eix de gir ha variat 90°. La velocitat depèn del nombre de dents dels engranatges.
cargol sense fi		
pinyó-cremallera		
biela-manovella		
lleva		

5. Donats els següents sistemes de transmissió:

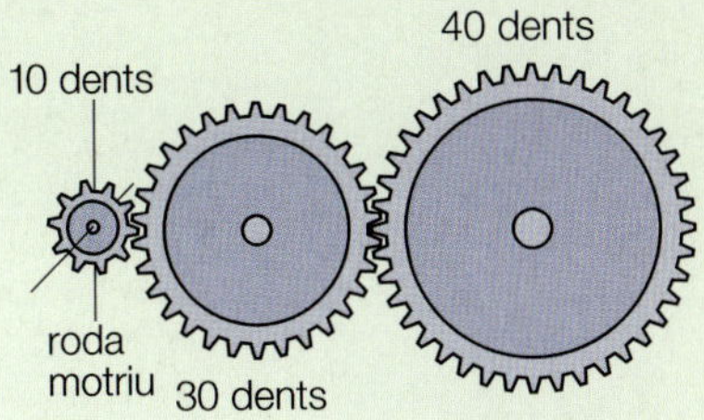

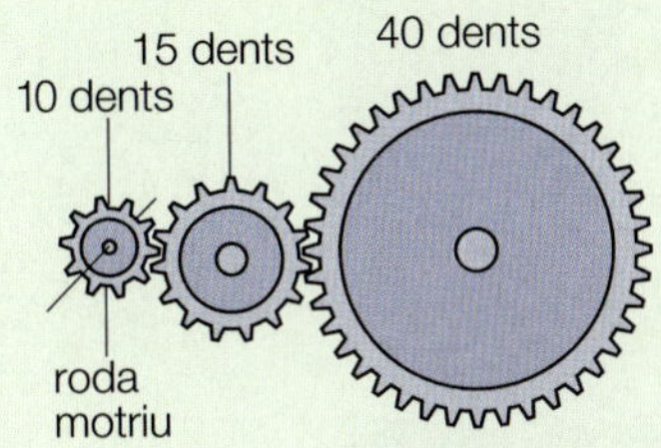

a) Calcula la relació de transmissió de tots dos sistemes.

b) Quin dels dos sistemes té una relació de transmissió més gran?

c) Per a què serveix la roda del mitjà?

d) Si la roda de 10 dents gira a 120 rpm, a quina velocitat girarà la de 40 dents?

6. Donat el sistema d'engranatges de la figura:

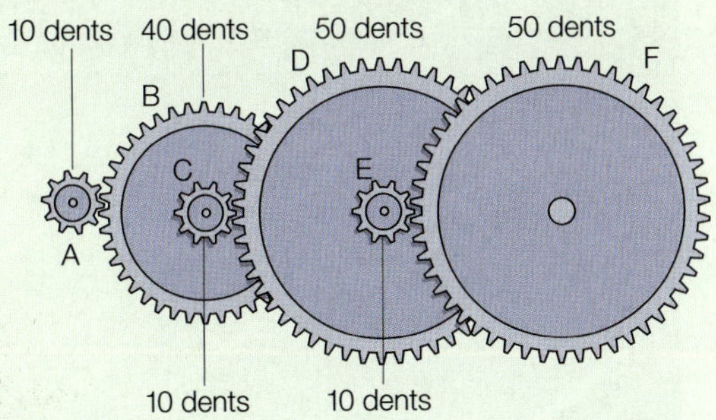

a) Quina és la relació de transmissió del sistema?

b) Quina és la velocitat de la roda dentada F si la roda A gira a 2 000 rpm?

c) Quin serà el sentit de gir de la roda F si la roda A gira en sentit antihorari?

7. Demostra matemàticament per què la relació de transmissió de la corriola i la corretja de la figura és:

$$R_t = \frac{D_1}{D_2} \cdot \frac{n_1}{n_2}$$

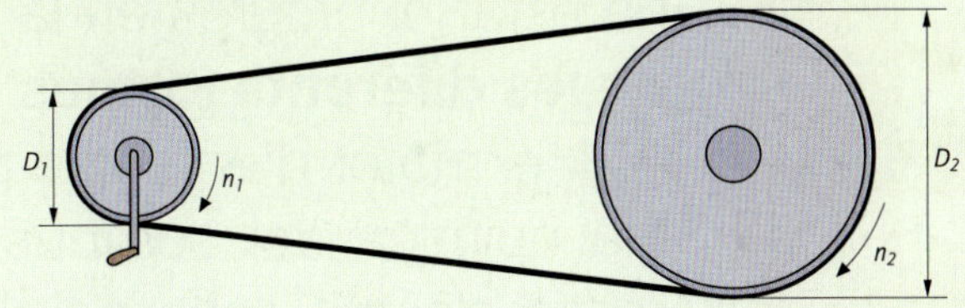

8. En el mecanisme de la figura següent, el motor gira a 1 200 rpm i té un reductor de 1 / 10. Calcula el desplaçament de la cremallera en un minut si el cargol sense fi és d'una entrada.

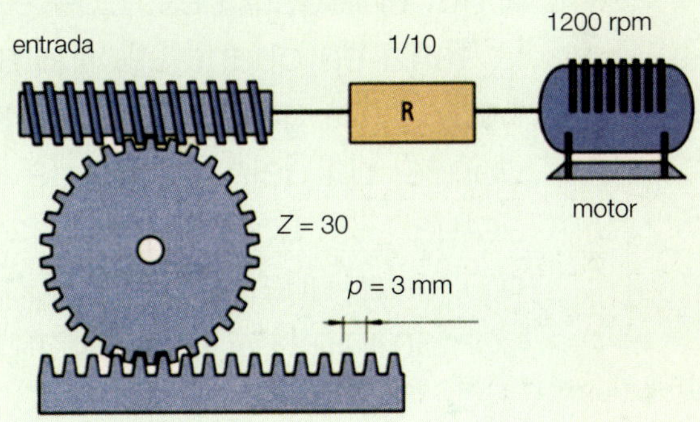

9. Identifica el tipus d'engranatges d'aquestes figures:

a)

b)

c)

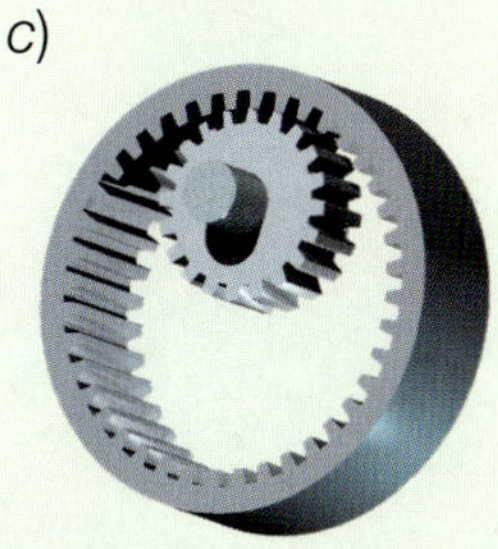

d)

UNITAT 5

Màquines tèrmiques

Un dels grans èxits de la humanitat ha estat el progrés en la **utilització de les diferents formes d'energia**. Així, el motor d'un cotxe pren l'energia química del combustible, o un motor elèctric, l'energia elèctrica, i la transformen en moviment.

La demanda creixent d'energia provoca l'esgotament progressiu de les fonts energètiques, que es troben a la Terra en quantitats limitades, i genera una gran contaminació. Així doncs, un dels reptes de la societat actual és aconseguir noves fonts d'energia que siguin inesgotables i no contaminin tant el medi ambient.

Activitats inicials

1. En el seu funcionament normal, el trepant transforma l'energia elèctrica que rep en una altra forma d'energia. Identifica quin tipus d'energia proporciona i justifica la resposta.

a) Elèctrica.

b) Mecànica.

c) Química.

2. Els motors dels avions, vaixells o vehicles terrestres utilitzen, habitualment, l'energia de productes derivats del petroli. Tenint en compte les reserves disponibles i la seva nul·la capacitat de regeneració, què se'n pot dir, del petroli?

a) Que es troba a la Terra en quantitats limitades.

b) Que es troba a la Terra en quantitats il·limitades.

c) Que és un material inesgotable.

Justifica la resposta escollida.

1. Els motors tèrmics

Els motors tèrmics aprofiten l'energia tèrmica produïda en cremar un combustible i la transformen en energia mecànica.

A continuació, tens un esquema de classificació dels motors tèrmics:

Motors tèrmics	De combustió interna	De combustió externa
Alternatius	• motors de quatre temps: motors d'explosió (cotxes), motors dièsel (camions i cotxes)  	• màquines de vapor 
	• motors de dos temps: motors d'explosió (motos), motors dièsel (vaixells)  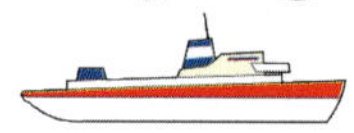	
Rotatius	• motors de reacció 	• turbines 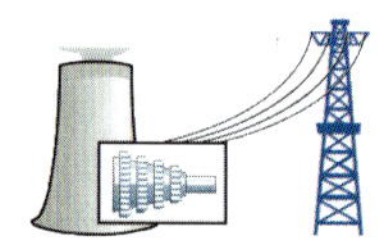

En els motors tèrmics de **combustió externa** el combustible es crema fora del motor, mentre que en els de **combustió interna** el combustible es crema a l'interior.

Els motors tèrmics **alternatius** porten un èmbol (o pistó) que produeix moviment rectilini alternatiu i un mecanisme de biela-manovella que transforma aquest moviment rectilini alternatiu en moviment circular. En canvi, els motors tèrmics **rotatius** produeixen directament el moviment de rotació.

En realitat, un **motor tèrmic** pren l'energia química emmagatzemada en un combustible i la transforma en energia tèrmica; aquesta, al seu torn, és emprada per produir el moviment.

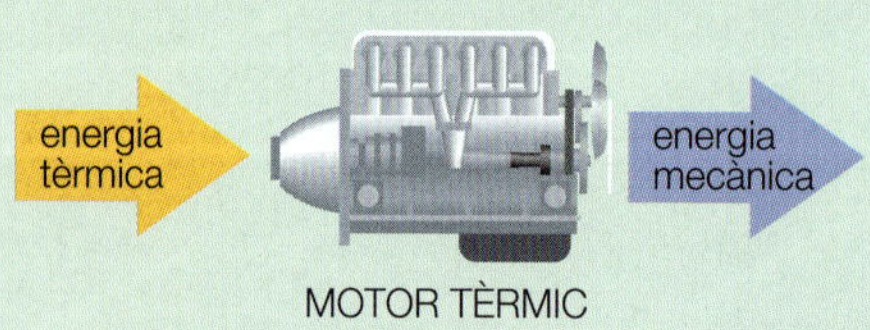

Analitza

1. El procés consistent a cremar un combustible es coneix amb el nom de **combustió**. Perquè la combustió pugui tenir lloc són necessaris uns quants elements. Relaciona en la taula de sota els elements necessaris per dur a terme una combustió amb la descripció corresponent. A continuació, indica en el dibuix cadascun dels elements que hi intervenen.

Elements	Descripció
combustible	Element que aporta calor per iniciar la combustió. Per exemple, la flama d'un llumí, una espurna, etc.
comburent	Matèria capaç de cremar. Per exemple: fusta, carbó, gas, gasolina, etc.
font de calor	Substància que manté la combustió, que acostuma a ser l'oxigen de l'aire.

2. La màquina de vapor

La màquina de vapor aprofita la força expansiva del vapor d'aigua que s'obté a partir de la utilització d'un combustible i la transforma en energia mecànica. Amb la invenció d'aquest giny es va aconseguir moure trens, vaixells, màquines en les indústries i, fins i tot, els primers automòbils.

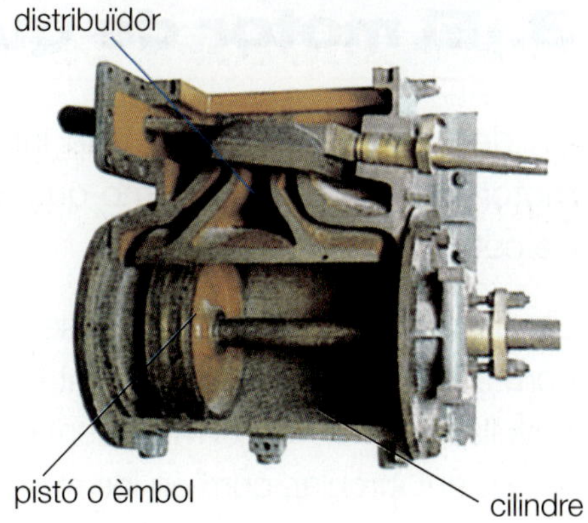

Parts del motor d'una màquina de vapor moderna.

A la figura de l'activitat et mostrem l'esquema de funcionament d'una màquina de vapor. S'hi poden observar els elements principals que la componen: la caldera, el motor i el mecanisme de transformació de moviment.

A la caldera es genera el vapor d'aigua a partir de la utilització d'un combustible, normalment el carbó. El vapor és conduït a l'interior del cilindre del motor, on provoca el desplaçament de l'èmbol (o pistó) en dos sentits:

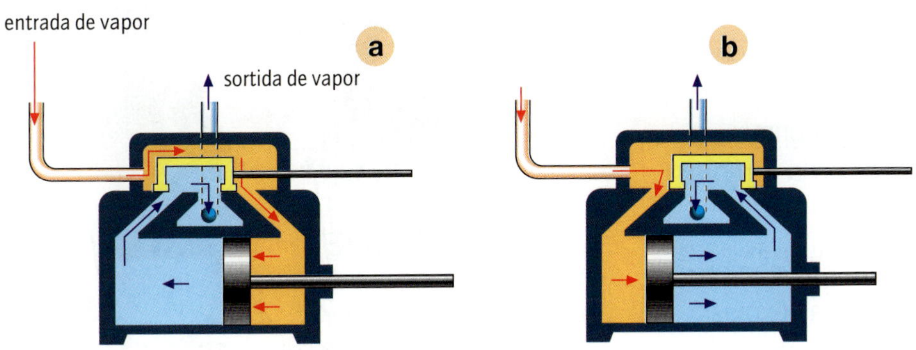

a) El vapor a alta pressió penetra per l'orifici d'entrada i, gràcies al distribuïdor, arriba a la part dreta del cilindre. L'èmbol és desplaçat cap a l'esquerra i expulsa el vapor de la part esquerra, que surt per l'orifici de sortida.

b) En canviar el distribuïdor de posició el vapor que continua penetrant per l'orifici d'entrada arriba a l'esquerra del cilindre i empeny l'èmbol cap a la dreta. Aquest desplaçament obliga el vapor de la part dreta a sortir per l'orifici de sortida.

El mecanisme de transformació de moviment converteix el moviment rectilini (traslació) de l'èmbol en moviment circular (rotació), mitjançant un mecanisme de biela-manovella.

Analitza

2. Observa aquest esquema de funcionament d'una màquina de vapor. Anota en els requadres les transformacions energètiques que s'hi produeixen i explica detalladament el funcionament de cadascuna de les parts de la màquina.

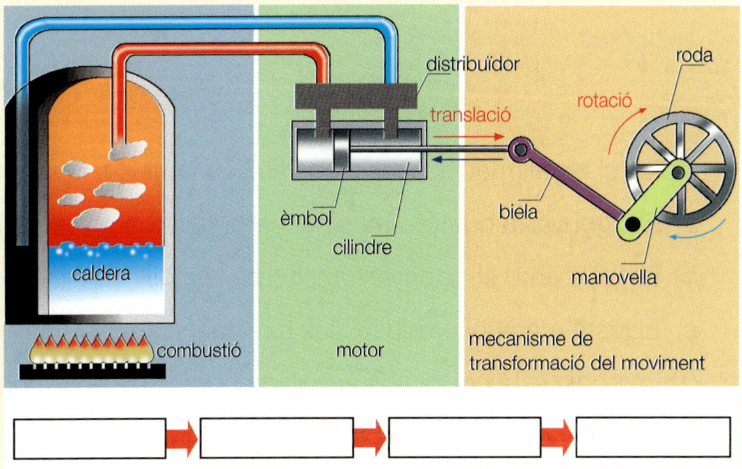

3. El motor de quatre temps

Un dels motors de combustió interna més utilitzats és el motor de quatre temps, amb què funcionen la gran majoria de cotxes.

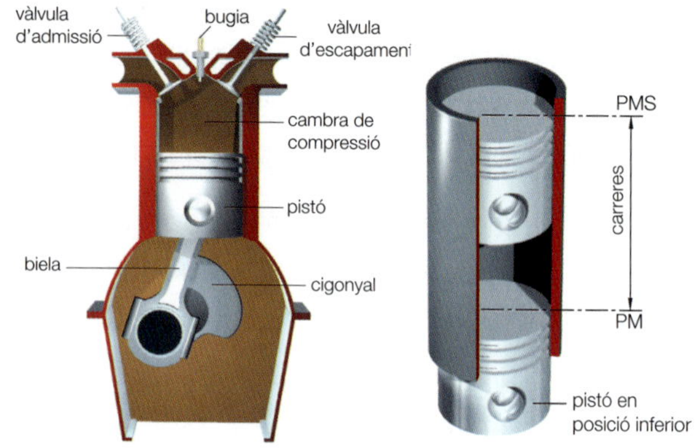

Els motors de quatre temps usen tant gasolina com dièsel com a combustible i, mitjançant el mecanisme de biela-manovella, transformen el moviment lineal alternatiu del pistó en moviment circular, com en les màquines de vapor.

S'anomena *de quatre temps* perquè un cicle complet de funcionament consta de quatre fases clarament diferenciades:

1. **Admissió.** En engegar el motor, el pistó, que es troba damunt del recorregut (PMS), baixa fins a la part inferior del cilindre (PMI). La vàlvula d'admissió s'obre i entra la barreja d'aire i gasolina en el cilindre.
2. **Compressió.** El pistó es troba a la part inferior del cilindre (PMI) i comença a pujar. La vàlvula d'admissió es tanca, el pistó torna a pujar fins al PMS i comprimeix la barreja (gasolina i aire), que queda allotjada en la cambra de compressió.
3. **Explosió-expansió.** Quan la barreja està molt comprimida, la bugia desprèn una espurna i provoca l'explosió de la barreja. Els gasos produïts en l'explosió mouen el pistó des del PMS fins al PMI. És l'única fase en què es produeix treball.
4. **Escapament.** El pistó, que torna a pujar des del PMI fins al PMS, empeny els gasos de la combustió cap a l'exterior per la vàlvula d'escapament, que ara està oberta.

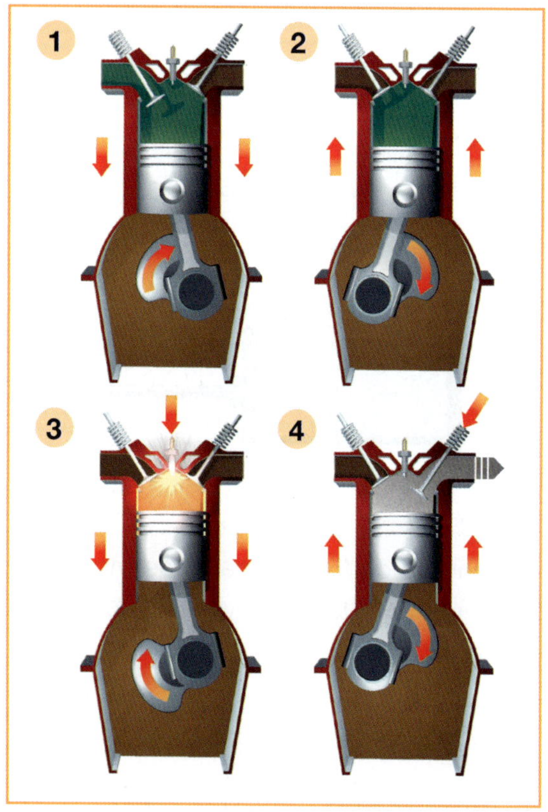

Respon

3. Indica si les afirmacions següents són veritables o falses:
   a) El cigonyal fa quatre voltes per cada cicle complet de funcionament.
   b) La biela amb el cigonyal transformà el moviment lineal en moviment circular.
   c) El pistó o èmbol produeix dos moviments (o carreres) en cadascun dels cicles.
   d) La bugia està col·locada a la part superior de la cambra de compressió.
   e) El motor de quatre temps s'anomena així perquè té quatre vàlvules.
   f) Les vàlvules d'admissió i escapament poden estar obertes alhora.

4. El motor de dos temps

Els motors d'explosió de dos temps són més senzills que els anteriors però funcionen d'una manera molt similar. En parlar de dos temps, fem referència a les carreres del pistó per completar el cicle, que són dues: una de pujada i una altra de baixada.

El combustible que utilitzen és una barreja de gasolina i oli que lubrifica els mecanismes de la biela, el pistó i el cigonyal, etc. Els motors de dos temps s'utilitzen en ciclomotors, motoserres i, en general, en la maquinària portàtil. Igual com en el motor de quatre temps, continuen produint-se quatre fases per completar el cicle. Per tant, algunes d'aquestes fases han de dur-se a terme simultàniament.

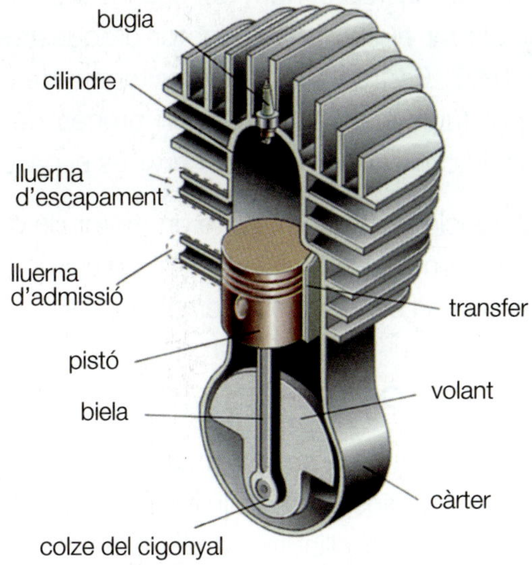

1. Primer temps: compressió-explosió

Primera fase. El pistó puja i empeny la barreja cap a la cambra de compressió. Alhora, obre la lluerna d'admissió i comença a entrar la barreja de combustible i aire en el càrter.

Segona fase. Quan el pistó està a la part superior del cilindre (PMS), l'espurna produïda per la bugia encén la barreja, produeix l'explosió i empeny el pistó cap al PMI.

2. Segon temps: escapament-admissió

Tercera fase. Durant el moviment del pistó cap al PMI, es tanca la lluerna d'admissió i s'obre la d'escapament: així comença la sortida de gasos procedents de la combustió.

Quarta fase. Quan el pistó arriba al PMI obre la lluerna de càrrega i provoca que la barreja, que havia entrat en el càrter, penetri en el cilindre alhora que ajuda a expulsar els gasos cremats de la combustió. El pistó comença aleshores a pujar i comprimeix novament la barreja, amb la qual cosa es va repetint el cicle.

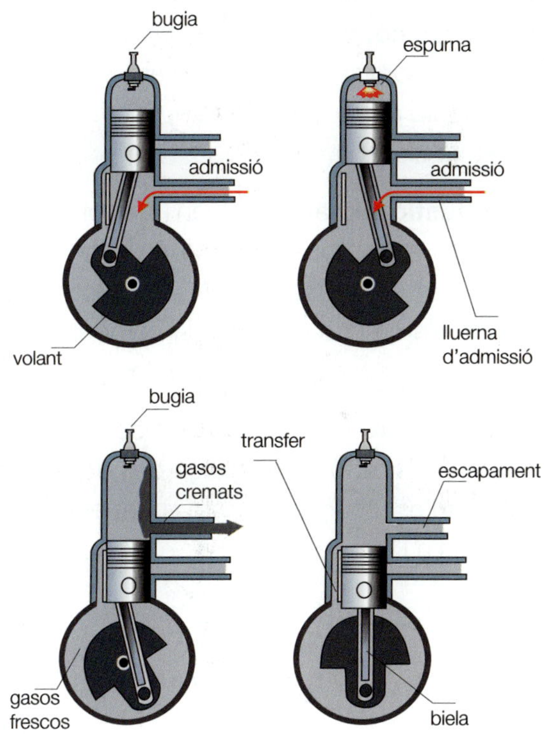

Respon

4. Respon les qüestions següents:

a) La barreja de combustible i aire que entra en el cilindre, d'on ve?

b) Quantes voltes fa el cigonyal en un cicle complet?

c) Per què aquests tipus de motors s'anomenen de *dos temps*?

d) Com s'anomenen els conductes d'admissió i d'escapament en els motors de dos temps?

5. El motor dièsel

El motor dièsel rep el nom del seu inventor, Rudolf Diesel, que va presentar el seu primer motor d'aquestes característiques l'any 1897. Es tracta d'un motor tèrmic de combustió interna que pot funcionar mitjançant un procés de dos o de quatre temps. El combustible que fa servir és el gasoil.

La diferència fonamental entre un motor de gasolina i un motor dièsel rau en el sistema d'encesa. En el primer es produeix per una espurna i en el segon, per compressió.

1. El motor dièsel de quatre temps

1. **Admissió.** El pistó baixa des de la part superior del cilindre (PMS) fins a la part inferior (PMI). La vàlvula d'admissió s'obre i, en el cilindre, només hi entra aire.
2. **Compressió.** El pistó puja des del PMI cap al PMS. La vàlvula d'admissió es tanca i l'aire és comprimit a l'interior del cilindre a una gran pressió, que fa que arribi a una temperatura elevada.
3. **Combustió-expansió.** Quan l'èmbol està arribant al PMS, s'injecta el combustible a la cambra de compressió. En entrar en contacte amb l'aire calent, el combustible s'autoinflama i es produeix la combustió. Els gasos s'expandeixen i desplacen el pistó des del PMS fins al PMI.
4. **Escapament.** Aquesta fase és idèntica a la d'un motor de gasolina. El pistó es desplaça des del PMI fins al PMS. La vàlvula d'escapament s'obre i permet la sortida dels gasos cremats a l'exterior.

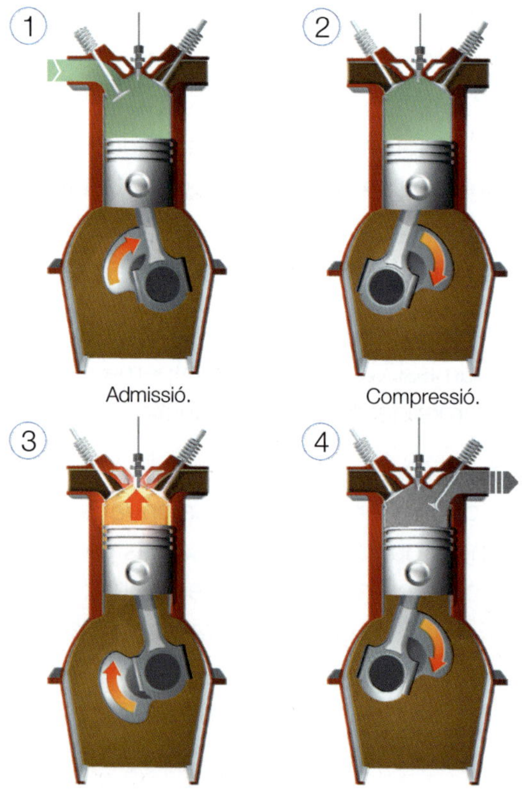

Admissió. Compressió. Combustió-expansió. Escapament.

Respon

5. Completa els espais buits del text següent:

Els motors dièsel fan servir el ____________ com a combustible i no disposen de ____________. Aquests motors són més robustos i duren més que els de ____________. Fins no fa gaire, només utilitzaven aquest tipus de motors camions, autocars, trens i maquinària pesant, però actualment se n'ha estès l'ús, sobretot en els ____________, a causa, fonamentalment, del seu menor ____________ i perquè tenen més prestacions.

6. El motor de reacció

Gràcies als motors de reacció, la indústria aeronàutica fabrica avions que assoleixen velocitats més altes i amb els quals es vola d'una manera més segura. Aquests motors tenen a la part del davant una gran hèlix, que, en girar, introdueix aire al motor. L'aire es troba amb un compressor que n'augmenta la pressió. A continuació, l'aire comprimit entra a gran pressió a la cambra de combustió, on, a través d'uns injectors, s'introdueix el combustible (querosè).

En aquesta cambra es produeix una combustió contínua, i els gasos que se n'obtenen, a temperatures altíssimes, s'expandeixen i surten per la part posterior a gran velocitat. Així impulsen l'avió cap endavant.

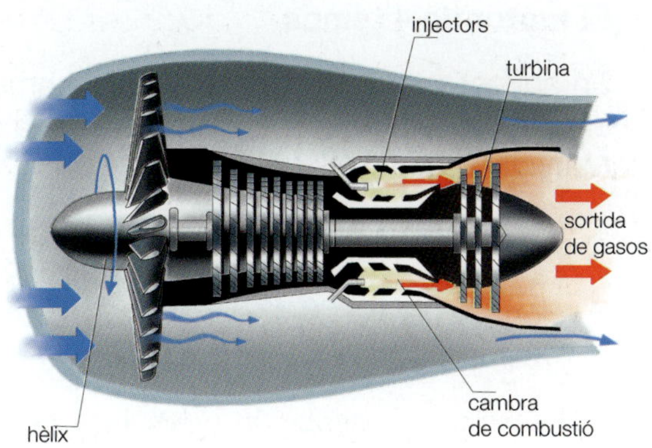

7. La turbina de vapor

La turbina de vapor és una màquina que utilitza el vapor obtingut en escalfar aigua mitjançant un combustible fòssil o bé funciona per mitjà de la utilització de materials nuclears. El vapor és transmès a gran pressió sobre una roda. Generalment, la utilització d'aquestes màquines es porta a terme en les centrals elèctriques.

La turbina de vapor consta, fonamentalment, de dues parts: una de fixa, anomenada **distribuïdor**, i una altra de mòbil, anomenada **rodet**. El rodet porta, a la superfície, unes pales o àleps que reben el vapor d'aigua que circula pel distribuïdor.

Les turbines acostumen a tenir unes quantes rodes, que treballen en diferents etapes segons la pressió del vapor que hi circula: grans diàmetres per a baixes pressions i petits diàmetres per a altes pressions.

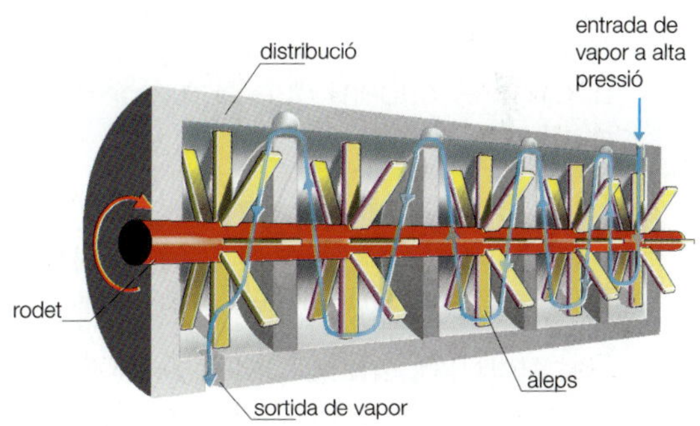

Respon

6. Completa el següent diagrama de blocs, que representa a les transformacions energètiques que es produeixen perquè funcioni la turbina de vapor en una central elèctrica que crema combustibles fòssils:

[ ] → [ ] → [ ] → [ ]

COMBUSTIBLE CALDERA VAPOR RODET

7. Observa i completa l'esquema de la figura, i indica si es tracta de motors de combustió interna o externa i si són màquines alternatives o rotatives.

La turbina de vapor → és un motor de combustió → [ ]

El motor de reacció → és un motor de combustió → [ ]

totes dues màquines són → [ ]

Taller d'informàtica

El motor de 4 temps

En aquest taller estudiarem el funcionament del motor de quatre temps a partir d'una animació molt interessant elaborada per l'equip de professors de la càtedra de Motors i Maquinària Agrícola de la Universitat de Castella - la Manxa.

1. Obre l'enllaç que trobaràs a l'adreça electrònica *http://www.editorialteide.com/?9094* i selecciona *Motor de 4 tiempos Ciclo Otto*. S'obrirà l'animació que apareix a la figura.
2. Fes clic a *Descripción* i desplaça el cursor per damunt del motor. Veuràs que apareix el nom de cadascuna de les parts quan hi passes el cursor per sobre.
3. Torna a l'inici i selecciona *Ciclo*. A la part inferior dreta apareixen uns botons de control. Ara, gràcies a un text que surt a la part superior dreta i a una fletxa que assenyala l'entrada d'aire al cilindre, sabem que el motor està en la fase d'admissió.
4. Clica a *Seguir*. Què ha passat? On se situa el pistó? De quin dels quatre temps es tracta? Quin gir s'ha produït a la manovella?
5. Repeteix l'operació per simular els temps restants tal com es mostra en les figures d'aquí sota.

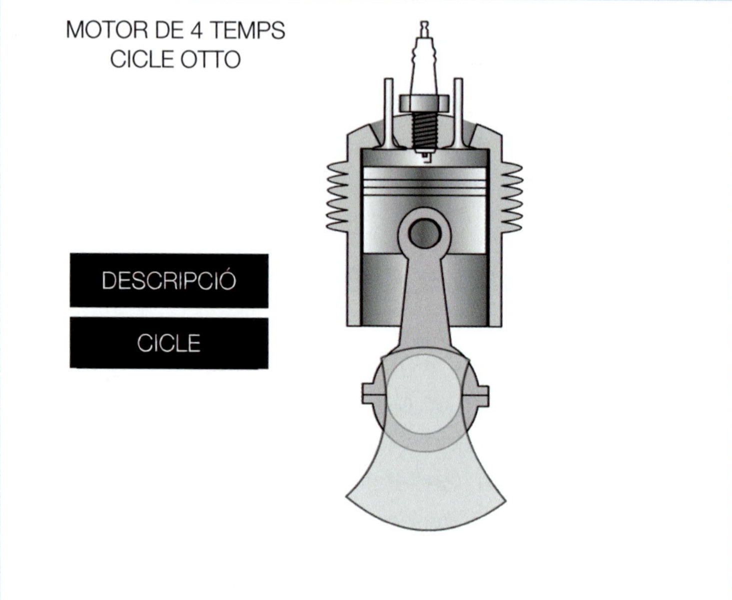

© Càtedra de Motores y Maquinaria Agrícola. E.U.I.T.A.-Ciudad Real. Universidad de Castilla - La Mancha

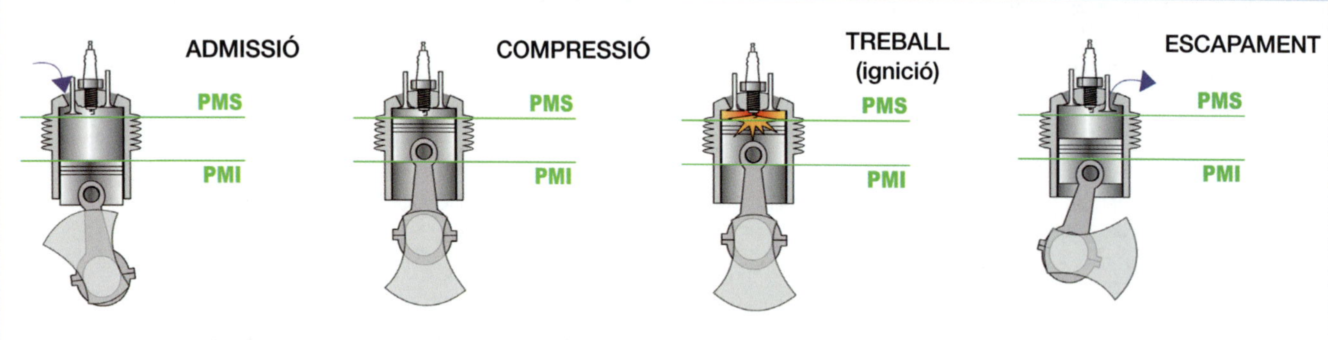

Contesta les preguntes de l'activitat 4 per a cada temps simulat.

Redacta un informe breu, d'unes deu línies, en què expliquis, a partir de la simulació, el funcionament del motor de quatre temps. Hi has d'incloure les parts que el formen i una descripció de cada un dels temps: posició del pistó, estat de les vàlvules, posició de la manovella.

Síntesi

Elabora el teu propi resum de la unitat, completant els espais en blanc amb les paraules clau.

1. L'energia es pot definir com la ____________ que tenen els cossos per produir canvis o ____________ en altres cossos.

2. L'energia es pot manifestar en diferents ____________; per exemple, energia mecànica, elèctrica, química o tèrmica.

3. Les ____________ d'energia són els recursos de la natura que poden proporcionar energia en alguna de les seves formes. S'acostuma a classificar-les en ____________, quan es considerin inesgotables, i ____________, quan es poden acabar.

4. El carbó, el petroli i el gas natural són combustibles ____________. Són fonts d'energia no renovables i, quan es cremen, desprenen gasos i fums que ____________ el medi ambient.

5. Els motors tèrmics transformen l'energia __________ en energia tèrmica, i aquesta en energia __________. Aquests motors poden ser de combustió __________ o de combustió externa, així com ____________ o alternatius.

6. En els motors de quatre temps, la combustió es produeix per l'____________ d'una barreja d'aire i de combustible que té lloc en la ____________ de combustió.

7. Els avions no fan servir gasoil com a carburant perquè, a grans altituds, la temperatura de l'aire és molt baixa i el combustible es ____________. Per això utilitzen __________, que suporta fins a –229 °C sense congelar-se.

Paraules clau

transformacions, fonts, capacitat, formes, no renovables, contaminen, renovables, química, querosè, congelaria, fòssils, mecànica, rotatius, interna, explosió, cambra

Recursos en xarxa

L'Institut per a la Diversificació i l'Estalvi d'Energia (IDAE) és una entitat pública adscrita al Ministeri d'Indústria, Turisme i Comerç, que va presentar el Pla d'Acció 2005-2012 de l'Estratègia d'Estalvi i Eficiència Energètica per a Espanya.

Entra al web d'aquest organisme, que trobaràs l'adreça electrònica *http://www.editorialteide.com/?9094*, i fes clic a *Estalvi i Eficiència Energètica*.

A *Pla d'Acció 2008-2012 de l'Estratègia d'Estalvi i Eficiència Energètica a Espanya*, hi trobaràs el *Pla d'Estalvi d'Energia: 31 mesures per intensificar l'estalvi i l'eficiència energètica d'Espanya*, les quals engloben quatre línies d'actuació. Fixa't, sobretot, en *Estalvi energètic en edificis* i en les *Mesures d'estalvi elèctric*. Comenteu amb el professor o professora el grau de conveniència d'aquestes mesures i si se n'hi poden afegir de noves.

Els biocombustibles

Anomenem *biocombustibles* o *biocarburants* el conjunt de combustibles líquids que s'obtenen a partir de diferents transformacions de la matèria vegetal o animal. Poden ser utilitzats pels motors dels vehicles en substitució dels derivats de combustibles fòssils convencionals. Els biocarburants, a més de reduir la dependència energètica dels combustibles fòssils, són força menys contaminants.

Quan es parla de *biocombustible* es fa referència a dos tipus de productes totalment diferents: el bioetanol i el biodièsel.

- **Bioetanol.** És un alcohol que s'obté a partir de conreus tradicionals, com ara els de cereals, blat de moro, remolatxa o canya de sucre, mitjançant processos d'adequació de la matèria primera, de fermentació i destil·lació. Es fa servir, fonamentalment, barrejat amb gasolines. També s'usa en la fabricació d'ETBE, un additiu per a les gasolines sense plom.
- **Biodièsel.** S'obté a partir d'olis vegetals, siguin purs (de gira-sol o colza, per exemple) o usats. Aquest producte s'utilitza en els motors dièsel com a substitut del gasoil, o bé barrejat amb aquest.

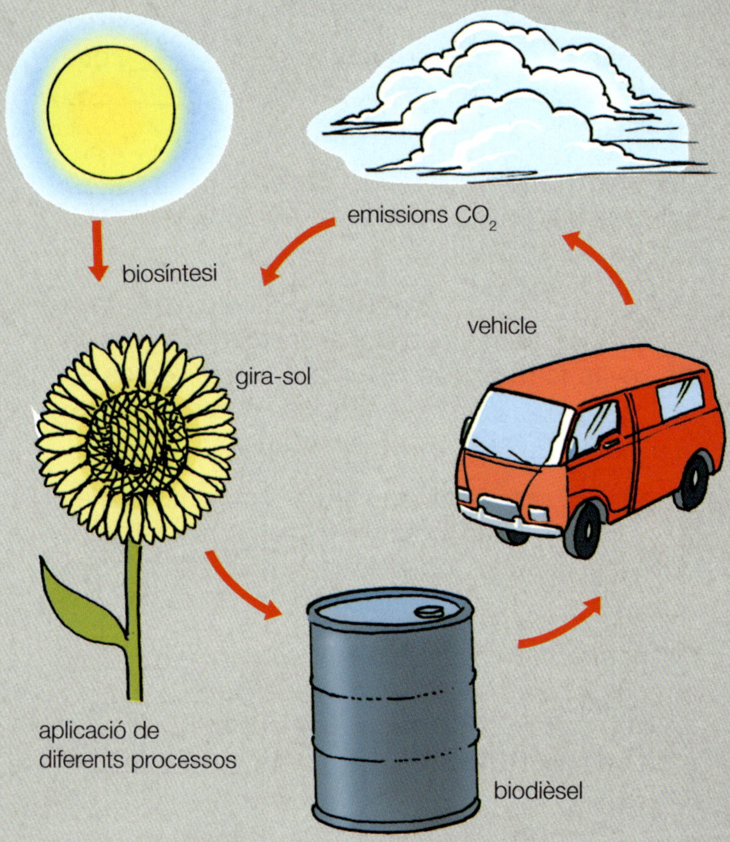

Cicle d'obtenció del combustible biodièsel.

Tasques

1. Què són els biocombustibles?
2. Quins objectius creus que es volen aconseguir amb la utilització de biocarburants?
3. Quines aplicacions té el bioetanol? I el biodièsel?
4. Observa l'esquema de l'obtenció del biodièsel i explica'l ben resumidament.

L'espiral de paper

Si el teu habitatge està equipat amb una caldera que proporciona aigua calenta i la caldera funciona amb gas natural com a combustible, quan la calefacció estigui encesa et proposem que col·loquis damunt un radiador, ben calent, un muntatge ben senzill que començarà a giravoltar immediatament.

Per fer el muntatge, dibuixa sobre un paper una línia en espiral com la representada en el dibuix i retalla-la amb unes tisores. Col·loca el centre de l'espiral damunt la punta fina d'un llapis i recolza l'altre extrem damunt un tros de plastilina, de manera que el muntatge es mantingui estable.

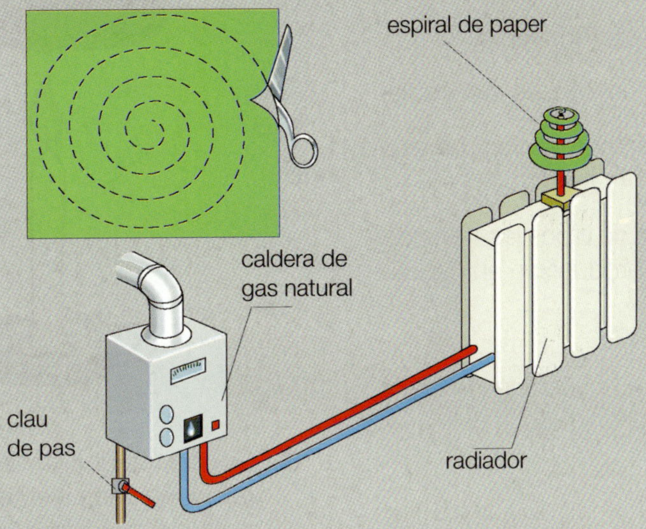

Tasques

1. Segons les reserves disponibles, a quina font d'energia correspon el combustible emprat en la caldera?

2. Completa en els següents diagrames de blocs les transformacions energètiques corresponents a la caldera i l'espiral de paper:

	→	CALDERA	→	
	→	ESPIRAL DE PAPER	→	

3. Un operari de l'empresa subministradora de gas anota la lectura actual del comptador, que marca 7 629 m^3. Fa exactament dos mesos, el mateix comptador marcava 7 572 m^3.

   a) Quin ha estat el consum de gas, en metres cúbics, durant aquest període?

   b) Expressa el resultat anterior en una altra unitat d'energia: kWh (quilowatt hora). Per fer-ho, has de tenir en compte l'anomenat *coeficient de conversió*: 1 m^3 = 11,805 kWh.

   c) Calcula l'import del consum dels dos mesos sabent que el preu d'1 kWh és de 0,047 euros.

Activitats finals

1. Descriu breument la funció que fa la caldera i el mecanisme de biela-manovella en una màquina de vapor.

2. Digues si són veritables o falses les afirmacions següents:

a) La unitat d'energia és el newton (N).

b) El petroli és una font d'energia renovable.

c) La font d'energia que prové del vent és renovable.

d) Un motor de quatre temps s'anomena així perquè té quatre fases.

3. Explica mitjançant un diagrama de blocs les transformacions energètiques que es produeixen en cadascun dels aparells següents:

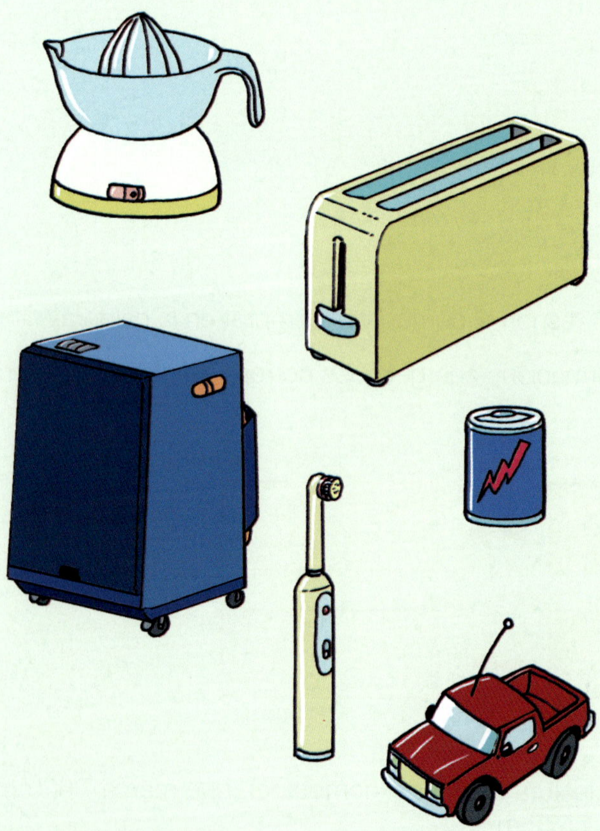

4. Si volem omplir amb biocombustible el dipòsit d'un cotxe amb motor dièsel, quin tipus de biocarburant caldrà fer servir? I si el motor és de gasolina sense plom?

5. Què passaria si tapéssim amb un bol una espelma encesa? Raona la resposta.

6. Copia a la llibreta de Tecnologia aquest esquema i relaciona cada element de la columna central amb el tipus de motor de les altres dues columnes:

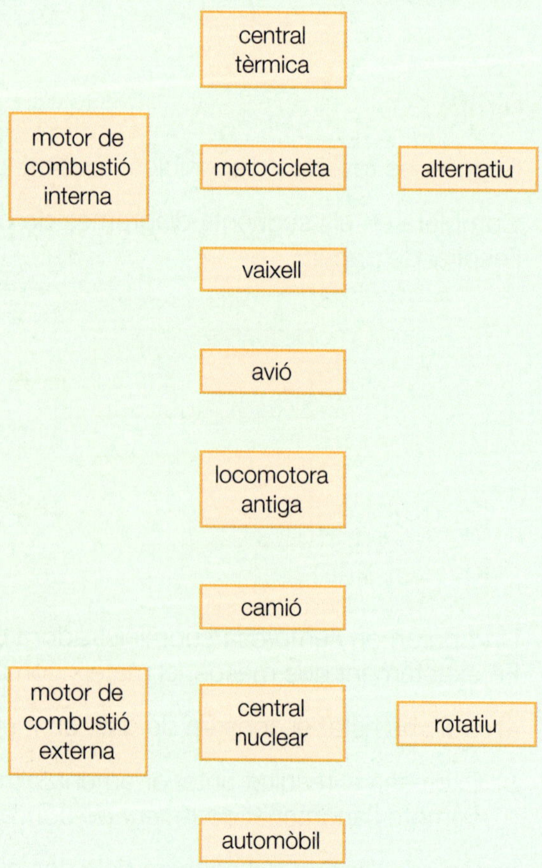

7. Tot seguit s'expliquen breument les diferents fases del motor de quatre temps. Omple els buits amb el nom de cada fase.

- En la fase de ________________ es produeix una guspira a la bugia.
- En la fase de ____________________ la vàlvula d'escapament està oberta.
- En la fase de __________________ el pistó puja i totes dues vàlvules estan tancades.
- En la fase de _________________ el pistó baixa i la vàlvula d'admissió està oberta.

8. Fes un esquema sobre els motors de combustió interna amb la informació que apareix en aquesta unitat.

9. Busca a l'adreça que trobaràs a *http://www.editorialteide.com/?9094* l'animació que il·lustra el funcionament dels motors següents:

- motor d'explosió
- motor de dos temps
- motor dièsel

Redacta un breu informe amb la informació obtinguda. Hauràs d'entrar a la secció *Ciencia y tecnología*. Per poder fer servir aquesta enciclopèdia en línia, veuràs que cal registrar-s'hi. El registre és gratuït i dóna accés a alguns continguts de l'obra.

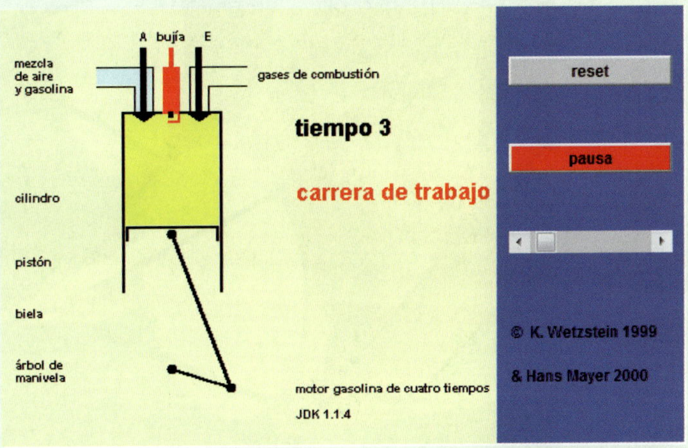

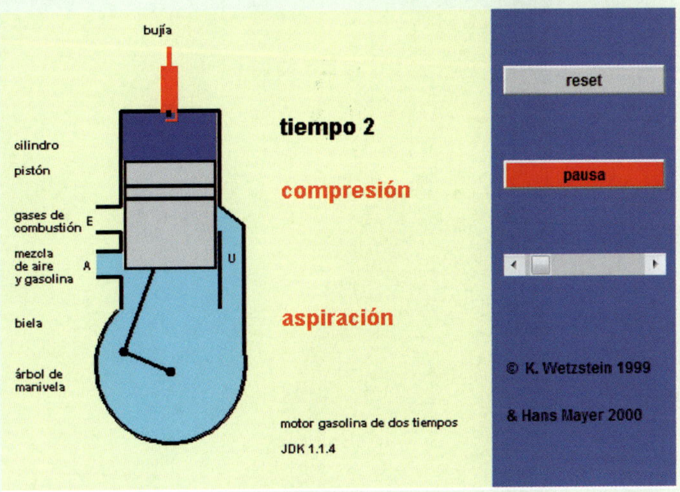

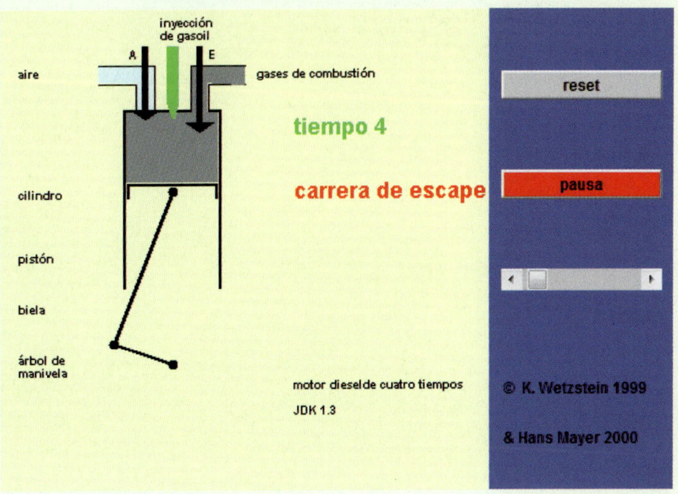

6

UNITAT

Comunicacions a distància

L'ésser humà sempre ha tingut la necessitat de comunicar-se amb els seus semblants. Durant milions d'anys, des de l'època dels grups humans primitius fins en fa uns 200, els missatges només es podien transmetre amb rapidesa a curta distància.

Fins aquest moment, la comunicació a llarga distància havia estat molt lenta. Va ser el descobriment de l'electricitat el que va permetre dur a terme invents com el telègraf, el telèfon, la ràdio i la televisió, mitjans de comunicació a llarga distància que ens permeten escriure, parlar, escoltar i veure instantàniament allò que ens comuniquem des de l'altra banda del planeta.

En aquesta unitat estudiarem els principis bàsics de les comunicacions a llarga distància o telecomunicacions i, per fer-ho, descriurem els mitjans de comunicació que hem esmentat.

Activitats inicials

1. Observa la fotografía i contesta les preguntes:

   a) De quin mitjà de comunicació es tracta?

   b) Per a l'ús d'aquest mitjà de comunicació, es feia servir un codi. Com es diu i en què consistia?

2. Els elements que constitueixen una comunicació són l'emissor, el canal i el receptor. Quina funció penses que té cadascun d'ells?

3. Observa la fotografia. Quin material s'hi representa?. Per a què creus que s'utilitza?

1. Comunicacions amb fil i sense

L'objectiu de qualsevol comunicació és transmetre una informació determinada, la qual rep el nom de *missatge*.

Els elements que constitueixen la comunicació són:

Emissor	Canal	Receptor

És l'element que genera el missatge.	És el mitjà que trasllada el missatge de l'emissor al receptor.	És l'element que rep el missatge.

El canal és un element que té molta importància en les comunicacions, ja que determina la rapidesa i la qualitat amb la qual es transmet el missatge. Així, els sistemes de comunicació es poden agrupar en:

- sistemes de **comunicació amb cables**, quan es transmeten per fils conductors;
- sistemes de **comunicació sense cables**, quan es transmeten per l'espai.

Experimenta

Agafa dos pots de llauna o plàstic dur i fes un forat petit al fons de cada pot. Passa un cordill fi pels orificis i fes-hi nusos perquè quedi tot unit. Estira el cordill de manera que quedi tens i comença a parlar per tal que el receptor escolti el que estàs dient.

La nostra veu produeix un so que es propaga a través de l'aire en forma d'ones sonores. Quan les ones xoquen contra el fons del pot, li transmeten les vibracions i, així mateix, el pot transmet les vibracions al cordill i el cordill a l'altre pot. Finalment, arriben a l'aire del pot receptor, que les propaga fins a l'oïda.

Ara podríem experimentar per intentar millorar la qualitat del canal provant diferents tipus de fils, variant-ne els gruixos o destensant el cable, i observaríem el següent:

- Quan destensem la corda, el so no arriba.
- Quan augmenta el gruix del fil, el so arriba més malament.
- Si substituïm el fil per una goma elàstica, el so tampoc no arriba.

Analitza

1. Per què creus que succeeix el que explica l'experiència amb la qual intentàvem millorar la qualitat del canal?
2. L'experiència es basava en una comunicació amb cable o sense cable? Justifica la resposta.

2. Transmissió per l'espai

Quan parlem amb un company o companya, el so es propaga a través de l'aire en forma de vibracions. Encara que no es vegin, aquestes vibracions tenen la mateixa forma que les ones generades en llançar una pedra a l'aigua i es propaguen en totes direccions.

La velocitat de transmissió d'aquestes ones depèn del medi. En el cas de l'aire, és de 340 m/s (1 224 km/h), molt inferior a la de la llum, que és d'uns 300 000 km/s.

Si volem transmetre informació a molta distància, les ones sonores no hi arriben. Doncs bé, hi ha un altre tipus d'ones, anomenades *ones electromagnètiques*, que arriben a distàncies gairebé il·limitades; són les que s'utilitzen en la ràdio, la televisió o la telefonia mòbil, i tenen una velocitat de transmissió molt elevada.

1. Característiques de les ones

Les característiques comunes a totes les ones són l'amplitud, la freqüència, el període i la longitud d'ona.

La **freqüència (*f*)** és el nombre d'ones (cicles) que hi ha en un segon. La freqüència es mesura en hertz (Hz). Per exemple, si la freqüència és de 2 Hz, vol dir que fa dos cicles en un segon. La freqüència de les ones sonores es manifesta amb un so més agut o més greu: si la freqüència és més alta, el to és més agut.

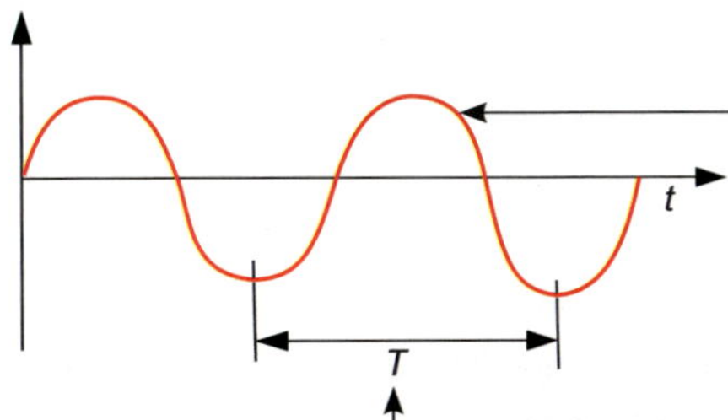

L'**amplitud (*A*)** és l'amplada de l'ona i ens indica el volum del so. Les ones sonores van perdent amplitud a mesura que s'allunyen de l'origen.

El **període (*T*)** és el temps (en segons) que tarda a començar una altra ona. El període és invers a la freqüència:

$$T = 1/f$$

Respon

3. Quines diferències hi ha entre les ones sonores i les electromagnètiques?

4. Com es manifesta l'amplitud i la freqüència a les ones sonores?

Resol

5. Quant tarda a fer un cicle una ona de freqüència 2 Hz? I una de 50 Hz?

6. Quina és la freqüència d'una ona que tarda 2 segons a completar-se? I una que en triga 0,1?

Analitza

7. Dibuixa una ona de 50 unitats d'amplitud i una freqüència de 10 Hz.

3. Transmissió per cable

Tal com hem vist a l'experiència anterior, la informació es comunica mitjançant la vibració d'un fil. Però el que s'utilitza en realitat quan es vol transmetre la informació per cable són els cables elèctrics i els òptics.

Cables elèctrics

Quan fem circular corrent per l'extrem d'un conductor elèctric, els efectes apareixen molt ràpidament a l'altre extrem encara que hi hagi molta distància.

Si una informació que es vol transmetre es transforma en senyals elèctrics, aquests poden arribar on arribi el cable i, alhora, els senyals elèctrics que han arribat es poden tornar a convertir en informació.

Els cables elèctrics que s'utilitzen en línies de telecomunicació solen ser de dos tipus: cables parells trenats i cables coaxials.

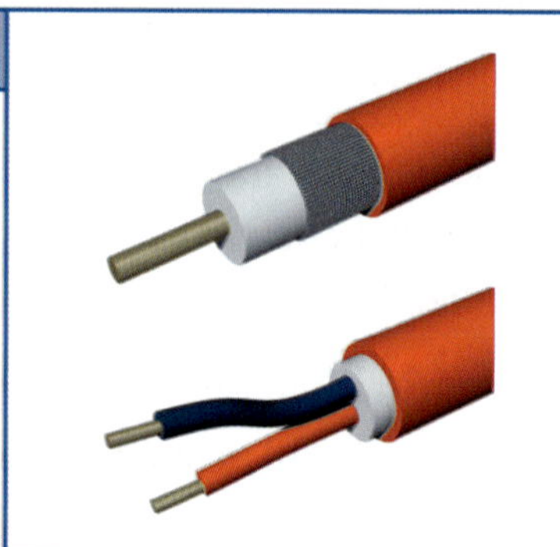

Cables òptics

L'ús massiu dels sistemes de comunicació fa que aquestes línies siguin lentes, es perdi informació i es col·lapsin. Per solucionar aquest problema va aparèixer la fibra òptica, que pot transmetre senyals lluminosos gairebé a la velocitat de la llum i sense pèrdues d'informació.

En aquest cas, la informació que es vol transmetre es transforma en llum mitjançant làsers que proporcionen uns intensos rajos que viatgen ràpidament pel cable de fibra òptica.

El funcionament dels sistemes de transmissió per cables elèctrics i òptics és similar. En el cas dels telèfons, les ones sonores arriben a un micròfon que fa circular més o menys corrent. A l'altre extrem, amb un auricular, aquestes fluctuacions elèctriques es transformen en ones sonores. Els sistemes òptics han de tenir dos elements més: una font de raig làser que variarà en funció del corrent que vingui del micròfon i un fotodíode que deixi circular corrent en funció de la llum que capti.

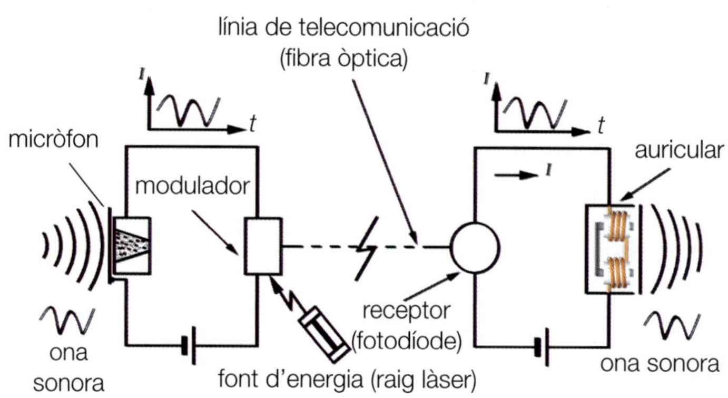

Transmissió de veu amb fibra òptica.

Respon

8. Quins avantatges tenen els cables de fibra òptica respecte dels elèctrics?

9. Per transmetre informació per cable, hem vist al text que es poden utilitzar cordills, com en l'experiència anterior,, cables elèctrics i cables òptics. Quin tipus de senyal transmet cadascun d'aquests sistemes?

Analitza

10. Observa el dibuix de transmissió de veu amb fibra òptica i indica la funció dels elements següents:

micròfon – modulador làser – fotodíode – auricular

4. Els mitjans de comunicació

1. El telègraf

Samuel Morse.

El 1837 Samuel Morse va presentar el telègraf, el primer aparell que va permetre la transmissió de missatges escrits a llarga distància.

El funcionament del telègraf es basava en els efectes magnètics del corrent elèctric. D'aquesta manera, quan s'accionava un polsador, es permetia el pas del corrent elèctric durant un interval de temps determinat. Aquest corrent quedava anul·lat quan es deixava de prémer el polsador.

El receptor, un electroimant, movia un punxó, que al seu torn marcava una cinta de paper on quedava enregistrat el missatge.

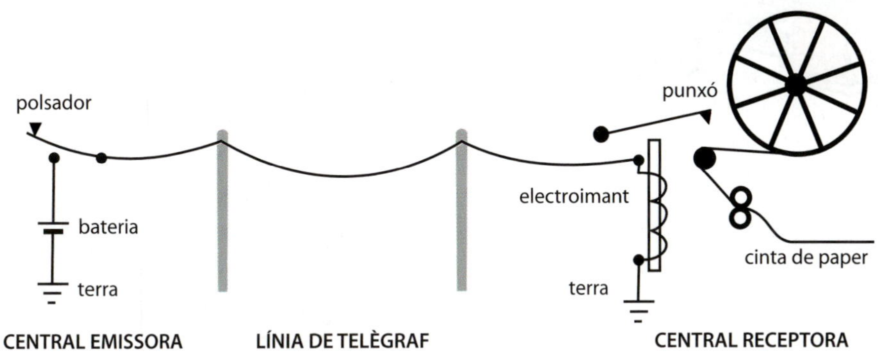

Esquema del funcionament d'un telègraf.

A	·—	S	···
B	—···	T	—
C	—·—·	U	··—
D	—··	V	···—
E	·	W	·——
F	··—·	X	—··—
G	——·	Y	—·——
H	····	Z	——··
I	··	1	·————
J	·———	2	··———
K	—·—	3	···——
L	·—··	4	····—
M	——	5	·····
N	—·	6	—····
O	———	7	——···
P	·——·	8	———··
Q	——·—	9	————·
R	·—·	0	—————

Alfabet Morse.

L'aportació de Morse no tan sols va consistir a inventar el telègraf, sinó que també va proporcionar un codi per a la transmissió dels missatges que va rebre el seu nom. L'**alfabet Morse** estava format per combinacions de ratlles i punts, tal com veiem a la figura.

Els problemes que hi havia per instal·lar una línia pel mar van fer que passessin uns quants anys fins que es va aconseguir la primera transmissió telegràfica transoceànica, que es va dur a terme l'any 1866.

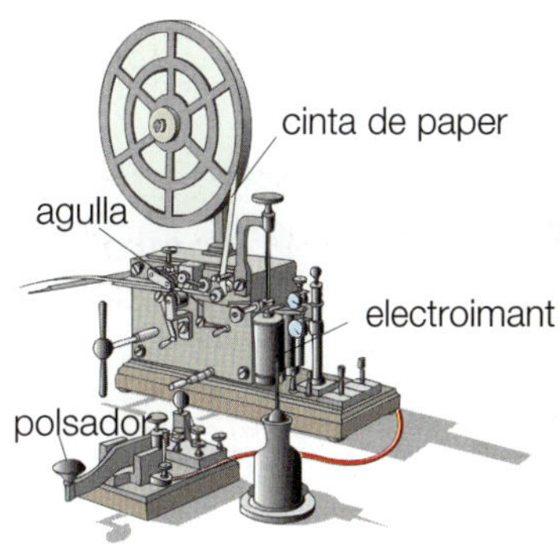

Parts d'un telègraf.

Resol

11. Escriu el teu nom amb alfabet Morse. A continuació, tradueix el contingut de la cinta de paper que hi ha representada a la figura.

·	···	—	··	—·—·

·	···	—	··—	—··	··	·—	—·	—

·	·—··

—	·	·—··	·	——·	·—·	·—	··—·

Analitza

12. Observa l'esquema del funcionament del telègraf i e xplica detalladament el que passa quan premem el polsador de la central emissora.

2. El telèfon

El nord-americà **Alexander Graham Bell** va ser, el 1876, el responsable d'una gran fita en la història de les comunicacions. Aquesta vegada va ser la invenció del telèfon, que va permetre la transmissió de missatges orals, és a dir, parlar a grans distàncies. El principi de funcionament del telèfon és el següent:

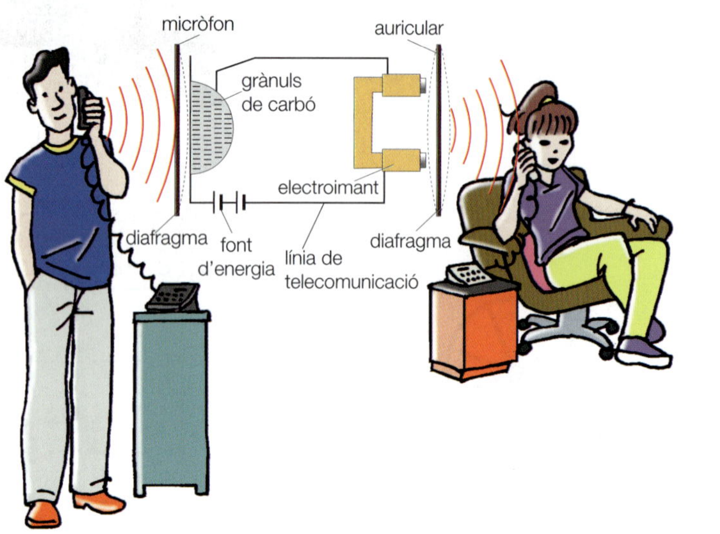

Alexander Graham Bell.

El **micròfon** el componen una membrana metàl·lica anomenada *diafragma* i uns grànuls de carbó que estan situats darrere d'aquesta membrana. Quan parlem, emetem una ona sonora que fa que vibrin el diafragma i els grànuls de carbó, la resistència elèctrica del micròfon canvia, i el corrent elèctric que la travessa varia en funció de les variacions de l'ona sonora.

L'**auricular** és un altaveu petit que converteix els senyals elèctrics en so. L'efecte magnètic del corrent fa que s'activi un **electroimant** que, al seu torn, atreu el **diafragma**, el qual en vibrar emet l'ona sonora original.

El senyal generat per un **timbre**, com indica el seu propi nom, serveix per avisar-nos que tenim una trucada. Per acabar, el **dispositiu marcador** ens permet seleccionar el número del destinatari.

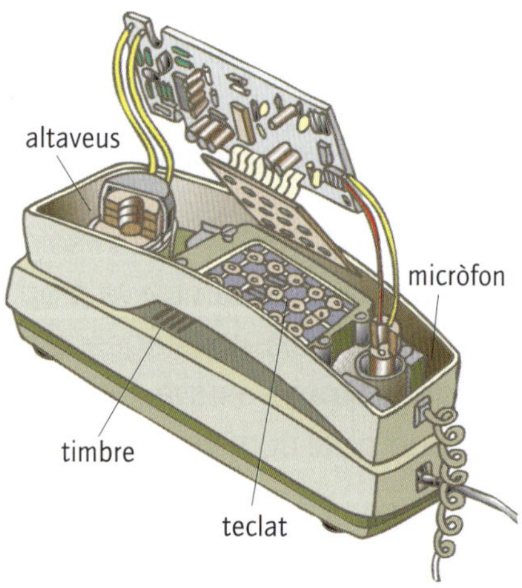

Parts d'un telèfon.

Respon

13. Quin tipus de conversió de senyal es duu a terme al micròfon? I a l'auricular?

Analitza

14. Per quin motiu el corrent elèctric que circula per la línia telefònica varia quan parlem pel micròfon?

Resol

15. Un senyal elèctric es desplaça, pels fils d'una línia telefònica, a una velocitat de 200 000 km/s. Calcula el temps que tardarà un amic teu a rebre la teva trucada si viu a una distància de 25 km de casa teva.

3. La ràdio i la televisió

L'alemany **Heinrich Hertz** va descobrir, el 1887, l'existència d'ones electromagnètiques que podien transmetre energia sense necessitat d'utilitzar fils elèctrics.

Encara que genèricament les podem representar com les ones sonores, n'hi ha una àmplia gamma en funció de la freqüència. Totes tenen propietats diferents. Les **ones radioelèctriques** utilitzades en telefonia, ràdio, televisió, etc, formen part de l'espectre de les ones electromagnètiques.

Heinrich Hertz.

La ràdio de galena és el receptor de ràdio més simple que mai ha existit: ni tan sols necessitava energia elèctrica per funcionar. Constava de molt pocs components: un bobina de fil conductor, un condensador variable, un cristall detector (mineral de galena) i uns auriculars.

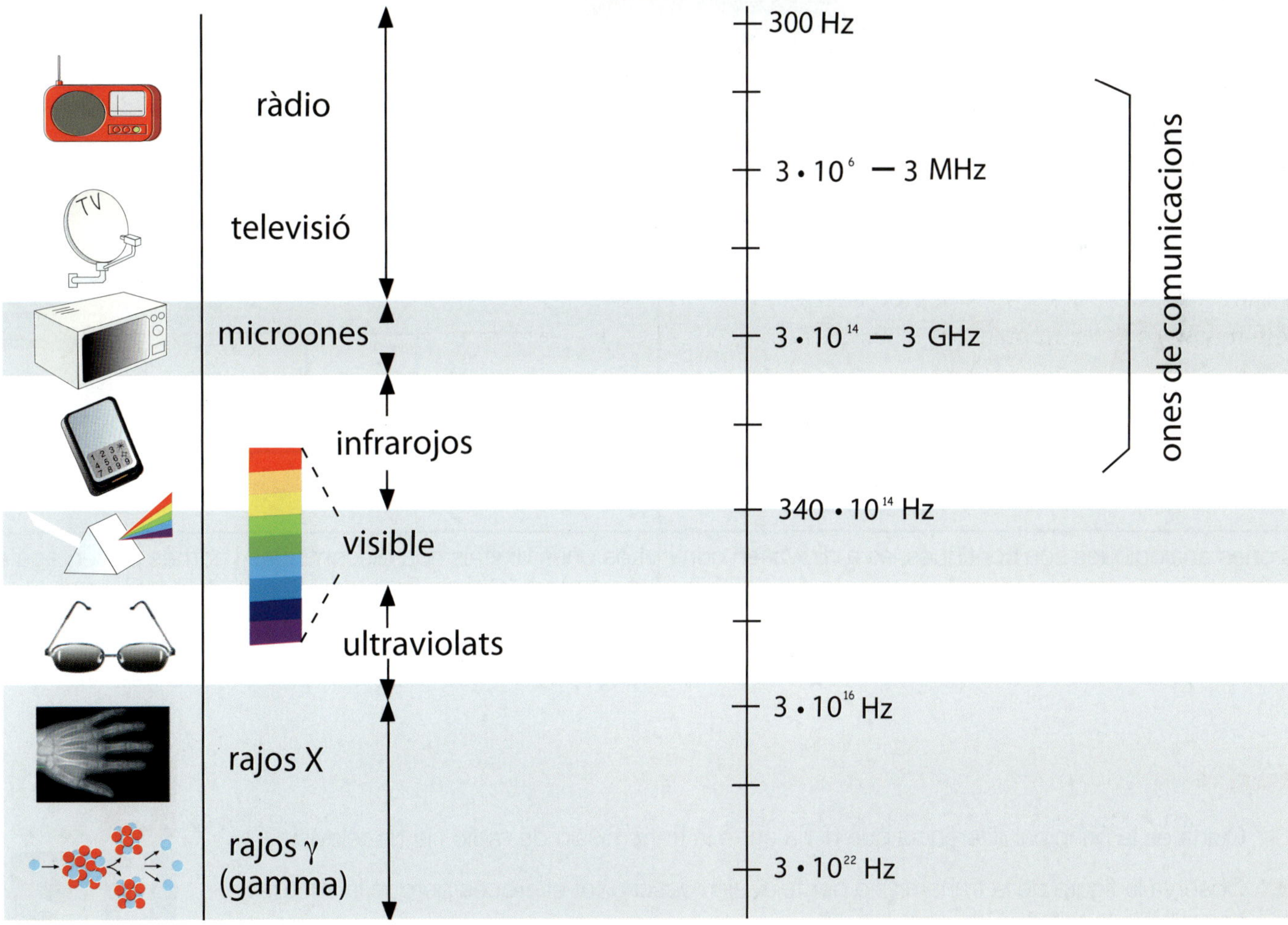

L'**espectre electromagnètic** és el conjunt d'ones que comprèn des de les ones de menys freqüència (longitud més gran), com les ones de ràdio, fins a les de més freqüència (longitud més petita), com els rajos gamma. Entremig hi ha les microones, els rajos infrarojos, la llum visible, la llum ultraviolada i els rajos X.

Tecnologia

Podem representar un sistema de transmissió per televisió de la manera següent:

En l'actualitat, les ones que arriben a les antenes de casa nostra utilitzen la tecnologia digital en lloc de l'analògica, la qual cosa permet un increment del nombre de canals, una millora de la qualitat de la imatge i el so, i la possibilitat d'incorporar serveis interactius.

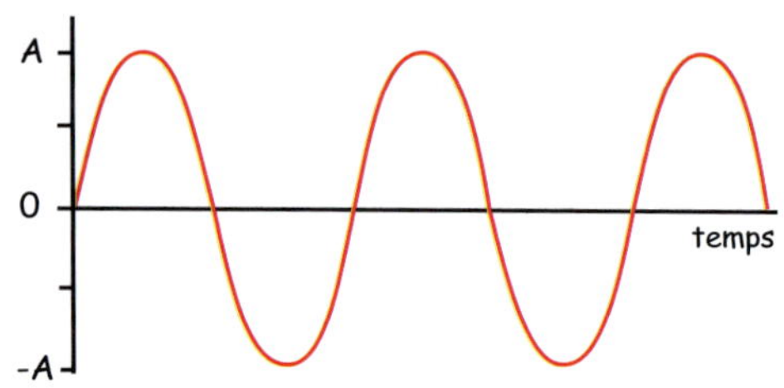	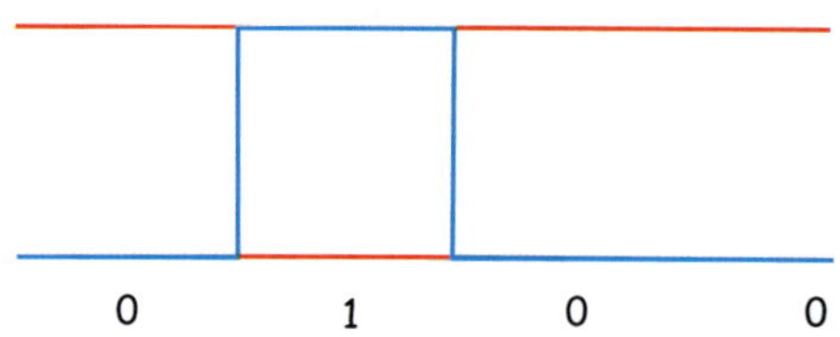
Les ones analògiques són contínues, és a dir, varien contínuament i poden tenir molts valors.	Les ones digitals són discontínues i només poden agafar dos valors. Com que només tenen dos estats, no hi ha perill de pèrdues de senyal i la qualitat dels senyals pot ser molt millor que en les analògiques.

Respon

16. Quina és la principal diferència que hi ha entre la transmissió de ràdio i la de televisió?
17. Observa la figura de la transmissió per televisió i descriu tot el procés perquè la imatge i el so arribin a la televisió de casa.
18. Per què amb la tecnologia digital la imatge i el so no perden qualitat?

televisión digital terrestre

5. Comunicacions per satèl·lit

Un **satèl·lit** és un sistema de comunicació que es pot utilitzar tant per a la telefonia mòbil com per a la transmissió d'imatges sons i dades o per a sistemes d'observació i control.

Perquè un satèl·lit funcioni correctament cal que hi hagi, com a mínim, una estació a terra que enviï la informació a través de **microones** al satèl·lit situat a l'espai, el qual enviarà el senyal rebut d'una altra estació terrestre de recepció.

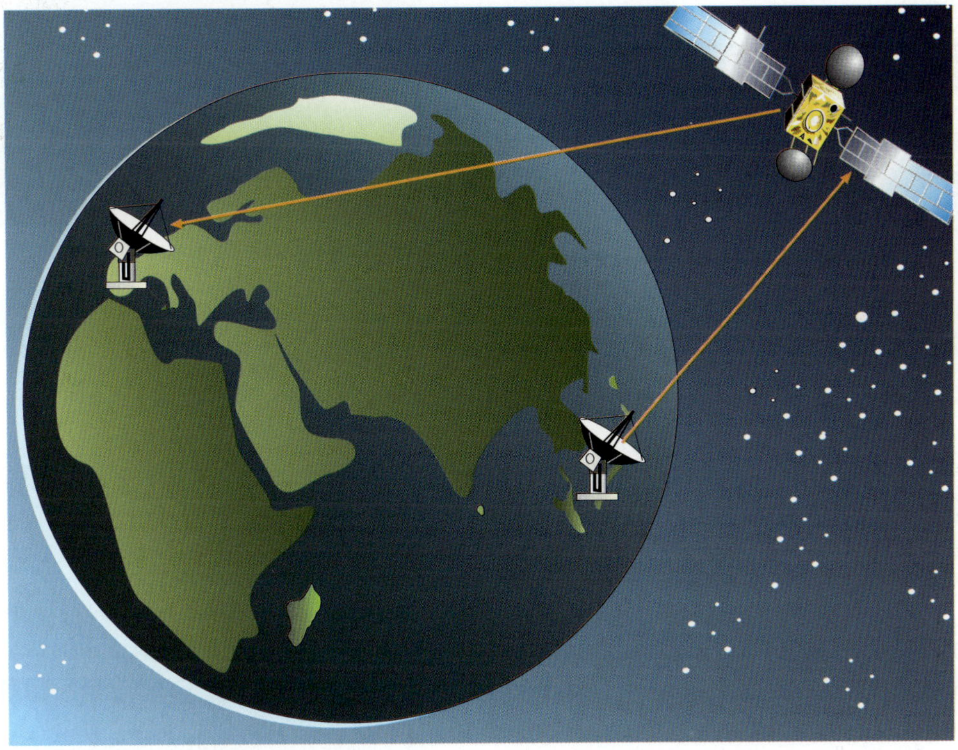

Comunicació via satèl·lit.

Torre de comunicacions amb antenes de microones.

Les ones unidireccionals es propaguen per l'espai en una única direcció.

Ones microones

Les **ones microones** són ones electromagnètiques compreses entre els 300 MHz i els 300 GHz.

Són ones unidireccionals i la seva longitud aproximada està entre 1 mm i 1 m.

$$v = f \cdot \lambda$$

velocitat (m/s); *longitud d'ona* (m); *freqüència* (Hz)

Exemple

Si emetem ones a la velocitat de la llum ($v = 3 \cdot 10^8$ m/s), aleshores per a $\lambda = 1$ mm obtindrem una f mínima de 300 GHz. Si mirem l'espectre radioelèctric, comprovarem que les ones estan situades entre els rajos infrarojos i les ones de ràdio convencionals.

Resol

19. Quina longitud d'ona té una microona que s'emet en un satèl·lit a la velocitat de la llum si la seva freqüència és de 100 GHz?

20. Quina freqüència té una microona que s'emet en un satèl·lit artificial a la velocitat de la llum si la longitud d'ona és de 50 m?

Descripció i principis de funcionament dels satèl·lits

Antena de comunicacions de satèl·lit.

Un satèl·lit de comunicacions es troba en òrbita geostacionària, la qual cosa significa que es desplaça a la mateixa velocitat de gir que la Terra. El satèl·lit es queda en una mateixa posició relativa a la superfície terrestre, de manera que l'estació emissora mai no perd el contacte amb el receptor.

Els satèl·lits geostacionaris estan a uns 36 000 km de l'equador i des d'allà recullen els senyals enviats des de la Terra, els amplifiquen i els reenvien a la Terra. La zona de cobertura que comprenen aquests satèl·lits es denomina *empremta*.

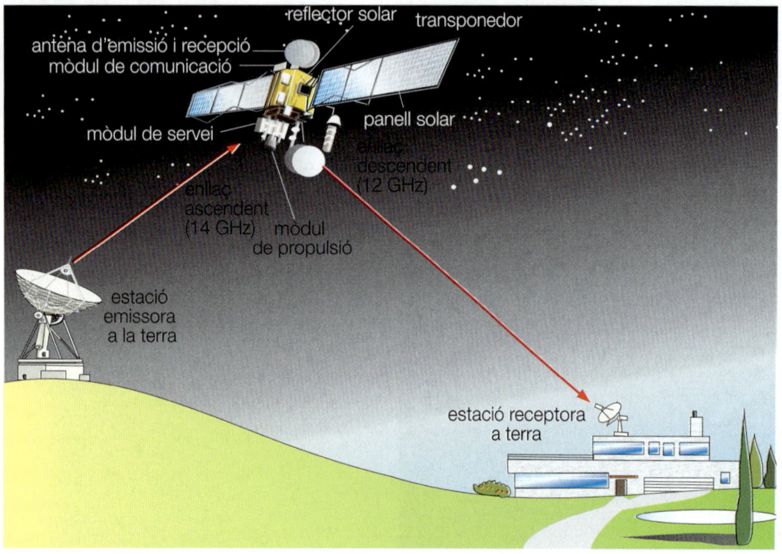

Funcionament i parts d'un satèl·lit de comunicacions.

Qualsevol satèl·lit a Europa utilitza un enllaç ascendent amb una freqüència de 14 GHz per enviar el senyal al satèl·lit; aquest enllaç el tracta, és a dir, l'amplifica i el canvia de freqüència a 12 GHz, perquè mitjançant l'enllaç descendent el senyal arribi a l'estació receptora a la Terra. Als Estats Units s'utilitza una freqüència ascendent de 6 GHz i una de descendent de 4 GHz.

Un satèl·lit està format principalment per dos blocs: el **mòdul de servei** i el **mòdul de comunicacions**.

- En el mòdul de servei hi ha els dipòsits de combustible necessaris per a la maniobra de situació del satèl·lit. També disposa de panells solars repartits per tot el satèl·lit, que alimenten els circuits i equips necessaris, sobretot els amplificadors de potència perquè necessiten molta energia per enviar un senyal potent. Per evitar la falta d'energia durant els eclipsis solars, es disposa de bateries.
- En el mòdul de comunicacions hi ha una antena parabòlica per a la recepció del senyal procedent de l'estació terrestre. Es disposa d'un **transponedor**, que és l'encarregat de tractar el senyal recollit per l'antena receptora, modificar-lo a una altra freqüència i amplificar-lo per portar-lo a l'antena emissora. Aquesta antena envia el senyal mitjançant l'enllaç descendent a una zona de cobertura de la Terra on es trobaran multitud d'estacions receptores.

Els satèl·lits de comunicacions són màquines extremament sofisticades que necessiten uns controls molt rigorosos abans de ser llançats a l'espai.

Els satèl·lits poden tenir múltiples **aplicacions**, només cal determinar la missió que es pretén que duguin a terme. Per exemple, es pot destinar un satèl·lit per a la radiodifusió, la meteorologia, els serveis mòbils, els enllaços entre satèl·lits, els radioaficionats per satèl·lit, la investigació, l'espionatge, la localització i el salvament, etc. Com podem veure, el ventall de possibilitats és molt ampli.

L'**Hispasat** és un sistema espanyol de comunicacions via satèl·lit que des del 1992 es compon de dos satèl·lits situats a l'espai per a la distribució de vídeo i àudio, la radiodifusió de senyals de televisió i la comunicació telefònica.

Hi ha un altre tipus de satèl·lits que no estan situats en òrbita geostacionària (GEO), sinó que es troben en òrbites més baixes (LEO) i en òrbites mitjanes (MEO), que utilitzen enllaços ascendents i descendents de freqüències petites. Aquests satèl·lits estan relacionats amb la telefonia mòbil i amb la comunicació entre vaixells, entre altres funcions.

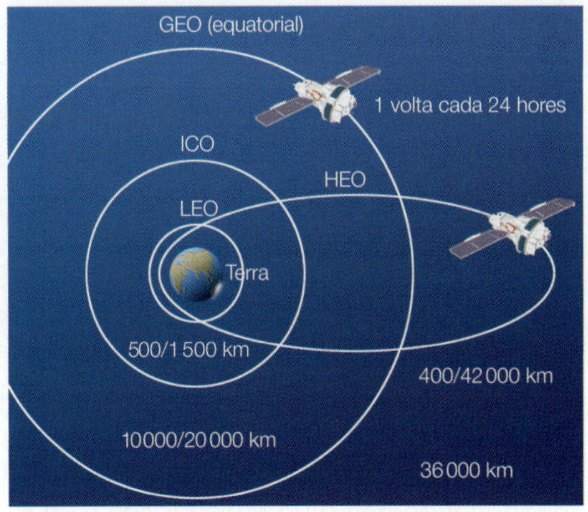

Òrbites dels satèl·lits.

Respon

21. Quins dos tipus d'energia utilitza un satèl·lit per funcionar? Com s'emmagatzema aquesta energia?

22. Quins avantatges té que els satèl·lits siguin geostacionaris?

23. Redacta un informe sobre un satèl·lit indicant-ne les parts, on està situat, per a què s'utilitza, etc. Pots buscar informació a través d'Internet.

24. Un exemple de satèl·lits situats en òrbites no geostacionàries són els que corresponen al projecte Iridium. Busca tot el que puguis sobre aquest projecte. Utilitza Internet com a mètode de recerca.

Analitza

25. La figura de la dreta representa un enllaç que no hem explicat i que s'anomena *intersatel·litari*. Explica'n el funcionament.

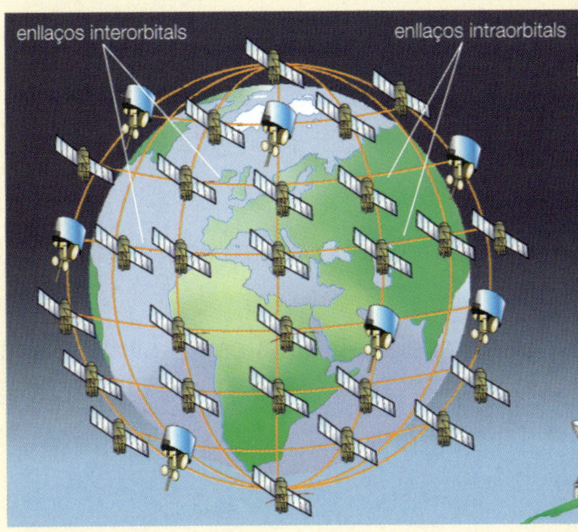

Projecte Iridium.

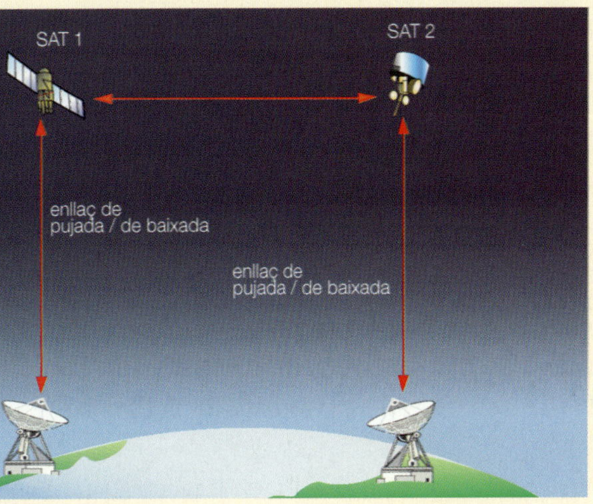

Enllaç intersatel·litari.

6. Radioenllaços

Ja hem explicat anteriorment que, quan es tracta d'enviar informació a través de l'espai, les ones sonores originen problemes per la gran distància que s'ha de recórrer; aleshores s'utilitzen ones electromagnètiques, que poden arribar gairebé a distàncies il·limitades amb una velocitat de 299 792 km/s.

A l'espai, aquestes ones es dispersen de manera esfèrica i multidireccional, per la qual cosa la informació es transmet d'una sola vegada a una multitud d'usuaris. Per exemple, una emissora de ràdio emet a un gran nombre d'usuaris.

Podem definir un **radioenllaç** com un sistema de transmissió d'ones electromagnètiques des d'un emissor fins a un receptor o viceversa.

Walkie-talkie.

Un radioenllaç generalment utilitza **microones**, tot i que també funciona amb ones electromagnètiques de ràdio.

Per exemple, els senyals de ràdio o de televisió s'envien mitjançant radioenllaços des dels centres de producció de programes fins als centres d'emissió. Un altre exemple el trobem entre una unitat mòbil de ràdio o televisió i el centre emissor. El mateix concepte serveix per a la telefonia mòbil.

Un altre factor que defineix la utilització dels radioenllaços és la **distància** al la qual poden estar situats. És convenient que hi hagi visibilitat entre els enllaços, per la qual cosa les distàncies no poden ser massa grans a causa de la curvatura de la Terra. La distància màxima ve marcada per la fórmula:

$$D = 3,6 \cdot (\sqrt{H} + \sqrt{h})$$

En què:
D és la distància en quilòmetres.
H és l'altura de l'antena emissora en metres.
h és l'altura de l'antena receptora en metres.

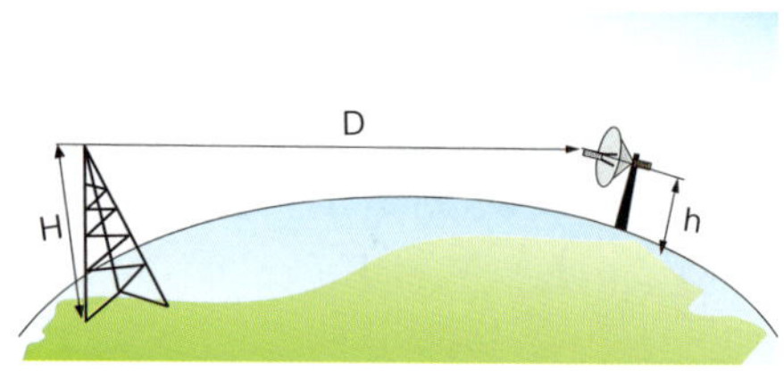

En funció de la freqüència d'emissió del radioenllaç, s'haurà d'utilitzar un tipus d'antena o un altre.

També és habitual la utilització de radioenllaços amb microones per comunicació via satèl·lit.

Resol

26. Una unitat mòbil té una antena emissora a 3 m de terra i emet fins a un centre emissor que té una torre de 12 m. A quina distància es pot desplaçar una unitat mòbil?

27. Suposem que en l'exemple anterior volem augmentar la distància a la qual es pugui desplaçar una unitat mòbil. Què és més convenient, fer pujar 1 m l'antena de la unitat mòbil o fer pujar 1 m l'antena de la torre receptora?

Respon

28. Segurament, a la teva ciutat hi ha un o més centres emissors de telefonia. Localitza on estan situats.

7. La telefonia mòbil

Com hem vist, els telèfons mòbils són petits aparells que ens permeten la comunicació sense cables mitjançant **ones de ràdio**.

En realitat, ens trobem davant un sistema **emissor/receptor** de ràdio que efectua les transmissions utilitzant ones portadores d'una banda de freqüències molt elevada:

- Un segment de la banda de freqüències UHF en 900 MHz (juntament amb els canals de televisió d'UHF).
- Un altre segment en 1 800 MHz.
- La nova generació de telèfons mòbils (UMTS) que utilitza un segment de freqüències al voltant dels 2 200 MHz.

En un principi els mòbils estaven destinats als serveis d'emergència, ambulàncies, policies, etc., ja que era difícil assignar una freqüència a cada usuari. Aleshores va aparèixer el sistema de repartiment de superfície terrestre en superfícies més petites o **cel·les** amb ús d'unes determinades freqüències que, a més, es reutilitzaven contínuament i que es podien repetir en cel·les llunyanes sense problemes d'interferències.

Telèfon mòbil.

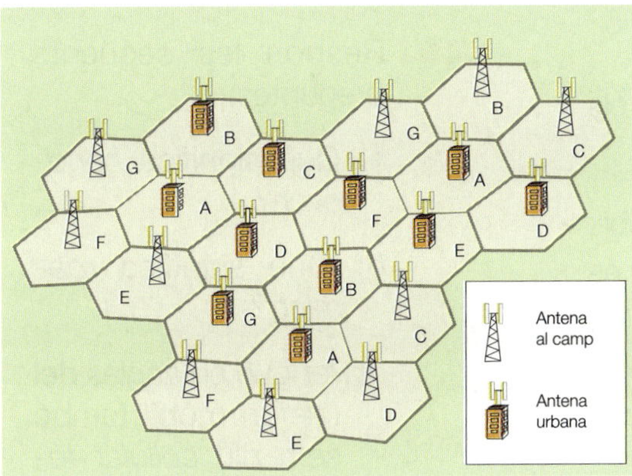

Xarxa cel·lular. Cada cel·la disposa d'una estació base i d'unes quantes antenes receptores.

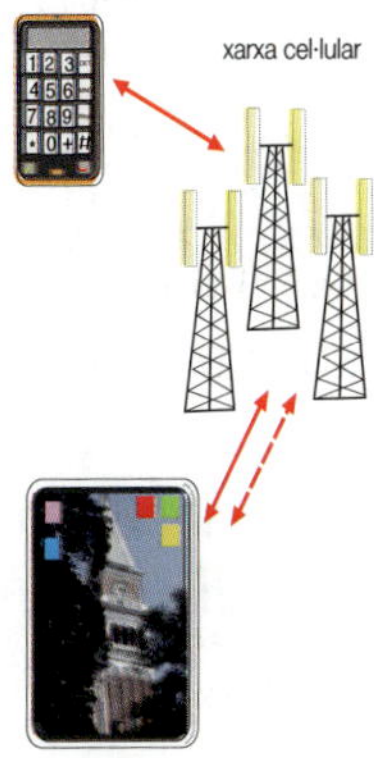

Trucada de mòbil a mòbil.

Tenint en compte que la zona geogràfica en la qual es volen comunicar dos usuaris no és il·limitada, es parla de **zona de cobertura** o de fora de cobertura. Com veiem, aquestes cel·les tenen geometria **hexagonal**, tot i que en realitat es pot dir que tenen una forma que s'acosta a un cercle. Les cel·les estan associades en grups de set, de manera que totes les que tenen la mateixa lletra utilitzen el mateix segment de freqüències. Les cel·les amb la mateixa assignació estan molt allunyades, per la qual cosa no hi ha perill que es produeixin interferències.

L'assignació de cel·les en un espai va en funció del nombre d'usuaris previstos i, en conseqüència, de l'assignació de freqüències que es reutilitzaran. Com es pot observar a la figura de la xarxa cel·lular, hi ha algunes cel·les que estan ubicades en ciutats, on les antenes estan instal·lades sobre edificis, i d'altres són al camp. L'abast dels mòbils en una zona urbana sol ser de prop de 2 km, mentre que al camp aquesta distància pot ser una mica més gran.

Telèfon mòbil utilitzat com a GPS.

La potència dels mòbils és petita, de prop d'1 mW, i disposen també d'antenes d'eficàcia reduïda, per la qual cosa les distàncies que els separen d'antenes receptores no poden ser gaire grans.

Funcionament de la telefonia mòbil

Quan el telèfon està connectat, va enviant periòdicament un senyal a l'**estació base** més propera indicant la posició de l'usuari , així el telèfon sempre està ubicat.. Aquesta operació es coneix com a *seguiment* o ***roaming***. Aleshores, l'aparell està preparat per enviar o rebre una trucada.

RNC (controladors de la xarxa de ràdio): fan de mediadors entre les estacions base i la xarxa de telefonia convencional.

OMC (centre d'operacions i manteniment): permet que s'intervingui en accions de control sobre el programari i el maquinari de les estacions base i dels RNC.

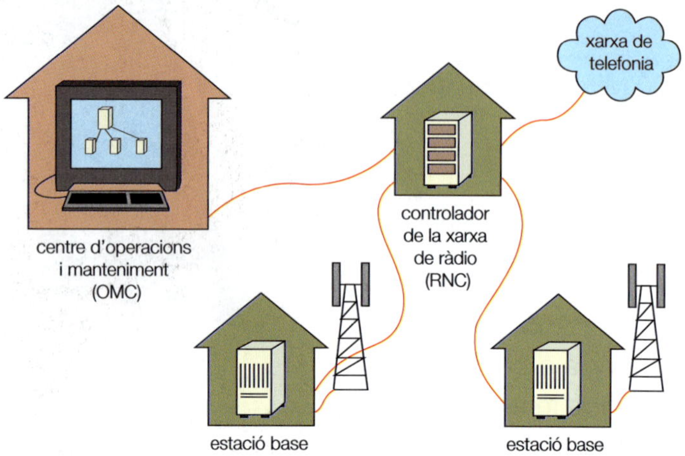

Elements d'una xarxa de telefonia mòbil.

Quan volem fer una trucada des de qualsevol punt d'una cel·la, el senyal s'envia mitjançant ones de ràdio a l'**antena receptora**, que alhora l'envia a l'**estació base** de la cel·la. A partir d'aquí es poden donar dos casos:

- Si establim la trucada amb un **telèfon fix**, s'estableix la trucada amb els **RNC** i d'aquí passa a la xarxa convencional de telefonia (**RTC**).
- Si, en canvi, el que volem és fer la trucada d'un telèfon mòbil a un altre mòbil, quan el senyal que arriba a l'estació base amb la qual volem connectar és molt feble (depenent de la posició), l'**RNC** s'encarrega d'assignar-li una altra estació base més propera perquè el senyal arribi amb més potència. Aquesta operació es coneix com a ***call handover***. Des de l'última estació base s'emetrà el senyal al mòbil de destinació.

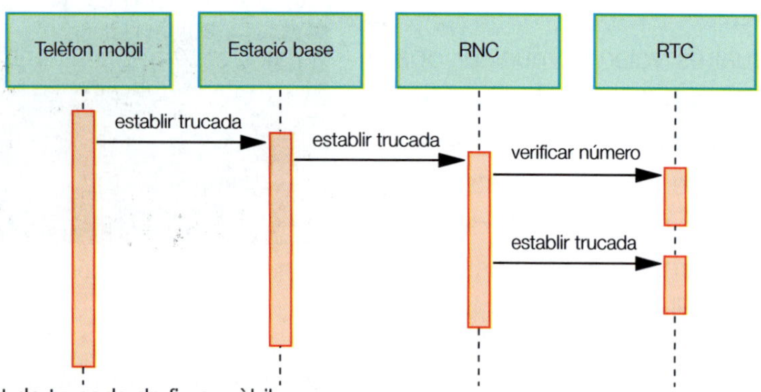

Establiment de trucada de fix a mòbil.

Respon

29. Respon les següents preguntes:

a) Què significa *hand-over*?

b) Què significa *roaming*?

c) Per què en anglès del telèfon mòbil també se'n diu *cellular telephone*?

d) De què depèn l'espai de cada cèl·lula?

e) Entre quines freqüències varia l'espectre radioelèctric dels mòbils a Espanya?

f) Com s'anomenen les normes de telefonia digital?

Respon

30. Fes un esquema com el de la figura anterior en el qual quedi reflectit el procés d'establiment de trucada de mòbil a mòbil.

Telefonia mòbil mitjançant satèl·lit

El principal problema de la telefonia a través de satèl·lits geostacionaris és que les comunicacions experimenten grans retards a causa de la distància a què estan els satèl·lits. Aquest retard, que és de l'ordre de 240 o 270 ms, produeix un efecte d'eco, que en comunicacions de veu es pot eliminar amb supressors d'eco, però que és més greu en el cas de la comunicació de dades. També cal tenir en compte les pèrdues de propagació.

Amb la posada en marxa dels sistemes de satèl·lits en òrbites LEO (*low earth orbit*) i MEO (*medium earth orbit*), aquests problemes desapareixen, però cal considerar l'esforç econòmic que s'ha de dur a terme, ja que és necessari situar molts satèl·lits per donar cobertura completa durant les 24 hores, i cada un té una vida mitjana d'entre 3 i 15 anys, de manera que el cost del sistema és molt elevat.

Els mòbils dotats de tecnologia 4G també utilitzen satèl·lits per a connexions de gran abast.

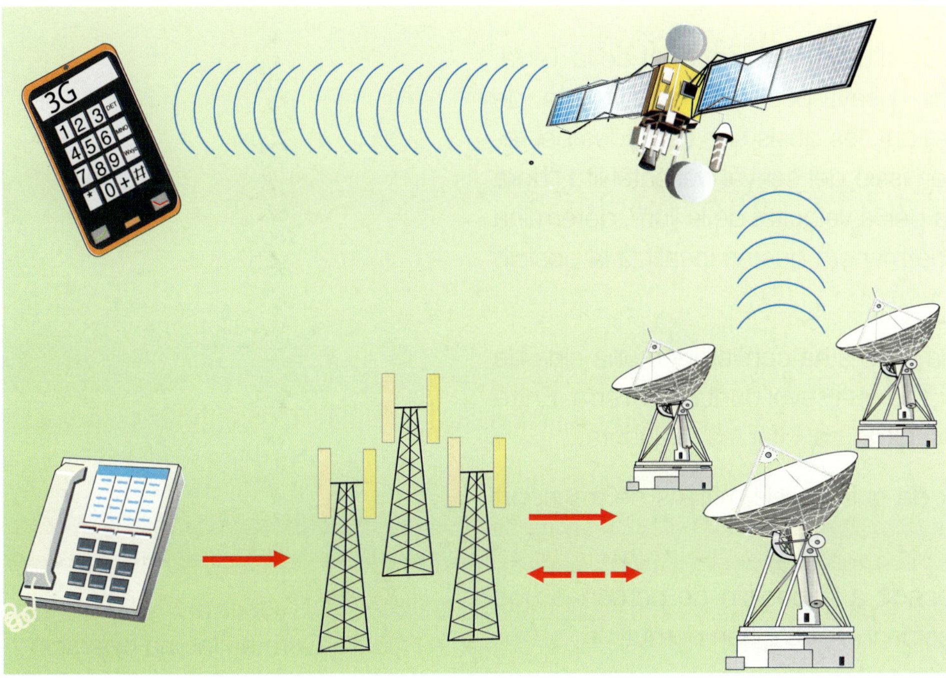

Telefonia mòbil mitjançant satèl·lit.

Analitza

31. Observa la figura de la telefonia a través del satèl·lit i descriu el camí que segueixen les comunicacions.

Debat

32. L'evolució de les comunicacions cada dia té més recursos. Discutiu sobre els avantatges i els inconvenients d'aquesta evolució.

8. El sistema GPS

El **sistema de posicionament global o GPS** és un sistema de localització geogràfica basat en la utilització de satèl·lits.

El sistema GPS està format per vint-i-quatre satèl·lits artificials (tres d'aquests satèl·lits no estan actius perquè es reserven per a casos d'emergència) que sobrevolen la Terra en sis òrbites, a una altura de 20 000 km, aproximadament. Les òrbites s'han calculat de manera que sempre poden oferir, en qualsevol punt de la superfície terrestre, un senyal simultani de quatre satèl·lits com a mínim.

GPS d'un cotxe.

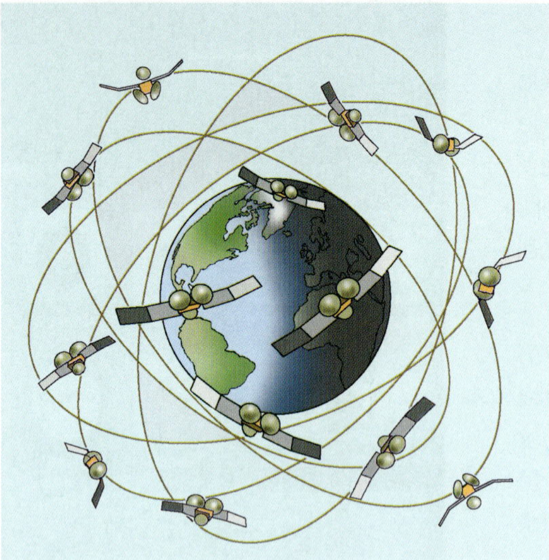

GPS portàtil.

El sistema GPS va ser desenvolupat pel Departament de Defensa dels Estats Units. L'antiga Unió Soviètica va desenvolupar un sistema de posicionament per satèl·lits, el **Glonass**, actualment gestionat per la Federació Russa. La Unió Europea està preparant el llançament del seu propi sistema de posicionament, anomenat **Sistema Galileo**.

Per dur a terme una operació de localització d'un determinat punt de la Terra, cada satèl·lit transmet les coordenades de la seva posició i l'hora exacta, de forma repetitiva (milers de vegades per segon), les quals són captades pel receptor GPS. La diferència entre l'hora d'emissió del senyal del satèl·lit i l'hora de recepció per part del GPS, multiplicada per la velocitat de la llum, determina la distància entre el satèl·lit i el receptor, de manera que es localitza la posició del punt a la Terra.

Gràcies a la seva gran precisió, el sistema GPS s'ha convertit en una eina de gran ajuda en les operacions de localització en qualsevol punt de la Terra. Entre les aplicacions més importants del sistema GPS, cal citar les següents:

- **Assistència a la navegació:** serveix de guia en els mitjans de transport terrestres, aeris i marítims.
- **Equips de salvament:** permeten accedir a la posició de persones que necessiten ser rescatades en cas d'accident o que s'han perdut.
- **Cartografia i topografia:** el sistema GPS és una ajuda molt valuosa en la confecció de mapes, ja que els satèl·lits poden fer escombratges de gran precisió a la superfície terrestre.
- **Estudi de fauna:** mitjançant la implantació de receptors GPS en animals salvatges, es pot dur a terme un estudi per controlar-ne els moviments.
- **Àrees científiques:** són moltes les àrees científiques en les quals s'utilitza la tecnologia GPS (meteorologia, sismologia, vulcanologia, etc.).

Analitza

33. Com es fa una operació de localització d'un determinat punt de la Terra?
34. Busca informació sobre el primer satèl·lit que es va enviar a l'espai. Com es deia? Quin any va entrar en òrbita? Etc.

Respon

35. En què està basat el sistema GPS per a la localització d'un punt qualsevol de la Terra?

Síntesi

Elabora el teu propi resum de la unitat, completant els espais en blanc amb les paraules clau.

1. Les comunicacions a llarga distància reben el nom de ____________.
2. Els elements que constitueixen una comunicació són l'emissor, el ____________ i el ____________. Els sistemes de comunicació es classifiquen en sistemes ____________ ____________ i sense fils, segons que el canal sigui un cable o l'____________.
3. La informació es transmet per l'espai a través d'ones ____________, mentre que per cable es transmet a través de ____________ elèctrics.
4. Les ____________ que s'utilitzen per transmetre senyals elèctrics poden ser de coure o de ____________.
5. El ____________ és un aparell que permet transmetre missatges ____________ a llarga distància.

6. Les parts més importants d'un ____________ són el micròfon i l'____________. La segona conté un ____________ que converteix el senyal elèctric en sonor.
7. Les ones ____________ formen part de l'espectre d'ones electromagnètiques. Un sistema que utilitza les ones radioelèctriques s'anomena ________.
8. L'emissora de televisió rep ____________ i sons que es transmeten per ones radioelèctriques per l'________ emissora fins a l'antena receptora. El ________ transforma aquest senyal en imatges i so.
9. Un dels principals avantatges dels senyals ________ respecte dels analògics és que els primers no tenen pèrdues i es ________ amb més qualitat.
10. El sistema de posicionament ________ o GPS és un sistema de localització geogràfica basat en la utilització de ________.

Paraules clau

senyals, auricular, amb fils, imatges, fibra òptica, radioelèctriques, antena, televisor, telègraf, digitals, espai, ràdio, canal, telèfon, cables, transmeten, escrits, receptor, línies, electroimant, telecomunicacions, electromagnètiques, geogràfica

Recursos en xarxa

Internet també s'ha convertit en un mitjà de comunicació. Amb un ordinador podem enviar correus, fotos, imatges, vídeos; xerrar en línia; escoltar la ràdio, o mirar la televisió. Però perquè això sigui possible ens fa falta una connexió de banda ampla ràpida i segura. Les companyies que ens ofereixen aquest servei ens fan creure que tenim una velocitat, però en realitat és molt inferior, per la qual cosa podem tenir problemes a l'hora de comunicar-nos a través d'Internet.

Busca llocs amb Internet on puguis fer un test per veure la velocitat de pujada i baixada del teu ordinador. Fes diverses comprovacions i compara els resultats.

Competències bàsiques

Comunicacions amb Internet: la banda ampla

Cada cop més, Internet és un mitjà de telecomunicacions a distància que substitueix o complementa el telègraf, el fax, el correu, etc. Amb l'ordinador i una connexió a Internet, podem parlar amb un amic que és a l'altra punta del món alhora que l'estem veient; podem escriure correus que arriben instantàniament, enviar missatges a mòbils o, fins i tot, podem escoltar la ràdio i mirar la televisió.

Però perquè això sigui possible, la nostra connexió a Internet ha de ser fiable i ràpida. La transmissió de dades a través d'Internet es mesura en bits per segon (bps), però com que és una unitat massa petita s'empra el kbps, l'Mbps o el Gbps. Un estudi fet l'any 2007 va demostrar que la mitjana de baixada al Japó era de 61 Mbps, mentre que als EUA era d'1,9 Mbps i a França, de 17 Mbps. A l'Estat espanyol la velocitat també queda molt lluny de la que hauria de correspondre a un país del primer món.

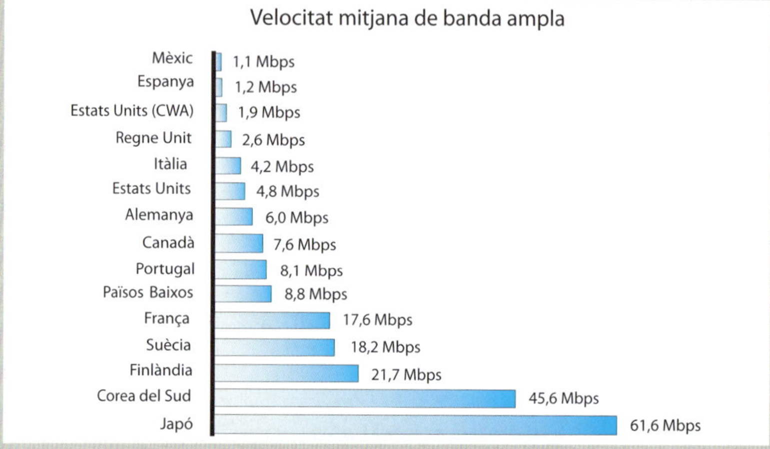

Una millora important consistiria a promoure les xarxes basades en fibra òptica alhora que s'anessin substituint per les de coure. Quan això arribi als nostres habitatges, l'accés a Internet serà molt més ràpid i fiable: serà una veritable «banda ampla». El terme *banda ampla* es refereix habitualment a l'accés a Internet d'alta velocitat i es considera que un servei de banda ampla ha de superar velocitats reals de 200 kbps, la qual cosa ens permetria buscar informació, xatejar, mirar vídeos, jugar, tenir converses, etc., amb garanties i amb una qualitat suficient.

Tasques

1. Per què Internet s'està convertint en un mitjà indispensable en les telecomunicacions?
2. En què es mesura la velocitat de connexió a Internet? Quan es considera que una connexió és de banda ampla?
3. Com es podria millorar la banda ampla d'Internet?
4. Quantes vegades més lenta era la velocitat mitjana d'accés a Internet a Espanya que al Japó l'any 2007?

Ones electromagnètiques

Llegeix aquest text, observa la imatge i respon les preguntes:

Les ones electromagnètiques estan formades per la combinació de camps magnètics i camps elèctrics que es propaguen a través de l'espai alhora que transporten energia. A diferència de les ones sonores, que necessiten un mitjà per traslladar-se, com per exemple l'aire, les ones electromagnètiques es poden propagar pel buit, i per tant, a través de l'espai.

Aquestes ones poden tenir una varietat de freqüències gairebé il·limitades, de manera que creen l'espectre electromagnètic. Una part d'aquest espectre l'ocupen les ones que utilitzen els mitjans de comunicació a distància, les quals s'anomenen *ones radioelèctriques*.

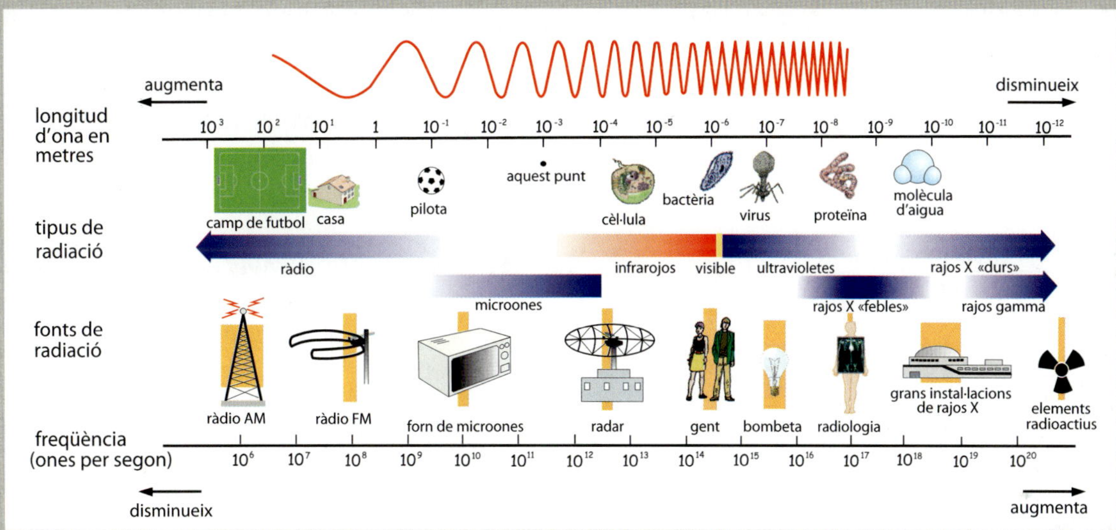

Tasques

1. Observa la figura i explica els quatre paràmetres que s'hi representen.

2. Relaciona la freqüència de les ones amb el tipus de radiació i l'objecte que les pot generar.

5 × 1014 Hz — ones de ràdio — bombeta
1019 Hz — visible — centrals nuclears
1021 Hz — infrarojos — hospitals
106 Hz — radioactivitat — emissores
1010 Hz — rajos X — microones
1013 Hz — microones — làmpades especials

3. A l'indicador d'una ràdio podem veure que l'espectre de freqüències que ocupen les diferents emissores de ràdio de freqüència modulada va des de 88 Mhz fins a 108 Mhz.

a) Segons la figura, quin espectre de freqüències ocupen en Hz?

b) Segons l'espectre de la figura, aquestes freqüències són baixes o altes?

c) La longitud d'ona d'aquestes emissores és gran o petita segons l'espectre? Quin valor aproximat tenen?

Activitats finals

1. L'ésser humà sempre ha tingut la necessitat de comunicar-se, de transmetre informació. Els sistemes de comunicació descrits en aquesta unitat són moderns o molt moderns en comparació amb la història de la humanitat. Fes una taula on constin, a la primera columna, sistemes de telecomunicació que hagi utilitzat l'ésser humà abans que aquests, i a la segona, indica'n la utilitat.

2. De la següent ona radioelèctrica, identifica i calcula:

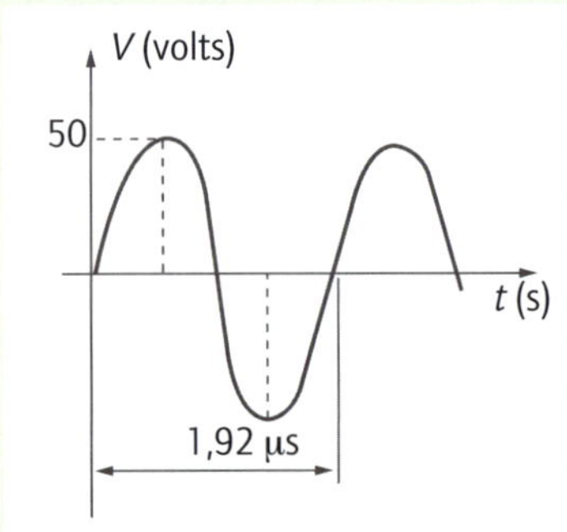

a) L'amplitud.

b) El període.

c) La freqüència.

d) La longitud.

3. Resol les qüestions següents:

a) Quina relació hi ha entre la freqüència i el període d'una ona?

b) Quin nom rep la font d'energia necessària per dur a terme una transmissió amb fibra òptica?

c) Digues dues diferències entre la transmissió telegràfica i la telefònica.

d) Quina diferència bàsica hi ha entre els sistemes de transmissió per ràdio i per televisió? Com es resol això tècnicament?

4. Les ones radioelèctriques es desplacen a la velocitat de la llum. Calcula el temps que tardarà a arribar un missatge de ràdio si l'emissió es fa a 300 km de distància. I si es fa a 20 000 km?

5. Busca a *http://www.editorialteide.com/?9094* les diferents animacions i videos dels mitjans següents i visiona'ls: el telègraf, la ràdio, la televisió i el telèfon mòbil.

Explica després, mitjançant un petit informe, el funcionament d'aquests mitjans.

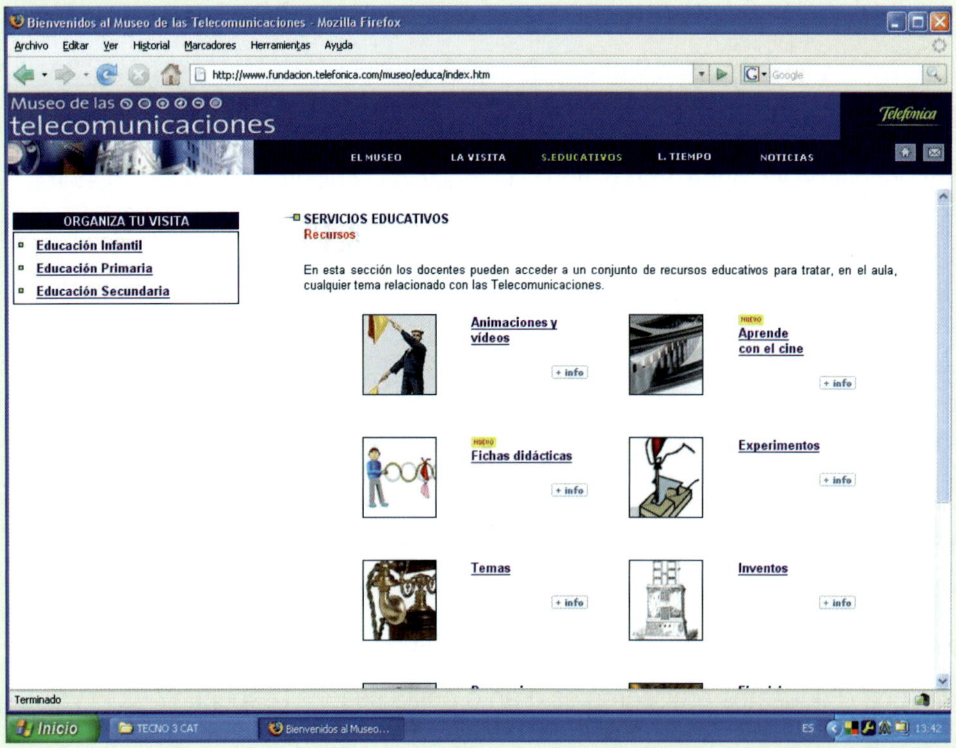

6. Dissenya un circuit elèctric per a l'emissió de missatges amb el codi Morse. Per fer-ho tingues en compte que l'emissió s'ha de poder efectuar d'una habitació a una altra d'una casa, i que hauràs d'utilitzar els elements del dibuix.

Pots muntar aquest circuit per comprovar que funciona.

7. Observa les vinyetes següents i fes un informe titulat: Petita història dels mitjans de comunicació. Hi haurà d'haver aspectes com aquests:

- Inventors.
- Repercussions socials.
- Any de la invenció.
- Anècdotes relacionades.

Per fer-lo et proposem que facis una cerca en enciclopèdies temàtiques, llibres que tractin d'inventors famosos, Internet, revistes especialitzades, etc

1

NOVES TECNOLOGIES

Scratch 3

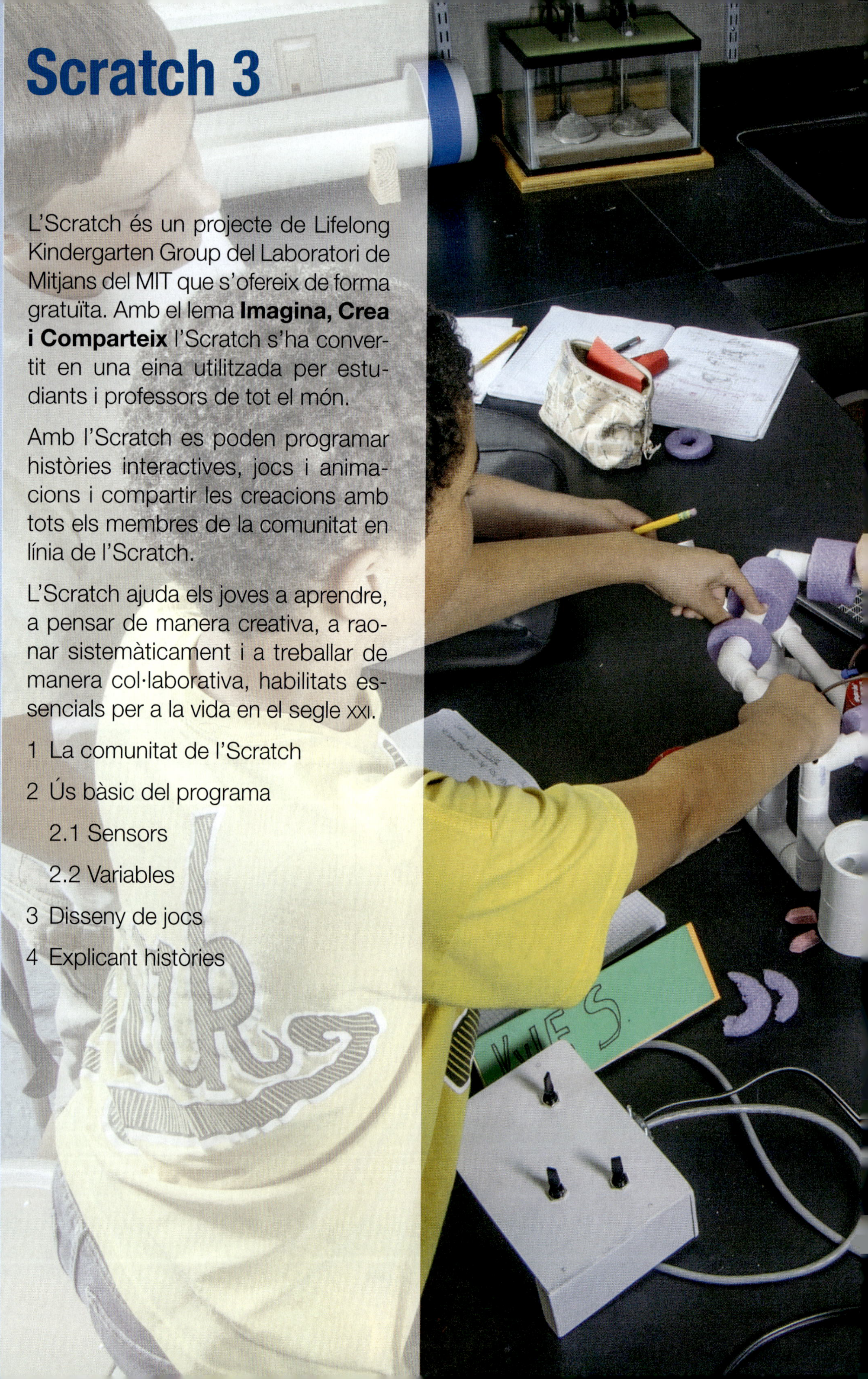

L'Scratch és un projecte de Lifelong Kindergarten Group del Laboratori de Mitjans del MIT que s'ofereix de forma gratuïta. Amb el lema **Imagina, Crea i Comparteix** l'Scratch s'ha convertit en una eina utilitzada per estudiants i professors de tot el món.

Amb l'Scratch es poden programar històries interactives, jocs i animacions i compartir les creacions amb tots els membres de la comunitat en línia de l'Scratch.

L'Scratch ajuda els joves a aprendre, a pensar de manera creativa, a raonar sistemàticament i a treballar de manera col·laborativa, habilitats essencials per a la vida en el segle XXI.

1 La comunitat de l'Scratch

2 Ús bàsic del programa

  2.1 Sensors

  2.2 Variables

3 Disseny de jocs

4 Explicant històries

Watch me dance!
Crea històries, jocs i animacions
Comparteix amb gent d'arreu del món
PROVA-HO
MIRA EXEMPLES
UNEIX-TE A SCRATCH
when clicked
repeat 10
say Welcome to Scratch! for 2 secs
Una comunitat d'aprenentatge amb 8.368.404 projectes compartits
A PROPÒSIT D'SCRATCH | PER ALS EDUCADORS | PER ALS PARES
Projectes Destacats
Mr Nose's Adventure
Decorate Cakes!
Put "scratch emoji" in a Comment
Make Hot Chocolate!!

1. La comunitat de l'Scratch

Recorda que el curs passat vam introduir-nos a la programació amb Scratch. Aquest programa és un entorn de programació gràfic que ens permet treballar amb objectes o personatges d'una manera senzilla.

La comunitat de l'Scratch té milions d'usuaris registrats a tot el món i comparteix milions de projectes.

Taller d'informàtica

1. La comunitat de l'Scratch

Ja vam estudiar el curs anterior que els usuaris de l'Scratch poden compartir els projectes realitzats amb la resta de *scratchers*. En aquest taller estudiaràs les possibilitats que té la comunitat de l'Scratch.

1. Accedeix al lloc web **http:///www.scratch.mit.edu**. Accedeix-hi amb el teu nom d'usuari i la teva contrasenya.
2. Des de la pàgina d'inici de l'Scratch, a la part inferior, entra a i observa la informació que s'hi presenta.

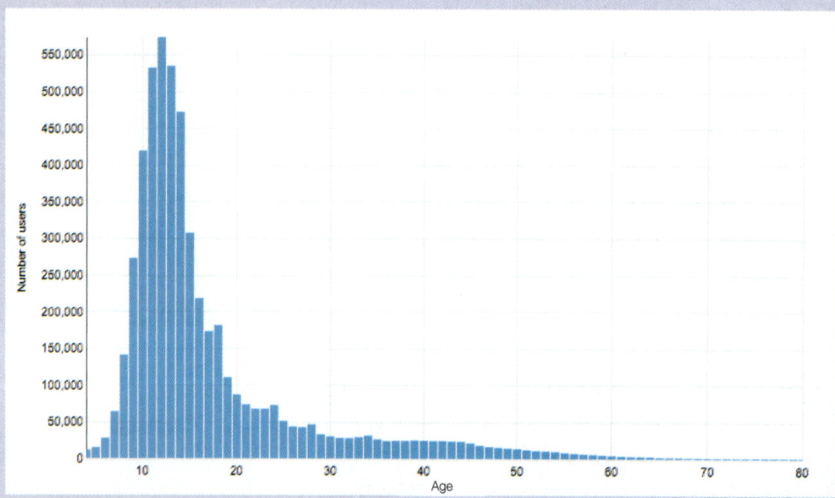

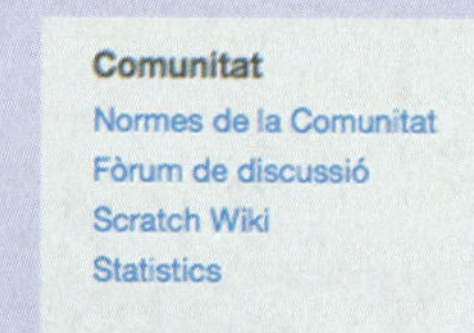

3. A més de la distribució d'edats dels *scratchers*, podem veure altres aspectes, com ara els projectes que s'han compartit a la xarxa, els usuaris registrats, etc.
4. Torna a la pàgina d'inici i observa els projectes que es presenten i com estan classificats. Veuràs que hi figuren els apartats següents:

   Projectes destacats

   Estudis destacats

   Projectes seleccionats per...

   Estudi de disseny d'Scratch

   El que la comunitat està reinventant

   El que més agrada a la comunitat

   Investiga cada un dels apartats. Entra a un dels projectes i observa com funciona.

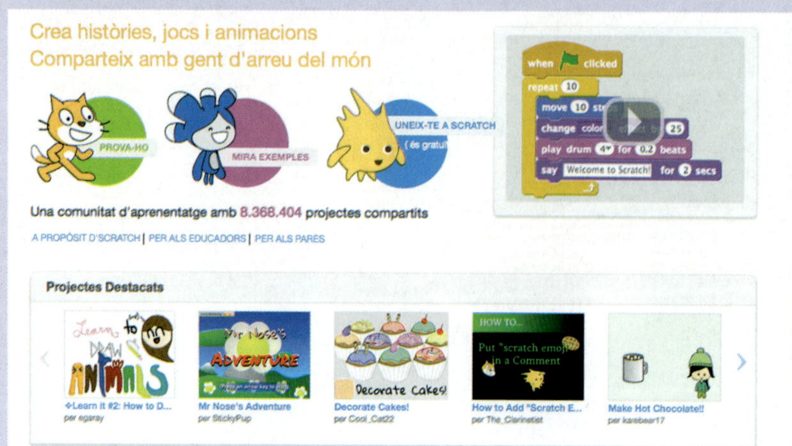

5. Observa la fila de *Projectes destacats*. Aquí es mostren els projectes destacats per l'equip de l'Scracth. Normalment aconsegueixen una gran popularitat.

6. Obre'n un i observa els elements que figuren al projecte. A més a més de les *Instruccions*, *Notes i crèdits* que ja has vist abans, a la part inferior veuràs com pots valorar el projecte.

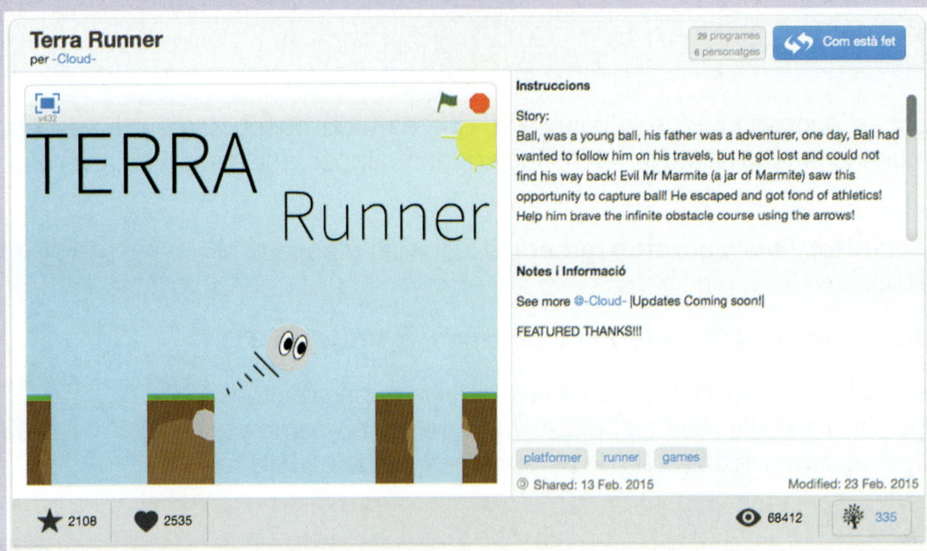

7. Un aspecte molt important són les *Reinvencions.* Pots fer un *remix* (reinvenció) d'un projecte utilitzant la base del projecte en qüestió i fent les modificacions pertinents. Per fer-ho, s'ha d'esmentar el projecte original.

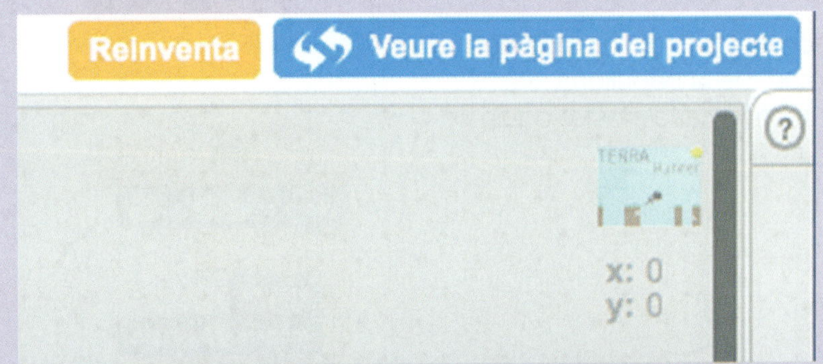

8. Obre el projecte en qüestió i veuràs el botó *Reinventar*.

Un estudi és un lloc que poden crear els usuaris on es pengen els projectes que consideren que estan relacionats amb el tema. L'equip de l'Scratch també escull els *Estudis destacats.* Selecciona de manera periòdica els que són més interessants i més valorats per la comunitat.

2. Ús bàsic del programa

1. Sensors

Tal com es va explicar el curs anterior, l'Scratch ens permet interactuar amb el món exterior a través dels sensors. Podem fer que els objectes o personatges dels nostres programes facin determinades accions en funció dels valors que rebin dels sensors que utilitzem.

Taller d'informàtica

2. La papallona s'espanta

Problema: es tracta d'aconseguir que la papallona, que es mou tranquil·lament a l'escenari d'esquerra a dreta, s'espanti i que incrementi l'aleteig i intenti fugir quan noti, per la càmera web, que ens acostem.

1. Accedeix al lloc web **http://www.scratch.mit.edu**. Recorda't d'accedir-hi amb el teu nom d'usuari.
2. Vés a la carpeta *Les Meves Coses* i obre un projecte nou, el **Projecte 31**.
3. Esborra el gat de l'Scratch i selecciona a la zona d'objectes i personatges *Tria un personatge de la galeria)*. A la carpeta *Animals* selecciona amb un doble clic *Butterfly1*. Veuràs que a la zona de personatges surt la papallona seleccionada.
4. Selecciona a la zona d'escenaris un fons nou des de la galeria, en aquest cas *lake.*
5. Implementa el programa següent, que situarà la papallona a la coordenada $x = -135$, $y = -4$ i farà que canviï de vestit cada 0,1 segons simulant un aleteig mentre es desplaça d'esquerra a dreta. Quan arribi a la vora, rebotarà i canviarà de sentit.

   Ara anem a utilitzar la webcam com a sensor, fent que quan es detecti moviment en l'escenari s'acceleri el moviment de la papallona. Per a fer-ho necessitarem tenir aquest dispositiu connectat al nostre equip.

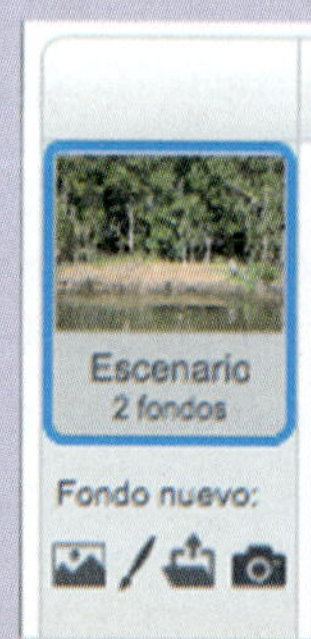

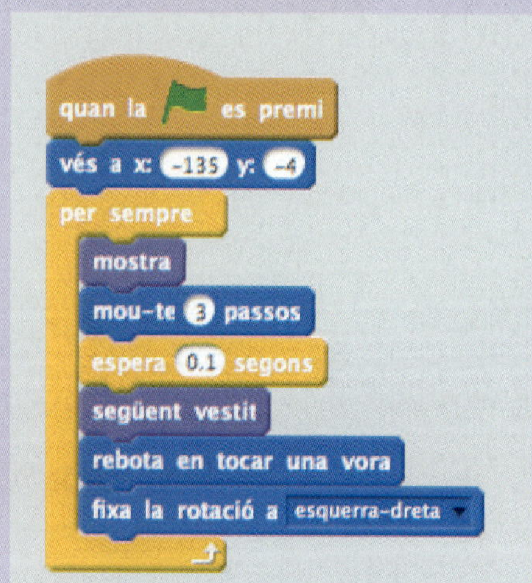

6. Primer provarem que ens funcioni la càmera web. Per fer-ho, executa aquest petit programa. A l'escenari veuràs l'enfocament de la càmera i l'objecte que havíem programat abans.

7. Ajusta la transparència al 80 %, i així veurem l'escenari que havíem utilitzat i la gravació de la càmera web quedarà a un segon pla.

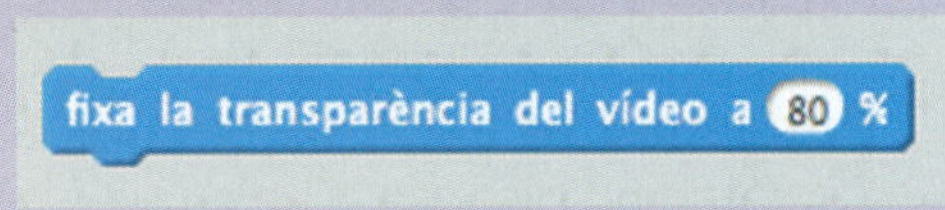

8. Crea el programa següent perquè la papallona interactuï amb la càmera web:

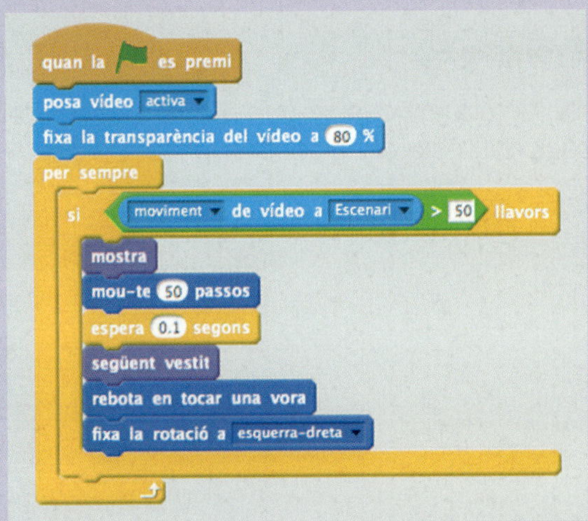

9. Prova el programa i veuràs que, quan ens movem davant la webcam, la papallona accelera el seu moviment. Quan ens parem, la papallona torna al seu moviment inicial.

Ampliació

1. Primer fes que la papallona, quan percebi el moviment, digui: «No m'espantis. Deixa'm tranquil·la!»
2. Finalment, fes que la papallona, amb el seu aleteig accelerat per la presència d'un intrús (moviment captat per la càmera web), busqui un lloc més segur i s'amagui. Pots utilitzar un objecte de la galeria, per exemple Home Button.

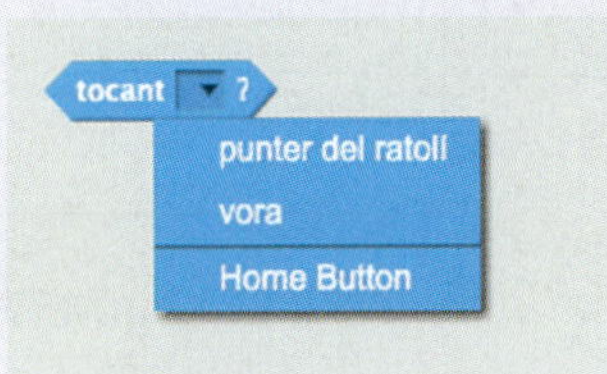

Guarda el resultat com a **Projecte 31 ampliació**.

2. Variables

Quan necessitem treballar amb valors o dades i les hem de gestionar segons les necessitats d'un determinat programa, ens trobarem amb el repte d'utilitzar variables a l'Scratch.

Per exemple, si volem crear un joc on les vides del personatge es van perdent a partir dels erros fins a quedar-se amb 0 vides, necessitarem definir aquesta variable.

Taller d'informàtica

3. El problema del teorema de Pitàgores

Problema: es tracta de calcular la distància entre dos personatges, en aquest cas dos punts. Com que l'Scratch no disposa d'una funció per fer-ho, farem servir el teorema de Pitàgores.

1. Accedeix al lloc web **scratch.mit.edu**. Recorda't d'accedir-hi amb el teu nom d'usuari.
2. Entra a la carpeta *Les Meves Coses* i obre un projecte nou, **Projecte 32**.
3. Selecciona a la zona d'escenaris un fons nou des de la galeria, en aquest cas *xy-grid.* Entra a *Fons* i obtindràs l'editor de l'Scratch. En aquest cas hem editat l'element seleccionat, és a dir: el fons *xy-grid*.

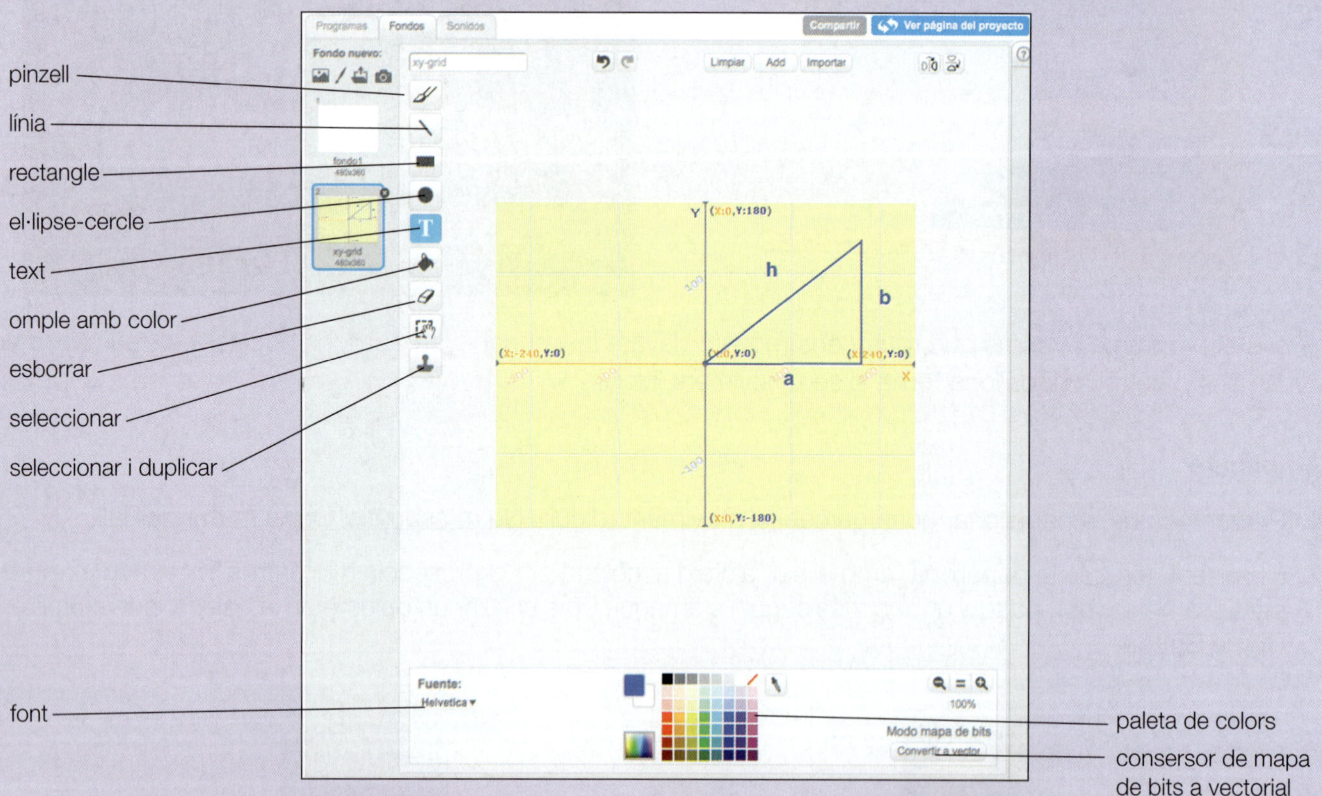

4. Dibuixa amb l'eina *Línia* els tres segment, *a*, *b* i *h* del triangle rectangle de la figura i col·loca els noms als mateixos.
5. Emplena el fons amb el color que s'aprecia en la figura superior.

6. Esborra el gat de l'Scratch i a *Nou personatge* clica a *Dibuixar un nou personatge.* Veuràs que s'obre l'editor de l'Scratch. Dibuixa dos objectes en forma de punts, un de color vermell i l'altre de color blau. Anomena'ls Punt vermell i Punt blau.

7. Ajusta el centre del vestit de cada un dels punts fent clic a *Fixa el centre del vestit* i després clica a sobre del punt.

8. Situa el punt blau a l'origen de coordenades ($x = 0$, $y = 0$) i el punt vermell al vèrtex del triangle rectangle que hem dibuixat.

9. Definirem tres variables, *a*, *b* i *h*, des del bloc *Dades | Crear una variable*. A la part inferior veurem les variables creades i els blocs que s'han generat des de la seva creació. Si seleccionem les tres variables veurem que apareixeran a l'escenari.

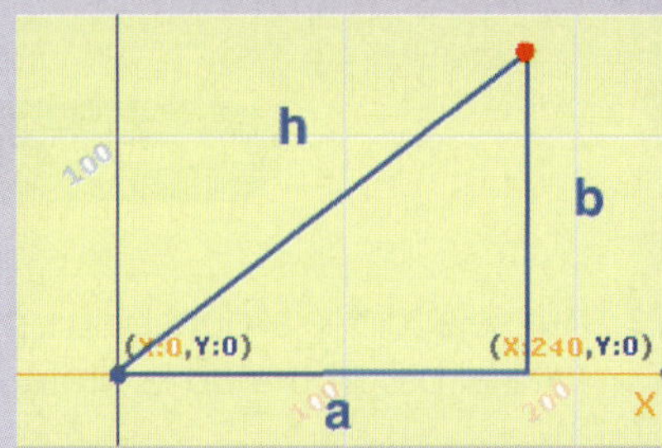

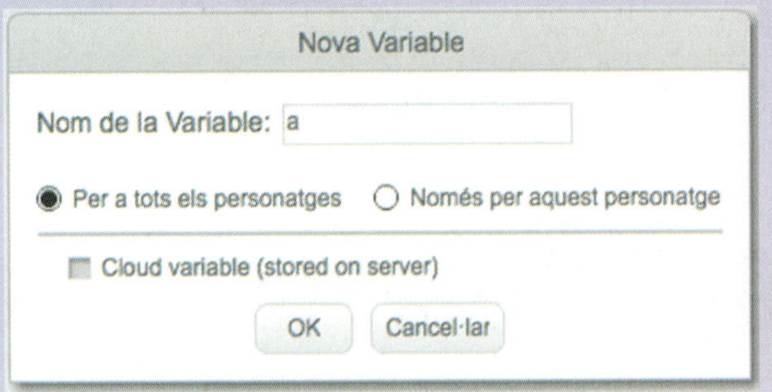

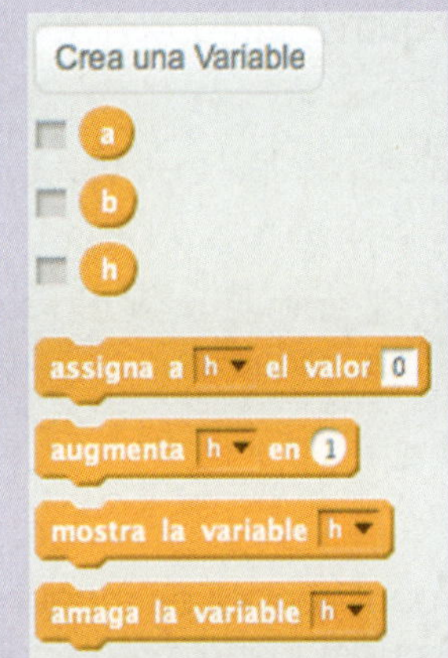

10. Ens situarem en l'objecte *Punt vermell* per realitzar el següent programa:

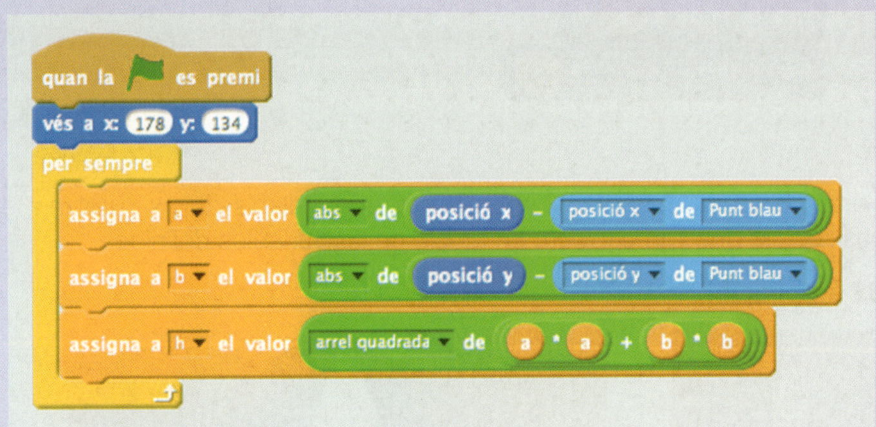

Per calcular la distància a haurem de restar a la abcisa del punt vermell ($x_{vermell}$), la abcisa de punt blau (x_{blau}) de la següent forma:

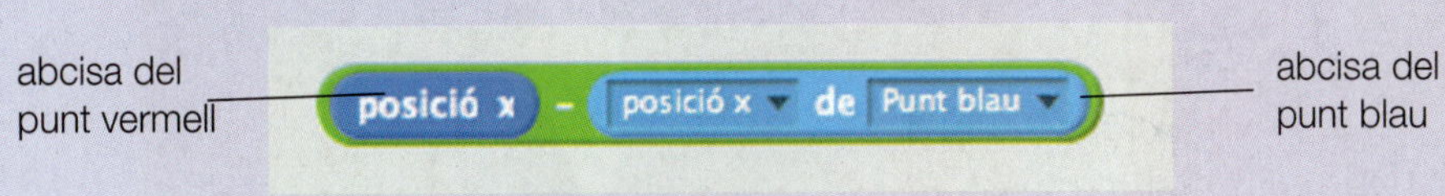

Si volem que l'expressió sigui vàlida quan la diferència sigui negativa, utilitzarem la funció *Valor absolut*.

Expressió de Pitàgores:

$$h = \sqrt{a^2 + b^2}$$

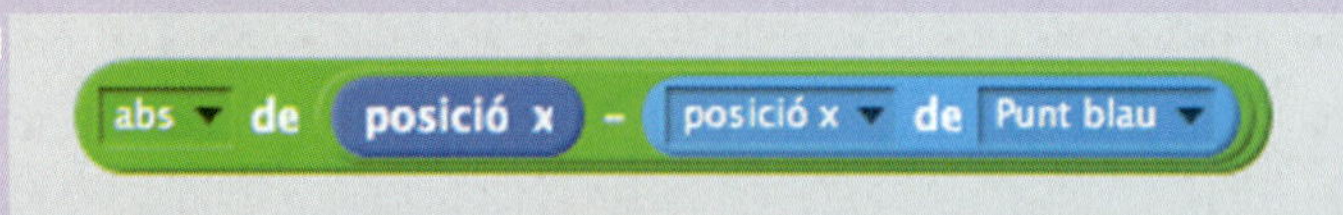

Per calcular la distància entre els dos personatges apliquem el teorema de Pitàgores. Com que l'Scratch no disposa de la funció exponencial per elevar al quadrat els catets, els multiplicarem per ells mateixos.

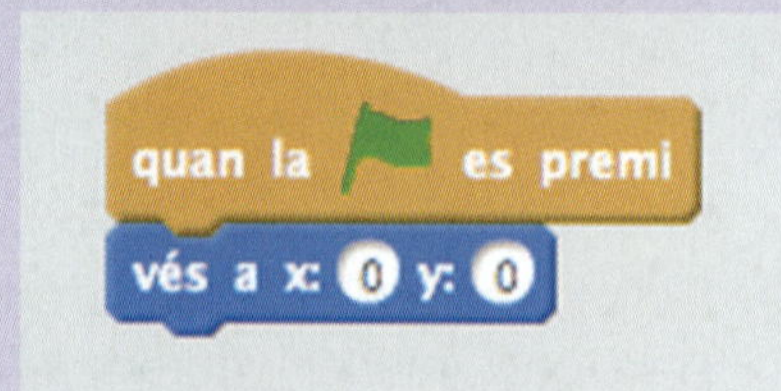

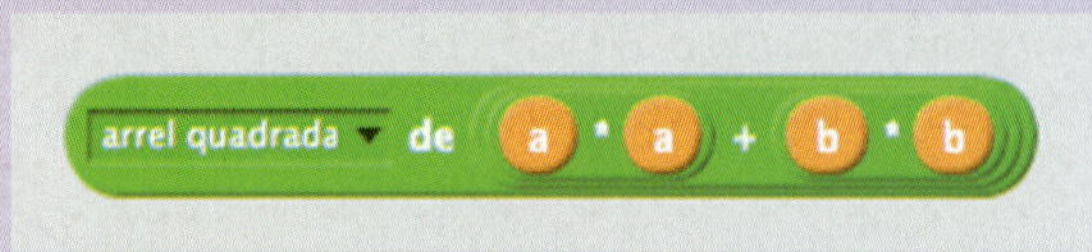

11. Ara selecciona el punt blau i, per fer que se situï al centre de coordenades, crea el programa de la dreta.
12. Executa el programa i mira els valors de les tres variables definides a l'escenari.
13. Fes canviar de posició el punt vermell amb la busca del ratolí i observa com van canviant els valors de les tres variables.

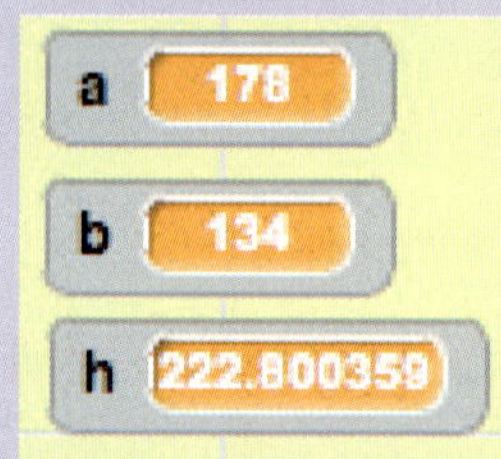

Ampliació

Es tracta de programar un joc on el punt vermell es mogui aleatòriament per la pantalla utilitzant la distància calculada anteriorment. La hipotenusa del triangle rectangle calculada ens servirà perquè el punt canviï de color i de mida en funció de la distància respecte del punt blau.

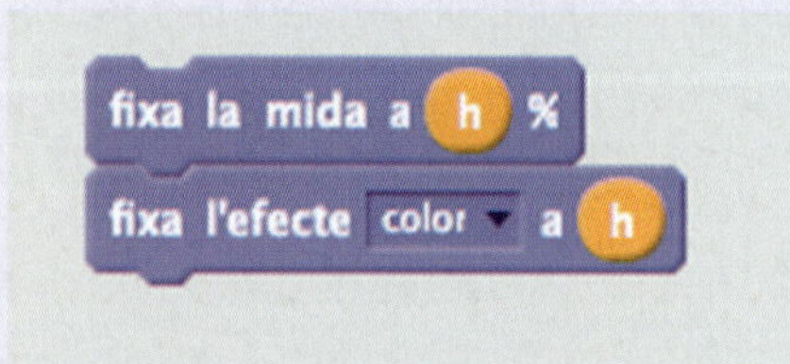

Ara crea un programa per posar a prova els teus dots artístics. Es tracta que el llapis dibuixi, utilitzant el programa del punt anterior amb mides i colors que van canviant en funció de les variables definides.

Guarda el resultat com a **Projecte 32 ampliació**.

3. Disseny de jocs

Els projectes de jocs a l'Scratch són uns dels més populars, d'aquí que molts *scratchers* es dediquin a aquesta modalitat de programes.

Hi ha diversos tipus de jocs, entre els quals podríem destacar jocs amb *scroller*, laberints, magnates, plataformes, etc.

Taller d'informàtica

4. La marieta ambiciosa

Problema: es tracta de dissenyar un joc en què una marieta busca la sortida en un laberint. Durant el recorregut va recollint monedes que van sumant al marcador.

1. Accedeix al lloc web **scratch.mit.edu**. Recorda't d'accedir-hi amb el teu nom d'usuari.
2. Entra a la carpeta *Les Meves Coses* i obre un projecte nou, **projecte 33**.

Preparant el laberint

3. Dibuixa, utilitzant l'editor d'imatges, un laberint com el de la figura.
4. Accedeix a l'editor d'imatges quan hagis seleccionat *Escenari.* Per veure l'editor selecciona *Fons*.

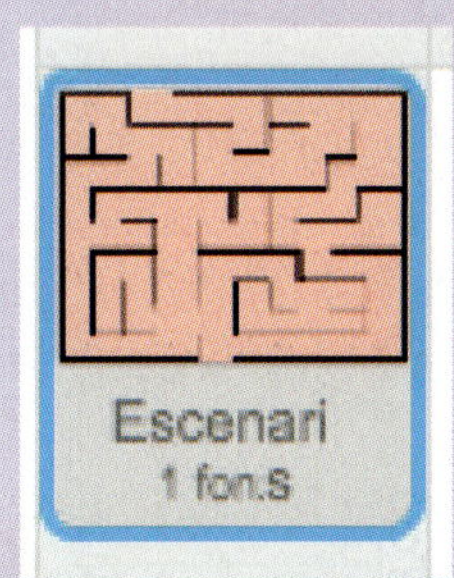

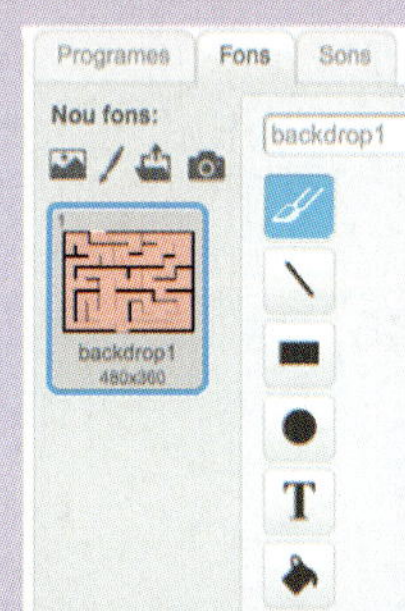

5. Comença a omplir el fons de l'escenari amb un color que t'agradi. Així podràs delimitar-ne la zona. Fes-ho utilitzant l'eina. *Omple amb color* i seleccionant el color escollit a la paleta de colors de la part inferior .
6. Per traçar línies pots utilitzar l'eina *Rectangle* ,quan hem seleccionat el rectangle ple a la part inferior.

7. Si quan tracis les línies vols corregir algun error, utilitza el color de fons i la mateixa eina *Rectangle* per rectificar.

Programació de la marieta

8. Elimina el gat de l'Scratch i a *Nou personatge* entra a *Tria un personatge de la galeria.* Selecciona *Ladybug1.*

9. Canvia les dimensions de l'objecte perquè càpiga als carrers del laberint.

10. Per moure la marieta amb les fletxes del cursor farem els programes següents.

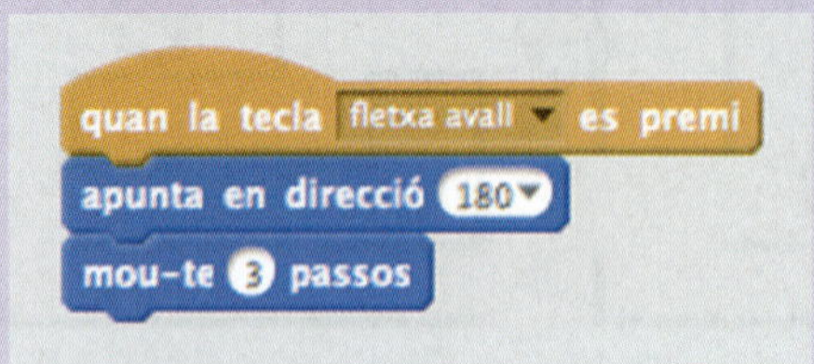

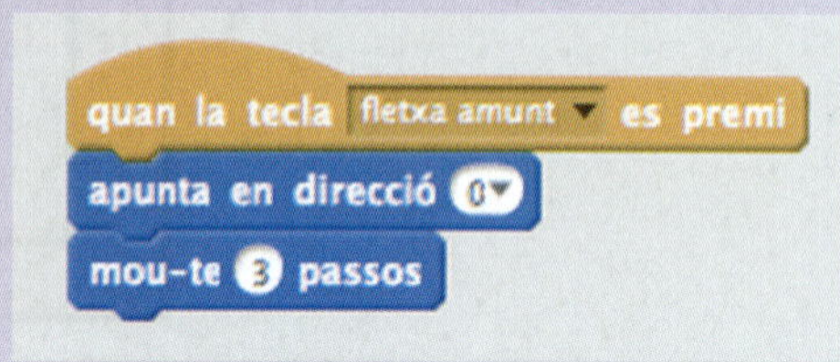

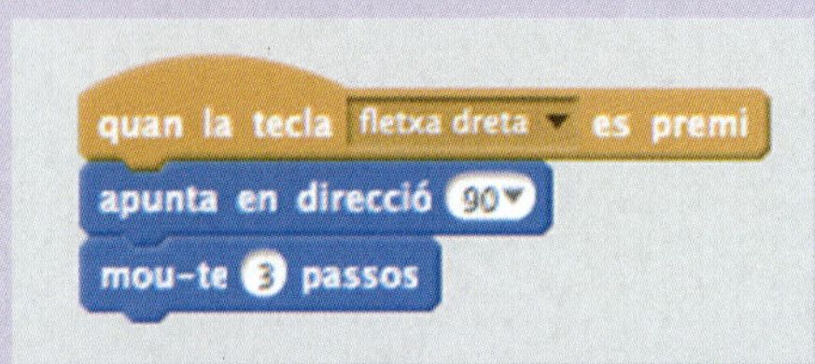

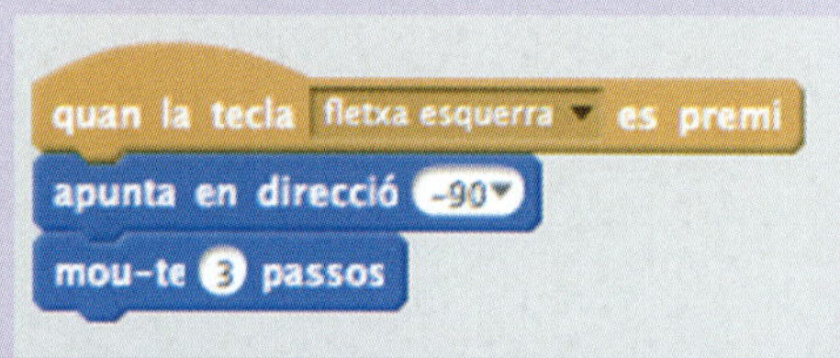

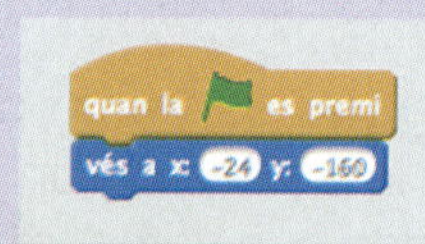

11. Situa la marieta en posició d'inici al laberint i mira als blocs de *Moviment* la situació que té amb el bloc *Anar a x: ___ y:_____*. Ara executa el programa de la figura de la dreta.

12. Ara crearem un petit programa perquè quan la marieta toqui les línies divisòries del laberint torni a la posició inicial.

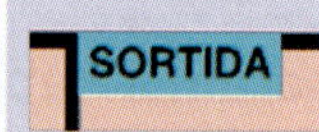

13. Per assenyalar la sortida del laberint crearem un objecte amb l'editor i escriurem el text «SORTIDA». Una vegada a l'escenari el col·locarem a la part superior del laberint, a l'orifici que queda lliure.

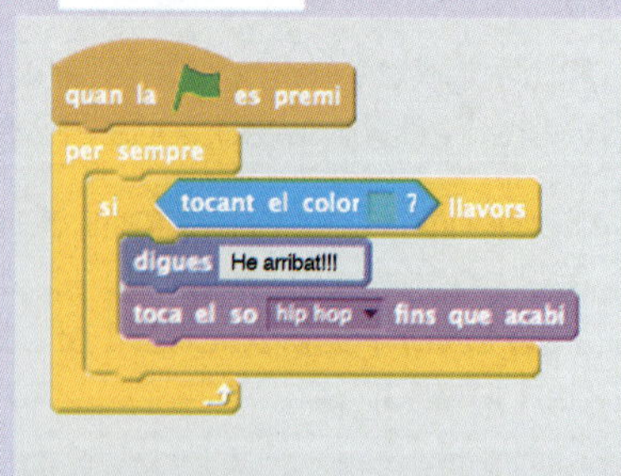

14. Ara utilitza el programa de la figura de la dreta, que farà que quan la marieta arribi a la sortida digui: «He arribat!!!» i soni un hip hop.

15. Definirem la variable *Puntuació,* que farà que cada vegada que la marieta passi per damunt d'una moneda sumi un punt.

16. Executarem el programa per posar la puntuació 0.

Les monedes

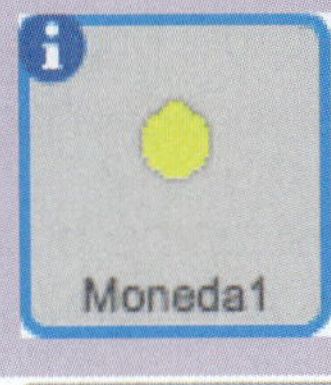

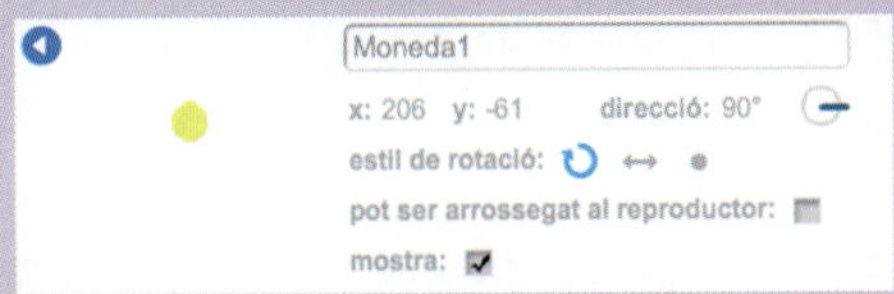

17. Entra a *Nou personatge* | *Dibuixa un nou personatge*. A l'editor dibuixa un cercle de color groc que sembli una moneda.

18. Obre la informació de l'objecte al vèrtex superior esquerra i canvia el nom per *Moneda1.*

19. Quan la marieta passi per damunt de cada moneda ha de sumar un punt en la variable creada. Per fer-ho, realitza el programa de la dreta.

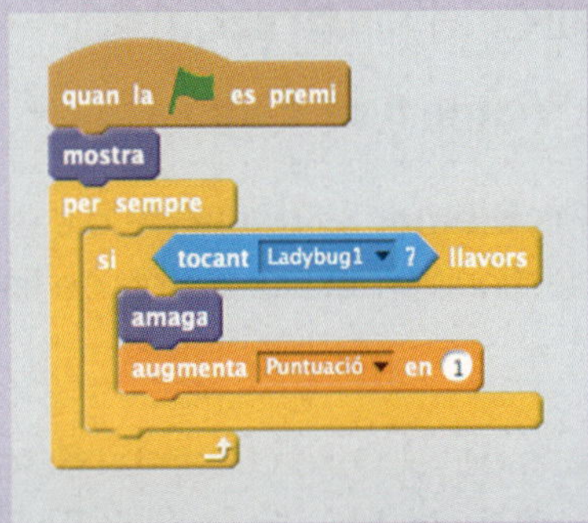

20. Ara, fes clic a sobre de l'objecte *Moneda1* amb el botó dret del ratolí i obre el menú contextual. Selecciona *Duplicar* i veuràs que surt una altra moneda amb el nom *Moneda2*. Quan dupliques, també es copia el programa al personatge. La zona de personatges quedarà de la manera següent:

21. Ara, distribueix les monedes per l'escenari perquè la marieta les pugui recollir en diversos recorreguts.

22. Finalment prem la bandera verda i demostra la teva destresa.

Ampliació

1. Es tracta de programar obstacles en el recorregut de la marieta de manera que quan la marieta topi amb algun, torni a la seva posició inicial. Pots utilitzar objectes de la galeria o dibuixar-los tu mateix. Aquests objectes o personatges es mouran per l'escenari de dalt a baix o d'esquerra a dreta i desapareixeran quan facin el recorregut.

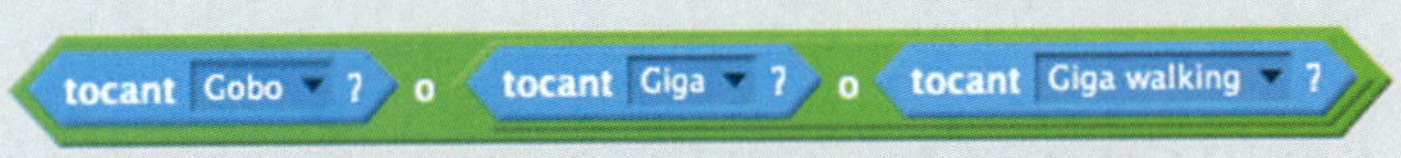

2. Ara, crea un programa per comptar el temps que ha que ha passat des de l'inici de la partida fins que la marieta arriba a la sortida del laberint.

Guarda el resultat com a **Projecte 33 ampliació**.

4. Explicant històries amb l'Scratch

L'Scratch és un programa molt potent per explicar històries en què un o diferents personatges poden participar en els diàlegs escrits o en forma de so.

Les històries també poden ser interactives. Els personatges fan preguntes a l'usuari i la història evoluciona en funció de les respostes.

Taller d'informàtica

5. Viatge fi de curs

Problema: es tracta de dissenyar una història on dos personatges, la Maria i en Fran, discuteixen sobre la destinació del seu viatge de final de curs.

Abans de fer l'exercici amb l'Scratch, cal fer un *storyboard* de la seqüència d'imatges que tindrà la nostra història. Això ens ajudarà que la història tingui sentit i alhora a pensar els diàlegs entre els personatges.

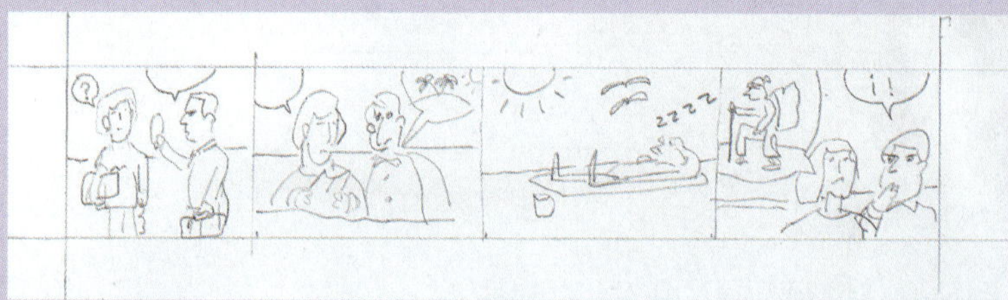

1. Accedeix al lloc web **scratch.mit.edu**. Recorda't d'accedir-hi amb el teu nom d'usuari.
2. Entra a la carpeta *Les Meves Coses* i obre un projecte nou, **Projecte 34**.
3. Selecciona els fons de l'escenari que surten a la figura del marge.
4. Ara selecciona els objectes *Girl1* i *Boy1* de la galeria i crea tres objectes nous, *Text1*, *Text2 Text3*.

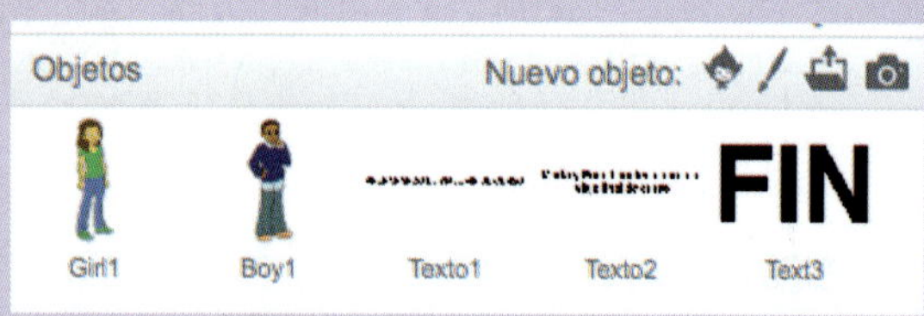

Text 1

PREPARANDO EL VIAJE FIN DE CURSO

Text 2

María y Fran discuten sobre su viaje final de curso

Text 3

FIN

5. Per crear una conversa utilitzarem els blocs:

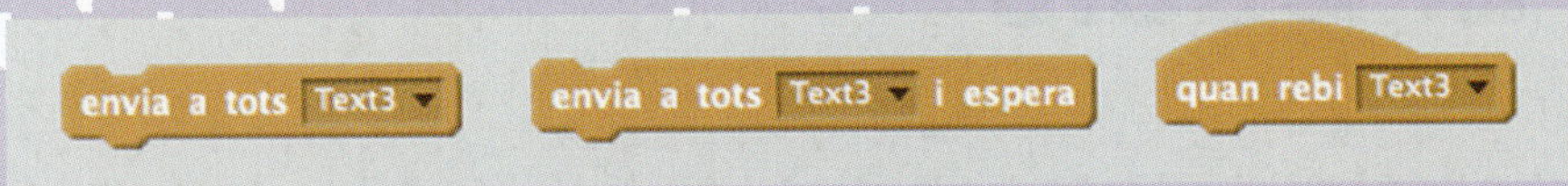

Quan un personatge acaba el seu diàleg col·locarem el primer de tots, *enviar …* D'aquesta manera el següent personatge començarà el seu amb *en rebre…*

7. Ara implementa la història amb la seqüència següent:

Seqüència 3

Seqüència 4

Seqüència 5

Seqüència 6

Seqüència 7

Seqüència 8

Seqüència 9

Seqüència 10

Seqüència 11

Seqüència 12

Seqüència 13

7. Finalment, comprova que la història funciona tal com l'havies pensada.

Ampliació

1. Ara es tracta de programar la història posant veu als personatges gravant els sons amb l'Scratch.

Guarda el resultat com a **Projecte 34 ampliació**.

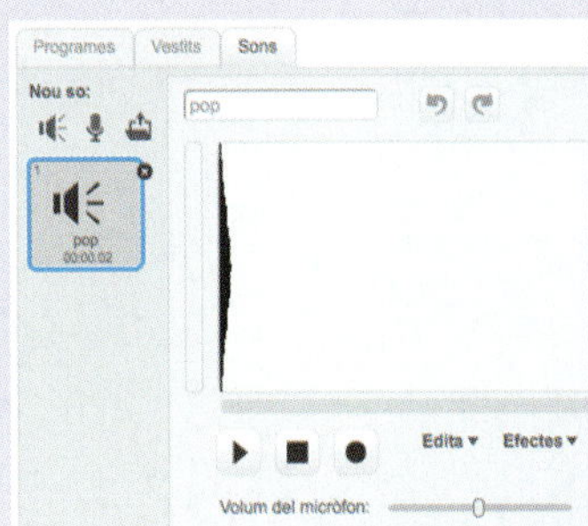

2 La placa Imagina Android. El Basic

1 La placa Imagina Android

2 Sensor de temperatura

3 Variables

4 Control de servomotors

5 Recepció de senyals infrarojos

6 Llenguatges de programació. Basic

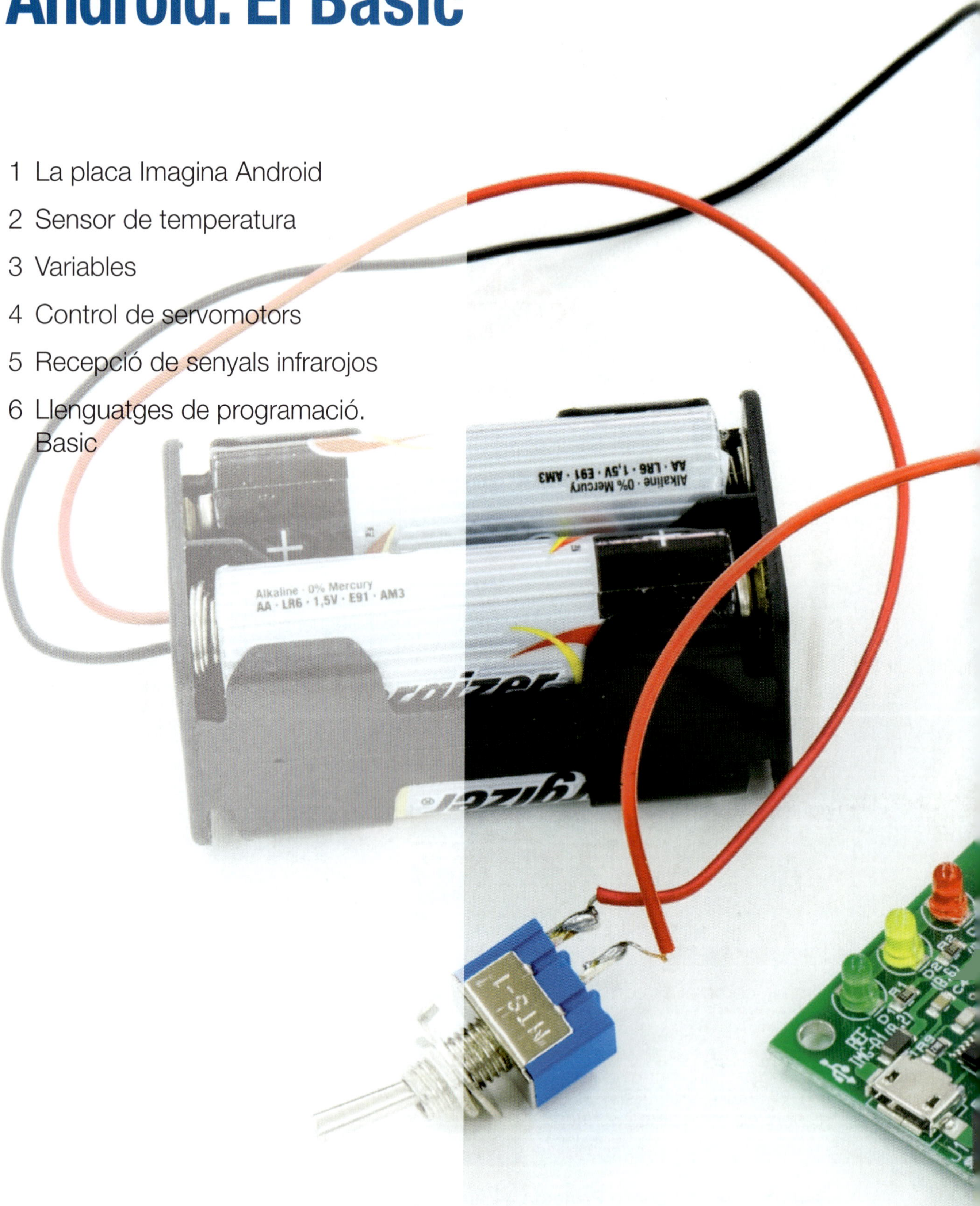

En cursos anteriors ja has treballat amb plaques de control programables. En aquesta unitat continuaràs ampliant coneixements sobre els usos de la placa Imagina Android. A la part final de la unitat presentem un llenguatge de programació: el Basic:

```
Cell_7_4:
        pause 1000
        low B.2
        pause 2000
        high B.2
        goto Cell_7_4
```

En aquesta unitat també s'explica el funcionament d'alguns elements, com les resistències que varien amb la temperatura, molt útils als termòstats; dels servomotors, utilitzats sobretot en robòtica, i dels comandaments d'infrarojos, com els del televisor.

1. La placa Imagina Android

Com deus recordar, la placa Imagina Android és una placa de control programable molt adequada per a ús educatiu. Disposa d'un microcontrolador Picaxe 20M2 al qual van connectades diverses entrades, pins C, i diverses sortides, pins B.

Entrades utilitzades	Sortides utilitzades
C1 Sensor de llum (resistència LDR) **C0** Sensor d'infrarojos **C5** Polsador **C7** Sensor de temperatura (resistència NTC)	**B0** Díode LED vermell **B2** Díode LED verd **B6** Díode LED groc

A més a més, hi ha la possibilitat de connectar-hi directament altres dispositius que utilitzin la tecnologia Bluetooth o un servomotor.

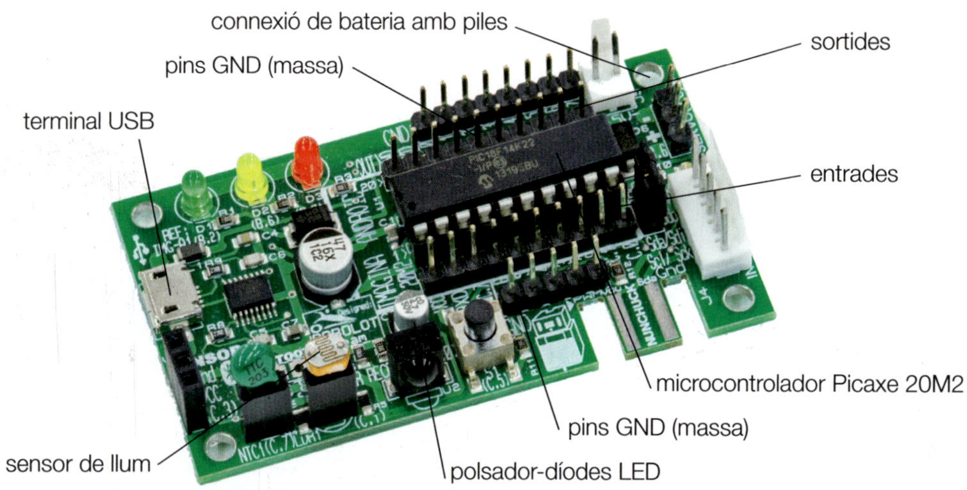

Entre les diferents possibilitats per programar la placa, en aquesta unitat continuarem treballant amb el Logicator, tot i que en una versió superior a la utilitzada en cursos anteriors.

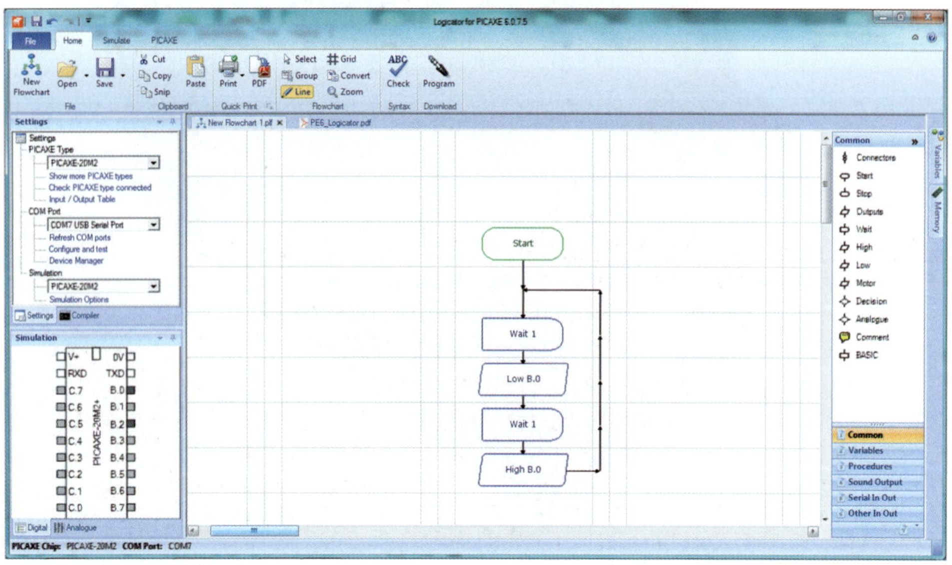

La placa Imagina Android ha estat desenvolupada per Innova Didactic.

El programa Logicator ha estat desenvolupat per Picaxe. La versió que es fa servir aquí és la 6.0.7.5.

Activitats

1. De les entrades i sortides que té la placa Imagina Android de la fotografia de la pàgina anterior, indica quines són digitals i quines són analògiques.

2. Recorda les següents eines del Logicator i indica'n la funció:

a)

b)

c)

3. Explica com actuarien els següents programes en transferir-los a la placa Imagina Android.

a)

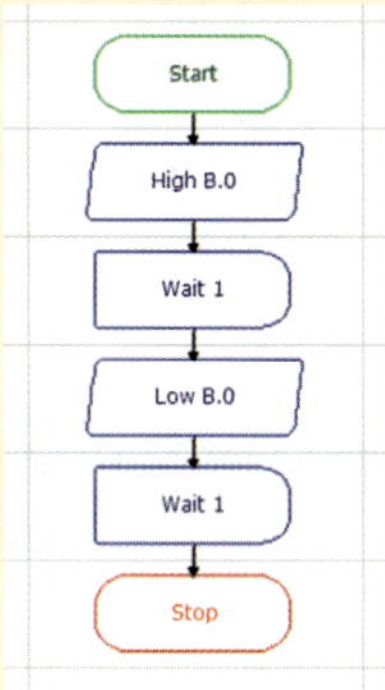

b)

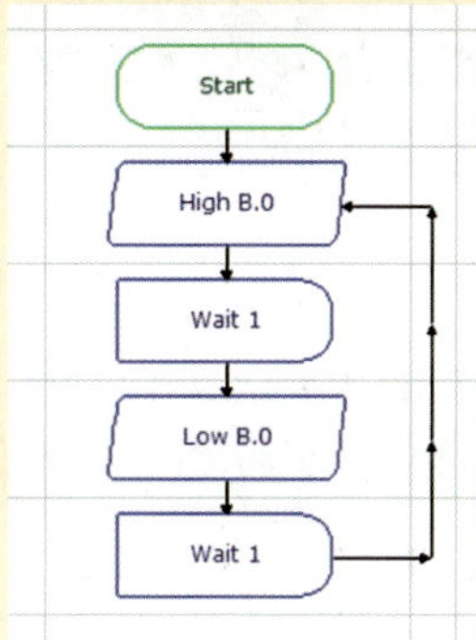

c)

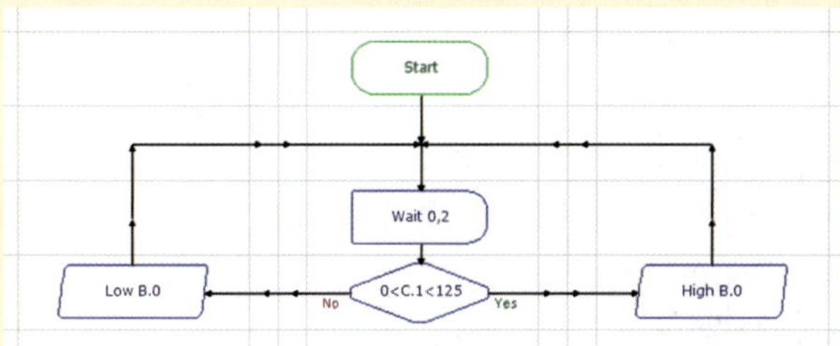

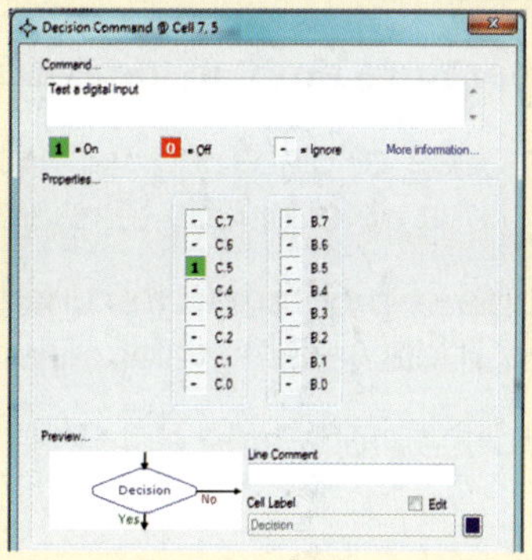

d)

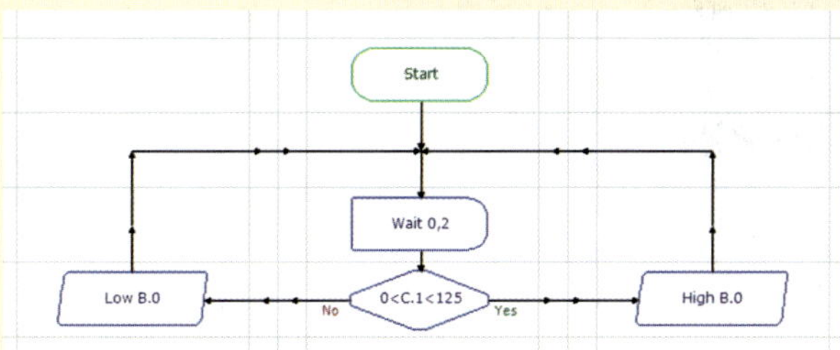

Taller d'informàtica

1. Repàs

Implementa els quatre programes que apareixen a les figures i transfereix-los a la placa Imagina Android per comprovar-ne el funcionament. Assegura't que tens seleccionat el Picaxe 20M2, que refresques el COM i selecciones l'adequat (finestres de l'esquerra).

2. Sensor de temperatura

Hi ha un tipus de resistències el valor de les quals varia amb la temperatura: les **PTC** (*positive temperature coeficient*) augmenten la seva resistència i les **NTC** (*negative temperature coeficient*) la disminueixen quan augmenta la temperatura.

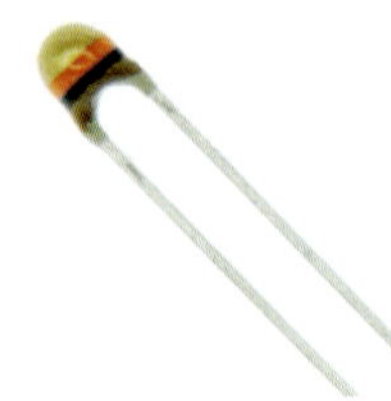

Resistència NTC.

La placa Imagina Android disposa d'una resistència NTC connectada a l'entrada C7. El valor de la resistència NTC disminueix quan puja la temperatura i això fa augmentar el valor de l'entrada C7. Així que quan augmenti la temperatura també ho farà l'entrada C7.

Resistència NTC connectada a l'entrada C7.

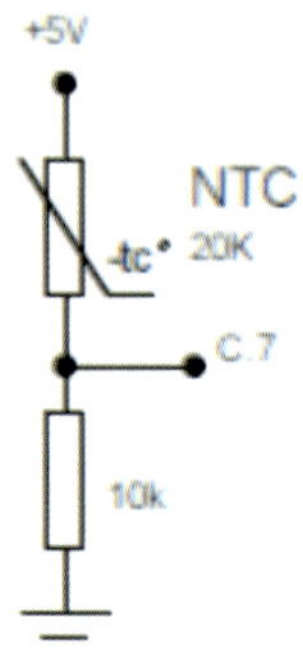

Esquema de connexió NTC.

L'entrada C7 correspon a una entrada analògica el valor de la qual està entre 0 i 255. El valor 95 correspon aproximadament a uns 25° de temperatura a la resistència.

Taller d'informàtica

2. Sensor de temperatura amb un indicador

En aquest taller faràs que el díode led vermell de la placa s'il·lumini quan la resistència sobrepassi una determinada temperatura.

Obre el Logicator, copia el programa i fes una simulació modificant el valor de l'entrada analògica C7. Pots variar el valor mitjançant el panell digital.

1. Transfereix-lo a la placa i toca amb els dits la resistència NTC de la placa per escalfar-la.
2. Quan l'entrada C7 sobrepassi el valor 95, el díode vermell s'il·luminarà.
3. Ara fes que el díode s'il·lumini amb una temperatura més baixa.

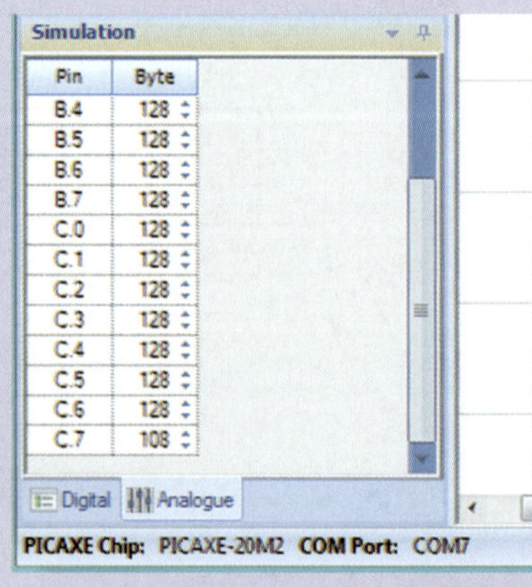

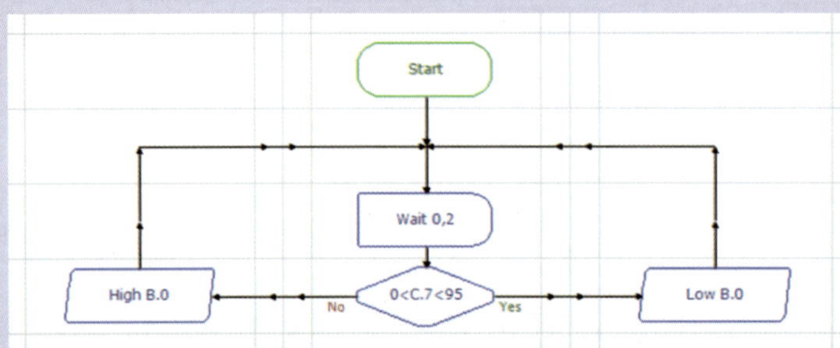

3. Sensor de temperatura amb dos indicadors

Crea un programa per tal que, quan l'entrada C7 superi el valor 95, s'encengui el díode verd, quan no s'arribi a aquest valor, s'encengui el vermell. Comprova'n el funcionament.

3. Variables

Una variable és un símbol que pot anar prenent diferents valors. Per exemple:

- Si indiquem que «varA = 1» assignem a la variable A un valor d'1.
- Si indiquem que «varA = varA + 1» la variable A sumarà al valor que tenia una unitat.

Per mostrar el valor de les variables, podem desplegar i fixar la finestra de la dreta del Logicator. A la imatge es veu que la variable A té assignat un valor de 25.

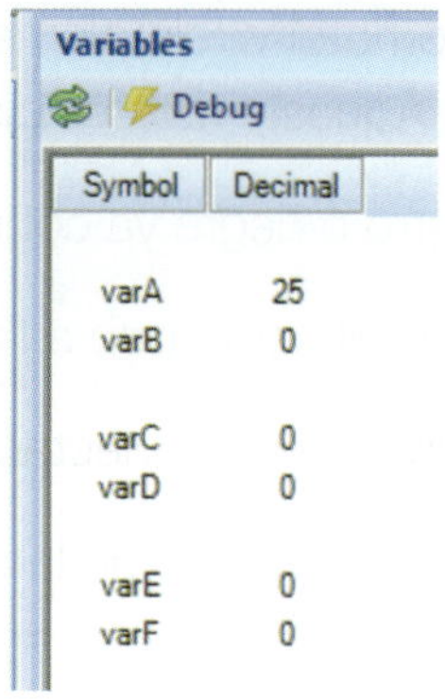

Taller d'informàtica

4. Fer augmentar el valor d'una variable

Copia el programa de la figura i transfereix-lo a la placa.

Observa que si no acciones el polsador de la placa connectat a l'entrada C5, la variable A no augmenta el seu valor, però si el polses, el valor de la variable augmenta una unitat cada mig segon que el polsador estigui accionat.

Recorda que a l'ordre *Decision* cal activar l'entrada C5.

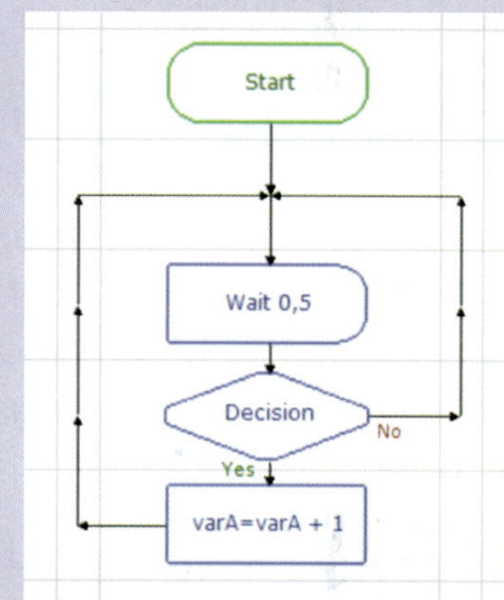

5. Fer augmentar el valor d'una variable amb un *reset*

El programa del taller d'informàtica anterior té un problema: la variable sempre anirà augmentant de valor. En aquesta pràctica hi afegiràs un polsador, que pots connectar directament entre l'entrada C4, i un pin Vcc, tal com es veu a la fotografia.

El programa corresponent seria el següent. L'ordre *Decision* de l'esquerra correspon a l'entrada C5 (el comptador) i la de la dreta, a la C4 (el polsador extern de *reset*).

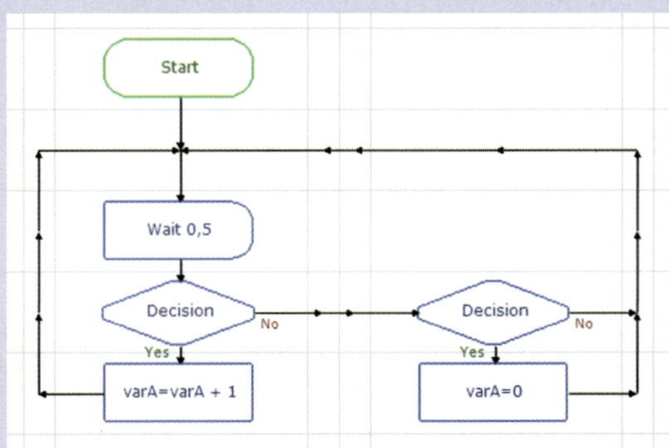

6. Comptador amb indicador de llum

Repeteix el programa del Taller d'informàtica 4 fent ara que, quan la variable A superi el valor 5, s'il·lumini el led vermell.

4. Control de servomotors

Un servomotor o, simplement, *servo*, és un motor en el qual es pot fixar la seva posició. Aquests motors disposen de tres connectors femella:

- el marró o negre va connectat a la massa (GND),
- el vermell correspon a l'alimentació positiva (Vcc),
- el taronja o blanc correspon al senyal de control.

La sortida número 6 de la placa està preparada per connectar directament un servomotor. Per fer-ho, simplement s'ha de connectar el *servo* amb els tres connectors mascle tal com es veu a la fotografia.

El control elèctric es fa mitjançant impulsos elèctrics. Els seus valors varien de 75 fins a 225 ms de durada fent girar el servomotor fins a 180°.

A la llista de comandaments hi ha l'ordre *Servo* dins de la pestanya *Otras entradas y salidas*. Quan es fa doble clic a sobre d'aquesta ordre es pot fixar la sortida que es connectarà al servomotor i la seva posició.

Posició de les connexions de la bateria del servomotor.

Taller d'informàtica

7. Moviment alternatiu

1. Copia el programa de la figura. Quan els transfereixis podràs observar que, en connectar el servomotor, s'anirà posicionant alternativament en intervals d'un segon.
2. Ara varia les posicions del servomotor. Fes que vagi de 0° a 180° modificant el pols des de 75 fins a 225.

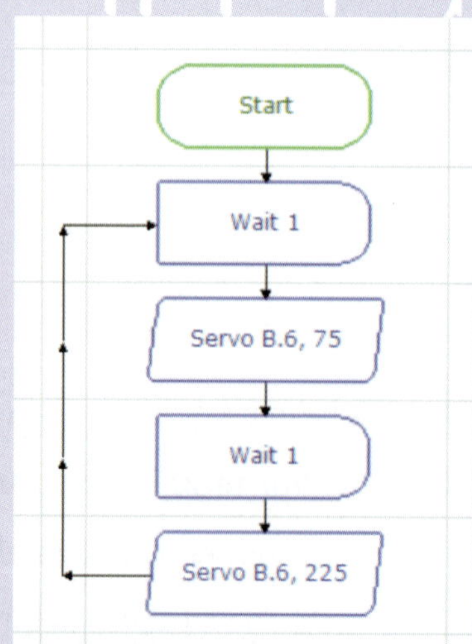

8. Posició del servomotor controlat amb polsador

Crea un programa perquè quan accionis el polsador corresponent a l'entrada 5 el servomotor adopti una posició i quan el deixis anar en tingui una de diferent.

5. Recepció de senyals infrarojos

La placa porta incorporat un sensor de senyals infrarojos a l'entrada C0 que es pot comunicar amb un comandament a distància com el dels televisors.

Per captar el senyal s'utilitza la instrucció *Irin*.

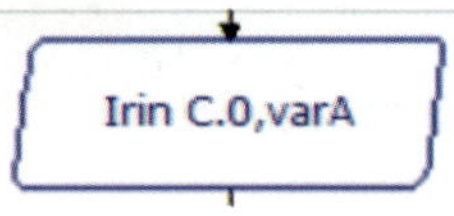

L'ordre de la figura indica que al valor de l'entrada d'infrarojos corresponent a l'entrada C0, s'hi aplica la variable A.

No obstant això, el valor de l'entrada sempre dóna un nombre inferior al botó que s'està prement. Si es vol que coincideixi el nombre amb la variable, s'hi haurà de sumar una unitat.

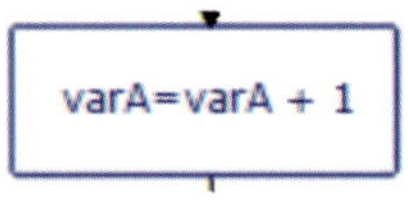

Sincronització del comandament

Si disposes del comandament universal adquirit a *Picaxe.es*, s'ha de configurar com un comandament Sony. Per fer-ho prem simultàniament SET i TV1. El led vermell del comandament s'il·luminarà i ja es podrà introduir el codi 0126 i tornar a prémer TV1.

Taller d'informàtica

9. Control d'un llum amb el comandament

1. Obre el Logicator i copia el programa de la figura amb la instrucció *Irin* tal com es veu a la figura.
2. L'ordre *Toggle* canvia l'estat de la sortida B0 cada vegada que s'executa.

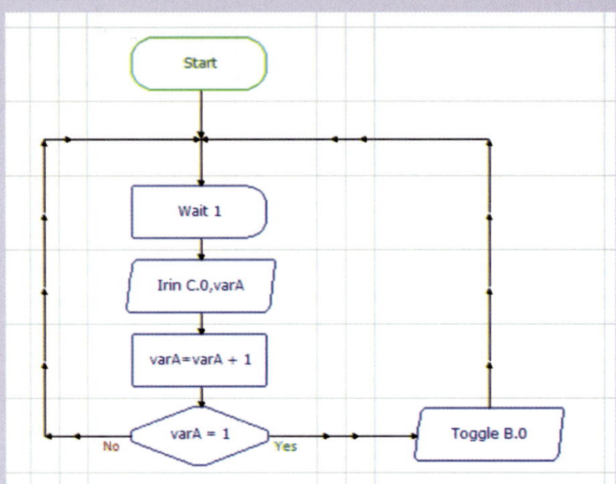

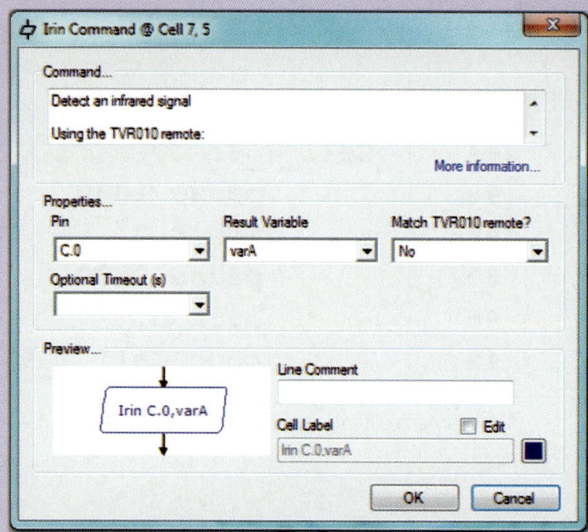

3. Transfereix el programa a la placa i comprova'n el funcionament. Assegura't que tens el comandament sincronitzat.

10. Control de dos llums amb el comandament

Crea ara un programa perquè amb la tecla 1 del comandament s'encengui el LED vermell i amb la tecla 2 LED el verd.

6. Llenguatges de programació. Basic

Un ordinador o un microcontrolador treballa només amb zeros i uns, l'anomenat *llenguatge de màquina*. De manera que quan a un processador se li indica una instrucció cal traduir-la a aquest llenguatge.

El processador Picaxe porta incorporat un compilador que tradueix les ordres a zeros i uns. Però aquestes ordres s'han d'introduir en un llenguatge determinat, amb una sintaxi molt estricta. Dels diversos llenguatges de programació el Picaxe funciona amb Basic.

Un programa està compost d'una sèrie d'ordres que s'introdueixen en un ordinador. Per crear aquestes ordres s'utilitzen els llenguatges de programació, que normalment fan servir paraules en anglès i tenen un cert grau de complexitat. Per això s'han creat aplicacions com el Logicator o l'Scratch, que permeten programar de forma gràfica molt senzilla. Les mateixes aplicacions tradueixen el programa gràfic a un llenguatge de programació.

Les transformacions que segueix un programa des que es crea amb el Logicator fins que es transforma en zeros i uns al processador Picaxe és el de la figura.

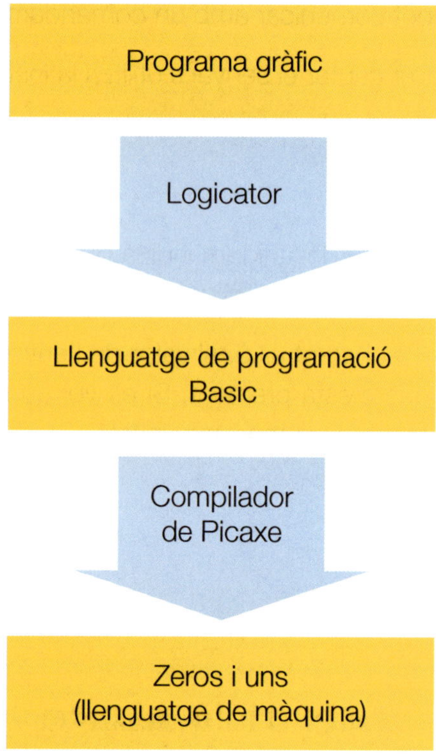

A continuació es mostra un programa creat amb el Logicator i el mateix programa escrit en Basic. Al programa gràfic es pot observar que la sortida 2 es desactiva, i ho fa repetidament en intervals de 2 segons. El Basic utilitza línies per programar: el programa principal comença a la línia 44, seguidament s'atura durant 1 000 ms (1 segon), desactiva la sortida 2, s'atura durant 2 000 ms més, activa la sortida 2 i va (goto) a la posició (Cell_7_4).

```
44  Cell_7_4:
45          pause 1000
46          low B.2
47          pause 2000
48          high B.2
49          goto Cell_7_4
```

Programa realitzat amb Basic.

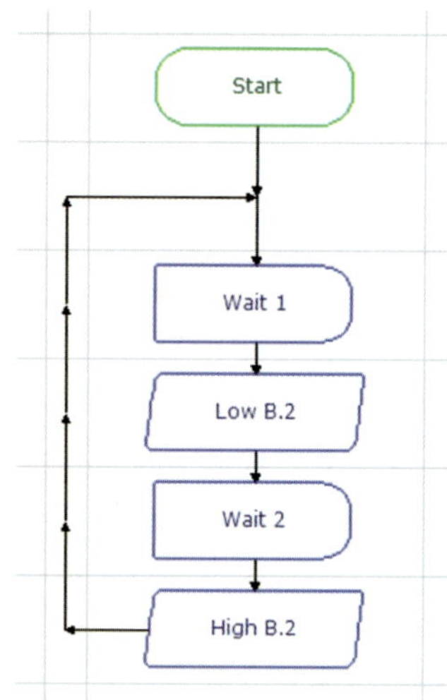

Programa gràfic.

Activitats

4. Tradueix el significat de les següents instruccions escrites en Basic:

cell – pause – low – high – goto

5. Llegeix el text i defineix:

compilador – llenguatge de programació – Logicator – programa

Activitats

6. Quin programa s'utilitza per programar gràficament la placa Imagina?

7. Quin programa transforma el programa gràfic a llenguatge Basic?

8. Quin element transforma el llenguatge Basic a zeros i uns?

9. Observa els següents programes i tradueix-los a llenguatge Basic segons el model de la pàgina anterior:

a)

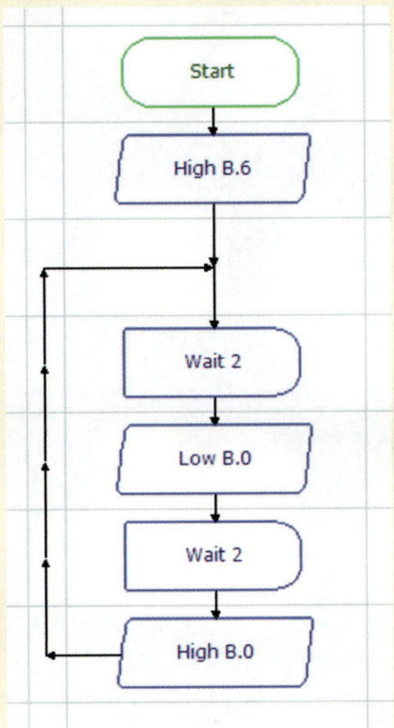

b)

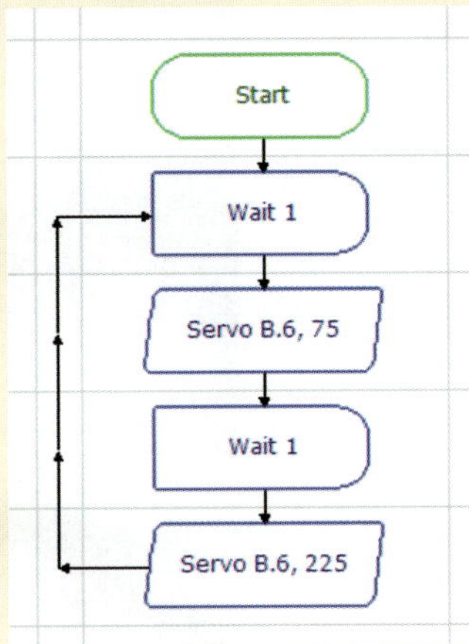

c)

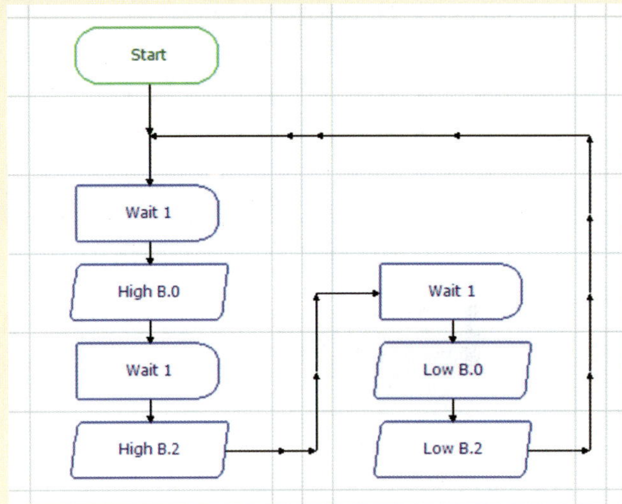

Taller d'informàtica

11. Convertir a Basic

En aquest taller faràs que el díode LED vermell de la placa s'il·lumini quan la resistència sobrepassi una determinada temperatura.

1. Obre el Logicator i copia el programa de la figura.

2. Clica a sobre de l'eina 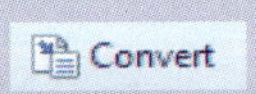

i observa que a la nova finestra apareix el programa escrit en Basic.

3. Observa la sintaxi de l'ordre *Decision* i com l'execució del programa pot seguir dos camins.

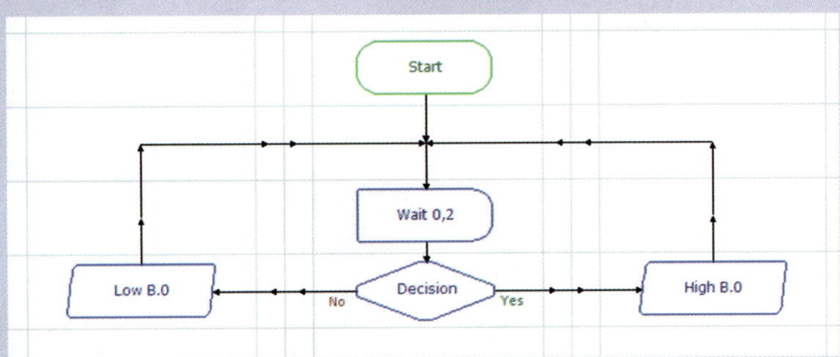


```
Cell_7_5:
      pause 1000
      if pinC.5=1 then

            goto Cell_4_6
      end if
      low B.0
      goto Cell_7_5

Cell_4_6:
      high B.0
      goto Cell_7_5
```

3 La placa ZUM de bq

1. La placa ZUM de bq
2. Sensor d'infrarojos (sensor IR)
3. Potenciòmetre
4. Miniservomotor
5. Pantalla LCD
6. Mapar. Control d'un servomotor amb el potenciòmetre
7. Llenguatges de programació. Java

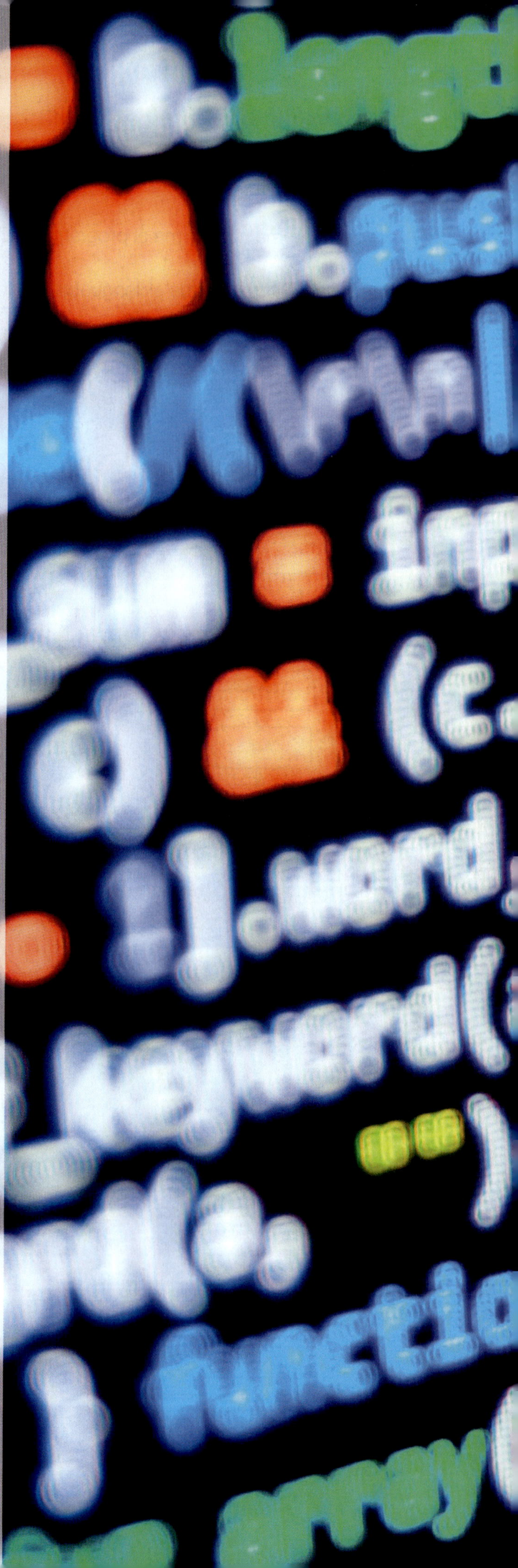

En cursos anteriors ja has treballat amb plaques de control programables. En aquesta unitat continuaràs ampliant coneixements sobre els usos de la placa ZUM de bq. A la part final del tema presentarem el llenguatge de programació Java.

També expliquem en aquesta unitat el funcionament d'alguns elements com els sensors infrarojos, els servomotors –que s'utilitzen sobretot en robòtica–, els comandaments potenciòmetres –que permeten regular el pas de corrent–, la pantalla LCD, etc.

1. La placa ZUM de bq

Com deus recordar, la placa de control programable ZUM està basada en la tecnologia Arduino i ha estat desenvolupada per l'empresa bq.

Aquesta placa disposa de 14 grups de 3 pins digitals i 7 d'analògics, que es poden definir com a entrades i sortides i que permeten connectar perifèrics fàcilment.

A més, porta tecnologia Bluetooth incorporada, de manera que admet la comunicació de la placa amb dispositius mòbils.

Per alimentar la placa es pot fer servir o bé el mateix cable USB amb el qual es programa l'ordinador, o una bateria de piles de 12 V (6 piles d'1,5 V) o, també, es pot utilitzar un adaptador de corrent. Amb l'entrada de 3A es poden controlar els perifèrics sense la necessitat d'intercalar etapes de potència.

L'interruptor ON/OFF desconnecta els perifèrics per poder transmetre els programes sense problemes. També disposa d'un botó de reinici.

Diwo és la plataforma educativa de l'empresa bq. Hi podràs trobar pràctiques, videotutorials i suport tècnic per a la programació de la placa.

diwo.bq.com

bitbloq és una aplicació informàtica que permet programar la placa ZUM de bq mitjançant un sistema de blocs similar a l'Scratch o l'APP Inventor i, també, directament amb un llenguatge de programació anàleg a Java.

bitbloq.bq.com

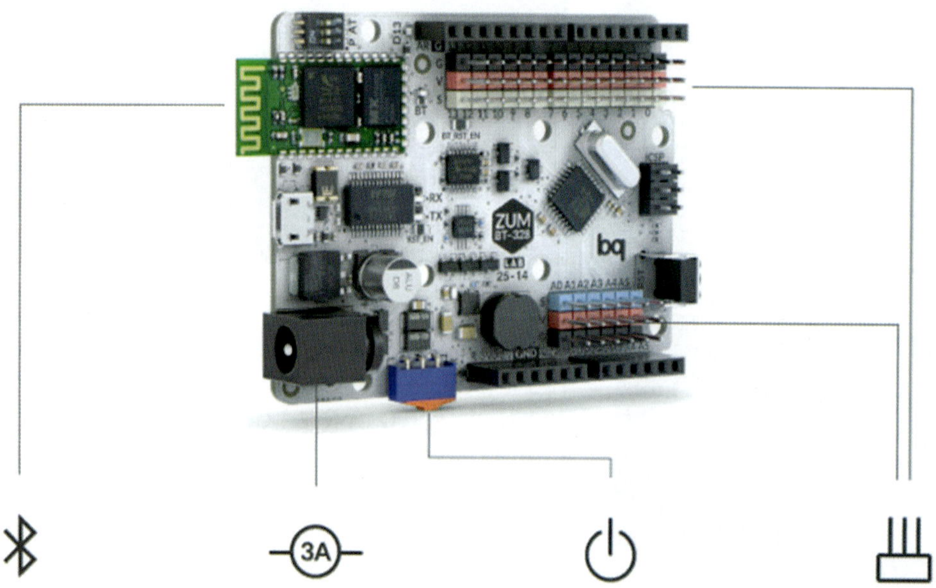

Aquesta placa disposa de pins digitals i analògics. La diferència entre els uns i els altres és que els pins digitals només admeten dos estats (alt-baix, 0-1, high-low, obert-tancat), és a dir, el senyal, generalment elèctric, fa un salt d'un estat a l'altre. Els senyals analògics varien de forma contínua per passar d'un valor a un altre, per la qual cosa poden prendre infinits valors.

Un exemple d'això el podem veure en els termòmetres de mercuri, en què la indicació de la temperatura varia de forma contínua, mentre que en un termòmetre digital va fent salts quan passa d'un valor a un altre.

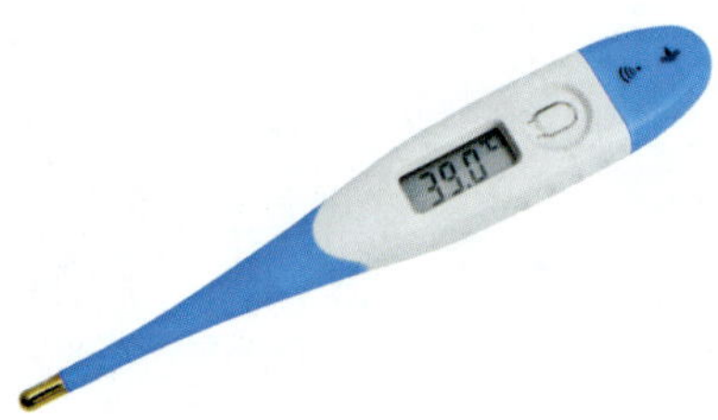

2. Sensor d'infrarojos (sensor IR)

Els sensors d'infrarojos emeten senyals digitals quan detecten una superfície en la qual es reflecteix la llum. Estan compostos per dos elements: un díode emissor i un fototransistor.

Funciona de la manera següent: l'emissor emet llum sobre una superfície. Si es tracta d'una superfície clara la llum rebotarà i activarà el fototransistor, que deixarà passar el corrent. Per tant, es tracta d'un sensor digital: sobre una superfície fosca dóna valor 0, i si és clara, valor 1.

ZumBloq Infraroig.

Sense obstacle (0) — Amb obstacle clar (1)

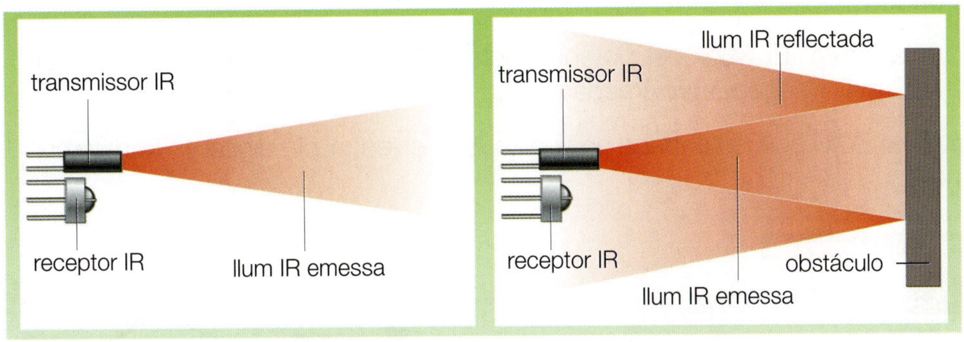

Taller d'informàtica

1. Alarma

Entra al bitbloq i copia el programa de la figura. Els passos que seguirà el programa quan s'executi són els següents:

- La variable corresponent al sensor s'anomena *Blanc* i el seu valor es llegeix amb el pin 1.
- Quan el sensor detecta el color blanc (Blanc = 1) s'emet un so, durant mig segon, corresponent a la nota la.
- Després de 200 ms d'espera, es tornarà a executar el programa.

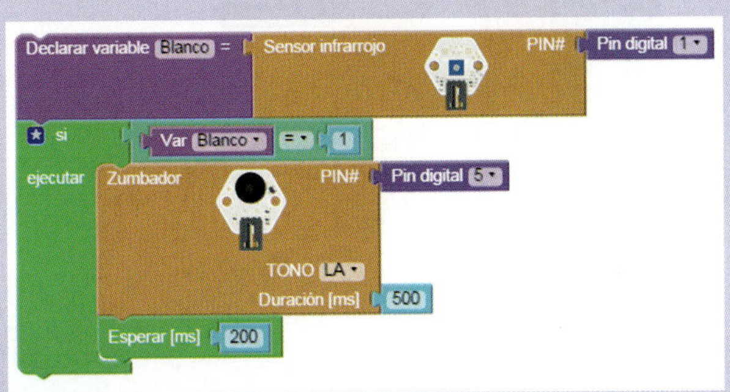

2. Indicador de superfície clara

Amb dos LED de diferent color i el sensor d'infrarojos has de crear un programa perquè quan el sensor detecti una superfície clara s'il·lumini un dels LED i quan no la detecti s'il·lumini l'altre.

3. Potenciòmetre

Un potenciòmetre és una resistència variable. El seu valor canvia quan es fa girar o es desplaça un contacte mòbil. Quan varia la resistència, també varia el corrent que passa a través seu. D'aquesta manera es pot regular la intensitat de llums, volums, la velocitat de motors, etc.

El potenciòmetre de ZUM bloq es pot connectar directament a una de les entrades analògiques de la placa. El seu valor oscil·la entre 0 i 1 023.

Diversos potenciòmetres.

Taller d'informàtica

3. Regulació del pampallugueig d'un led

Entra al bitbloq i copia el programa de la figura. El valor del potenciòmetre l'anomenarem *Pampallugueig*; el pampallugueig del led estarà entre 0 i 1 023 ms (1 segon, aproximadament).

A continuació, connecta el potenciòmetre de ZUM bloq a l'entrada analògica A0, i el led, al pin digital 1. Transfereix el programa i comprova'n el funcionament.

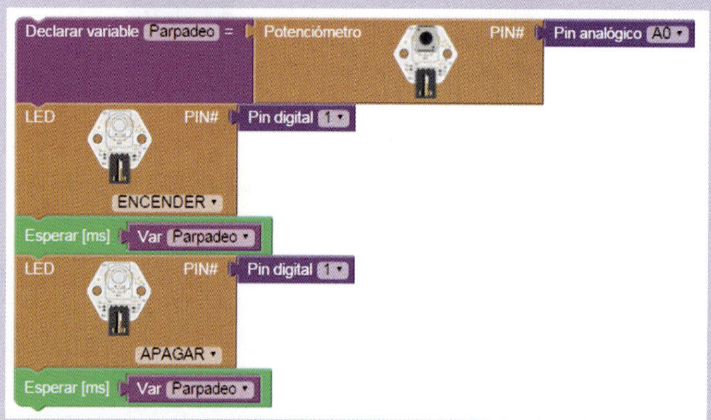

4. Regulació d'un led

Entra al bitbloq i copia el programa de la figura perquè, quan el potenciòmetre superi el valor 250, s'il·lumini el led.

Efectua el mateix muntatge anterior i observaràs que, en funció del valor del potenciòmetre connectat a l'entrada A0, s'il·luminarà, durant 1 s, el led connectat a la sortida.

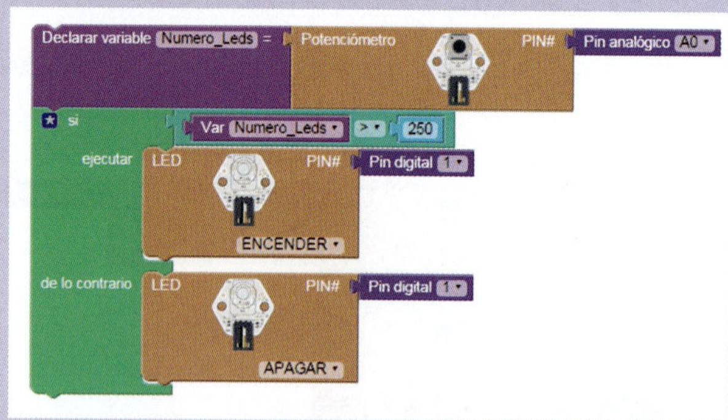

5. Regulació del nombre de LED

Crea un programa per fer que s'il·luminin els leds segons el valor del potenciòmetre. Quan aquest element superi el valor 250 s'il·luminarà un led, quan superi el valor 500 se n'il·luminaran dos, quan superi 750, tres, i quan superi 1 000, s'il·luminaran tots quatre leds.

4. Miniservomotor

Els servomotors –a vegades anomenats *servos*– són motors que, en lloc de girar contínuament, es poden posicionar on es vulgui. Són molt utilitzats en robòtica, a més d'en altres sistemes. El miniservomotor que utilitza la placa pot girar un angle de 180°.

Per tal que els miniservomotors funcionin més bé, és millor alimentar la placa mitjançant el portapiles o l'adaptador de corrent.

Taller d'informàtica

6. Moviment alternatiu

Entra al bitbloq i copia el programa de la figura. Connecta el miniservomotor al pin 2 i transfereix el programa. Observaràs que el servomotor es queda un segon en una posició i un altre segon en una altra posició, amb un desplaçament de 180°.

7. Tres posicions

Crea un programa similar a l'anterior perquè el servomotor s'estigui 2 segons a 0°, 90° i 180°.

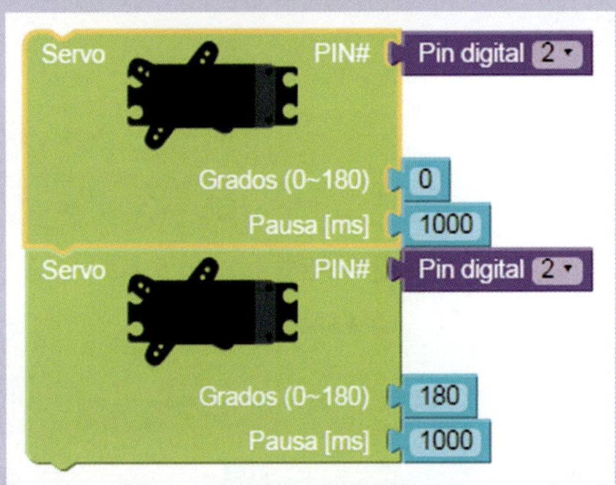

Tot i que el miniservomotor pot prendre moltes posicions –es podria dir que correspon a pins analògics–, es connecta a un pin digital perquè funciona per impulsos.

8. Control de la posició

Copia el programa de la dreta i connecta el botó i el miniservomotor tal com es veu a la fotografia. Transfereix el programa i observa que pots controlar la posició del miniservomotor amb el polsador.

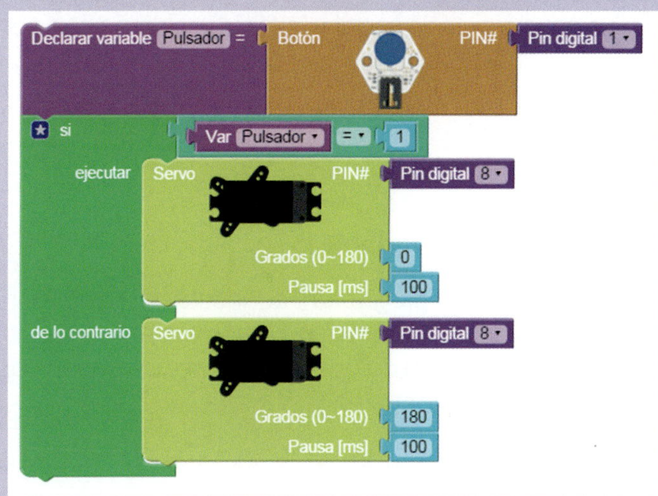

5. La pantalla LCD

Les pantalles LCD, o *pantalles de cristall líquid* (*Liquid Crystal Display*), són un tipus de pantalles planes i primes que gasten poca energia. Per això són molt usades en els dispositius electrònics.

La pantalla LCD que es controla amb la placa ZUM disposa de quatre cables en lloc de tres. El nom de cadascun dels cables apareix en la part posterior de la pantalla. Els cables sempre han d'anar connectats en els mateixos pins analògics:

SDA	Senyal del LCD	A4 Blau
SCL	Senyal de rellotge	A5 Blau
VCC	Tensió d'alimentació	A5 Rojo
GND	Massa	A5 Negre

Taller d'informàtica

9. Escriure en la pantalla

Entra en bitbloq i copia el programa de la figura. Connecta la pantalla segons les indicacions, transfereix el programa i després observa els resultats.

- El primer bloc s'utilitza per posar en funcionament la pantalla.
- El segon bloc activa o desactiva la il·luminació de la pantalla. Si la il·lumines, és més vistosa, però consumeix més energia.
- El tercer bloc mostra el text que es desitgi per la pantalla, i ho fixa en una posició segons la fila i la columna que se li indiqui.

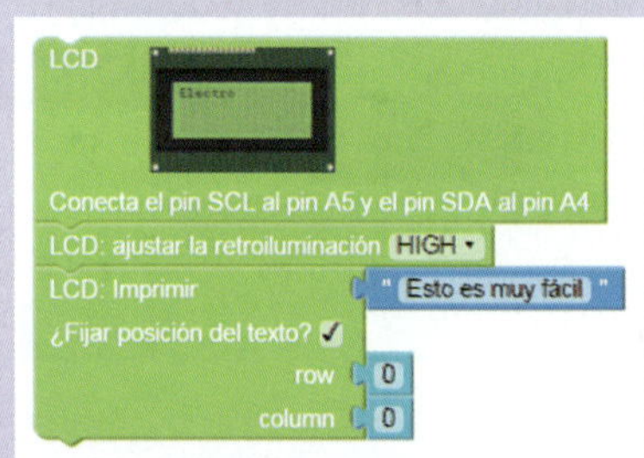

10. Mostrar una variable

Copia el següent programa, connecta la pantalla i el ZUM Botó en la placa. Comprova'n i analitza'n el seu funcionament. Podràs observar com compta el nombre de vegades que s'hagi estret el botó i el mostra en la pantalla.

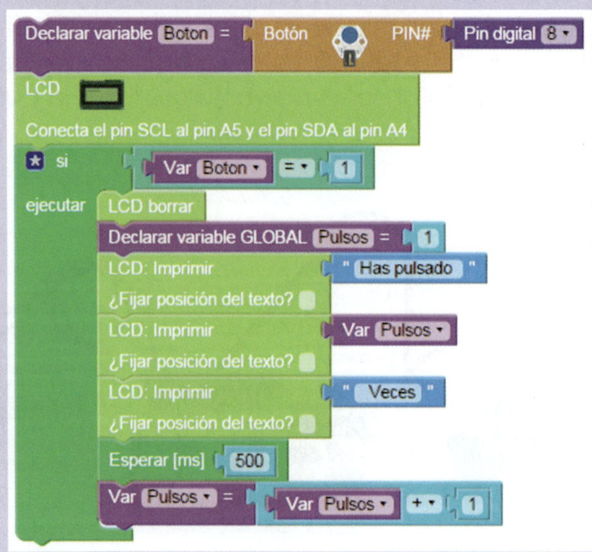

Taller d'informàtica

11. Moure el text per la pantalla

Copia el següent programa i connecta la pantalla i el botó de ZUM al pin 8 de placa. Quan en comprovis i n'analitzis el funcionament, podràs observar que el text es va desplaçant per la pantalla d'esquerra a dreta.

Cada vegada que s'executa el bloc de control la variable *Posició horitzontal* augmenta una unitat. Aquest bloc es repeteix mentre aquesta variable sigui inferior a 1.

Abans que el text adquireixi una nova posició, s'ha d'esborrar l'anterior, per això s'inclou el bloc LCD d'esborrar.

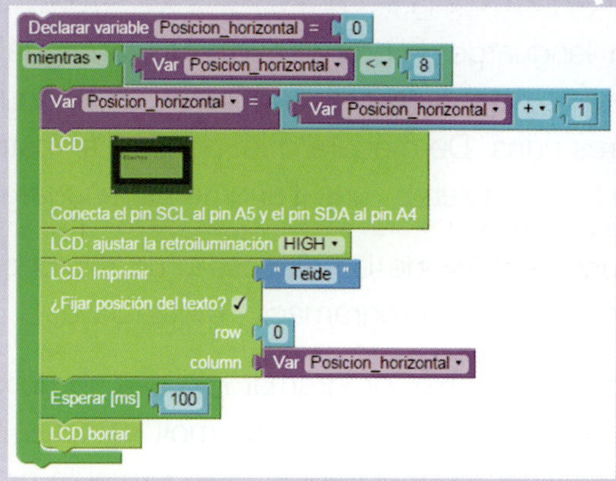

6. Mapar. Control d'un servomotor amb el potenciòmetre

La resistència LDR, la resistència NTC, el sensor d'ultrasons o el potenciòmetre són sensors analògics. El rang de valors d'aquests sensors depèn del tipus de sensor: per exemple, a la resistència LDR del ZUMbloq varia entre 0 i 500 aproximadament. En el potenciòmetre, el rang està entre 0 i 1 023.

Si amb aquests valors se'n volen controlar altres de diferent rang, com, per exemple, el miniservomotor, que varia entre 0 i 180, cal adequar els rangs perquè coincideixin. Aquesta acció al bitbloq s'anomena *mapar*.

En l'exemple de la figura, la variable control que correspon a l'entrada del potenciòmetre s'adapta als valors del miniservomotor. Així, quan el potenciòmetre té el valor màxim de 1 023, aquesta variable agafa un valor de 180.

Taller d'informàtica

12. Control d'un servomotor amb el potenciòmetre

Entra al bitbloq i copia el programa de la figura. Connecta el potenciòmetre al pin analògic A2 i el miniservomotor al pin digital 2. Transfereix el programa i observaràs que quan varia la posició del potenciòmetre, també ho fa el servomotor.

Com més petita sigui la pausa del miniservomotor, més ràpida serà la resposta del servomotor a les variacions del potenciòmetre.

7. Llenguatges de programació. Java

Un llenguatge de programació és un llenguatge comprensible per als humans però no per a un microcontrolador, ja que aquest dispositiu només treballa amb zeros i uns. De manera que, per indicar instruccions a un processador, s'han de traduir a zeros i uns (l'anomenat *llenguatge de màquina*).

La placa ZUM de bq disposa d'un microcontrolador que, entre els diversos llenguatges de programació, utilitza Java.

No obstant això, programar en Java no deixa de tenir una certa complexitat, ja que requereix una sintaxi molt estricta. Per facilitar aquesta tasca, hi ha aplicacions com el bitbloq que permeten programar gràficament i exportar el programa a Java.

A continuació es mostra un programa creat amb el bitbloq i el mateix programa escrit en Java. En el programa creat gràficament, es pot observar que la sortida 2 s'activa i es desactiva repetidament en intervals d'1 segon i 200 mil·lisegons. El programa es divideix en dues parts:

- La primera part del programa només s'executa una vegada i es comença amb l'ordre void setup() . A continuació, els parèntesis inclouen totes les instruccions que es vulguin indicar. En el nostre cas, la instrucció pinMode(2,OUTPUT); serveix per definir com una sortida el pin 2.
- La segona part del programa s'anirà repetint constantment i comença amb l'ordre void loop(). Entre els parèntesis s'escriuen les instruccions, sempre separades per un punt i coma. En aquest cas seran quatre: dues esperes, una per a elevar la sortida 2 i l'altra per fer-la baixar.

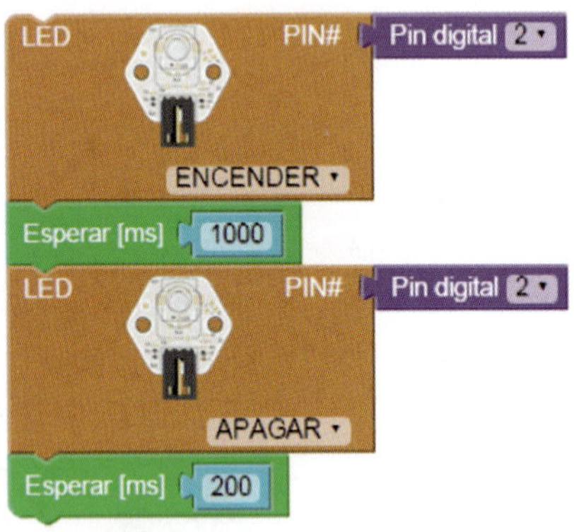


```
void setup()
{
  pinMode(2,OUTPUT);
}

void loop()
{
  digitalWrite(2,HIGH);
  delay(1000);
  digitalWrite(2,LOW);
  delay(200);
}
```

Activitats

1. Explica la funció de les següents instruccions escrites en Java:

   void setup() - pinMode(2,OUTPUT); - void loop() - digitalWrite(2,HIGH); - delay(200);

2. Què es Java?

3. Quin programa s'utilitza per programar gràficament la placa ZUM de bq?

Activitat

4. Observa els següents programes i tradueix-los a llenguatge Java segons el model de la pàgina anterior.

a)

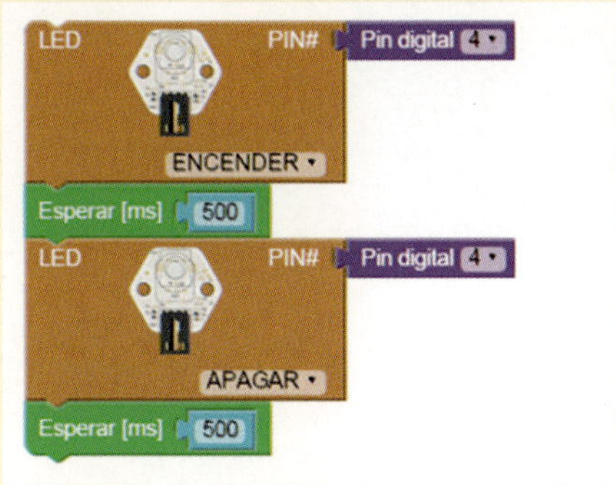

b)

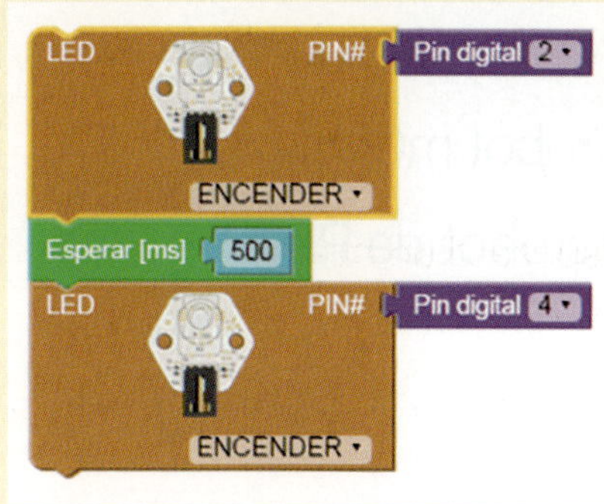

c)

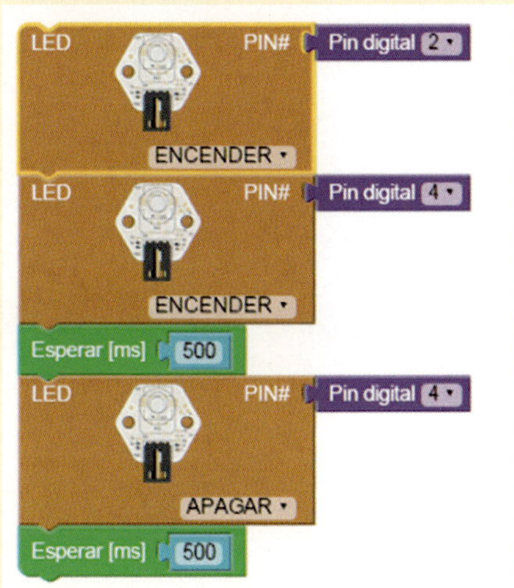

d)

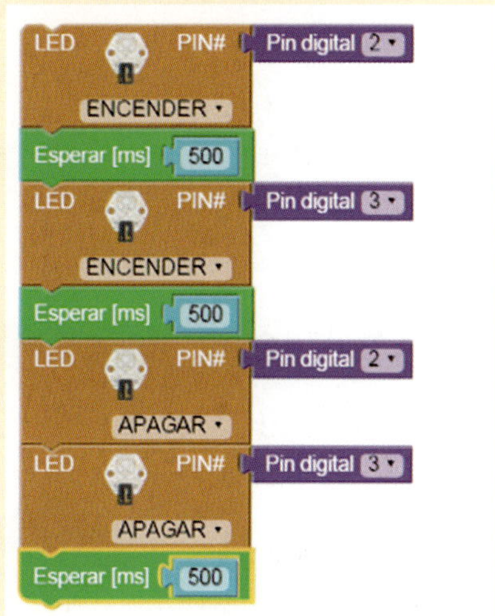

Taller d'informàtica

11. Convertir a Java

En aquest taller faràs que el díode led vermell de la placa s'il·lumini quan s'accioni el polsador.

1. Obre el bitbloq i copia el programa de la figura.
2. Clica a sobre de la pestanya *Codi* i observaràs que, a la nova finestra, apareix el programa escrit en Java.
3. Observa la sintaxi de l'eina *Decision*.

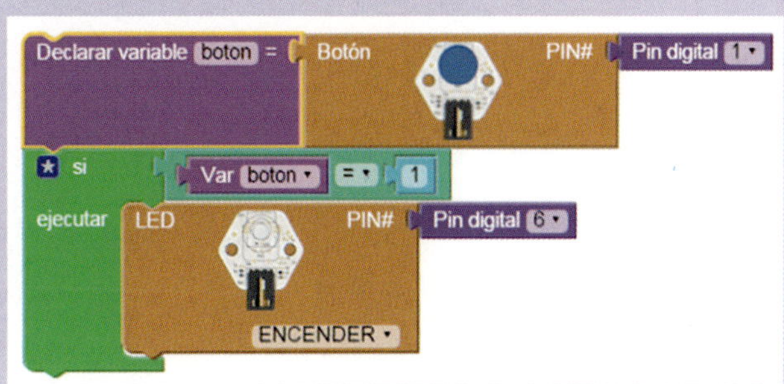


```
void setup()
{
  pinMode(1,INPUT_PULLUP);
  pinMode(6,OUTPUT);

}

void loop()
{
  int boton=digitalRead(1);
  if (boton == 1) {
    digitalWrite(6,HIGH);
  }
}
```

NOVES TECNOLOGIES

4 Robòtica 3

1 PrintBot Evolution de bq

2 El robot mOway

3 Microbot de Picaxe

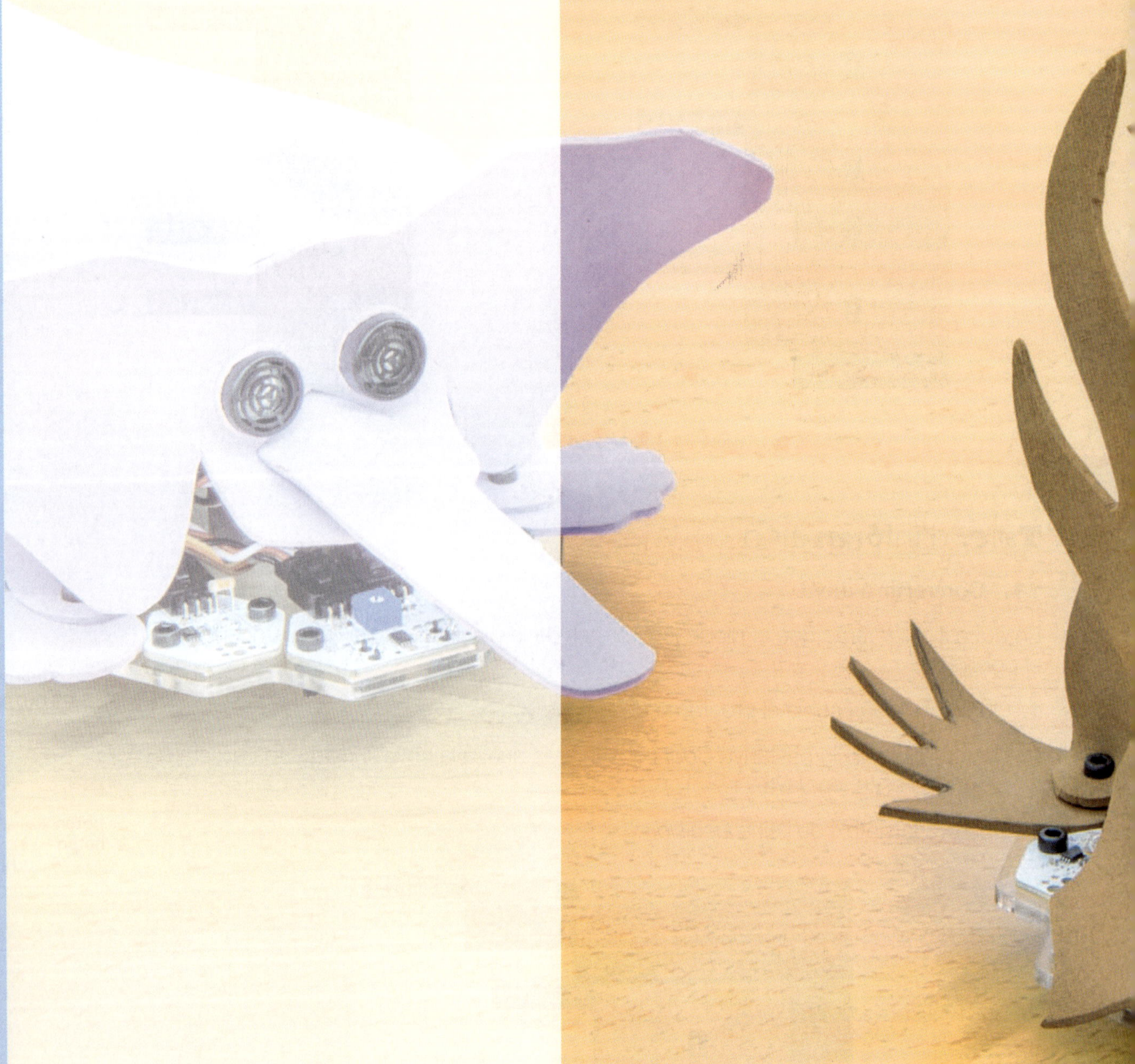

L'empresa bq ofereix kids de PrintBots que es poden programar de manera senzilla i que ajuden a fomentar les tecnologies creatives. Una vegada s'han muntat els robots, els estudiants poden aprendre a programar-los mitjançant la plataforma bitbloq de manera fàcil i intuïtiva.

http://www.bq.com

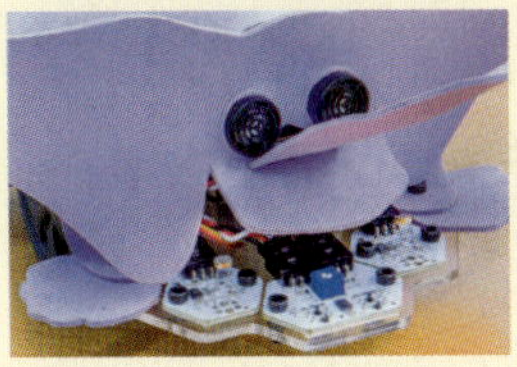

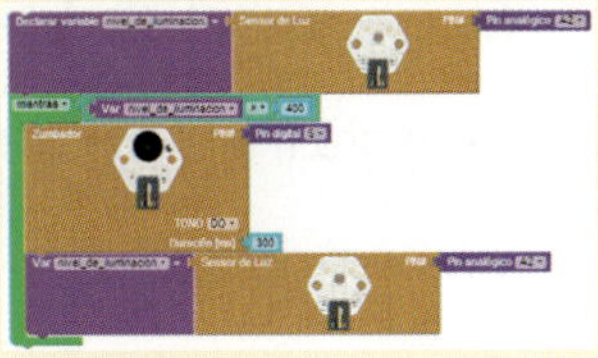

El robot mOway és una eina educativa i interdisciplinària que pot ser de gran ajuda als centres educatius. Permet als estudiants descobrir què és la programació a través d'un *software* senzill i intuïtiu basat en diagrames de flux anomenat MowayWorld.

http://www.moway-robot.com

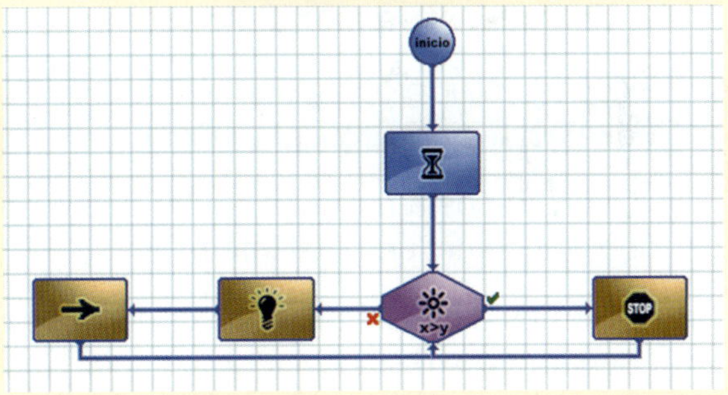

El microbot de Picaxe proporciona als estudiants una eina econòmica i molt interessant per entrar al món de la robòtica. Es pot programar fàcilment amb una eina gràfica de diagrames de flux anomenada Logicator.

http://www.picaxe.com

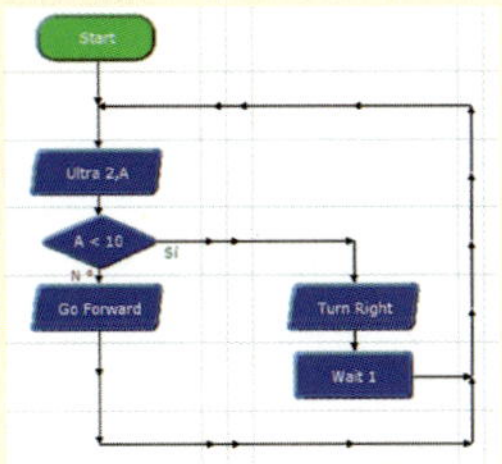

1. PrintBot Evolution de bq

El PrintBot Evolution és un minirobot dissenyat i fabricat per l'empresa bq. S'obté de manera ràpida mitjançant el muntatge d'un *kit* que posteriorment podrem programar de manera senzilla.

Els components principals de l'Evolution són els següents:

- La placa controladora, que és compatible amb Arduino UNO.
- Sensors IR, LDR i ultrasò.
- Un brunzidor.
- Sistema motriu compost por dos servomotors de rotació contínua.
- Un miniservomotor per accionar el sensor d'ultrasò.
- Alimentació mitjançant un portapiles de 8 piles AAA.
- Xassís de plàstic format per diferents peces que es poden obtenir mitjançant impressió 3D.

Per programar el robot Evolution utilitzarem el bitbloq, l'entorn web de programació per blocs (*http://www.bitbloq.bq.com*).

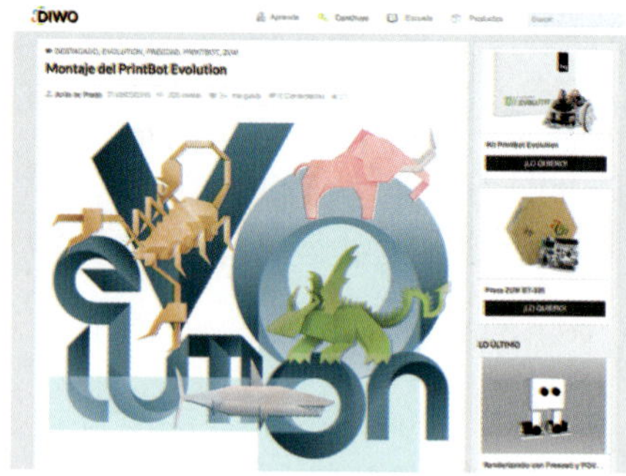

Es pot obtenir més informació visitant la web següent: *http://www.bq.com.*

Taller d'informàtica

1. Utilitzem el sensor d'ultrasons

En aquest taller programarem el sensor d'ultrasons perquè actuï de la següent manera:

- Quan s'acosta a menys de 20 centímetres d'un objecte, emet un xiulet intermitent.
- El temps d'espera entre un xiulet i el següent dependrà de la distància. Per tant, com més a prop és de l'objecte, amb més rapidesa s'alternen els xiulets.

El funcionament és semblant al dels sensors dels cotxes quan estan aparcant.

1. Fes les connexions sobre la placa del sensor ultrasons i del brunzidor tal com apareixen a la figura.
2. Obre el bitbloq i implementa el programa del costat.
3. Guarda el programa amb el nom **ultrasons_1**.
4. Carrega el programa a la placa i comprova'n el funcionament.

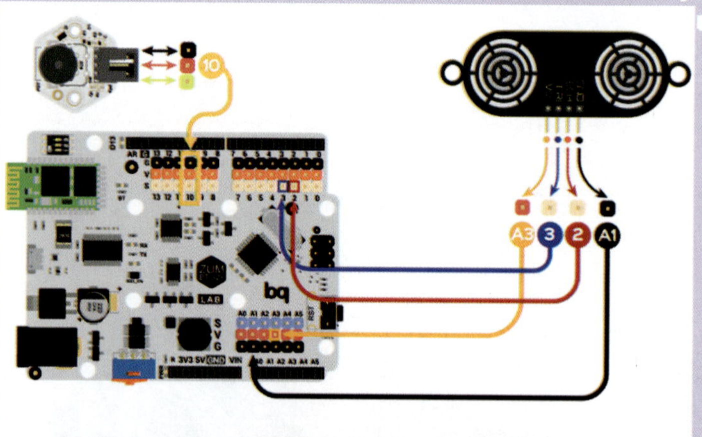

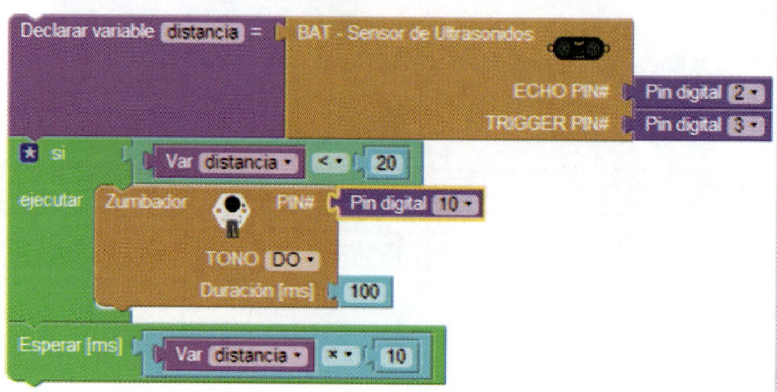

Taller d'informàtica

2. El robot Evolution que esquiva obstacles

En aquest taller d'informàtica programarem el PrintBot Evolution perquè quan detecti un obstacle l'esquivi i així pugui seguir per un camí lliure.

A continuació es representa el programa complet.

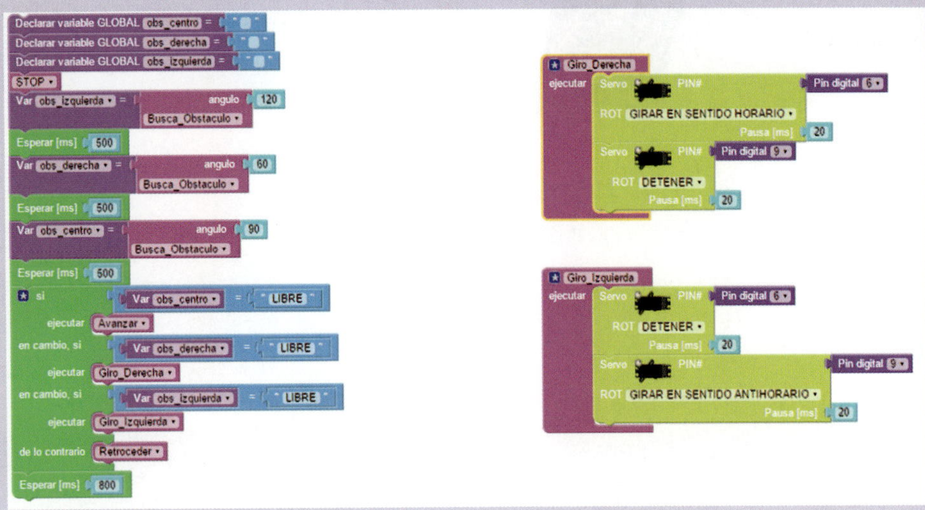

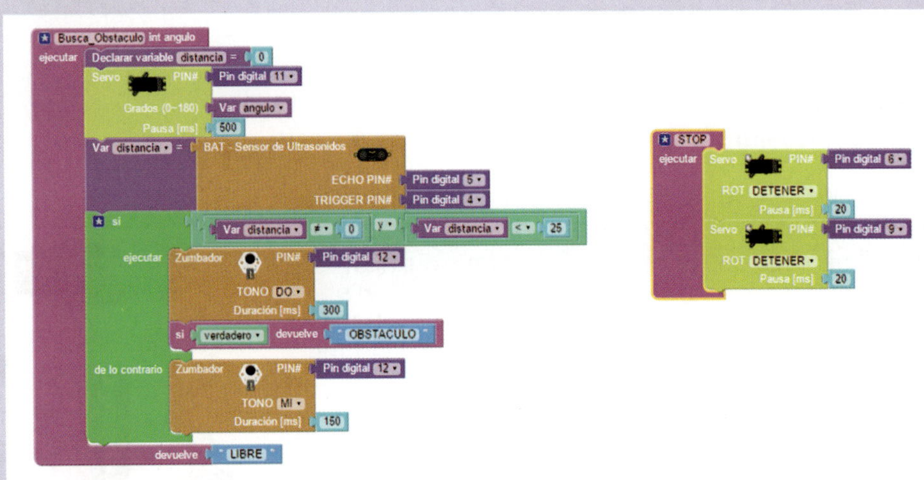

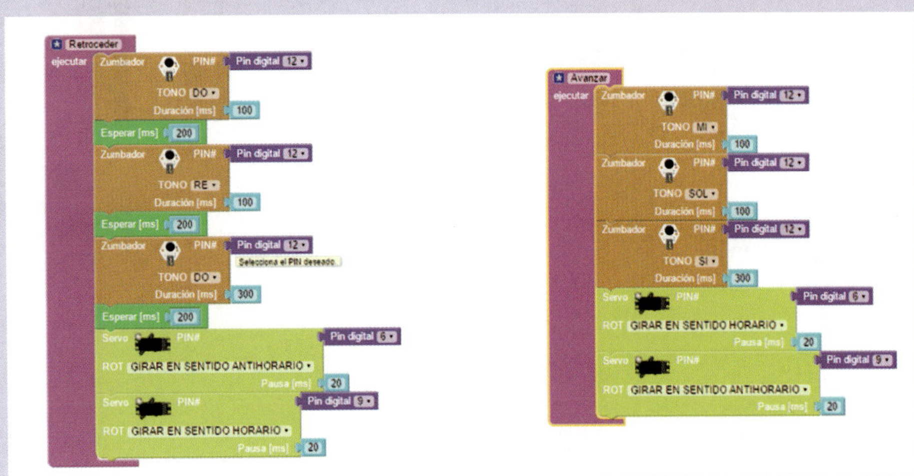

3. Fem servir el sensor de llum

En aquest taller practicarem amb el sensor de llum del PrintBot Evolution. Es tracta d'activar un led quan el sensor de llum detecti un nivell baix d'il·luminació, i en cas que la quantitat de llum sigui alta, el LED s'apagarà.

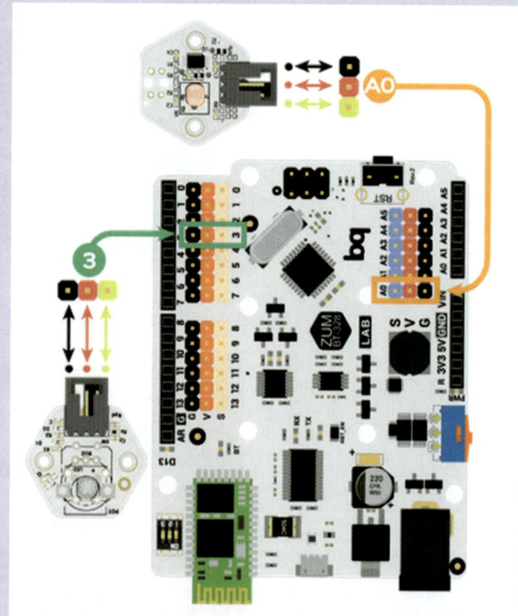

1. Fes les connexions sobre la placa del sensor de llum i del led tal com apareixen a la figura.
2. Obre el bitbloq i implementa el programa següent.

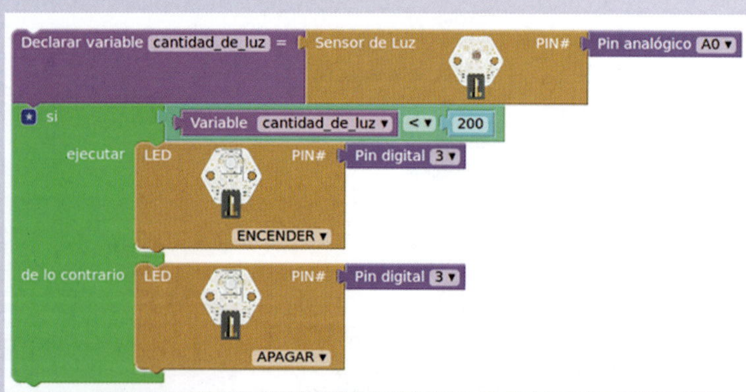

3. Guarda el programa amb el nom **sensor_llum-1**.
4. Carrega el programa a la placa i comprova'n el funcionament.

Taller d'informàtica

4. El PrintBot Evolution fuig de la llum

En aquest taller programarem el robot perquè quan tapem un dels dos sensors de llum, l'Evolution es desplaci cap a aquest mateix costat, Si tapem els dos sensors a la vegada, el robot si atura. A continuació, es presenten dues versions del programa complet:

1. En primer lloc es mostra l'opció simplificada del programa.

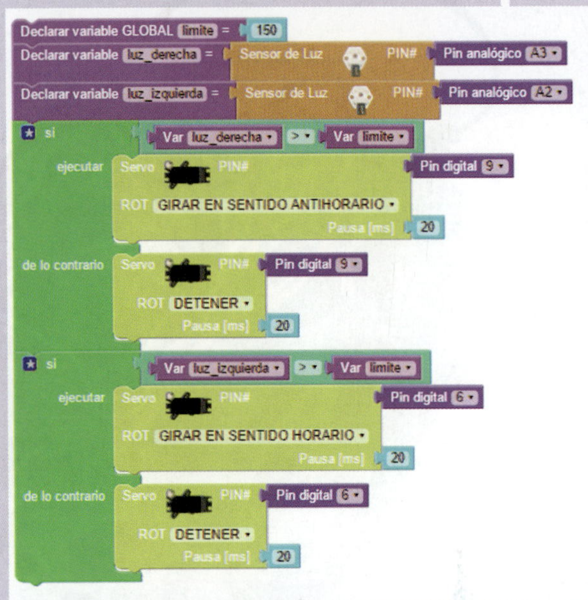

2. Després es mostra una opció més elaborada del mateix programa.

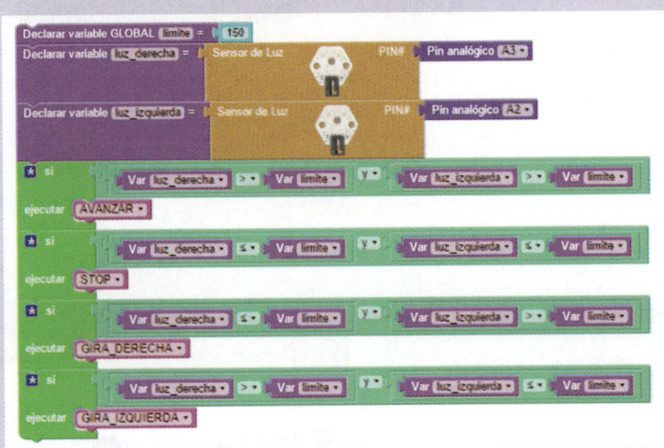

5. Practiquem amb el sensor d'infrarojos (IR)

En aquest taller farem servir el sensor d'infrarojos (IR) del PrintBot Evolution perquè el brunzidor soni quan l'IR detecti el color negre.

1. Fes les connexions sobre la placa del sensor IR i del brunzidor tal com apareixen a la figura.
2. Obre el bitbloq i implementa el programa següent.

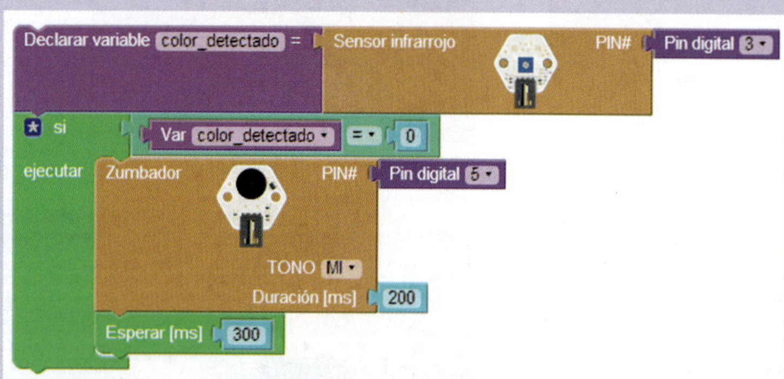

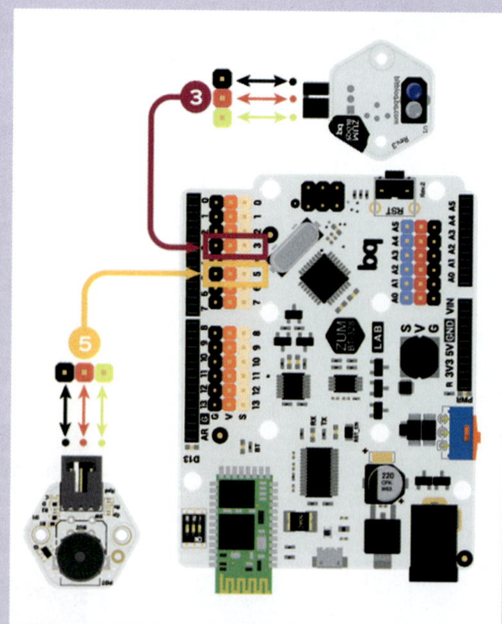

3. Guarda el programa amb el nom **infrarojos_1**.
4. Carrega el programa a la placa i comprova'n el funcionament.

Taller d'informàtica

6. El robot Evolution segueix línies

En aquest taller d'informàtica programarem el PrintBot Evolution perquè pugui seguir una línia negra mitjançant el doble sensor IR que té incorporat. A continuació es mostren dues versions del programa:

1. En primer lloc es mostra l'opció més elaborada del programa.

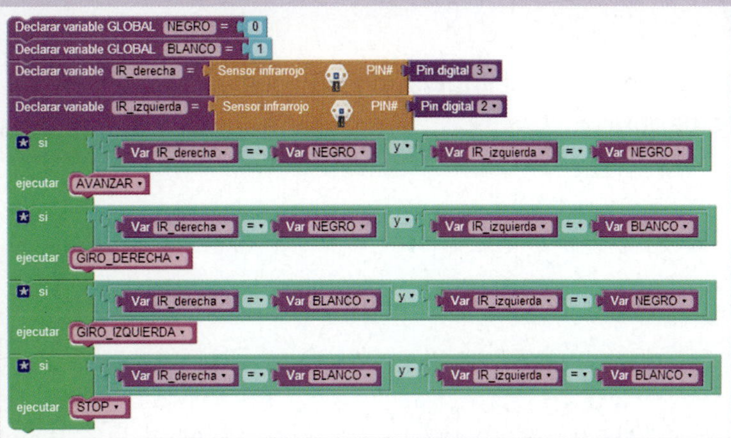

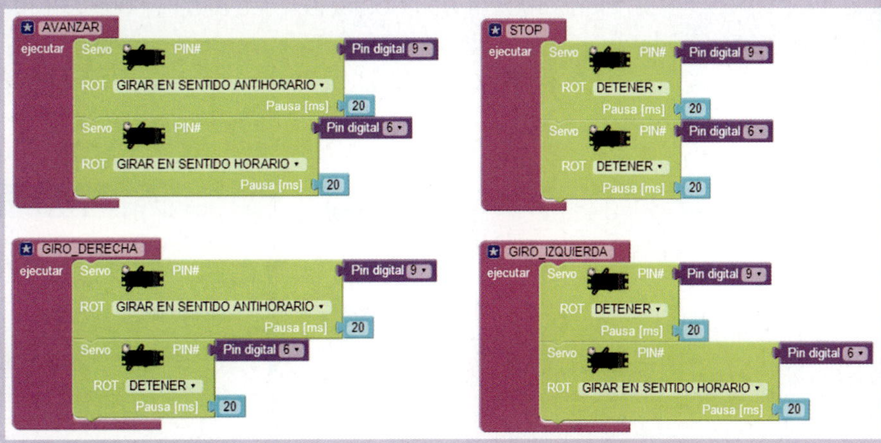

2. Després es mostra una opció més simplificada del mateix programa.

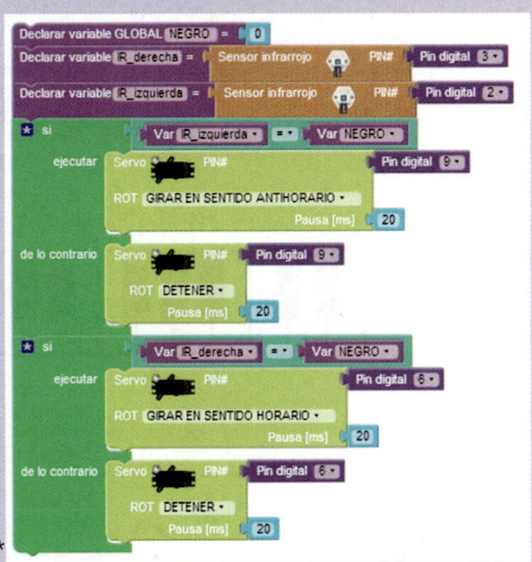

2. Robot mOway

L'objectiu principal del mOway és ser una eina útil tant per a aquells que s'introdueixen per primera vegada al món de la robòtica, com per a aquells que ja tenen experiència i volen crear aplicacions de robòtica col·laborativa.

En aquesta secció treballarem amb el minirobot mOway, creat per l'empresa Minirobots. Es tracta d'un robot autònom i programable orientat a l'ensenyament i a la investigació.

Per programar el robot mOway utilitzarem el **MowayWorld**, que és una aplicació basada en diagrames de flux.

Es pot obtenir més informació visitant la web següent: *http://moway-robot.com/*.

Taller d'informàtica

7. Altaveu del mOway

En aquest taller es farà servir l'altaveu intern del mOway per detectar la proximitat d'un obstacle. Com més a prop sigui el robot de l'obstacle, més alta serà la freqüència de so emesa per l'altaveu.

L'aplicació MowayWorld es pot descarregar lliurement de la web que trobaràs a l'enllaç *http://www.editorialteide.com/?9094*

1. Obrim l'aplicació MowayWorld i arrosseguem, fins a la zona de treball, el mòdul obstacle que es troba a *Datos | Comparar | Obstáculo.*

   Comencem comparant el sensor central dret d'obstacles amb un valor constant de 80.

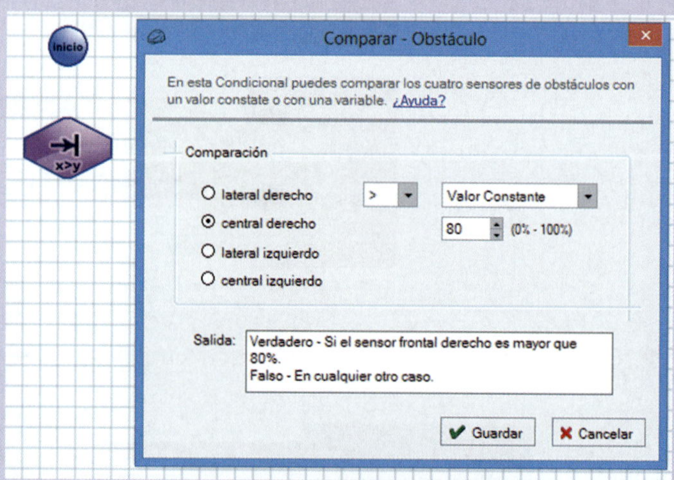

2. Si el valor del sensor es més gran que 80, significa que l'obstacle és a prop i, per tant, la freqüència del so emès serà alta (anotem 2 200 Hz, tot i que es guardarà el valor de 2 197,26 Hz). El mòdul per activar l'altaveu és a: *Acciones de mOway | Sonido | Empezar*.

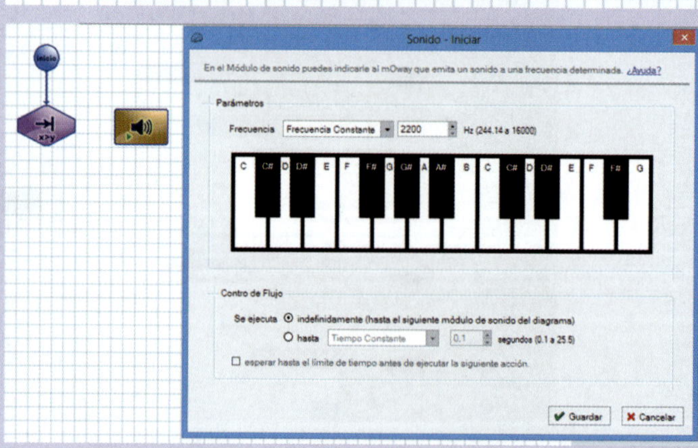

3. Si l'obstacle és una mica més lluny que en el cas anterior, és a dir, si el valor del sensor és més petit que 80 i més gran que 60, la freqüència del so serà més baixa (en aquest cas, anotem 1 200 Hz, però hi constarà el valor de 1 220,70 Hz).

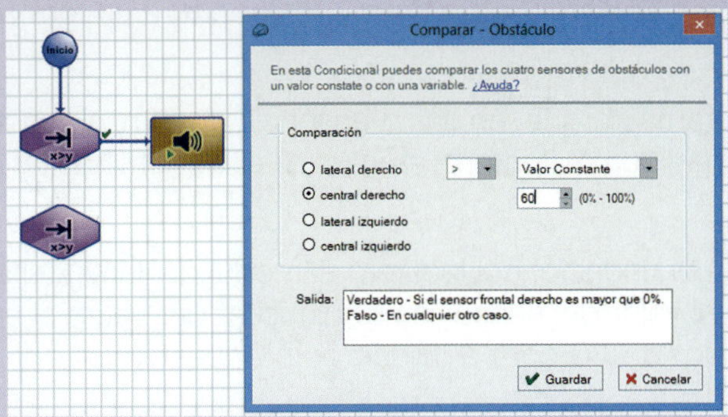

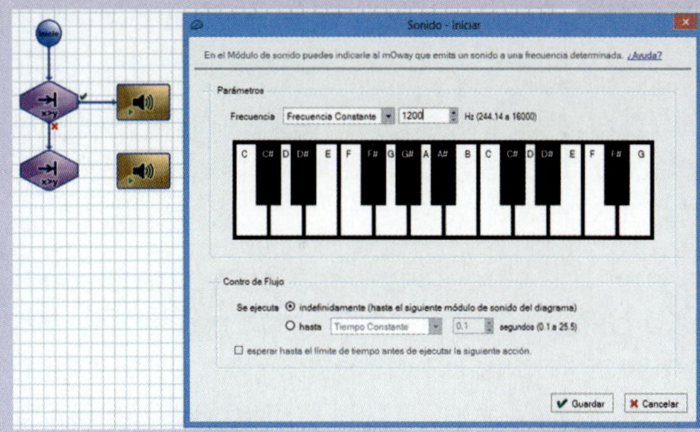

4. A continuació, es comenten la resta de valors. Si el valor del sensor és més petit que 60 i més gran que 40, la freqüència del so serà 700 Hz (tot i que hi constarà el valor de732,42 Hz).

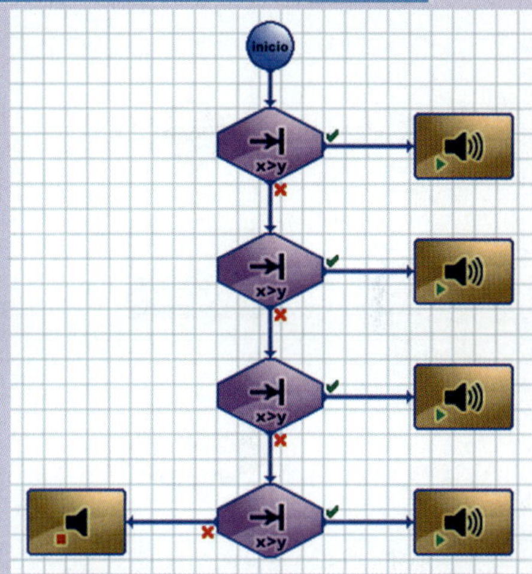

Si el valor del sensor es més petit que 40 i més gran que 29, la freqüència del so serà 500 Hz (hi constarà el valor de 488,28 Hz).

En cas que l'obstacle sigui molt lluny del robot, l'altaveu deixa d'emetre so. Això s'aconsegueix mitjançant el mòdul *Acciones de mOway* | *Sonido* | *Detener*.

Per completar el programa, las fletxes que surten dels mòduls *Altavoz* es connecten al primer bloc condicional.

Aquest últim apartat i el programa complet es mostren a continuació.

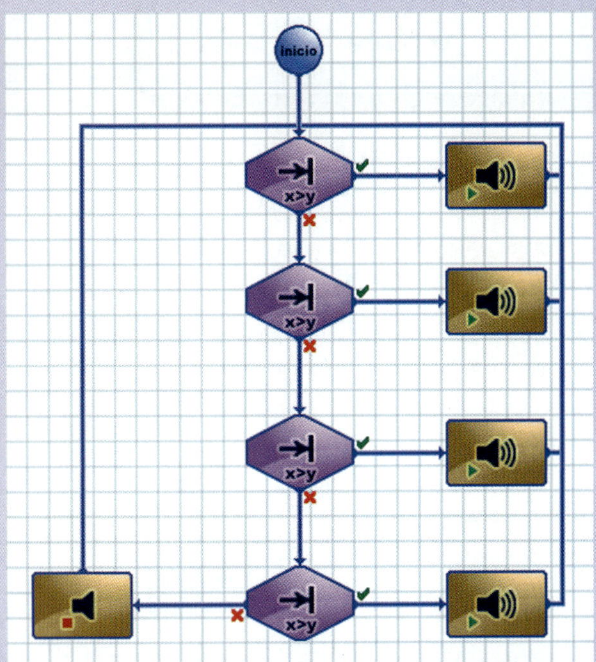

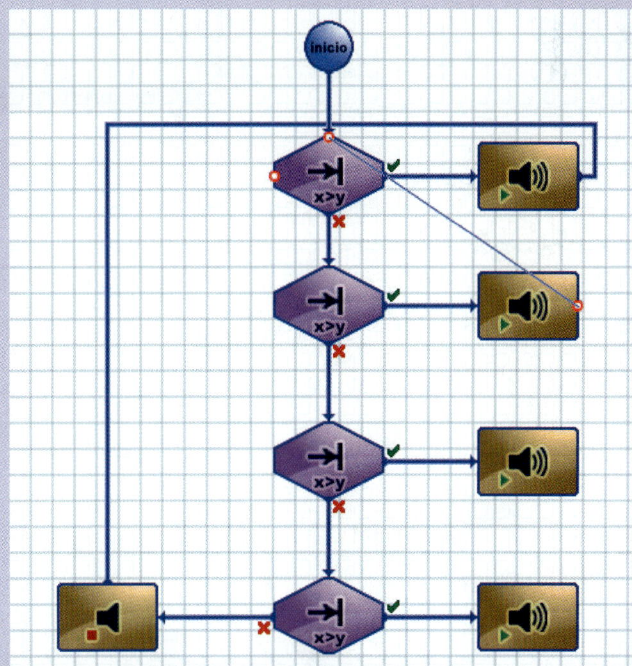

5. Per carregar el programa al robot mOway connectarem un cable USB entre l'ordinador i el robot i clicarem a la icona .

Taller d'informàtica

8. El sensor de llum

Aquest sensor ens proporciona la quantitat de llum (0 % - 100 %) rebuda a través de l'obertura en forma de mitja lluna situada a la part superior del minirobot.

L'objectiu d'aquest taller consisteix a implementar un programa perquè, en cas d'absència de llum, el robot mOway es desplaci amb el led verd superior parpellejant. Quan hi hagi llum a l'entorn, amb un nivell de lluminositat adequat, el minirobot s'estarà quiet.

1. En primer lloc introduirem una pausa de 2 segons i, a continuació, col·locarem el mòdul de lluminositat que es troba a *Datos | Comparar | Luminosidad.* Es compara el valor del sensor de lluminositat per veure si supera un determinat llindar. En el nostre cas, s'ha anotat un valor de 30 com a llindar, però aquest valor pot variar en funció de la il·luminació de l'entorn en què ens trobem.

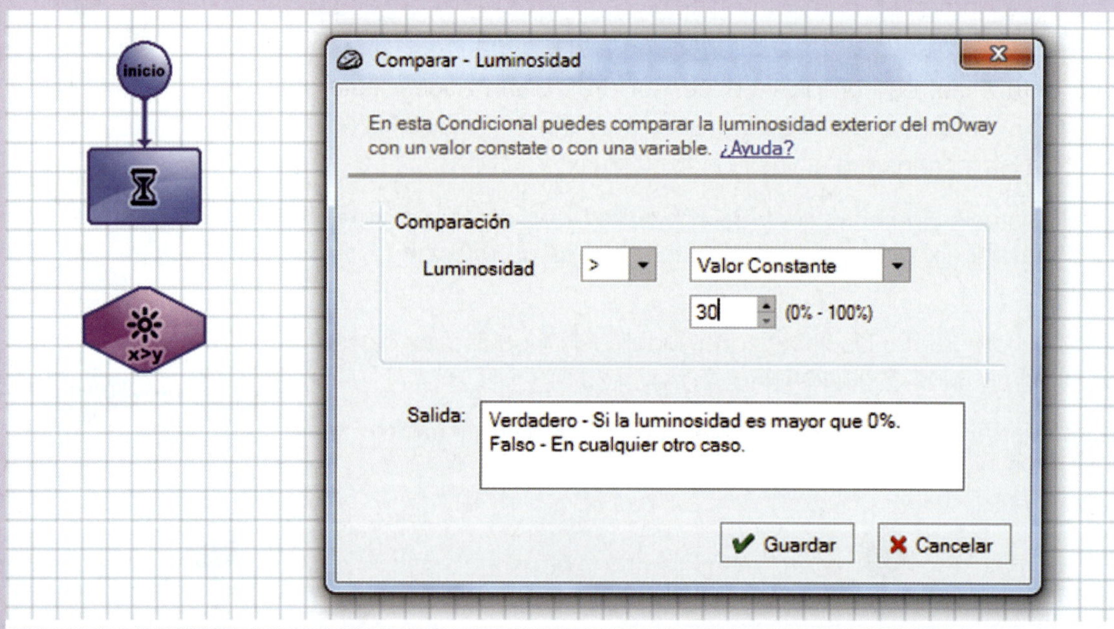

2. La condició s'ha configurat de tal manera que segueixi el camí correcte quan el valor del sensor de llum sobrepassi el 30 %. En aquest cas, el robot mOway estarà aturat esperant que canviïn les condicions. Introduirem, per tant, un mòdul de detenció a *Acciones de mOway | Movimiento | Detener.*

3. En el camí erroni (si la lluminositat està per sota del 30 %), col·locarem dos mòduls: un per fer parpellejar el díode led verd superior i un altre amb un moviment d'avançament en què la velocitat sigui la màxima (100 %).

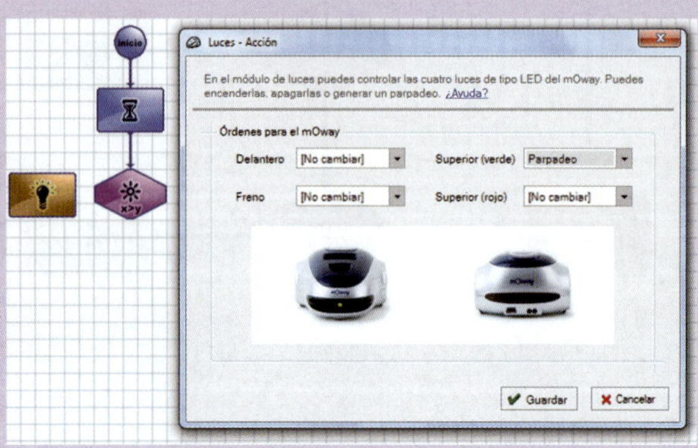

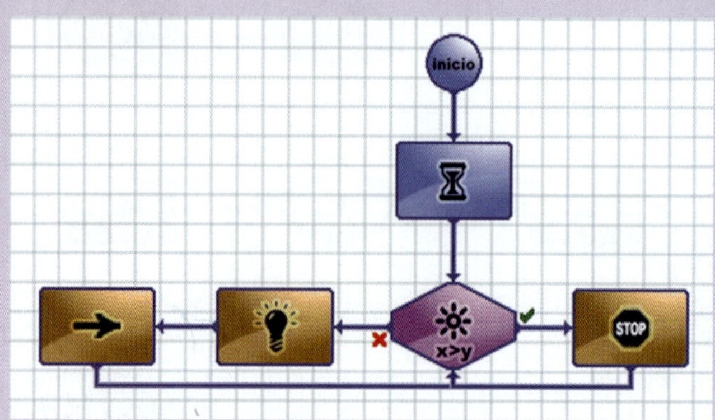

Taller d'informàtica

9. Laberint

En aquest taller d'informàtica, el robot mOway ha de sortir d'un laberint. Aquest laberint consisteix en passadissos rectes i girs de 90°, formats per llistons de fusta, tires de cartó ploma, caixes, etc. El minirobot avançarà seguint l'alineació de les parets laterals, utilitzant els sensors d'obstacles laterals per comprovar-ne la distància. Si el robot mOway és molt a prop d'una paret corregirà la seva trajectòria per evitar topar-hi.

1. El programa comença amb una pausa de 2 segons. A continuació col·loquem un mòdul de moviment a *Acciones de mOway | Movimiento | Recta.*

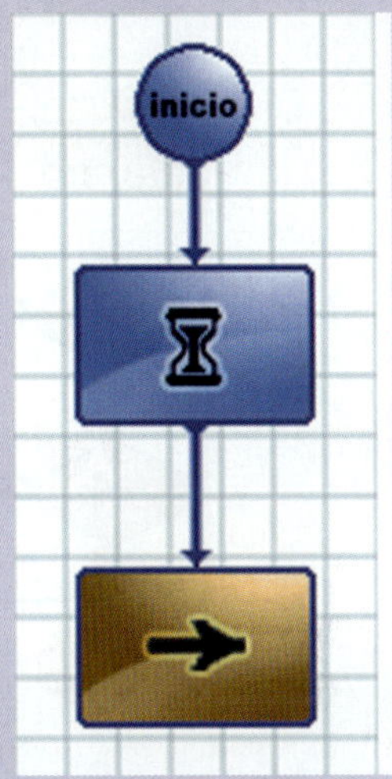

2. Després, han d'actuar els sensors d'obstacles laterals perquè el minirobot pugui continuar per totes les parets del laberint.

   D'aquesta manera, quan s'activa el sensor esquerre, el minirobot es trobarà molt a prop de la paret esquerre i ha de girar a la dreta per evitar la col·lisió. Si el sensor esquerre no està actiu, es comprova el sensor dret. Quan aquest està actiu, el minirobot gira a l'esquerra.

   Cal tenir en compte que les dues rotacions han de tenir activada l'opció d'executar-se contínuament.

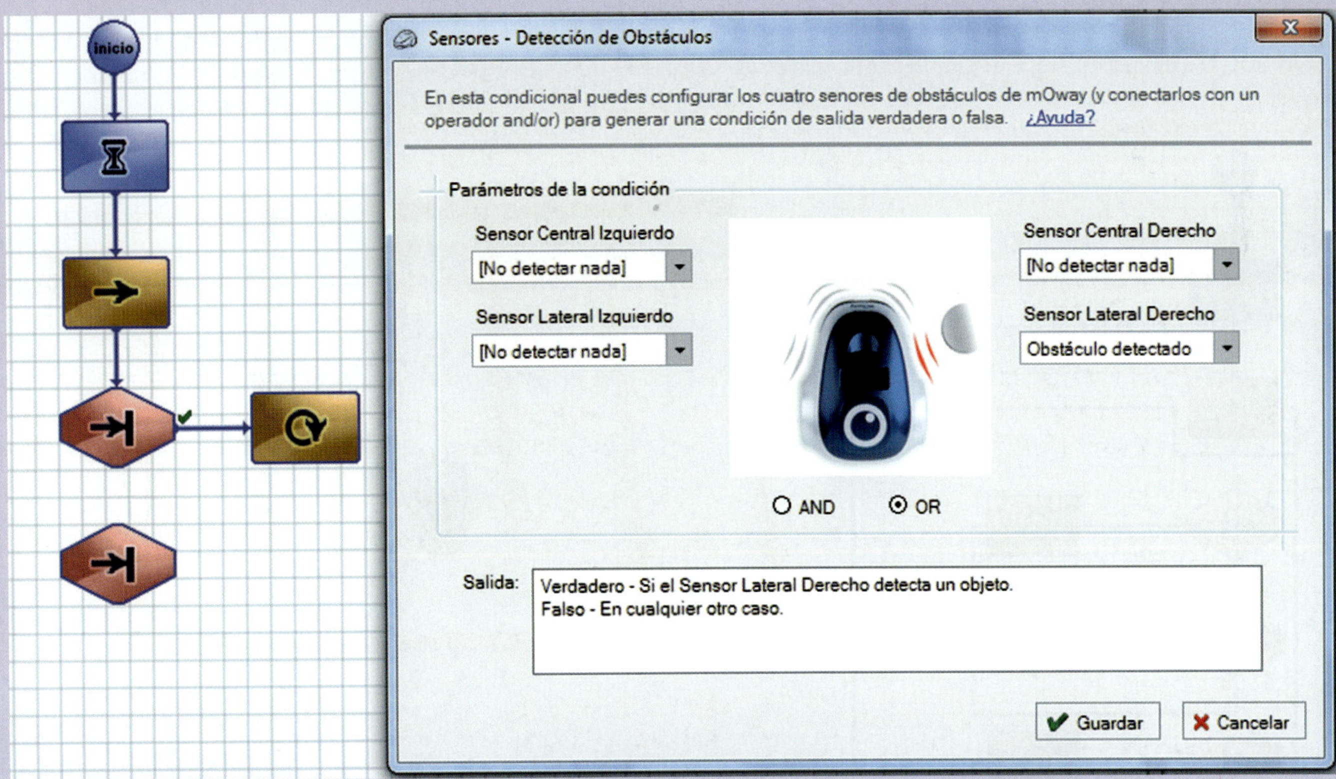

3. Un cop s'hagi detectat les parets, ha de comprovar si hi ha una paret al davant mitjançant els sensors d'obstacle centrals. Si qualsevol d'aquests obstacles (opció OR activada) detecta una paret, el minirobot gira a l'esquerra contínuament. Aleshores, si no detecta cap més paret significa que el camí està lliure i el robot avança. Per fer-ho, el programa torna a l'inici.

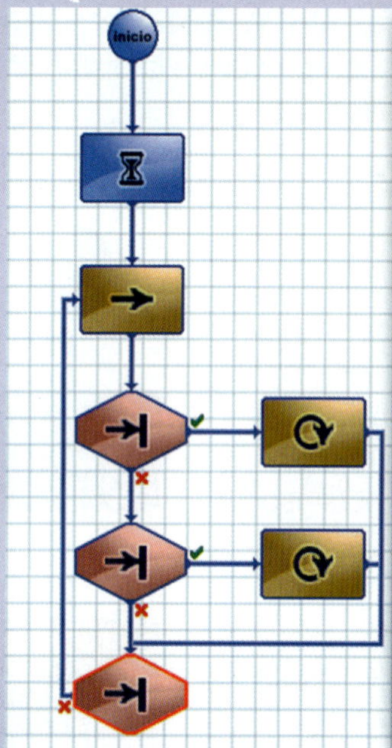

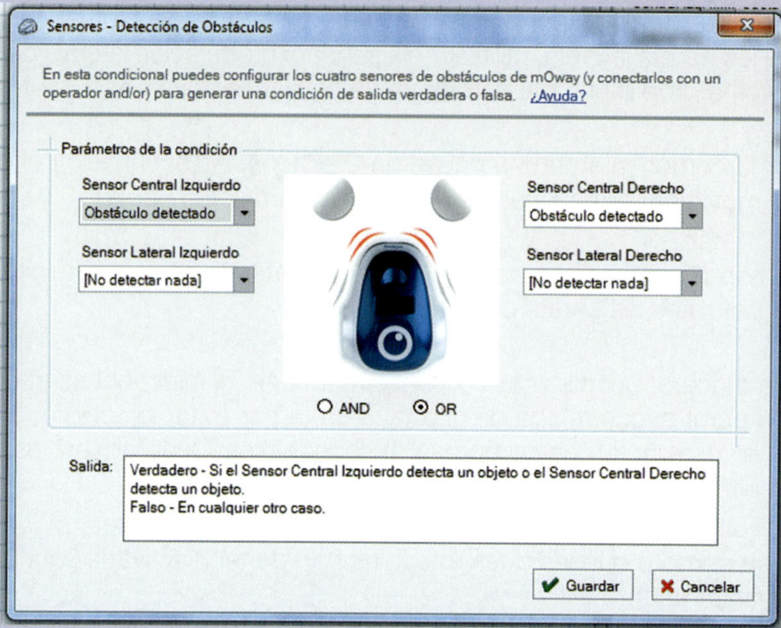

4. En canvi, si un cop realitzat el gir a l'esquerra es detecta una paret amb els sensors frontals, significa que el camí està tallat i el robot mOway ha de fer un gir continu a la dreta.

5. Un cop el minirobot hagi trobat el camí correcte, continua avançant i el programa torna a l'inici.

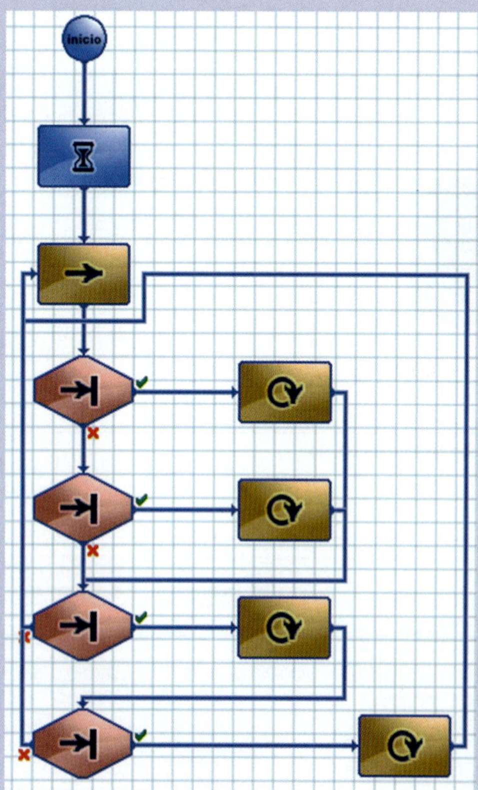

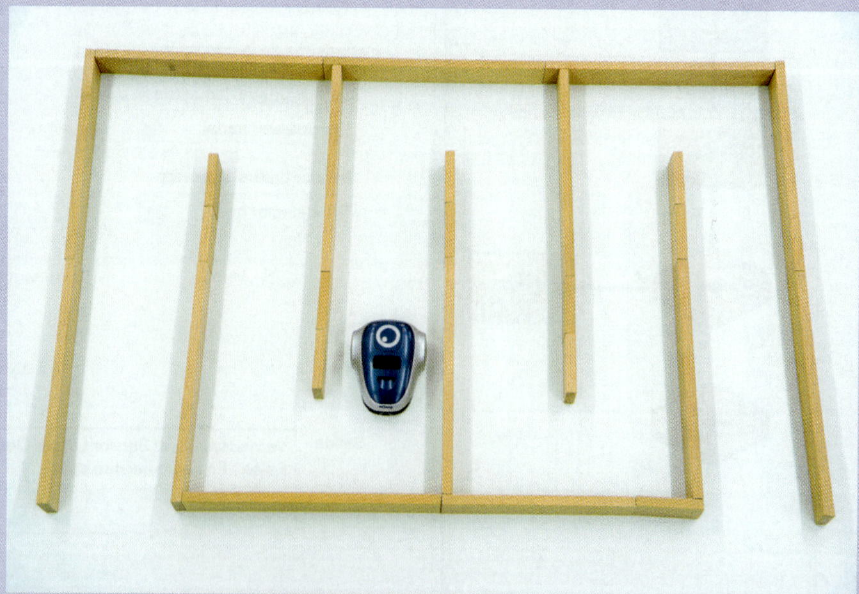

3. Microbot de picaxe

El microbot Picaxe és un minirobot autònom, econòmic i programable que ens pot ser molt útil per introduir-nos al món de la robòtica.

Per poder programar el Microbot utilitzarem el **Logicator**, que és una aplicació basada en un entorn gràfic (és la mateixa aplicació utilitzada per programar la placa Imagina Android).

Es pot obtenir més informació d'aquest minirobot visitant la web *http://www.picaxe.com.*

Taller d'informàtica

10. El seguidor de línies

En aquest taller implementarem un programa que permeti al Microbot seguir el traçat d'una línia negra mitjançant la utilització del sensor d'infrarojos. Programarem el mini robot de manera que no es comenci a moure fins que no premem el polsador que té incorporat a la part superior esquerre.

1. Obrim el Logicator i col·loquem el bloc *Decision* just a sota del bloc *Start.* Activem l'entrada 6 (polsador) a 1. Així, el programa no sortirà del bucle fins que no premem el polsador.

   El bloc condicional *Decision* té dues sortides:

   - Quan la condició no es compleix, ha de tornar a l'inici.
   - Si la condició es compleix, el programa es continuarà executant seqüencialment.

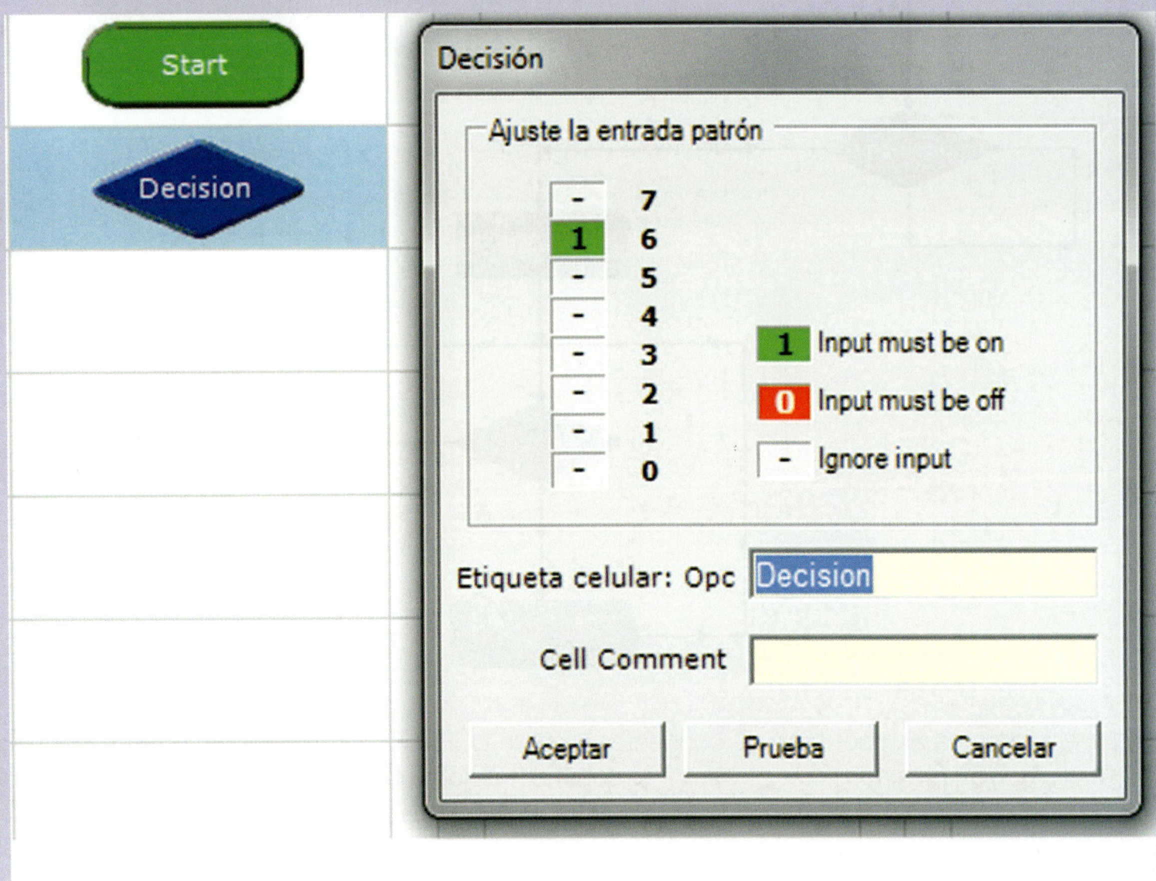

2. Assignem un valor de 60 a la variable B i s'analitza la condició del bloc *Compare*. Quan el valor sigui inferior al de la variable B, el robot avançarà cap a la dreta tal com li indica un bloc *Motor*. En cas contrari, avançarà cap a l'esquerra. El valor assignat a la variable pot canviar en funció de la il·luminació de l'entorn en què ens trobem.

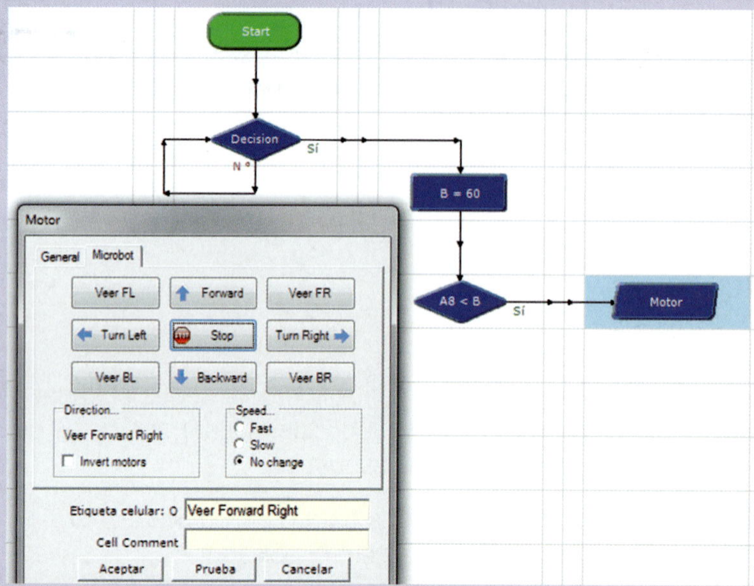

3. Completem el programa tal com s'indica a continuació:

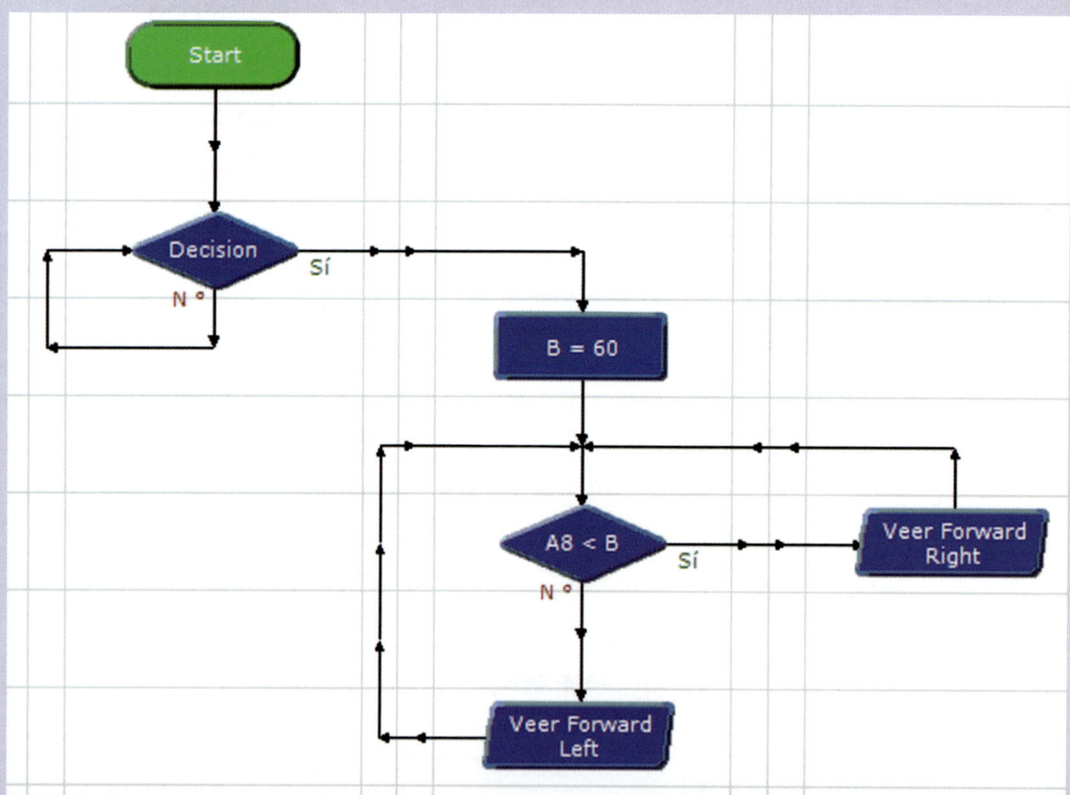

4. Per carregar el programa al robot hem de connectar el cable USB AXE027 de Picaxe entre l'ordinador i el microbot. Fent clic a *PIC | Program Pic…* o clicant directament a sobre de la icona i acceptant, carregarem el programa al minirobot. Tota aquesta operació s'ha de fer amb l'interruptor del microbot en posició ON. Un cop s'hagi carregat el programa, podrem desconnectar el cable del robot, ja que queda emmagatzemat al PIC del microbot fins que carreguem un altre programa.

Taller d'informàtica

11. Control del microbot mitjançant un comandament a distància

En aquest taller d'informàtica controlarem el microbot de Picaxe mitjançant un comandament a distància. Per aconseguir que el robot pugui avançar, retrocedir, girar a la dreta o girar a l'esquerra, utilitzarem les tecles del cursor del comandament. Quan vulguem que el microbot s'aturi, premerem la tecla ON/OFF.

Perquè el nostre robot pugui dur a terme les accions anteriors, ha de disposar d'un receptor d'infrarojos que li permeti llegir els senyals que enviem amb el comandament.

A continuació es mostra el programa complet en Logicator.

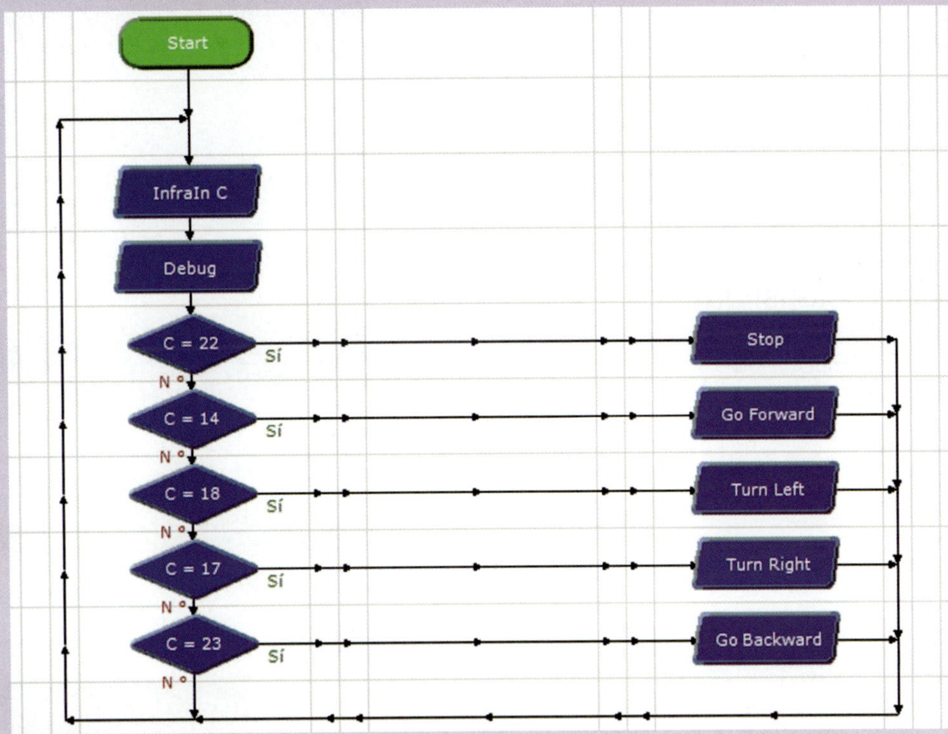

NOVES TECNOLOGIES

5 Disseny i impressió en 3D

Tot el que puguis imaginar i es pugui dibuixar amb un programa informàtic de dibuix en 3D es pot imprimir sempre que les dimensions de la impressora ho permetin.

Encara que sembli increïble, el gener del 2015, a la Xina, es va acabar la impressió d'un edifici de cinc plantes. Tot i aquest triomf, la tecnologia de la impressió es troba en fase inicial. Actualment la majoria d'impressores imprimeixen objectes de plàstic, però ja s'està treballant amb metalls, fustes i fins i tot aliments.

Abans d'imprimir, però, s'ha de dibuixar. Hi ha bastants programes que permeten dibuixar en tres dimensions, però el que utilitzarem és l'SketchUp, que disposa d'una versió lliure molt apropiada per iniciar-se en aquest camp.

1. Disseny en 3D

Una de les diferències entre els diversos programes de disseny assistit per ordinador és que alguns permeten elaborar dibuixos en tres dimensions (3D), mentre que d'altres tan sols permeten dibuixar en dues dimensions (2D). Les dues diferències principals entre uns i altres són les següents:

1. Els programes en 2D només tenen dues dimensions, amplada i llargada, mentre que als programes 3D s'hi ha d'afegir la profunditat.
2. Els programes en 3D permeten dibuixar objectes i es poden veure des de diferents posicions. Els dissenys es poden girar per veure'ls des de diferents angles, mentre que els programes de dimensions no ofereixen aquesta possibilitat.

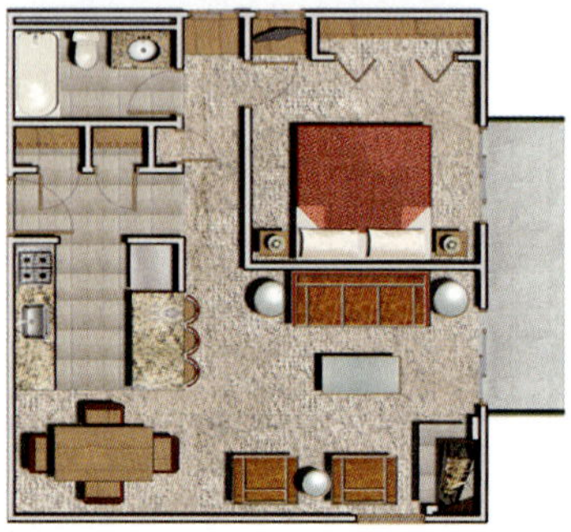
Dibuix fet en 2D.

Dibuix fet en 3D.

A l'hora d'escollir el programa s'ha de mirar que s'adeqüi als dissenys, però també s'ha de tenir en compte si és lliure, si s'ha de pagar, si es troba en línia o si s'ha de descarregar a l'ordinador. Hi ha una versió lliure, l'SketchUp Make, molt apropiada per aprendre a dibuixar en 3D. No obstant això, no és l'únic programa que permet dibuixar en tres dimensions, hi ha altres programes de disseny en volum, com ara l'AutoCAD, el SolidWorks, FreeCAD, OpenSCAD, etc.

Activitat

1. Observa els dibuixos següents, que s'han creat amb ordinador. Indica si creus que s'han elaborat amb programes de dibuix 2D o amb programes de dibuix 3D.

a)

b)

c)

d)
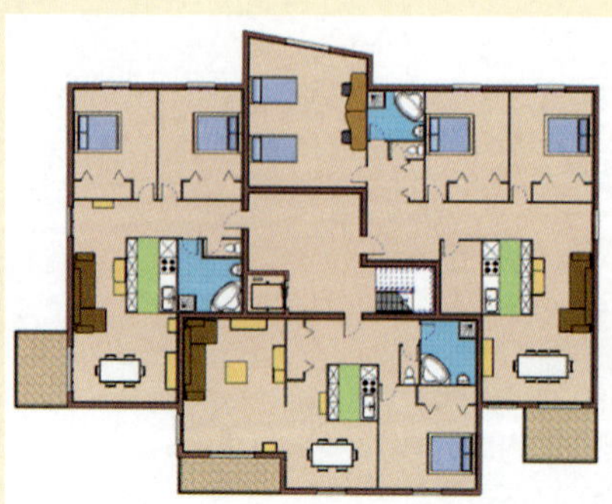

e)
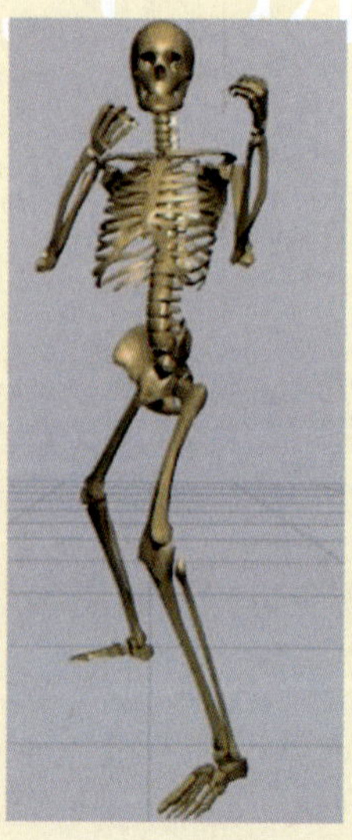

2. SketchUp

L'SketchUp és un programa de dibuix en 3D molt senzill i intuïtiu. Per tant, començar a utilitzar-lo per dibuixar línies i formes és molt agradable. Permet empènyer o estirar superfícies, allargar, girar, pintar, delimitar, retallar, dividir i veure el disseny que s'està creant des de qualsevol posició.

Taller d'informàtica

1. L'entorn de l'SketchUp

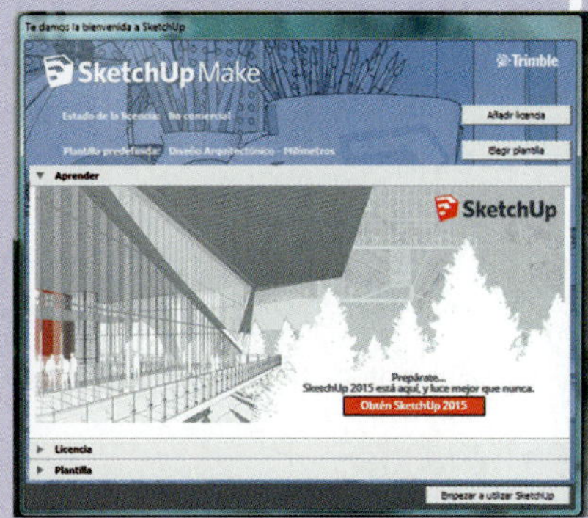

1. Entra a l'SketchUp i s'obrirà una finestra com la de la imatge.
2. Assegura't que utilitzaràs el metre com a unitat de mesura i no les polzades. Per fer-ho, clica damunt el botó *Plantilla (Choose Templates)* i selecciona l'opció adequada.

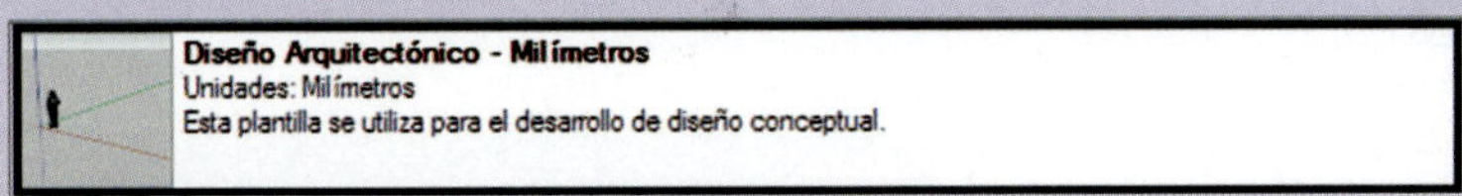

3. Una vegada escollida la plantilla clica a *Empezar a utilizar SketchUp (Start using SketchUp)* i s'obrirà la finestra principal de la figura inferior.
4. Observa la pantalla per relacionar els elements assenyalats a la imatge inferior amb el seu nom i funció, omplint el següent text amb les paraules clau.

	La **figura humana** ens ajuda a fer-nos una idea de les dimensions del dibuix.
	La _______________ ens permet veure el nom del dibuix que estem creant.
	A la _______________ hi ha el nom dels diferents grups d'eines de què disposa l'SketchUp.
	El _______________ ens permet dimensionar i veure les dimensions dels objectes que estem dissenyant.
	A la barra d'eines hi ha els _______________ ràpid a eines.
	Els _______________ s'utilitzen per dibuixar alçades (en blau), amplades (en vermell) i profunditats (en verd).

Paraules clau

botons d'accés – barra de menús – figura humana – barra de títols – quadre de control de valors – eixos de coordenades

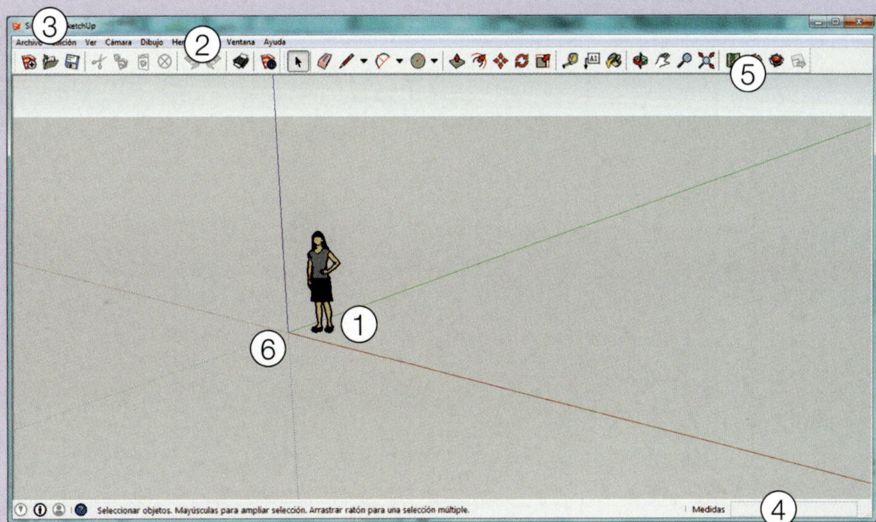

Taller d'informàtica

2. Eines

En aquest taller veurem com accedir de manera ràpida a les diferents eines de l'SketchUp.

1. Obre l'SketchUp i vés a la pantalla principal seguint els passos del taller anterior.

2. Vés al menú *Ver | Barra de herramientas*, i s'obrirà una finestra com la de la figura.

3. Desactiva tots els botons i veuràs desaparèixer totes les eines de l'SketchUp.

4. Activa algunes eines i veuràs com van apareixent. Es poden situar als laterals o com a finestres que es poden desplaçar cap on vulguis.

5. Finalment activa tres grups d'eines:

- *Stándar*
- *Primeros pasos*
- *Vistas*

Situa-les tal com pots veure a la imatge inferior o en la distribució que et sembli millor.

6. Finalment tanca l'SketchUp i torna a obrir-lo. Observa que la configuració és la mateixa que abans de tancar-lo.

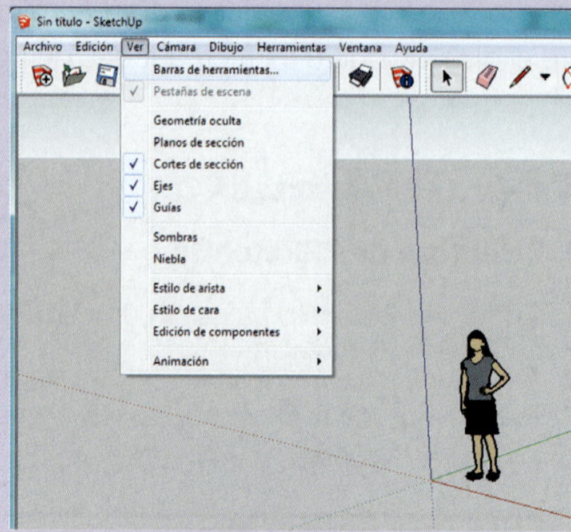

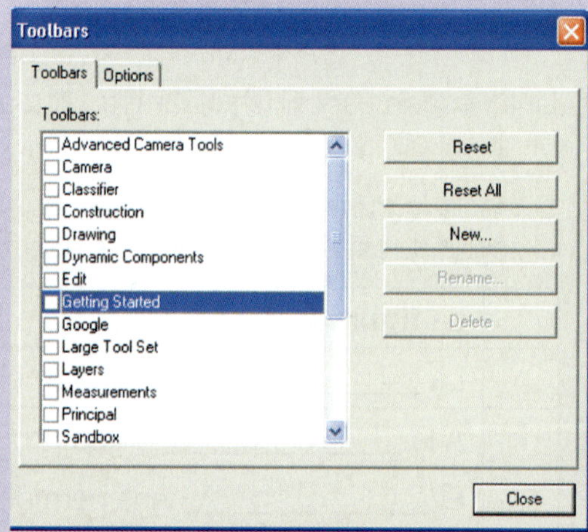

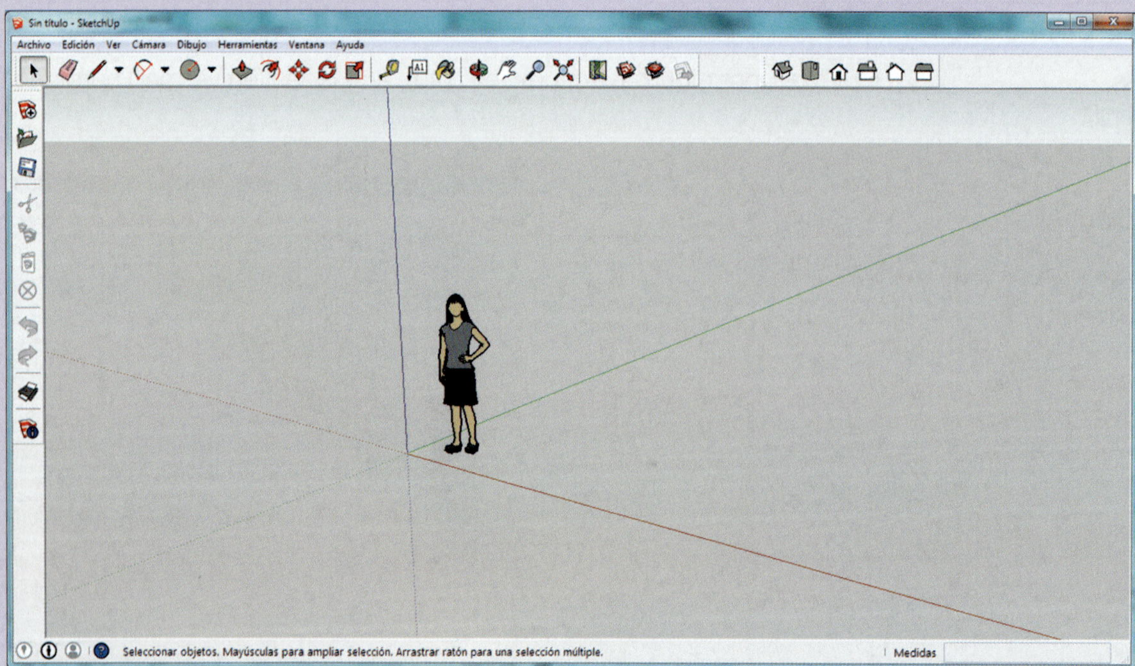

Taller d'informàtica

3. Seleccionar, desplaçar, copiar i eliminar

En aquest taller veurem com es selecciona, es desplaça, es copia i s'elimina un objecte.

1. Obre l'SketchUp, accedeix a la pantalla principal i assegura't que hi apareixen els tres grups d'eines: *Primeros pasos, Stándar* i *Vistas.*
2. Selecciona la figura humana. Per fer-ho clica sobre *Seleccionar* i a continuació a sobre de la figura humana. Quedarà destacada.
3. Ara, amb la figura seleccionada, clica a sobre de l'eina *Mover*:
   - Arrossega la figura verticalment per situar-la més a dalt (l'eix de desplaçament ha de sortir blau).
   - Ara desplaça-la horitzontalment cap a la dreta (l'eix de desplaçament ha de sortir vermell)
   - Finalment, allunya la figura i dóna-li profunditat (l'eix de desplaçament ha de sortir verd). En aquest últim cas, a mesura que es va allunyant la figura, es veu més petita.
4. Mitjançant l'eina *Nuevo*, crea un dibuix sense gravar l'anterior.
5. Selecciona la figura humana i clica a sobre de l'eina *Copiar*.
6. Amb l'eina *Pegar* fes còpies de la figura humana on vulguis.
7. Finalment, selecciona'n unes quantes i esborra-les amb l'eina *Borrar*.

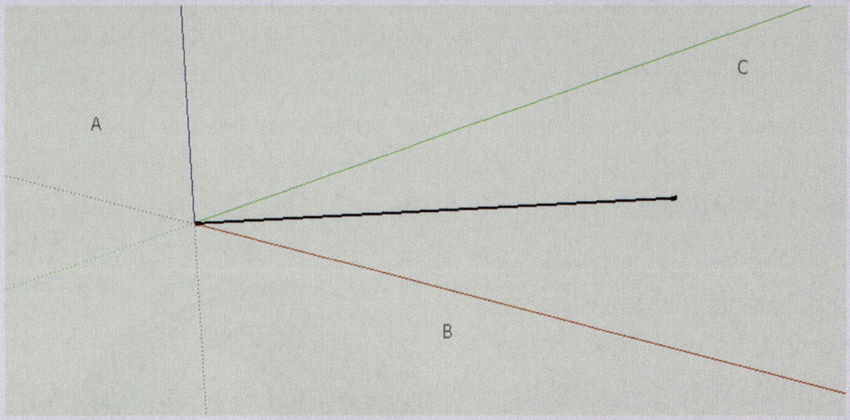

4. Investiga

Per seleccionar un objecte pots clicar-hi a sobre o arrossegar el cursor per crear un marc. Quina diferència hi ha si crees el marc d'esquerra a dreta o a la inversa? Per experimentar-ho dibuixa una línia com la de la figura i, després de clicar a sobre de l'eina *Seleccionar*, arrossega en primer lloc el cursor de A a B i després de C a B.

Taller d'informàtica

5. 2D-3D

Donar volum a figures planes, com un quadrat, un cercle, un pentàgon, etc. és molt senzill amb l'SketchUp. En aquest taller aprendrem a crear figures geomètriques en 3D.

1. Entra a l'SketchUp, selecciona la figura humana i esborra-la.

2. Per dibuixar un triangle segueix els passos següents:

- Selecciona l'eina *Polígono*, que trobaràs dins l'eina *Formas*.
- Indica el nombre de costats de la figura en el requadre inferior *Lados*. En el nostre cas, tres cares.
- Clica alhora al lloc on vulguis el centre del triangle.
- Indica-l'hi la mida. Es pot fer de dues maneres:

  – Amb el requadre inferior *Radio*.

  – Clicant en un dels seus vèrtexs.

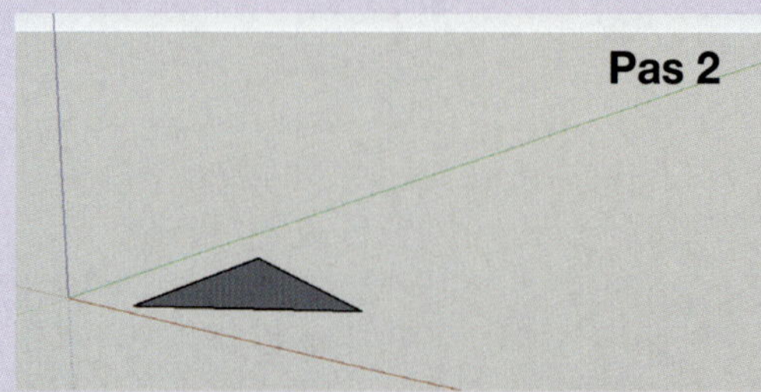

3. Per donar volum al triangle selecciona l'eina *Empujar|Tirar*.

- Situa't a sobre de la figura i fes un clic. La superfície ha de quedar puntejada.
- Estira-la fins on vulguis. També ho pots indicar al requadre inferior *Distancia*.

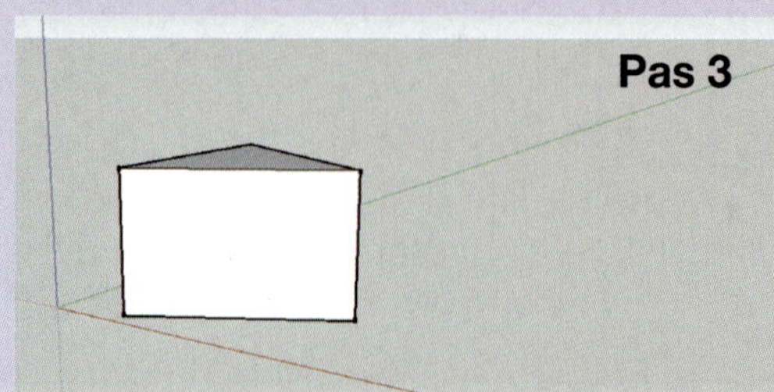

4. Omple les cares del prisma que acabes de dibuixar. Per fer-ho, utilitza l'eina *Pintar*. Podràs escollir entre moltes possibilitats.

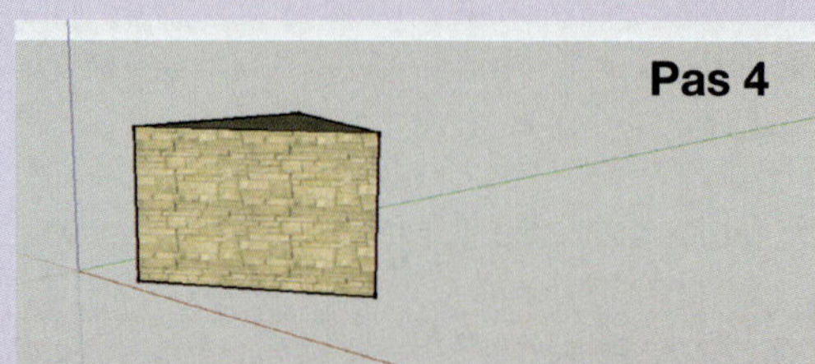

5. Per veure la figura des de diferents posicions utilitza l'eina *Orbitar*. Per canviar el zoom utilitza la roda del ratolí.

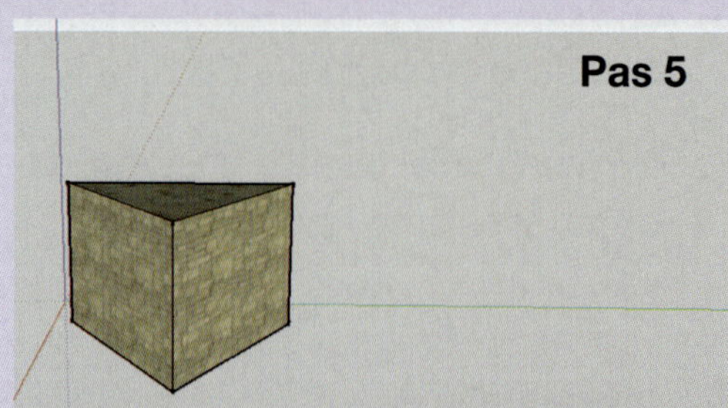

6. Repeteix el procés amb altres figures. Intenta provar de situar-les en una altra posició.

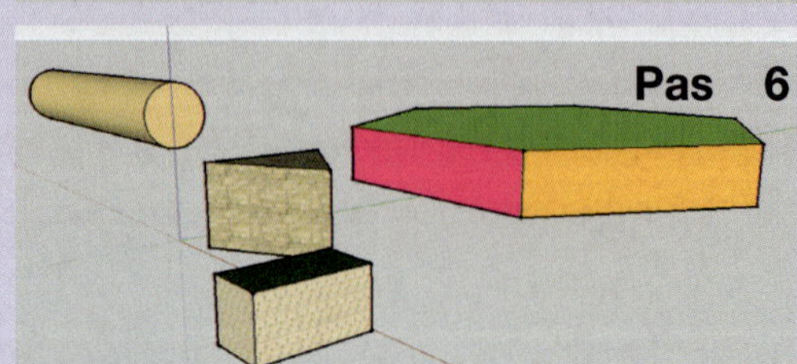

7. Grava el dibuix amb el teu nom i el número de taller.

6. Canonada

Amb tot el que has après fins ara, intenta dibuixar un tub semblant al de la figura sense tenir en compte les mesures. Finalment, grava'l amb el teu nom i el número de taller.

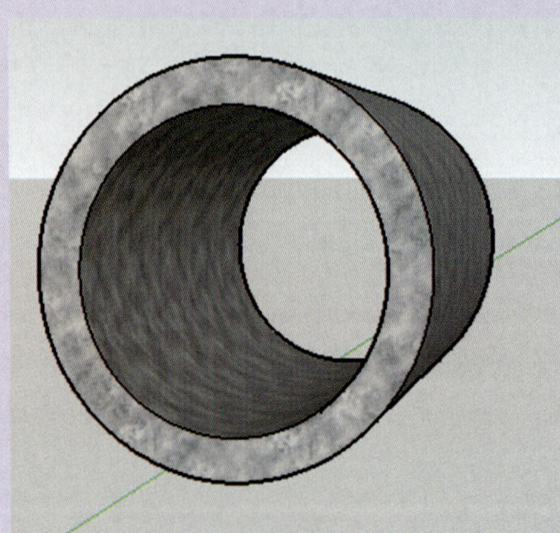

Taller d'informàtica

7. Disseny d'un clauer

En aquest taller s'explica com dissenyar un clauer i com preparar-lo per imprimir-lo.

Zoom extendido
Borrar
Arco de dos puntos
Equidistancia
Text 3D

1. Entra a l'SketchUp agafant la plantilla *Diseño arquitectónico | Milímetros*. Així es podran indicar les mesures del clauer en mil·límetres.

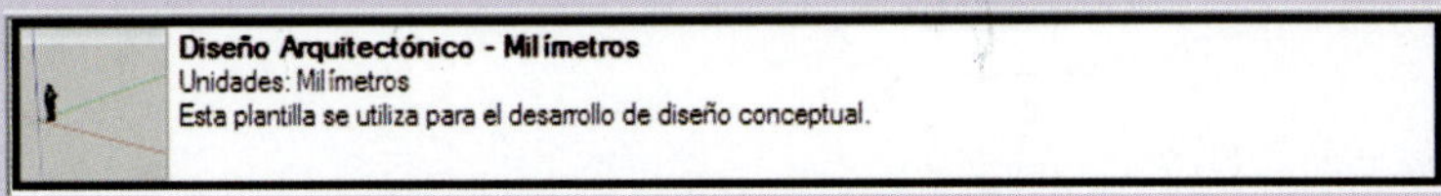

2. Selecciona la figura humana i esborra-la.

3. Dibuixa un rectangle de 60 × 20 mm. És tan petit que no el veuràs: amplia'l amb *Zoom Extendido*.

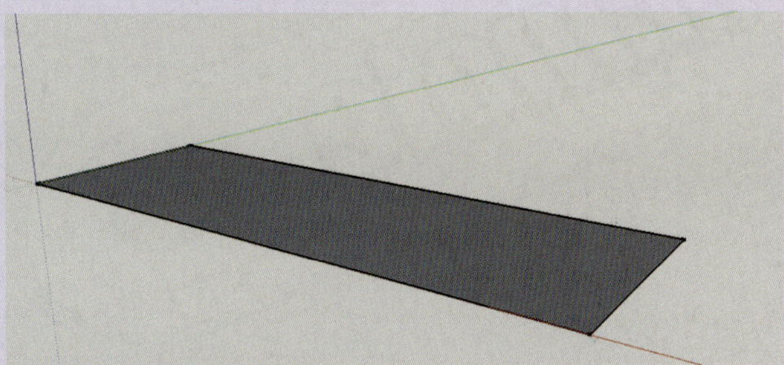

4. Dibuixa una semicircumferència amb l'eina *Arco de dos puntos*. Per fer-ho, assenyala els dos extrems de l'arc i la corba de 10 mm.

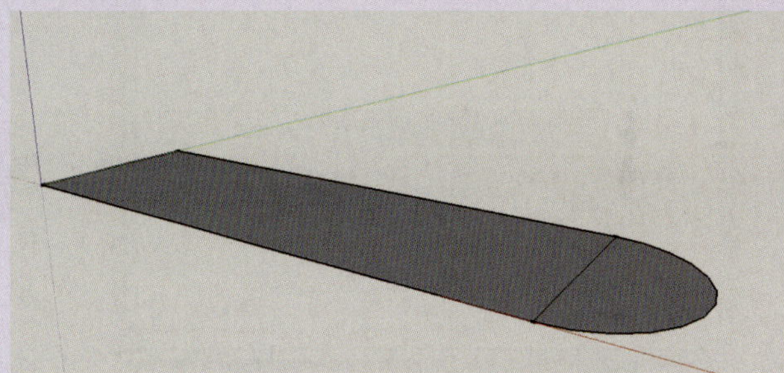

5. De manera concèntrica a l'arc anterior, dibuixa una circumferència de 4 mm amb l'eina *Círculo*.

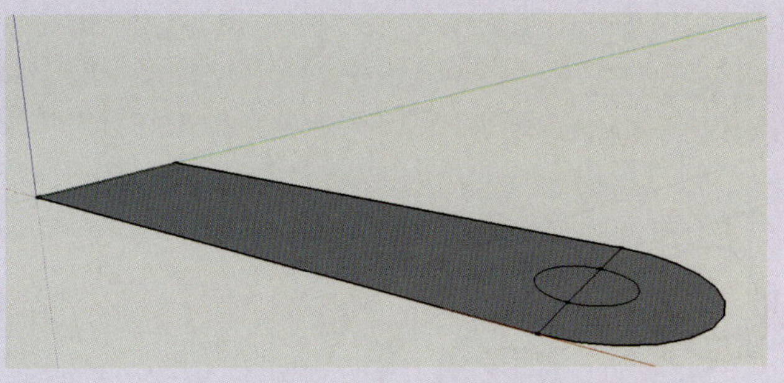

6. Elimina la recta central amb l'eina *Borrar*.

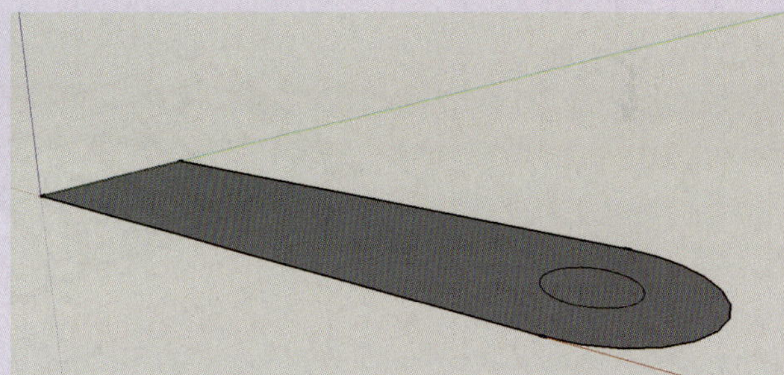

7. Selecciona el cercle central i esborra'l amb l'eina *Borrar.*

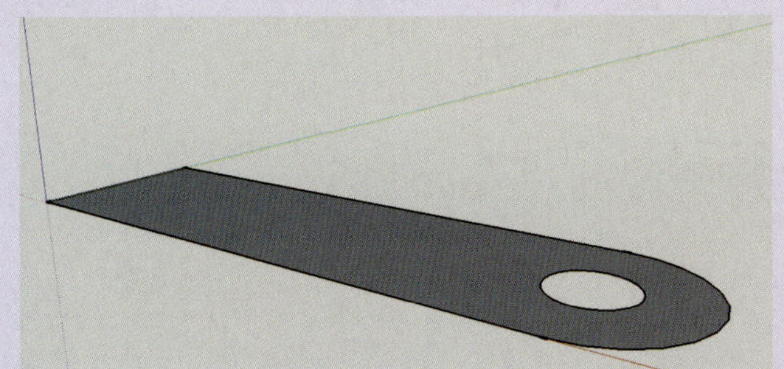

8. Amb l'eina *Empujar | Tirar* eleva la figura 2 mm.

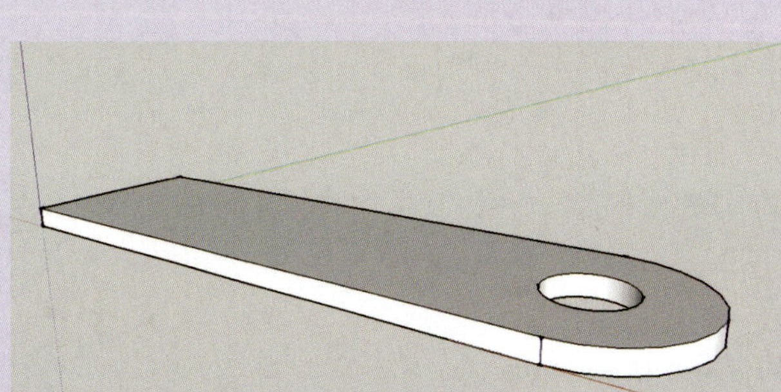

9. Dibuixa-hi una línia interior equidistant 3 mm al voltant del clauer. Per fer-ho, utilitza l'eina *Equidistancia.*

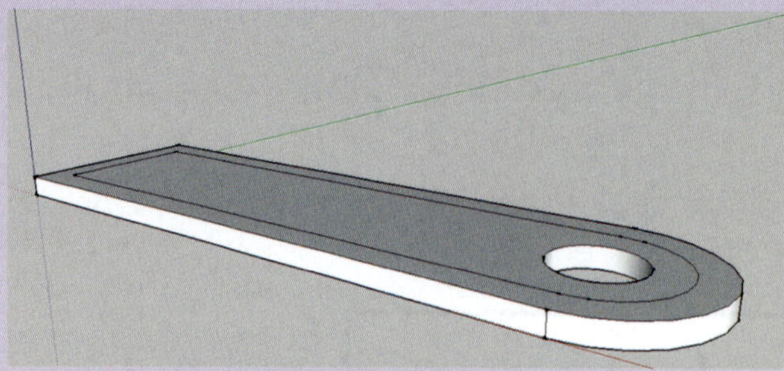

10. Mitjançant el teu *Texto 3D* que trobaràs al menú *Herramientas,* escriu el teu nom (no gaire llarg) amb les característiques que apareixen a la imatge i situa'l sobre la cara.

11. Ara eleva tot el marc del clauer fins que tingui una alçada de 2 mm.

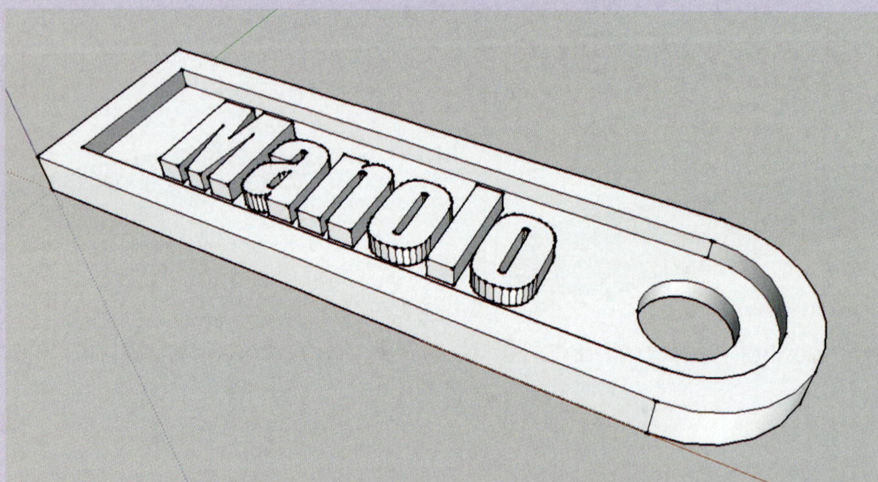

12. Grava el clauer amb el nom i la classe (per exemple, **2C-Manolo**).

8. Més dissenys

Amb tot el que saps de l'SketchUp, dissenya altres clauers o objectes, com ara medalles o xapes, per després imprimir-los.

3. Impressió en 3D

Tot i que encara ha d'avançar molt, la impressió en 3D ha evolucionat de tal manera que fins i tot s'ha fet accessible per a l'ús domèstic. No obstant això, s'ha de tenir una certa formació per utilitzar programes de disseny i la impressora.

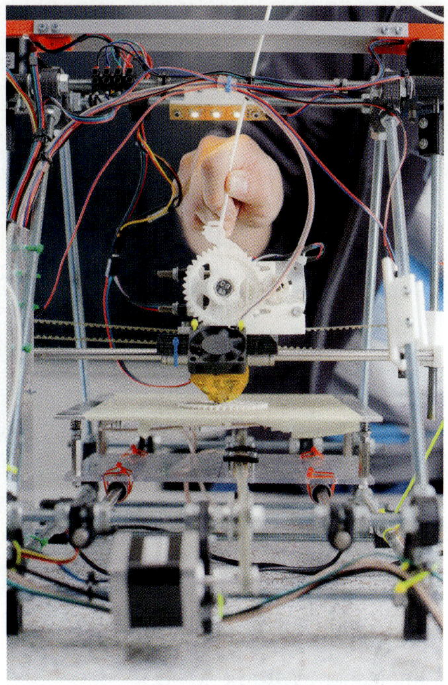

Hi ha diferents models d'impressores a diferents preus. Les més habituals són les que imprimeixen materials plàstics, però n'hi ha d'altres que fins i tot imprimeixen aliments o edificis. Les més usuals escalfen el plàstic per fondre'l i perquè pugui sortir per un extrusor que està en moviment. Així, es creen diferents capes, l'una sobre l'altra, per anar formant l'objecte.

Les característiques més importants que s'han de tenir en compte per triar la impressora són:

- **La fiabilitat.** Hi ha molts aspectes que poden influir en el funcionament de la impressora: els corrents d'aire que s'originen d'una variació de la seva temperatura, la rigidesa de l'estructura, la simplicitat dels mecanismes, etc.
- **La facilitat d'ús.** Una impressora que necessiti moltes instruccions per imprimir es complicada d'utilitza. Per facilitar la impressió se solen crear uns *perfils d'impressió* amb uns paràmetres preestablerts.
- **El volum d'impressió.** Normalment les impressores domèstiques poden imprimir una superficie similar a la d'un DIN A4 amb una alçada d'uns 20 cm.
- **Els materials que imprimeix.** El que és més habitual és utilitzar rotlles de plàstic de PLA, tot i que solen admetre altres tipus de plàstics, com ABS o niló, entre d'altres. El diàmetre del fil sol ser d'uns pocs mil·límetres.
- **La velocitat d'impressió.** Està indicada per al moviment de l'extrusor i oscil·la al voltant d'uns 50 mm/s.
- **La qualitat d'impressió.** Les impressores 3D imprimeixen per capes, com més fines, més detalls es podran imprimir, és a dir, a menys alçada, més resolució de l'objecte imprès. L'alçada de les capes es pot variar i oscil·la entre 50 μ per a molta qualitat i 500 μ per a qualitats inferiors.

Activitat

2. Busca informació i enumera 2 camps on s'apliqui la impressió 3D.

Per exemple:
En medicina es poden imprimir pròtesis i anar-les adaptant a les necessitats.
En disseny industrial es pot utilitzar per experimentar amb prototips.

Tecnologia

Les imatges inferiors corresponen a dues impressores amb un disseny i una estructura diferents. Hi ha diversos programes per controlar-les. Els més coneguts són l'Slic3r, el Cura, el Pronterface i el Repetier.

Impressora **Witbox** de bq.
És una impressora compacta en la qual l'extrusor no varia l'alçada, però fa els dos moviments horitzontals. És la base de vidre la que s'eleva i va baixant a mesura que s'imprimeix l'objecte.

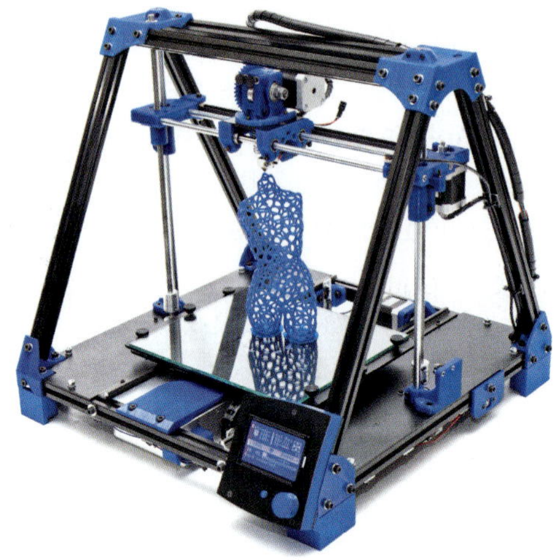

Impressora **RepRapBCN** desenvolupada per la Fundació CIM de la UPC.
És una impressora amb una estructura sòlida. En aquest cas l'extrusor es desplaça lateralment i verticalment mentre que la base del vidre fa l'altre moviment horitzontal.

D'entre les diferents possibilitats per dissenyar i imprimir en 3D, la que s'exposa aquí es basa en l'ús de la impressora creada per la Fundació CIM de la Universitat Politécnica de Catalunya (UPC) i en els *softwares* SkecthUp i Cura. Els dissenys efectuats amb l'SketchUp s'han de desar en format STL per poder obrir-los des del Cura. Una vegada establerts els paràmetres d'impressió, el fitxer es transmet a la impressora en format Gcode.

Programa de disseny en 3D (SketchUp) → Fitxers en format STL → Programa de control d'impressora (Cura) → Fitxers en format Gcode →

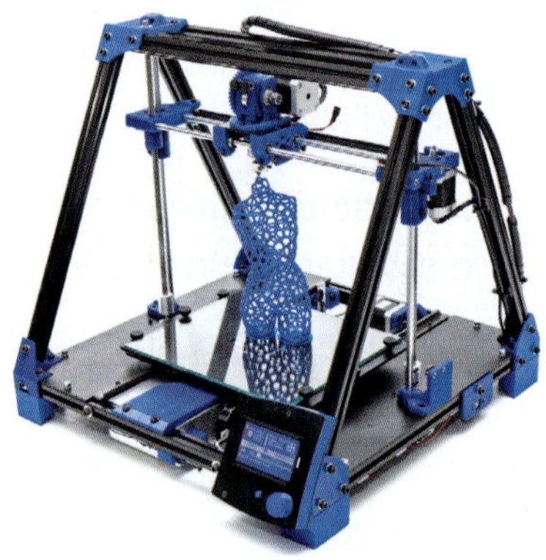

Format	Extensió
STL	.stl
Gcode	.gcode

Activitats

3. Per imprimir una peça de plàstic de 6 cm d'alçada s'utilitza una alçada de capa de 200 mm. Quantes capes es necessiten per imprimir la peça?

4. Un rotlle de plàstic d'1 kg val 25 €. Quant val imprimir una peça que pesa 20 gr?

Taller d'informàtica

9. Dissenyar i imprimir un objecte

1r pas. Elaborar el disseny

Per fer el disseny s'ha d'utilitzar un programa de disseny en 3D com el SolidWorks o l'SketchUp. Per a les nostres necessitats es recomana el segon, perquè és més fàcil d'utilitzar i disposa d'una versió lliure per a l'àmbit educatiu.

Si no vols crear un disseny nou, pots aprofitar el clauer dissenyat anteriorment per imprimir-lo.

2n pas. Exportar el clauer a format STL

Com ja s'ha comentat, per poder imprimir s'ha d'exportar prèviament el disseny a format STL. D'aquesta manera, segons l'SketchUp de què disposis, será necessari ampliar-lo i hauràs d'instal·lar un *plug in*. Descarrega aquest complement des de la web i instal·la-ho en el programa.

Per desar el disseny en format STL segueix els passos següents:

a) Obre el fitxer del clauer.

b) Selecciona el clauer.

c) Vés al menú *Archivo* | *Export to DXF or STL*.

d) Indica l'opció *Millimeters*.

e) Indica l'opció STL.

f) Indica el lloc en el qual emmagatzemar el fitxer STL.

g) Escriu el nom del fitxer amb l'extensió STL.

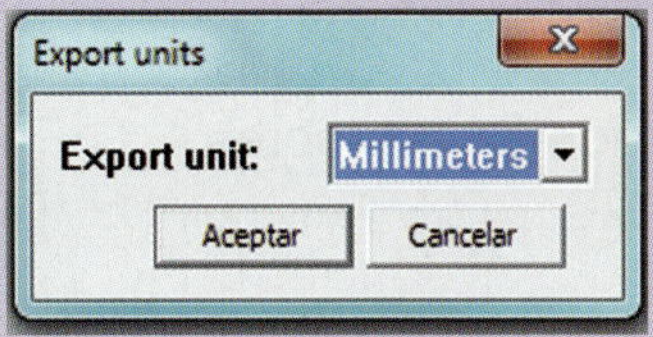

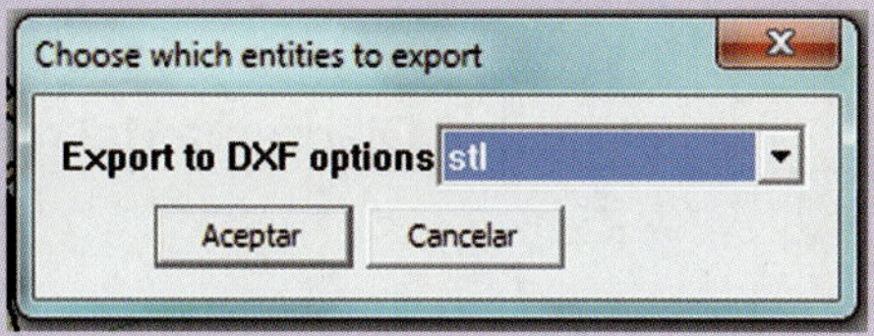

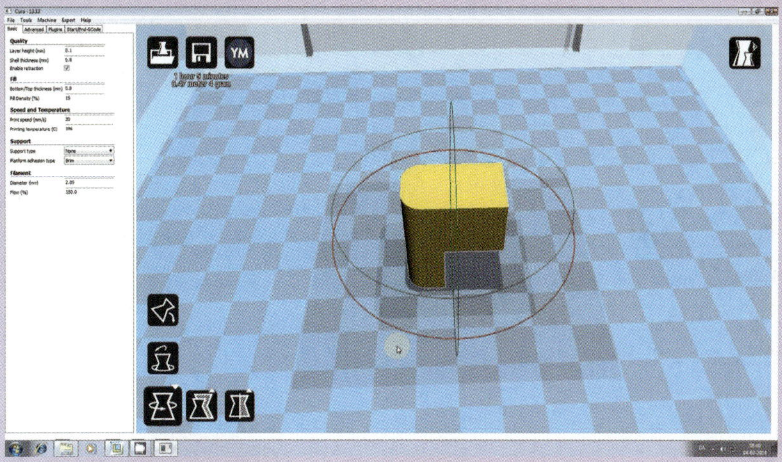

Programa Cura d'Ultimaker.

3r pas. Exportar el fitxer a format GCode

Hi ha programes com el Cura que divideixen en capes els dissenys fets en 3D perquè la impressora pugui anar imprimint capa a capa. A més a més, aquests programes regulen altres característiques, com la densitat d'impressió, la temperatura de fusió, etc.

Pots importar els dissenys gravats en STL, fins i tot en pots penjar uns quants perquè s'imprimeixin alhora. Una vegada definits, els paràmetres d'impressió ja es poden gravar en format Gcode per imprimir-los.

4t pas. Imprimir el fitxer

Es pot imprimir el disseny directament des de l'ordinador o des d'una memòria. Ara bé, cal tenir nocions sobre el funcionament de la impressora 3D.

1 Mètode de projectes

El projecte i la memòria

Els passos que cal seguir per dissenyar i construir un objecte, un mecanisme, una màquina, etcètera, es coneixen amb el nom de **mètode de projectes**. Aquests passos poden variar, segons el que vulguem construir, però tots es poden incloure en l'esquema següent:

Diagrama del mètode de projectes

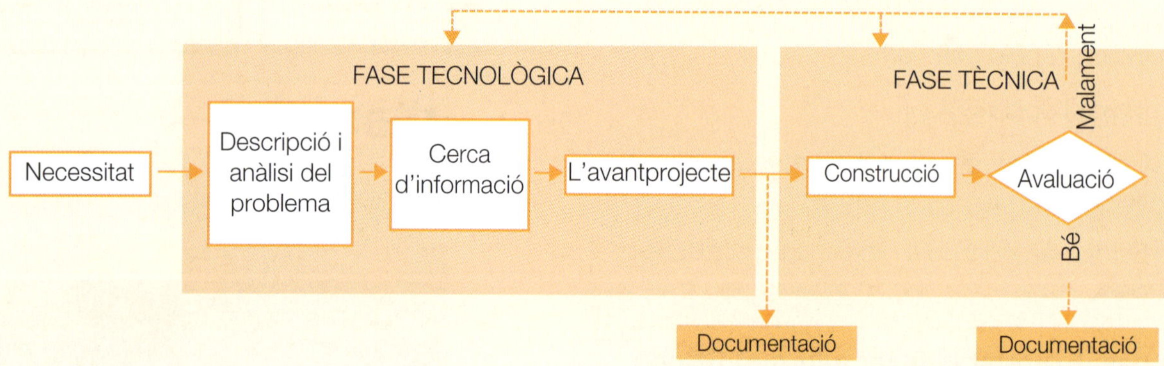

Mètode de projectes

Quan s'elabora un projecte, és inevitable fer croquis, comentaris, càlculs, esquemes, etc. Un cop hem executat el projecte, tota la informació es pot recollir en una memòria per mitjà d'un índex ordenat. Per exemple, ens podria servir l'índex següent, en què hem diferenciat la memòria descriptiva, la memòria constructiva i els annexos.

Índex d'una memòria	Contingut de la memòria
Memòria descriptiva **1.** Descripció i anàlisi del problema *a*) Justificació *b*) Objectiu *c*) Condicions inicials **2.** Cerca d'informació **3.** L'avantprojecte *a*) Disseny *b*) Materials **Memòria constructiva** **4.** Procés de treball **5.** Control de qualitat *a*) Del procés *b*) Del producte c) Propostes de millora **ANNEXOS** I. Plànols II. Estudi econòmic III. Catàlegs IV. Normes d'us V. ...	**La memòria descriptiva** En aquesta part de la memòria es descriu detalladament l'objecte, artefacte o muntatge que es vol construir. **La memòria constructiva** En aquesta part de la memòria es fa una descripció detallada del procés de construcció, a més d'una avaluació dels resultats. **Annexos** Aquí figura tota la informació addicional que no cal integrar en la memòria, com ara els plànols, els catàlegs, el glossari, etc.

A les pàgines següents pots veure una memòria detallada que et pot servir d'exemple.

Mètode de projectes

REGULACIÓ DE L'ALTURA
D'UNA CISTELLA DE BÀSQUET

Alumne: Joan Ros Muntanyà
Professor: Lluïsa Pla Mata
Matèria: Tecnologies
Curs: 2n A
Data: 22-05-11

La portada ha de ser clara i atractiva i hi han de figurar les dades relatives a l'autor de la memòria. El títol ha de donar una idea molt clara del motiu del treball.

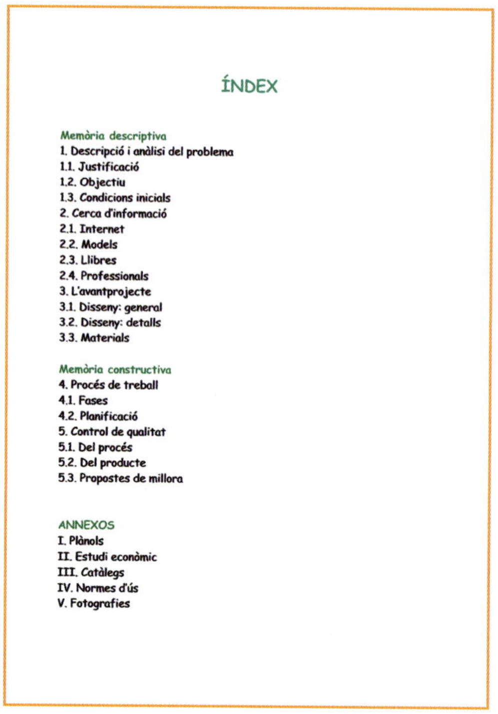

ÍNDEX

A l'índex hi han de figurar tots els apartats i subapartats de la memòria. Si la memòria té poques pàgines, no cal que l'índex estigui numerat.

2. CERCA D'INFORMACIÓ

Per generar idees sobre el disseny, he buscat informació als llocs següents:

2.1. Internet
Imatges i cistelles regulables, però no m'han servit perquè utilitzaven el mateix sistema que la del pavelló on entreno. Per tant, aquesta font d'informació no m'ha servit.

2.2. Models ja construïts
Com que cada quinze dies jugo en pavellons diferents, he anat observant els diferents sistemes que utilitzaven, però tots feien servir també l'estructura del sostre per pujar i baixar les cistelles. Per tant, d'aquí tampoc no he pogut aprofitar cap informació útil.

2.3. Llibres
Una de les ajudes més útils ha estat la informació que he trobat en diversos llibres de text de Tecnologia que m'han facilitat a l'institut. Hi he trobat diversos mecanismes que em podrien servir.
De tots els mecanismes que he vist, he tret els dos en què es basarà la meva maqueta: el cargol sense fi i el cargol amb femella.

2.4. Professionals
També he preguntat al meu oncle, que és mecànic. M'ha donat diverses idees, com ara un sistema de politges o, igual que a la bibliografia, un sistema de cargol amb femella.

En la cerca d'informació s'han de ressenyar i comentar totes les fonts d'informació que s'han utilitzat i la informació que se n'ha extret.

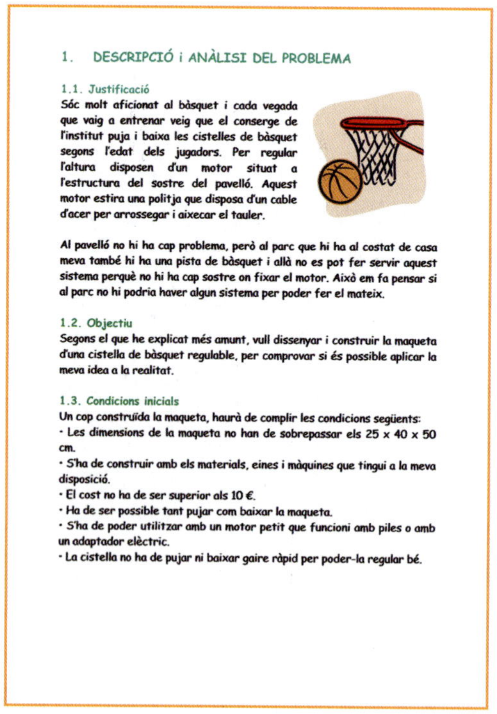

1. DESCRIPCIÓ i ANÀLISI DEL PROBLEMA

1.1. Justificació
Sóc molt aficionat al bàsquet i cada vegada que vaig a entrenar veig que el conserge de l'institut puja i baixa les cistelles de bàsquet segons l'edat dels jugadors. Per regular l'altura disposen d'un motor situat a l'estructura del sostre del pavelló. Aquest motor estira una politja que disposa d'un cable d'acer per arrossegar i aixecar el tauler.

Al pavelló no hi ha cap problema, però al parc que hi ha al costat de casa meva també hi ha una pista de bàsquet i allà no es pot fer servir aquest sistema perquè no hi ha cap sostre on fixar el motor. Això em fa pensar si al parc no hi podria haver algun sistema per poder fer el mateix.

1.2. Objectiu
Segons el que he explicat més amunt, vull dissenyar i construir la maqueta d'una cistella de bàsquet regulable, per comprovar si és possible aplicar la meva idea a la realitat.

1.3. Condicions inicials
Un cop construïda la maqueta, haurà de complir les condicions següents:
· Les dimensions de la maqueta no han de sobrepassar els 25 x 40 x 50 cm.
· S'ha de construir amb els materials, eines i màquines que tingui a la meva disposició.
· El cost no ha de ser superior als 10 €.
· Ha de ser possible tant pujar com baixar la maqueta.
· S'ha de poder utilitzar amb un motor petit que funcioni amb piles o amb un adaptador elèctric.
· La cistella no ha de pujar ni baixar gaire ràpid per poder-la regular bé.

En la descripció i anàlisi del problema s'ha d'identificar i descriure el problema tecnològic que volem resoldre. D'aquesta manera podem fixar l'objectiu i les condicions que ha de complir el projecte.

3. L'AVANTPROJECTE

A continuació es mostra el croquis i unes explicacions breus de les parts principals de la meva maqueta.

3.1. Disseny: general

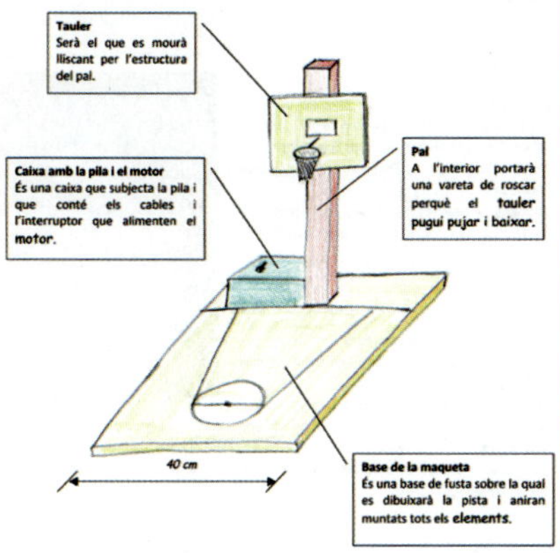

Aquí hi han de figurar les primeres idees en forma de croquis de la construcció que es vol fer, amb una descripció de les parts principals. A continuació podem explicar alguns dels detalls constructius més interessants de la maqueta. Són imprescindibles els dibuixos de croquis i esquemes. En aquest apartat s'han de detallar els materials i les quantitats necessàries per fer la maqueta.

3.2. Disseny: detalls

En aquest apartat explicaré tres parts molt representatives de la maqueta: el mecanisme de cargol sense fi, el de cargol i femella i el circuit elèctric.

Cargol sense fi
El motor gira molt ràpidament, de manera que és necessari reduir-ne la velocitat. Un dels elements que serveixen per reduir molt la velocitat és el cargol sense fi. Per mitjà d'un adaptador, he acoblat el cargol sense fi directament a l'eix del motor. Un engranatge fa contacte, de manera que gira a menys velocitat i varia la direcció de gir, d'horitzontal a vertical.

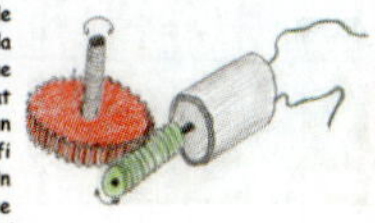

Femella-cargol
Per transformar el moviment circular en lineal he triat el mecanisme de femella i cargol. El cargol està incrustat en la fusta que subjecta el tauler de bàsquet i així aquest pujarà o baixarà segons el sentit de gir del motor.

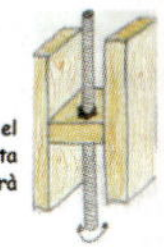

Circuit elèctric
El circuit elèctric serà molt senzill. Estarà compost per una pila, un polsador i un motor elèctric. El polsador controlarà el motor, però per pujar o baixar la cistella caldrà canviar la polaritat de la pila.

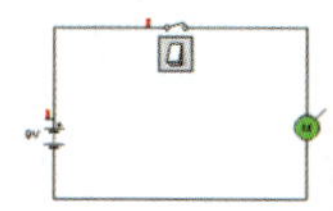

Cal detallar tots els treballs pas a pas, per poder disposar dels materials, les màquines i les eines que necessitem. També hem de fer una previsió del temps que duraran les feines i quan es farà cadascuna. D'aquesta manera podrem disposar del material i les eines en el moment adequat.

4. PROCÉS DE TREBALL

He dividit la construcció de la maqueta en diferents fases. D'aquesta manera puc saber els materials i les eines que necessito i, fins i tot, de manera aproximada, el temps necessari per fer la maqueta.

4.1. Fases

1. **Preparació de la base (30´)**
   Es tracta de tallar la fusta que servirà de pista de bàsquet i de base de tota la maqueta.
2. **Muntatge del pal (45´)**
   Es tallen dos llistons de fusta tan llargs com el pal i tres de més curts, que seran els transversals. S'encolen dos d'aquests als extrems i el tercer serà mòbil. Als extrems es fan els forats cecs per a la vareta de roscar.
3. **Muntatge del tauler (60´)**
   S'incrusta una femella al forat que prèviament s'ha fet al tercer llistó mòbil. Es construeix el tauler i s'encola sobre aquest llistó mòbil.
4. **Instal·lació de la vareta de roscar (15´)**
   Es munta la vareta de manera que pugui girar lliurement i que enrosqui amb el cargol. A la part inferior de la vareta es fixa l'engranatge amb un sistema de femella i contrafemella.
5. **Col·locació del motor (15´)**
   Es munta el cargol sense fi sobre el motor i es fixa sobre el tauler de manera que faci girar amb facilitat la vareta de roscar.
6. **Construcció de la caixa (60´)**
   Amb fullola, es tallen les diferents peces de la caixa on anirà la pila i el motor. S'instal·la el polsador i es connecten tots els cables al motor.
7. **Acabat (45´)**
   Finalment, es poleix bé, es treu la pols i es pinta perquè tingui un bon aspecte. Aquesta operació es pot repetir tantes vegades com sigui necessari.

NOTA: En tots els temps que es preveuen no es té en compte el temps necessari perquè s'assequin les coles i les pintures.

Finalment, s'han d'avaluar els resultats per poder corregir els aspectes en què calgui fer modificacions.

3.3. Materials

Per a l'estructura:
- **Tauler de fusta.** S'utilitzarà per a la base. Si és possible s'aconsella utilitzar fusta massissa, ja que és més resistent. Però sempre es pot utilitzar qualsevol altra fusta, amb la condició que sigui prou gruixuda.
- **Llistons de fusta.** Formaran el pal de la cistella i, al mateix temps, serviran de guia per al suport del tauler. L'amplada del llistó serà d'uns 4 cm.
- **Fullola.** S'utilitzarà per construir la caixa on aniran el motor, el polsador i la pila.

Per a la transmissió:
- **Cargol sense fi.** Anirà acoblat directament a l'eix del motor i transmetrà el moviment a l'engranatge, que estarà solidari amb la vareta de roscar.
- **Engranatge pla.** Transmet el moviment des del cargol sense fi fins a la vareta de roscar. A més de transmetre el moviment, en varia la direcció.
- **Vareta de roscar i femelles.** La vareta hauria de ser de mètrica 5 i tan llarga com el pal. Sobre aquesta vareta s'enroscarà una femella que s'haurà incrustat a la fusta que fa de suport del tauler.

Circuit elèctric:
- **Cables fins.** Com que el corrent elèctric que han de conduir no és gaire elevat, amb uns cables prims com el que s'utilitzen en la xarxa informàtica n'hi haurà prou.
- **Motor elèctric.** Un petit motor que funcioni amb una pila de 4,5 volts i que sigui senzill i universal serà suficient.
- **Polsador.** El polsador haurà de ser normalment obert i en prémer-lo, el motor es posarà en funcionament.

Material auxiliar:
- A més del material descrit anteriorment, caldrà disposar de cargols, cola blanca, pintura, cartolina, filferro i tela.

Als annexos s'inclou la informació addicional, perquè la informació de la memòria no sigui massa densa. Un exemple són els plànols que solen acompanyar la memòria. Un altre annex podria incloure fotografies de la maqueta ja acabada, en què se n'apreciïn detalls interessants.

Mètode de projectes

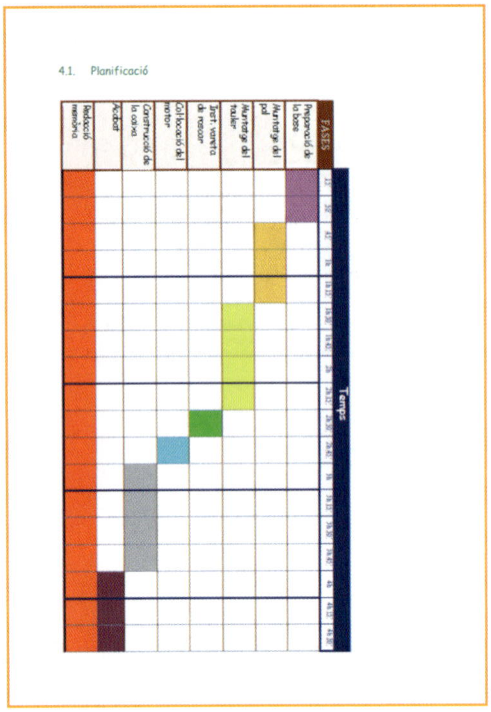

Aquí hi han de figurar les primeres idees en forma de croquis de la construcció que es vol fer, amb una descripció de les parts principals. A continuació podem explicar alguns dels detalls constructius més interessants de la maqueta. Són imprescindibles els dibuixos de croquis i esquemes. En aquest apartat s'han de detallar els materials i les quantitats necessàries per fer la maqueta.

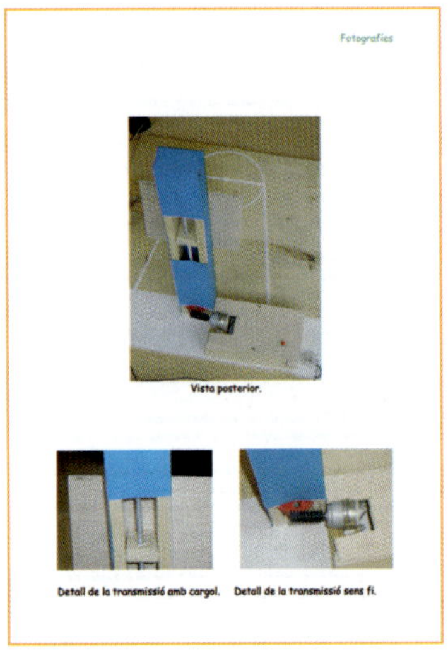

Cal detallar tot els treballs pas a pas, per poder disposar dels materials, les màquines i les eines que necessitem. També hem de fer una previsió del temps que duraran les feines i quan es farà cadascuna. D'aquesta manera podrem disposar del material i les eines en el moment adequat.

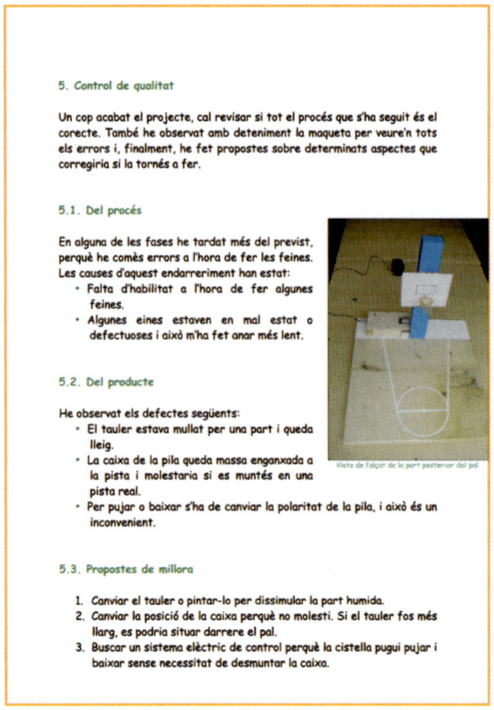

5. Control de qualitat

Un cop acabat el projecte, cal revisar si tot el procés que s'ha seguit és el corecte. També he observat amb deteniment la maqueta per veure'n tots els errors i, finalment, he fet propostes sobre determinats aspectes que corregiria si la tornés a fer.

5.1. Del procés

En alguna de les fases he tardat més del previst, perquè he comès errors a l'hora de fer les feines. Les causes d'aquest endarreriment han estat:

- Falta d'habilitat a l'hora de fer algunes feines.
- Algunes eines estaven en mal estat o defectuoses i això m'ha fet anar més lent.

5.2. Del producte

He observat els defectes següents:

- El tauler estava mullat per una part i queda lleig.
- La caixa de la pila queda massa enganxada a la pista i molestaria si es muntés en una pista real.
- Per pujar o baixar s'ha de canviar la polaritat de la pila, i això és un inconvenient.

Vista de l'alçat de la part posterior del pal.

5.3. Propostes de millora

1. Canviar el tauler o pintar-lo per dissimular la part humida.
2. Canviar la posició de la caixa perquè no molesti. Si el tauler fos més llarg, es podria situar darrere el pal.
3. Buscar un sistema elèctric de control perquè la cistella pugui pujar i baixar sense necessitat de desmuntar la caixa.

Finalment, s'han d'avaluar els resultats per poder corregir els aspectes en què calgui fer modificacions.

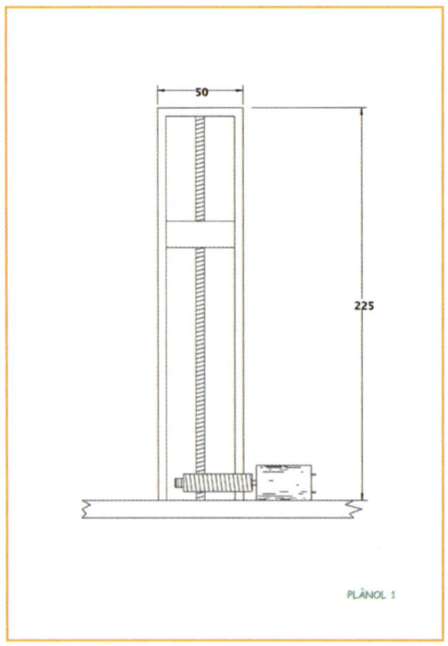

Als annexos s'inclou la informació addicional, perquè la informació de la memòria no sigui massa densa. Un exemple són els plànols que solen acompanyar la memòria. Un altre annex podria incloure fotografies de la maqueta ja acabada, en què se n'apreciïn detalls interessants.

La finestra d'Alberti

Treball individual
Durada aproximada: 3 hores

Materials	Eines
• Llistó de pi, faig, etc., de 89 cm de longitud i 36 × 10 mm de secció • Claus de 20 mm • Cola blanca • 5 m de fil elàstic de 0,8 mm de ∅ • Paper de vidre i cinta adhesiva	• Regle i llapis • Serrabiaixos • Gat • Xerrac de beina • Trepant i broca d'1,5 mm de ∅ • Martell

Descripció i anàlisi del problema

Volem disposar d'un instrument que ens ajudi a representar objectes tridimensionals sobre una superfície plana bidimensional (un paper). Per fer-ho, ens veiem en la **necessitat** de construir un marc que, mitjançant fils tibats, quedi dividit en quadrats iguals. El disseny es basa en l'instrument utilitzat per l'arquitecte italià Leon Battista Alberti (1404-1472), que va estudiar en profunditat la representació de la tercera dimensió.

Condicions inicials

- Les dimensions de la finestra interior del marc seran de 260 mm de longitud per 160 mm d'altura.
- El marc s'ha de poder sostenir utilitzant com a base tant el costat més llarg com el costat més curt.
- Ha de ser fàcil de manejar, per fer-lo servir a casa o al centre escolar.
- El procés de construcció s'ha de poder dur a terme a l'aula de Tecnologies.

La finestra d'Alberti

Construcció

1. Marca al llistó una longitud de 26 cm.
2. Utilitza el serrabiaixos i el xerrac de beina per tallar el llistó.
3. Marca i talla un altre tros del llistó de 26 cm.
4. De la mateixa manera que fins ara, marca al llistó dos trossos d'una longitud de 16 cm.
5. Talla dos trossos de 16 cm.
6. Agafa els dos llistons de 16 cm de longitud i fes-hi 7 marques, ben centrades, distanciades l'una de l'altra 2 cm. Tingues en compte que per fer la primera marca has d'afegir als 2 cm el gruix del llistó.
7. Agafa els dos llistons de 26 cm de longitud i fes 12 marques en cadascun. La distància entre cada dues marques ha de ser de 2 cm.
8. Amb la broca d'1,5 mm de diàmetre, fes un forat a cadascuna de les marques.
9. Munta el marc de manera que les mides de l'interior de la finestra siguin de 260 × 160 mm. Fes el poliment amb el paper de vidre.
10. Per col·locar el fil, pots començar pels llistons llargs. Subjecta un extrem del fil amb cinta adhesiva a la part inferior del llistó i vés introduint l'altre extrem pels forats dels llistons inferior i superior.

    Quan el fil hagi passat per l'últim forat, deixa'l ben tibat, subjecta'l amb cinta adhesiva sobre el llistó i talla'l. Repeteix l'operació anterior amb els llistons curts.
11. Introdueix una mica de cola als forats del començament i el final de fil. Finalment, deixa-ho assecar.
12. Per poder utilitzar el muntatge, necessitaràs reproduir en un paper la quadrícula de la finestra, amb les mateixes dimensions o a una escala fixada.

Procura que...

- La part interior de la finestra del marc s'ajusti a les mesures definides.
- Els fils quedin ben tibats.
- La quadrícula del paper on has de fer el dibuix tingui les mateixes mides que la reixeta de la finestra o l'escala desitjada.

3

Reductora de velocitat

Treball individual

Durada aproximada: 3 hores

Materials	Eines
• 1 llistó de fusta de pi de 15 cm de longitud i de 10 × 50 mm • 2 espàrrecs M4 de 10 i 15 cm • 15 femelles M4 • 8 volanderes dentades • 1 cargol autoroscant de cap cilíndric de 7 mm de longitud i 3 mm de Ø • 1 motor d'1,5/4,5 V • 1 suport per a motor • 2 rodes dentades de PVC de 38 dents i 40 mm de Ø • 2 rodes dentades de PVC de 13 dents i 15 mm de Ø • 1 reductora amb pas de 4 a 2 mm de Ø • Cola de fuster	• Estris de dibuix • Xerrac de beina • Broca de 4 mm • Raspa fina i paper de vidre • Barrina • Clau fixa de 4 mm • Alicates de punta plana • Serra d'arquet

Descripció

En la majoria de les màquines hem estudiat que el motor ha de generar el moviment que després es transmet a diverses parts mòbils de les mateixes màquines. El problema que moltes vegades es planteja és que les velocitats en els eixos dels motors són massa elevades. És per aquest motiu que s'ha de disposar d'uns mecanismes que siguin capaços de reduir aquesta velocitat.

Condicions inicials

- La reducció de velocitat es farà en dos etapas.
- La velocitat de sortida serà, aproximadament, la decena part de la velocitat del motor.
- La tensió que proporciona una pila de petaca ha de ser suficient per alimentar el motor.

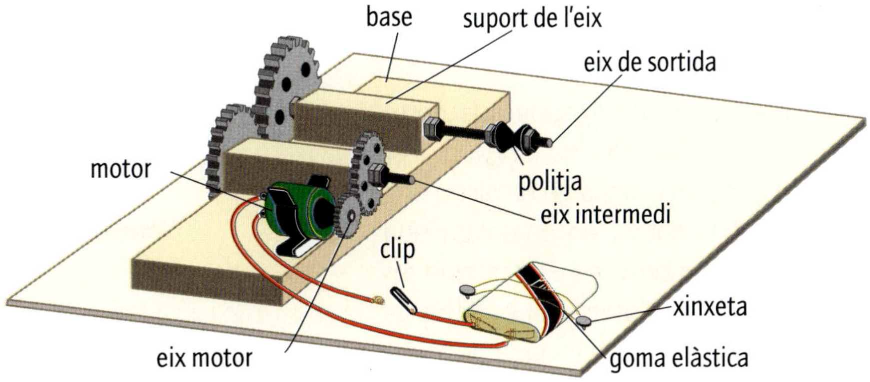

Reductora de velocitat

Construcció

1. Tallem la base amb un xerrac de beina intentant que les mides siguin les indicades, i en polim els cantells amb la raspa fina o el paper de vidre.

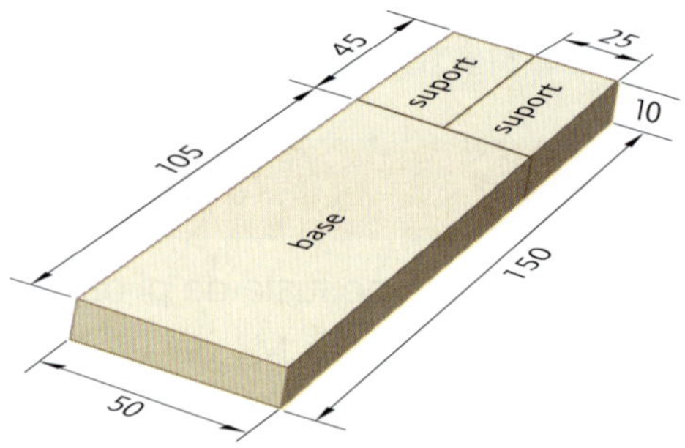

2. Tallem un altre tros de llistó segons les mides de la figura i el tornem a tallar per la meitat per obtenir els dos suports dels eixos.

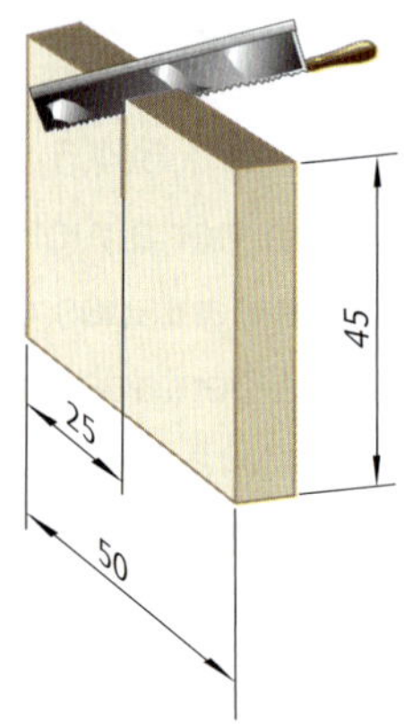

3. Foradem els suports amb una broca de 4 mm. Cal que quedin totalment verticals en col·locar-los a la mordassa del trepant de columna. Comprova-ho amb l'escaire. Si no és així, els forats no quedaran paral·lels a les arestes del suport.

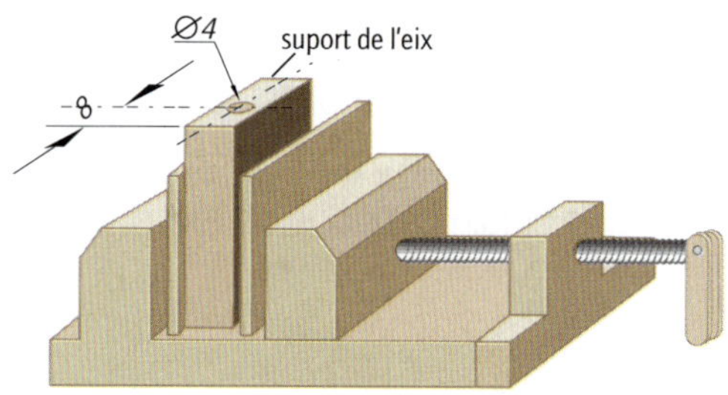

4. Amb cola de fuster, i respectant les mides indicades, hi enganxem el suport de l'eix intermedi.

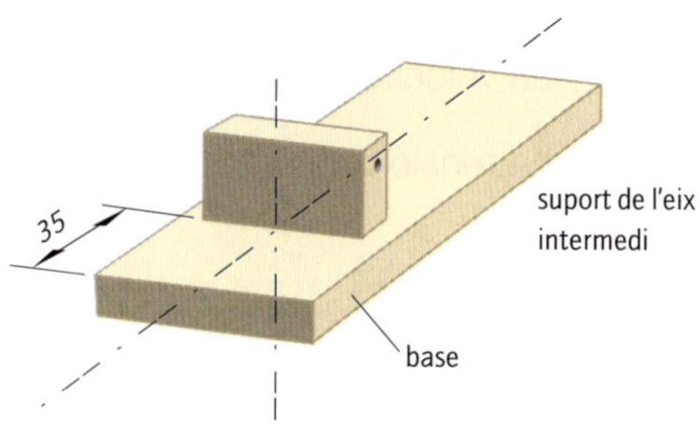

5. Amb la vareta M4 preparem dos trossos que compondran els eixos, de 80 i 100 mm de longitud. Per assegurar que les rebaves produïdes en el tall no ens impedeixen cargolar les femelles, en cargolem una abans de fer el tall i la traiem després. Per tal que els eixos girin lliurement, haurem d'utilitzar el sistema de femelles-contrafemelles, que fan a la vegada de topall i eviten que les femelles es descargolin en girar.

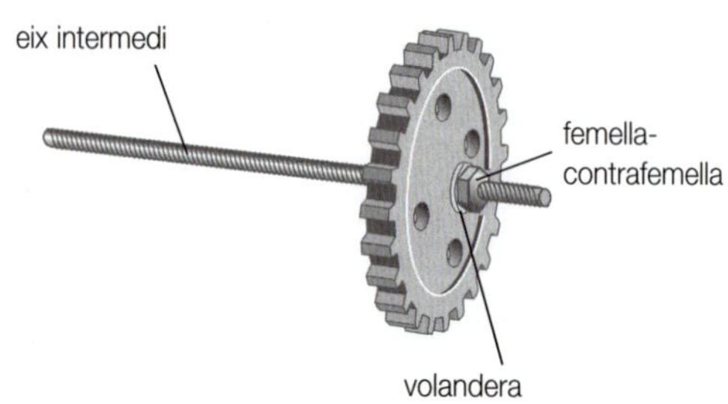

6. Preparem l'eix intermedi amb una roda de 38 dents en un extrem. Fixa't que als dos costats d'aquesta roda hem de col·locar sengles volanderes Grover.

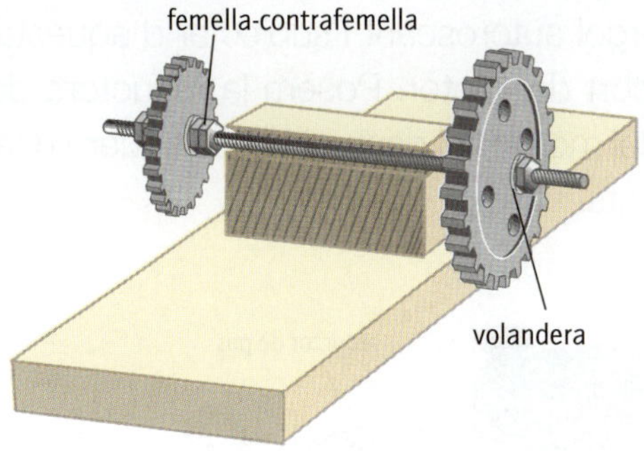

7. Una vegada cargolades les dues femelles que hi ha al costat de la roda, haurem de posar femella-contrafemella. Subjectem la primera amb unes alicates de punta plana i cargolem la segona amb una clau fixa.

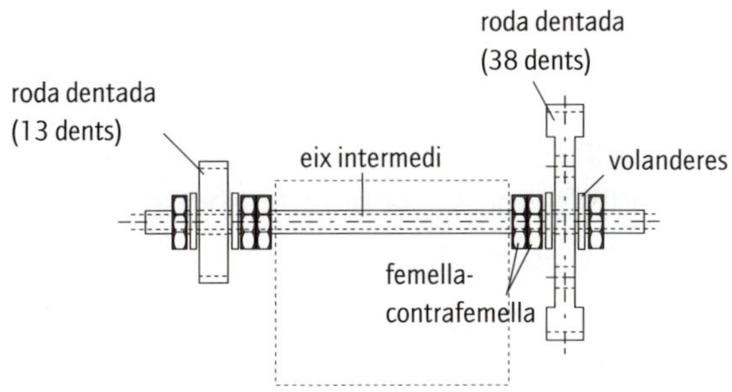

8. Fiquem l'eix pel forat practicat en el suport i després muntem la roda de 13 dents. Cal que quedi una mica de marge als dos costats del suport.

9. Muntem una roda de 38 dents a sobre de l'eix de sortida, tenint en compte les indicacions dels punts anteriors.

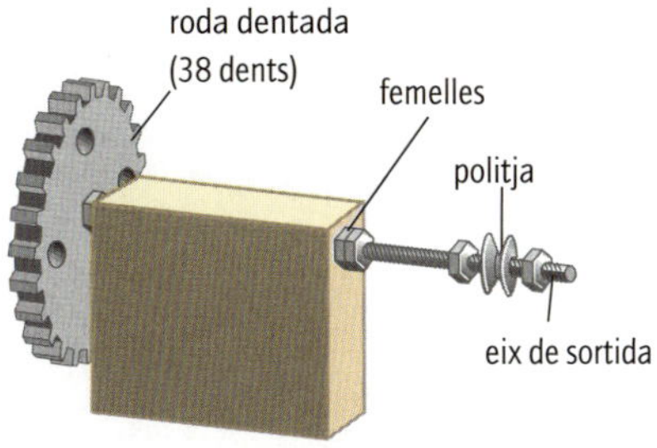

10. La col·loquem sobre el suport. Com podrem observar, a l'altre extrem només haurem de col·locar la femella-contrafemella i la politja.

11. Amb cola de fuster, l'enganxem sobre la base tenint en compte que la roda de 38 dents de l'eix de sortida ha d'engranar amb la de 13 de l'intermedi.

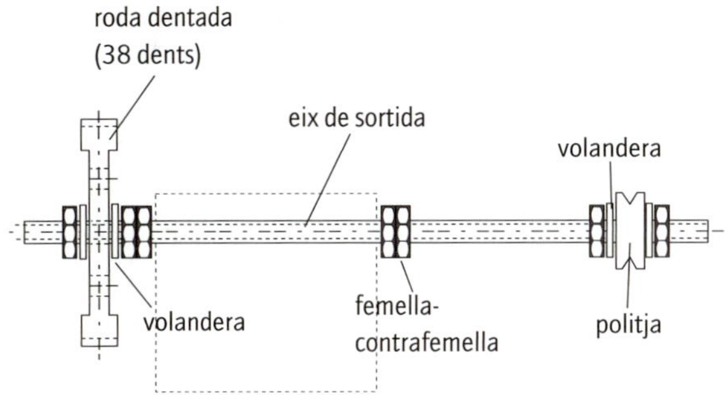

Reductora de velocitat

12. Amb l'ajut d'una barrina fem un forat per introduir un cargol autoroscant i subjectar d'aquesta manera el suport del motor. Posem la reductora de pas en l'eix del motor, i al damunt hi col·loquem una roda de 13 dents.

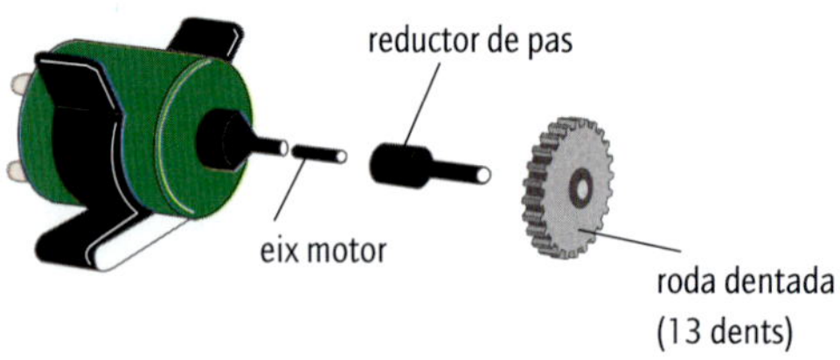

13. Introduïm el motor dins del seu suport i fem engranar la roda motriu amb la roda de 38 dents de l'eix intermedi. Després marquem la posició del forat de subjecció a sobre de la base.
14. Finalment, connectem dos cables als terminals del motor per poder-hi connectar una pila.

Resultat

Abans de comprovar-ne el funcionament podem fixar la reductora feta i una pila de 4,5 V en un tros de fullola o DM. Amb un clip i unes xinxetes podem fer el circuit elèctric de comandament. Aquesta reductora la podrem utilitzar com a força motriu per a altres pràctiques que plantejarem, o es pot fer servir per a muntatges propis.

Preguntes

1. Calcula la relació de transmissió total del reductor i la velocitat de sortida si l'eix motor gira a 1 000 rpm.
2. Dibuixa el reductor en planta i a escala 1:1 en un full DIN A4.
3. Com invertiries el sentit de gir de l'eix de sortida?

Procura que...

- Els forats als suports dels eixos quedin paral·lels a les arestes.
- Les rodes dentades quedin ben subjectades a l'eix.
- En muntar els eixos, les rodes quedin ben engranades.

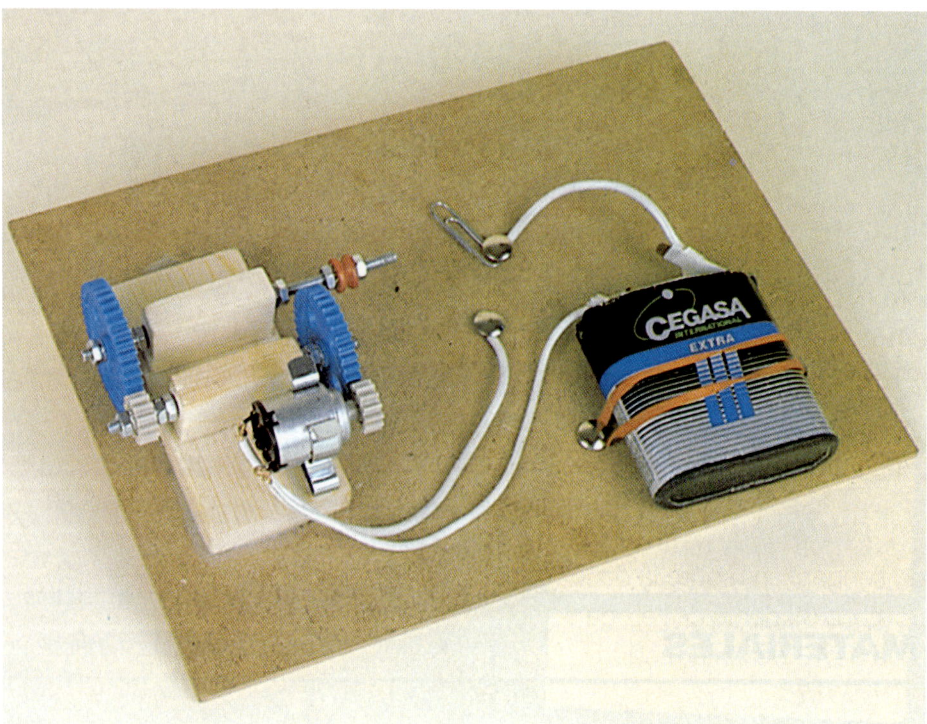

4 Biela-manovella

Grup d'alumnes recomanat: dos
Durada aproximada: 3 hores

Materials	Eines
• Fullola o DM de 3 mm de gruix • 1 llistó de fusta de pi, de faig, etc., de 10 × 35 mm • Fòrmica, aglomerat o DM de 16 mm de gruix • Tira per a revestiment de cantells de 16 mm • Cola blanca i de contacte • 3 cargols M4 de 35 mm • 16 femelles M4 • 2 cargols autoroscants de cap cònic de 20 mm de longitud i 3 mm de ∅ • Cinta aïllant de dos colors • Plàstic transparent d'enquadernar • 4 xinxetes • Filferro	• Estris de dibuix • Xerrac de beina • Broca de 4 mm • Raspa fina i paper de vidre • Clau fixa de 4 mm • Alicates de punta plana • Serra de marqueteria o de vaivé

Descripció

Els mecanismes de transformació de moviment són essencials en moltes màquines. El mecanisme biela-manovella transforma el moviment circular o rotatiu en moviment rectilini, o a l'inrevés, i és utilitzat en cotxes, màquines de cosir i altres màquines. Amb la construcció que farem ara en comprovaràs el funcionament.

Condicions inicials

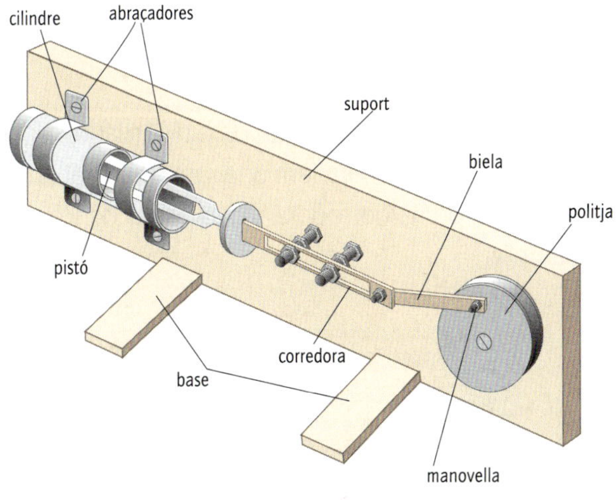

- Els materials que utilitzarem han de ser fàcils de localitzar i, prioritàriament, han de ser materials reciclats.
- Farem una transformació de moviment circular en rectilini.
- Utilitzarem el reductor de velocitat de la proposta de treball número 3 com a motor del mecanisme.
- El procés de disseny i construcció s'ha de poder dur a terme a l'aula de Tecnologies.

Biela-manovella

Procés de treball

Construcció d'una roda acanalada o politja

1. Tallem tres circumferències, dues d'iguals i una de més petita, amb una serra de marqueteria o amb una serra de vaivé si es tracta de DM. En polim els cantells amb paper de vidre.
2. En una de les rodes més grans, hi dibuixem una circumferència de radi igual al de la roda petita.
3. Enganxem la roda petita sobre la gran en el lloc marcat, on prèviament haurem posat cola blanca.
4. Una vegada la unió entre les dues primeres rodes estigui seca, hi enganxem l'altra roda gran, tenint cura que coincideixi amb la primera.
5. Amb una broca de 4 mm de Ø foradem la politja, en el punt *O* –indicat a la figura– i en el punt *P*, d'acord amb les mides indicades.

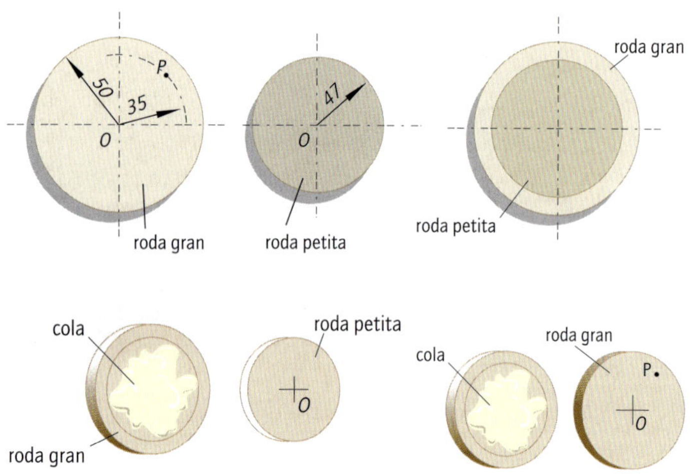

Construcció del conjunt biela-manovella

6. Tallem dues tires, que faran de biela i manovella respectivament. En la primera fem una ranura per tal que després es mogui per la corredora. Amb paper de vidre polim els cantells.

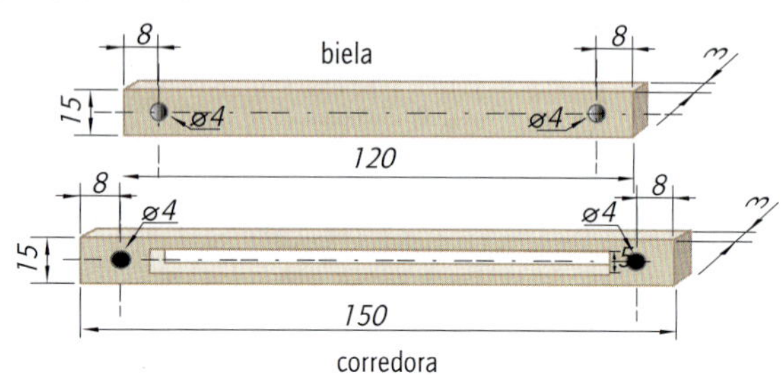

   a) Hi fem dos forats de 5 mm, tal com s'indica a la figura.

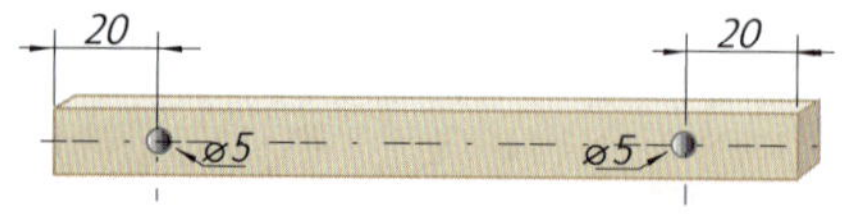

   b) Amb una serra de marqueteria tallem per les línies de punts.

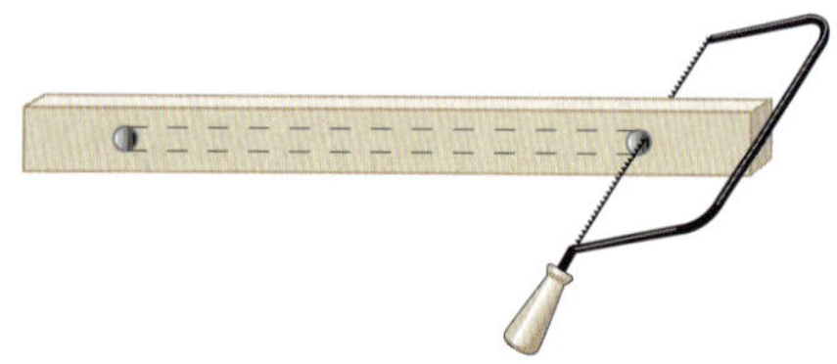

   c) En polim els cantells amb la llima.

7. Amb una broca de 4 mm de Ø foradem la biela i la manovella per tal de connectar-les després.
8. Per tal d'observar l'efecte de conversió de moviment fem servir una xeringa de plàstic de 60 cm^3 que simula un cilindre i un pistó. Com es pot observar, s'han de tallar les parts anterior i posterior de la xeringa. A l'èmbol li traiem la goma d'ajustament per tal que circuli amb més llibertat. Amb cinta aïllant de colors en delimitem el recorregut.

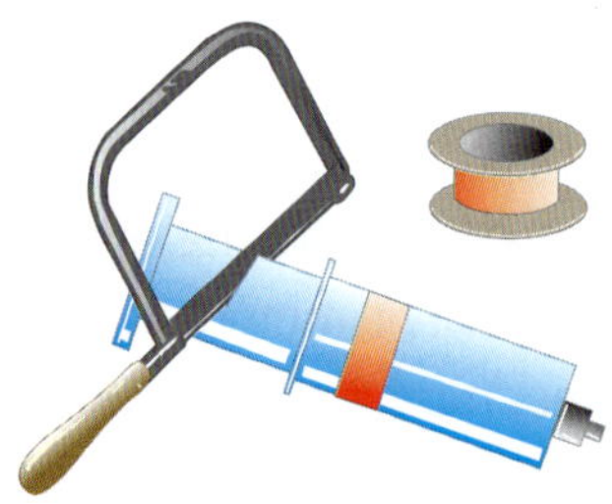

Suport

9. Per fixar tot el conjunt s'agafa un tros de fòrmica i uns llistons de faig que podem trobar al calaix de reciclatge de l'aula de Tecnologies.
10. Tallem el tros de fòrmica –que també pot ser aglomerat, DM, etc.– segons les mides indicades. Si ho fem amb serra de vaivé, hem d'anar amb compte que la fulla sigui d'un pas petit, perquè el recobriment s'estella.

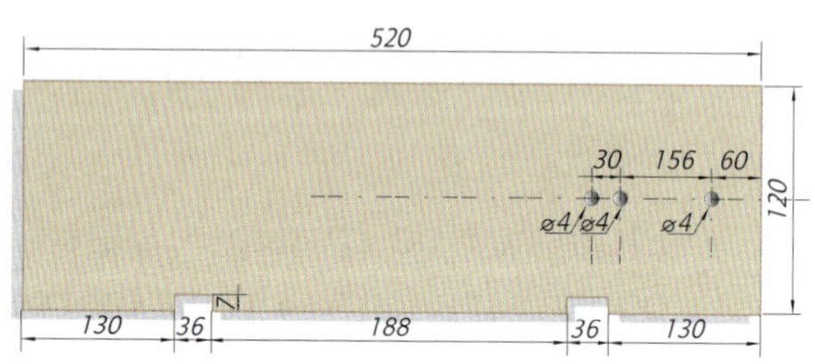

11. Tallem els dos llistons de faig, que faran de potes de l'estructura. Hi marquem en un costat, centrat, el gruix de la fòrmica i després hi posem cola.

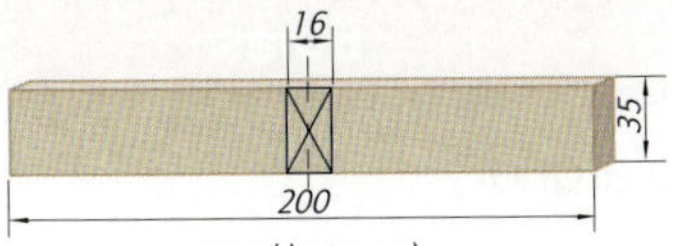

potes (dues peces)

12. Fem els forats amb una broca de 4 mm de Ø, corresponents a l'eix de la politja i als cargols que faran de corredora.

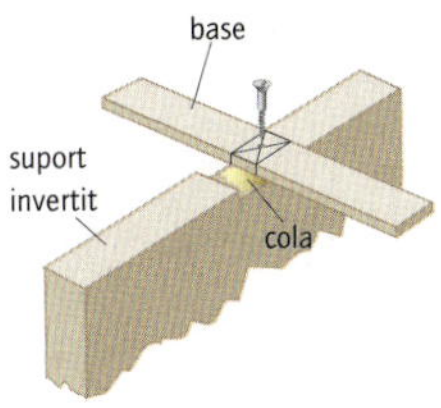

13. Posem cola blanca a les potes i un cargol autoroscant al centre senyalat.

Muntatge

14. Muntem primer el mecanisme biela-manovella, tal com indica la figura.

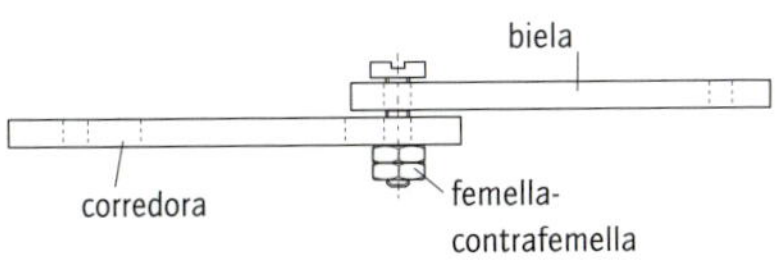

15. Fem la unió de la manovella amb la politja. Hem de tenir en compte que ha de girar lliurement, per la qual cosa haurem de posar una femella-contrafemella.

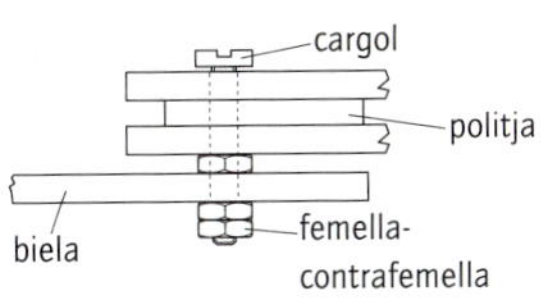

16. Unim l'èmbol i la biela amb filferro o fil de coure. Prèviament, hi haurem de fer dos forats a l'extrem.

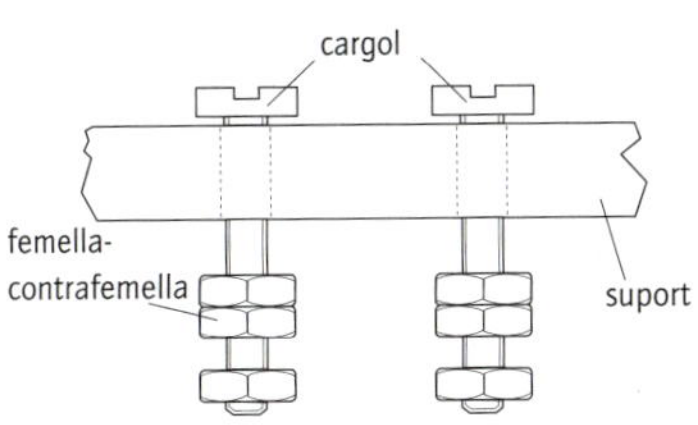

17. En el suport i en els forats practicats, hi col·loquem dos cargols que faran de corredora. Unim la politja en el forat practicat al suport tenint en compte que ha de quedar lliure per girar.

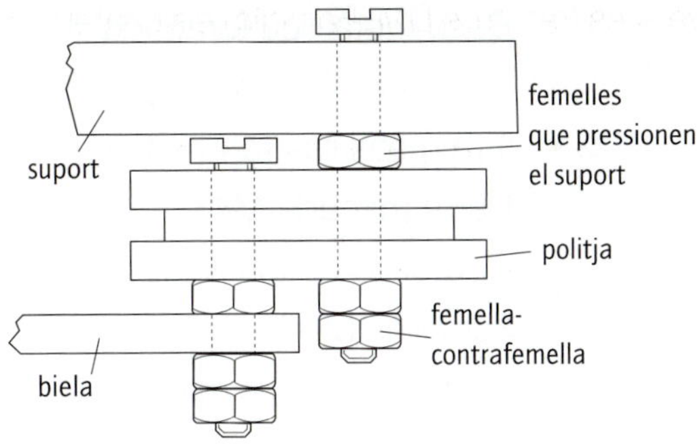

18. Hi col·loquem el cilindre, el qual, com pots observar en la figura, s'ha subjectat amb dues abraçadores fetes amb dues làmines de plàstic transparent.

Resultat

Una vegada construït el mecanisme biela-manovella, podem comprovar com funciona amb l'ajut de la nostra reductora, tal com indica la fotografia. Podem utilitzar una goma elàstica com a corretja.

Preguntes

1. Quin element del mecanisme que acabes de construir fa de manovella?
2. Quantes carreres fa l'èmbol per cada volta de la politja?
3. Calcula la velocitat de gir de la manovella si el motor de la reductora gira a 1 000 rpm.

Procura que...

- Les unions entre la politja i la manovella i la manovella amb la biela siguin mòbils.
- La unió de la biela amb l'èmbol quedi centrada en la base.
- Quan el mecanisme estigui en moviment, el conjunt es desplaci amb facilitat.

Propostes de treball

5 Pont llevadís

Grup d'alumnes recomanat: dos
Durada aproximada: 3 hores

Materials	Eines
• Base metàl·lica foradada • Tira metàl·lica escairada i foradada • Tira metàl·lica ranurada • Barra roscada M4 • Cargols de cap cilíndric M4 de 10 i 40 mm • Femelles M4 • 2 politges de 10 mm de ∅ • 1 roda dentada de 60 dents • 2 planxes de poliestirè en U • Fil de coure • Suro, DM o fullola de 4 mm de gruix • Suro, DM o un llistó de 10 mm de gruix • 5 xinxetes • 6 clips • 2 m de fil conductor • Estany per soldar • Cinta adhesiva • Cola • Soldador elèctric	• Serra d'arquet • Llima fina • Clau fixa de 7 mm • Alicates de punta plana • Alicates pelacables • Tornavís de punta plana

Descripció

En aquesta pràctica et proposem la construcció d'un pont amb les peces d'un mecano, que és una eina potent per a la construcció i la simulació. Encara que n'hi ha de marques i models diferents, la seva filosofia és la mateixa, és a dir, que permet fer una simulació a partir d'una gran varietat de peces, com politges, rodes dentades, barres roscades, perfils diferents, motors, etc.

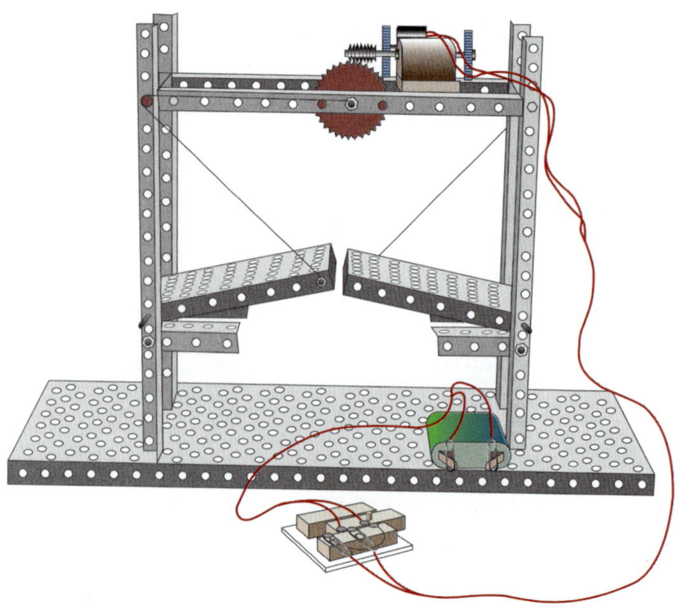

Procés de treball

Muntatge de l'estructura del pont

1. Construïm l'estructura del pont.
2. Muntem el sistema d'elevació.

3. Lliguem un extrem del fil al pont, el passem per una politja petita i el lliguem a l'altre extrem de l'engranatge.

Muntatge de la reductora

4. Utilitzem la reductora feta en la Proposta de treball 2 com a element motor. Hem d'afegir un cargol sense fi a l'eix de sortida.
5. Col·loquem la reductora al suport superior del pont, tenint present que el cargol sense fi ha d'engranar amb la roda dentada utilitzada en el sistema d'elevació.
6. Amb el commutador podràs invertir el sentit de gir del motor, amb la qual cosa podràs pujar i baixar les dues plataformes del pont.

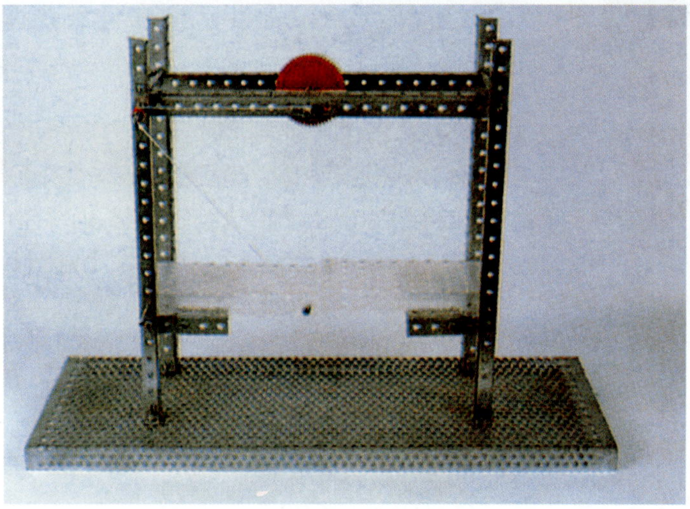

Resultat

Amb el commutador d'encreuament en una posició, intentem pujar les dues parts del pont; en una altra posició, invertim el sentit de gir del motor, i per tant, el pont baixarà. Podem comprovar que si mantenim el commutador en una posició intermèdia, el motor està aturat i, per tant, el pont, en repòs.

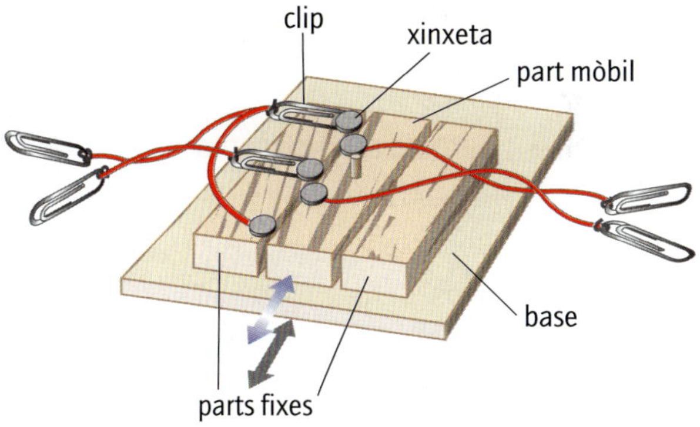

Preguntes

1. Quins mecanismes s'utilitzen per reduir la velocitat del motor? Dibuixa'n un esquema simplificat.
2. Tenint en compte que el motor de la reductora gira a 1 000 rpm i que el mecanisme del cargol té les dades:

   Dents de la roda = 60

   Entrades del cargol = 1

   Determina la velocitat de la roda dentada del sistema d'elevació.
3. Fes l'esquema elèctric utilitzat en el control del pont.

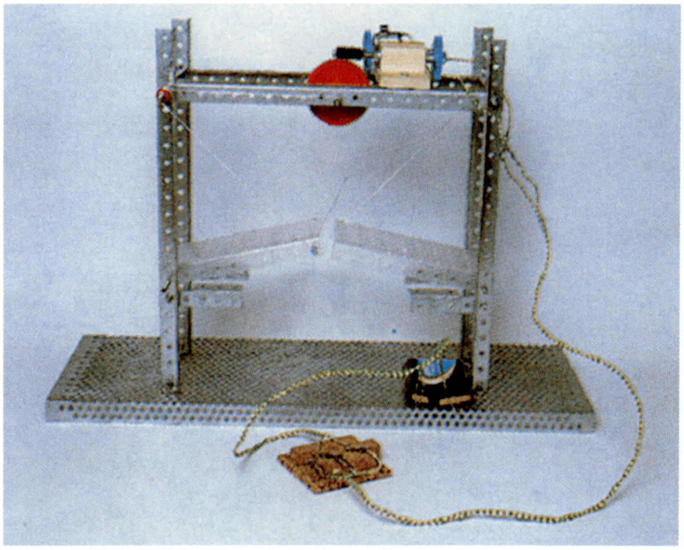

Procura que...

- El fil que fa de tirant quedi ben tens.
- El cargol sense fi engrani bé amb la roda dentada.
- L'estructura quedi sòlida.
- Les xinxetes del commutador facin bon contacte.

6 Màquina hipnòtica

Grup d'alumnes recomanat: dos
Durada aproximada: 4 hores

Materials	Eines
• Base d'aglomerat o de DM de 30 × 30 cm • 70 cm de llistó de pi de 20 × 30 mm d'escairada • 50 cm d'espàrrec M4 • 50 femelles M4 • Cartró reciclat • 6 gomes de pollastre • 4 politges de 10 mm de ∅ • 2 politges de 20 mm de ∅ • 3 politges de 40 mm de ∅ • 1 politja de 60 mm de ∅ • Claus • Cargols autoroscants • Paper de vidre • Cola blanca • Clips • Xinxetes • Fil de coure • Serra d'arc	• Estris de dibuix • Xerrac de beina • Alicates de punta plana • Tisores • Clau fixa M4 • Raspa • Llima fina • Trepant i broca de 4 mm de ∅ • Martell

Descripció i anàlisi del problema

Una possible aplicació de la reductora de velocitat que hem construït anteriorment podria ser una màquina que ens permetés obtenir, en diferents eixos, diferents velocitats.

Es tracta, doncs, de dissenyar i construir una màquina que produeix una deformació visual (hipnòtica) en els cercles en moviment.

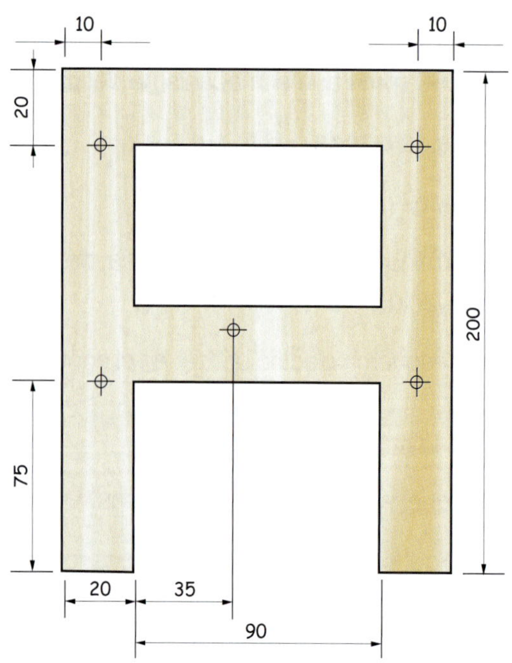

Màquina hipnòtica

Condicions inicials

1. S'ha de fer servir la reductora de velocitat construïda anteriorment.
2. Les transmissions s'han de fer mitjançant politges de diferents diàmetres.
3. Ha de poder funcionar amb una pila de petaca.
4. S'ha de poder construir a l'aula de Tecnologies.

Model amb unions senzilles i treballades.

Construcció

Estructura en A

1. Marca i talla dos llistons de pi de 20 × 30 mm d'escairada de 20 cm i uns altres dos de 12 cm.
2. Fes el muntatge de la peça en A tal com mostren les fotografies, fent servir unions senzilles o treballades.
3. Forada els llistons de la peça en A segons el dibuix de la figura amb una broca de 4 mm de ∅.
4. A partir d'una fusta aglomerada o DM construeix la base, d'aproximadament 30 × 30 cm.
5. Enganxa, fent servir cola blanca, la peça en A a la base i deixa-la assecar.

Estructura unida a la base.

Part posterior de la màquina.

Màquina hipnòtica

Muntatge dels eixos de sortida

6. Prepara cinc eixos de 10 cm de longitud amb espàrrec M4.

7. Munta els diferents eixos tal com mostren les fotografies.

Perfil de la màquina.

Discos amb diferents efectes òptics

8. Fes una recerca de diferents espirals hipnòtics i selecciona'n quatre que no tinguin un diàmetre superior als 10 cm.

9. Dibuixa, fent servir el compàs, quatre discos sobre cartró reciclat i retalla'ls després. El diàmetre d'aquests ha de ser el mateix que els discos de què disposes.

10. Munta els discos i el seu suport de cartró sobre els quatre eixos.

Detall dels discos.

Resultat

Prova la màquina connectant el circuit i observa els diferents efectes visuals obtinguts en cadascun dels discos òptics.

Procura que...

- Les politges quedin ben solidàries a cada un dels eixos mitjançant les femelles-contrafemelles.
- Les corretges de les politges quedin ben ajustades al canal de cada politja i que la seva longitud sigui l'adient a la distància entre eixos.
- La corretja entre l'eix de distribució i l'eix de sortida de la reductora quedi perpendicular als eixos.

Conjunt de la màquina.

Turboalternador

Grup d'alumnes recomanat: dos
Durada aproximada: 4 hores

Materials	Eines
• Carmanyola o recipient de plàstic d'entre 20 i 22 cm de ∅ i de 8 cm d'altura, aproximadament • Xapa d'alumini o llautó d'entre 0,5 i 0,75 mm de gruix • 1 tauler d'aglomerat de 50 × 50 cm, aproximadament • Mànega de reg o tub de plàstic flexible de 12-16 cm de ∅ • 1 broquet per a un tub de silicona • 1 adaptador per a la mànega tipus Gardena per a aixeta de 3/4 • Vareta de roscar M4 d'uns 18 cm de longitud • 10 femelles M4 • 4 cargols M4 de cap cilíndric de 10 mm de longitud • 2 cargols M4 de cap cilíndric de 12 mm de longitud • 1 portabombetes i una bombeta d'entre 1,2 i 2,2 V • 1 regleta de connexió • 1 m de tira metàl·lica foradada • 2 casquets metàl·lics per a l'eix • 1 tros de fil de coure per connectar la bombeta • Cinta aïllant o cinta adhesiva • La reductora que vam construir a la proposta de treball 2	• Serra d'arquet • Serra de vogir • Tisores de xapa • Alicates universals • Alicates de punta plana • Trepant • Broca de 4 mm de ∅ • Martell • Tornavís • Clau fixa del 7 • Llima fina

Descripció

Construir un grup turboalternador semblant al de les centrals hidràuliques i simular la generació de corrent elèctric no és tan complicat. En aquesta pràctica et proposem que construeixis amb materials senzills una petita central hidroelèctrica. Per això hauràs d'utilitzar la reductora que has construït a la Proposta de treball 3.

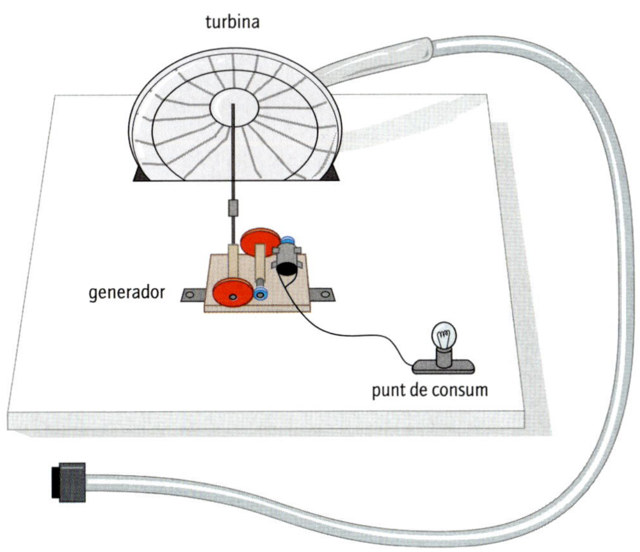

Condicions inicials

- Els materials que utilitzarem han de ser fàcils de localitzar i, prioritàriament, han de ser materials reciclats.
- L'energia mecànica s'obtindrà en una turbina petita, a partir d'un doll d'aigua a pressió.

Turboalternador

- La turbina ha de tenir les característiques següents:
  - Un diàmetre que ha d'oscil·lar entre 170 i 180 mm.
  - S'ha de construir amb xapa d'alumini o llautó d'entre 0,5 i 0,75 mm de gruix.
- La transformació d'energia mecànica en energia elèctrica s'ha de fer a partir del reductor de la Proposta de treball número 3, que ens servirà de generador.
- El procés de construcció i generació s'ha de poder dur a terme a l'aula de Tecnologies.

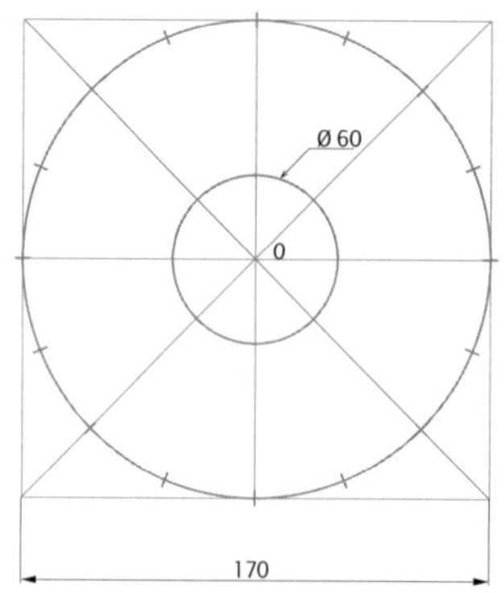

Procés

Construcció de la turbina

1. Dibuixa en un full de paper un polígon de 16 costats, tal com indiquen les figures.
2. Retalla el cercle exterior i col·loca'l sobre la xapa d'alumini. Fixa'l fent servir trossets de cinta adhesiva o de cinta aïllant. És molt important que treballis amb precisió, perquè sino les rodes dentades no t'engranaran bé!
3. Marca el centre *O* amb el contrapunxó i, fent servir la broca de 4 mm, efectua el forat amb el trepant. Per fixar les femelles a l'eix es pot emprar cola instantània o un sistema de femella-contrafemella.
4. Retalla la roda de la turbina amb l'ajuda de les tisores. Ara talla les paletes per les línies marcades, sense sobrepassar la circumferència interior.
5. Treu les rebaves amb una llima fina.
6. Amb les alicates universals, talla les paletes tal com s'indica en la figura.

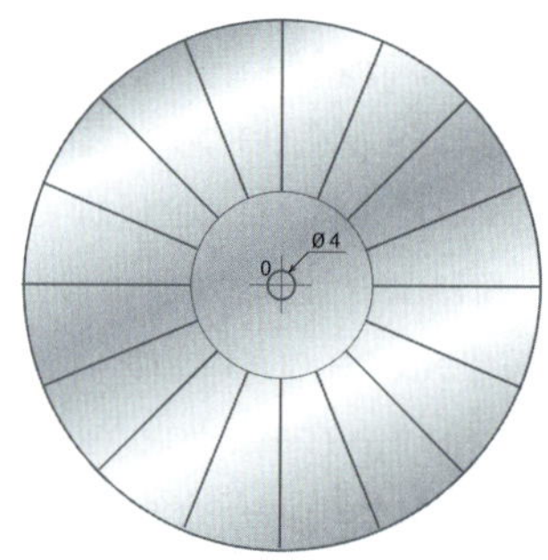

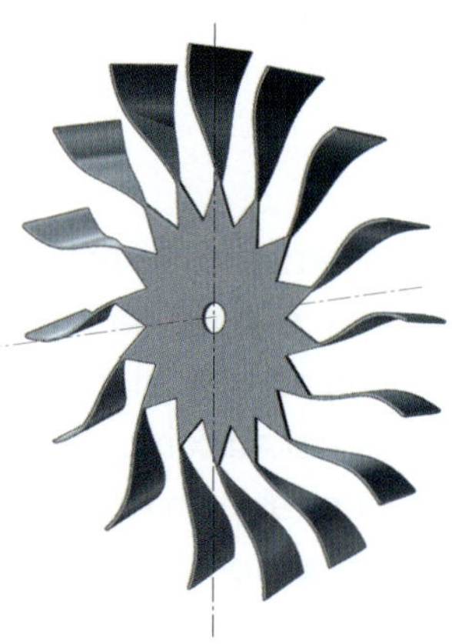

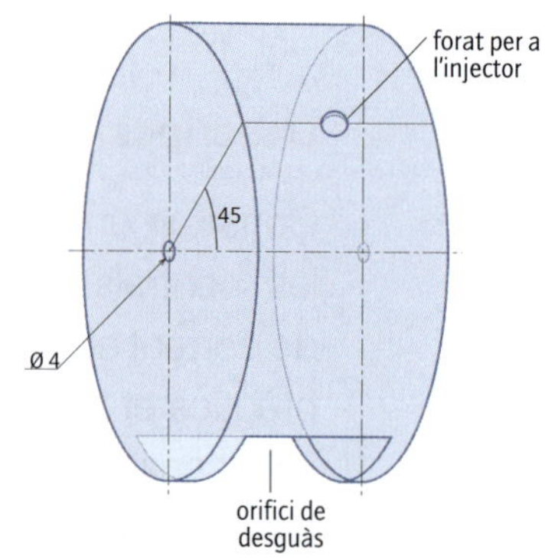

Muntatge de la cambra de la turbina

7. Tal com s'ha indicat a la llista de materials, construirem la cambra amb una carmanyola o recipient de plàstic. També es pot fer servir una capsa de galetes, mantega, etc., tot i que aquests recipients no ens permetran veure'n el funcionament intern.
8. Marca el centre a la base superior i a la inferior, i fes un forat de 4 mm a cada marca.

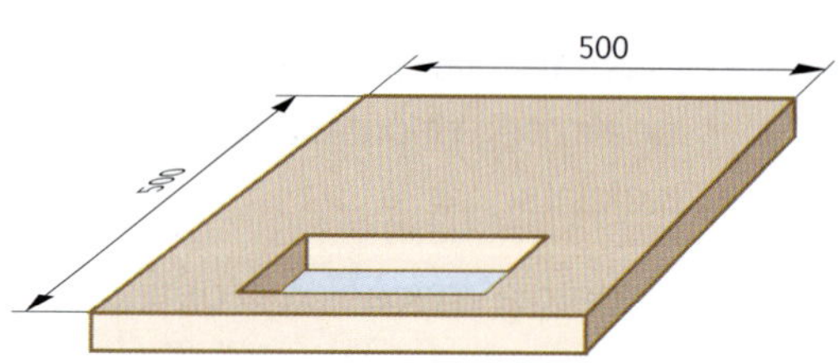

9. Fes els forats de l'injector i del desguàs a la part lateral.

10. Mesura la cambra de la turbina que fas servir i, amb la serra de vogir, efectua un forat a la base per tal que encaixi la cambra. Tingues en compte que hauria de quedar a un terç del radi d'aquesta, aproximadament.

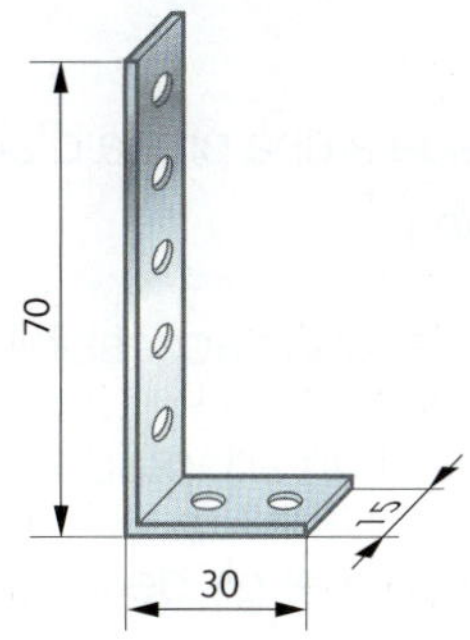

11. Amb tira metàl·lica foradada, fes dos suports en forma de L per tal de sostenir la cambra a la base.

12. Fes un altre suport amb la forma indicada per sostenir l'injector (broquet per a tub de silicona).

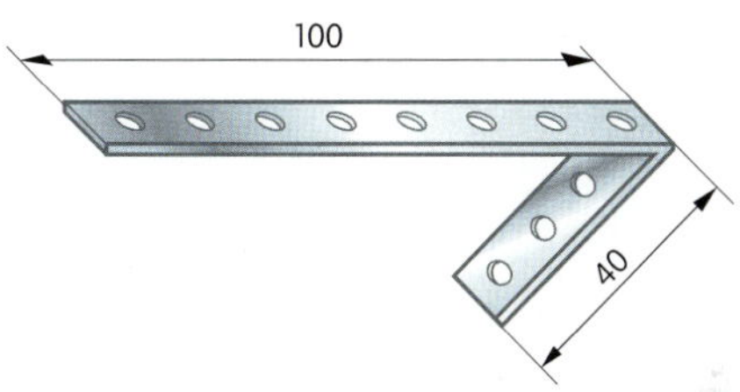

Muntatge de la turbina

13. Fixa la roda de la turbina a l'eix amb dues femelles M4, una a cada costat de la roda.

14. Col·loca dues femelles M4 a un costat de la roda, i dues més a l'altre costat per fer els topalls. No les ajustis.

15. Disposa la turbina dins de la cambra i fes-la girar amb la mà. Vés ajustant els topalls femella-contrafemella fins que la roda quedi al centre de la cambra.

16. Un cop giri lliurement, ajusta les rosques amb l'ajuda de la clau del 7 i les alicates de punta plana.

17. Subjecta la cambra a la base amb dos cargols autoroscants.

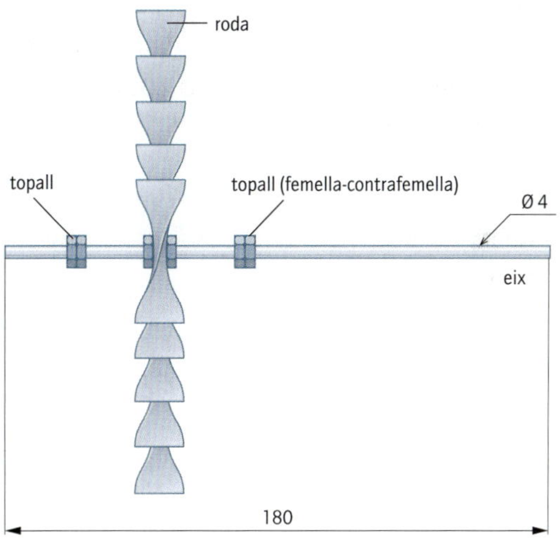

Muntatge del generador

La reductora que has construït a la Proposta de treball 2 tenia com a objectiu reduir la velocitat del motor. Ara la farem servir com a multiplicador; per tant, l'eix de sortida de la reductora serà el d'entrada del multiplicador.

18. Acobla la reductora a l'eix de la turbina mitjançant una regleta de connexió. Fes servir una tira metàl·lica foradada per subjectar-la a la base. Mesura molt bé l'altura per tal que els eixos quedin perfectament alineats; altrament, es perdria molta força.

19. Connecta dos fils de coure als borns del motor (alternador) i al portabombetes.

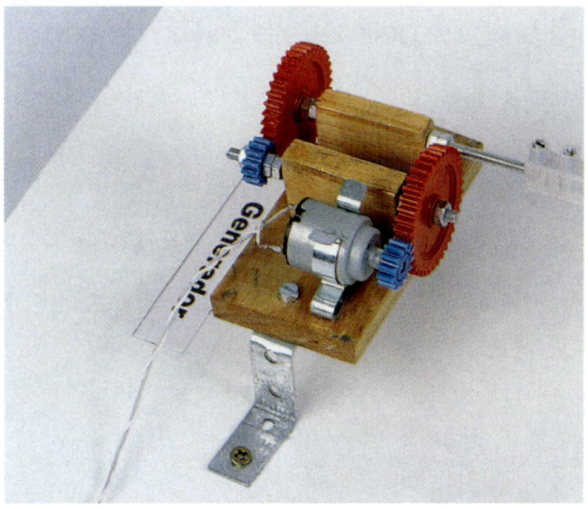

Turboalternador

Resultat

Connecta la mànega a una presa d'aigua. Has de tenir en compte dues coses:

- Necessites un desguàs accessible.
- Has de disposar d'un adaptador per a l'aixeta.

Obre l'aixeta i observa el gir de la turbina i la il·luminació de la bombeta. Hem aconseguit generar corrent elèctric.

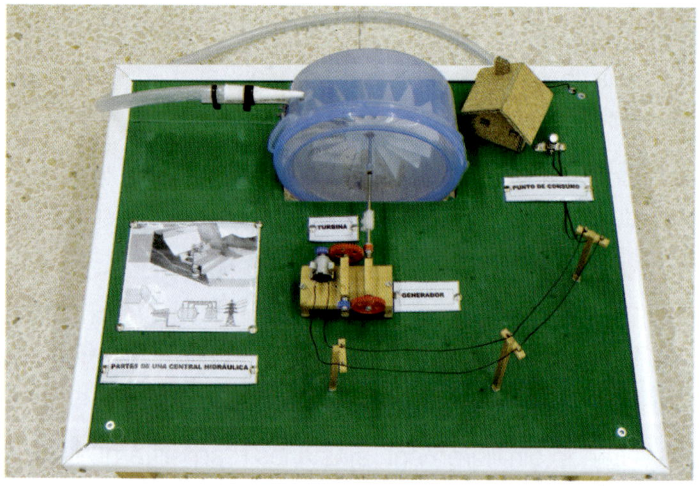

Preguntes

1. Per què un motor fa les funcions d'un generador?
2. Quina mena de corrent circula per la bombeta?
3. Per què es col·loca el broquet de silicona com a injector i no es deixa anar el raig directament amb la mànega?
4. Mesura amb un polímetre la tensió de sortida.

Procura que...

- La roda de la turbina giri lliurement, sense tocar les parets internes de la cambra.
- La direcció del raig d'aigua de l'injector sigui perpendicular a les paletes. La velocitat pot canviar considerablement en funció de la direcció.
- En fer l'acoblament de l'eix, aquest quedi ben alineat.

Proposes de treball

8 Muntatge d'una ràdio de galena

Treball individual

Durada aproximada: 3 hores

Materials	Eines
• 1 condensador variable (C1) de 500 pF • 1 condensador (C2) de 2200 pF • 1 díode de germani • 10 m de fil de coure esmaltat de 0,2 mm de ∅ • 1 auricular d'alta impedància • 2 m de fil conductor • 1 tros de suro de 10 × 10 cm i de 8 mm de gruix aproximadament • 1 làmina de poliestirè de 2 mm de gruix i de 21 × 19 cm • 1 regleta amb quatre fitxes de connexió • Lliga d'estany per soldar • Cinta aïllant • 2 cargols autoroscants de 15 i 3 mm de ∅ i 2 cargols de 10 i 1,5 mm de ∅	• Soldador elèctric • Estris de dibuix • Tornavisos de punta plana i estrella petits • Cúter • Tisores d'electricista • Serra de marqueteria • Calibre angular • Trepant de columna i joc de broques

Descripció

Els receptors de ràdio de galena contenien un cristall d'aquest material; en el muntatge que farem aquí, però, el substituirem per un díode de germani. La característica principal, a banda de la seva simplicitat, és que no es necessiten piles perquè funcionin, ja que aprofiten l'energia de les ones radioelèctriques.

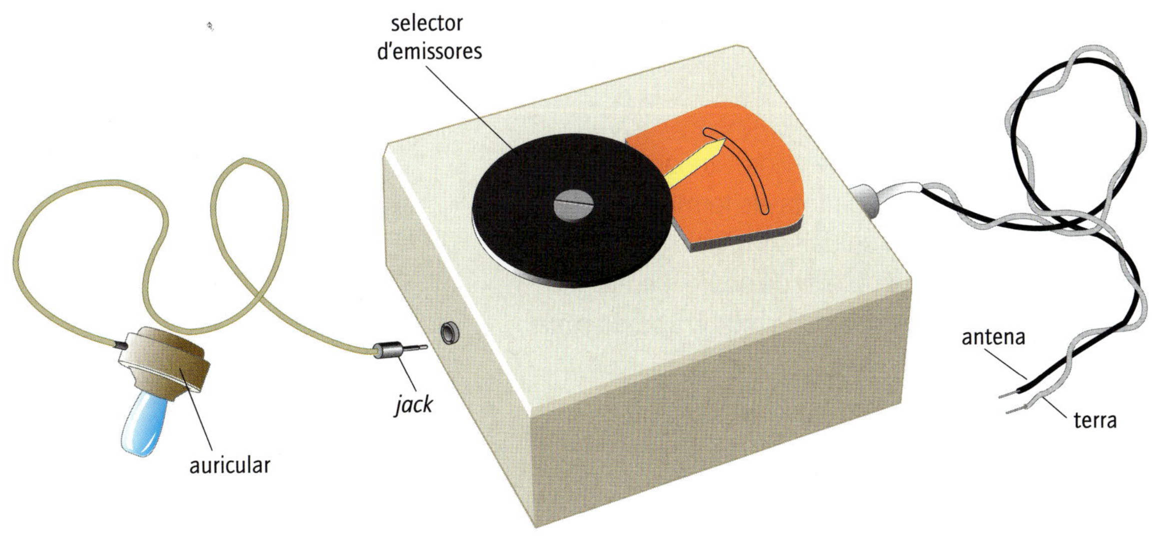

Muntatge d'una ràdio de galena

Procés de treball

Construcció del transformador de sintonia

1. En un tub d'entre 25 i 30 mm de diàmetre, que pot ser de cartró o de plàstic, fem els forats com s'indica a la figura amb l'ajut d'un punxó. Es pot fer servir, per exemple, tub de plàstic com el que s'utilitza en les instal·lacions elèctriques, canalitzacions d'aigua, etc.

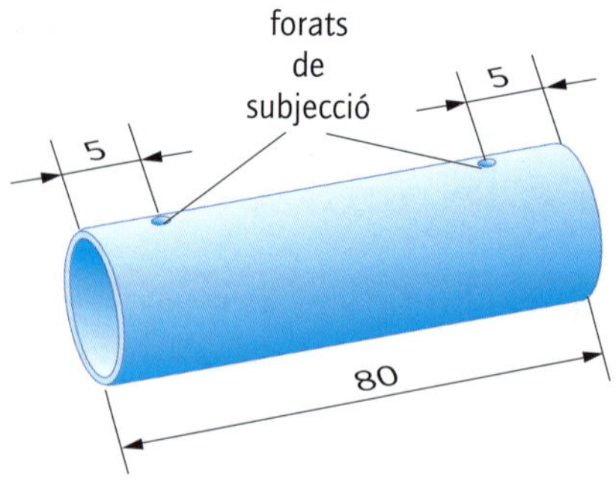

2. A la generatriu del diàmetre oposat es fan els forats de la mateixa manera per fixar els extrems del bobinatge.

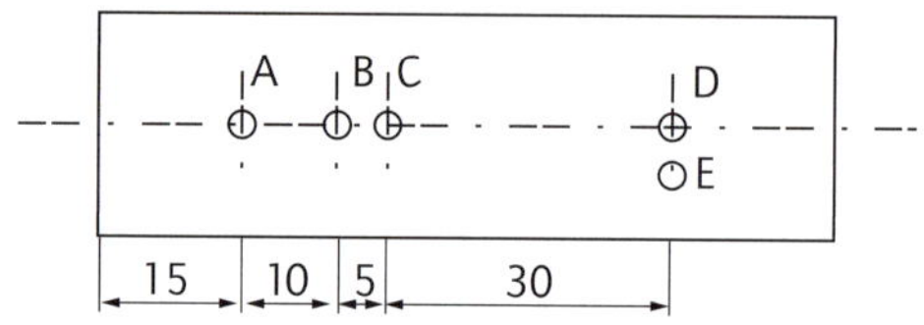

3. Entre els forats A i B fem el bobinatge primari de 40 espires. Quan s'hagi acabat, se n'haurà de fixar el final al forat D, tal com s'indica a la figura. Observa com està fixat el començament i l'acabament. Deixa uns 10 cm a cada extrem.

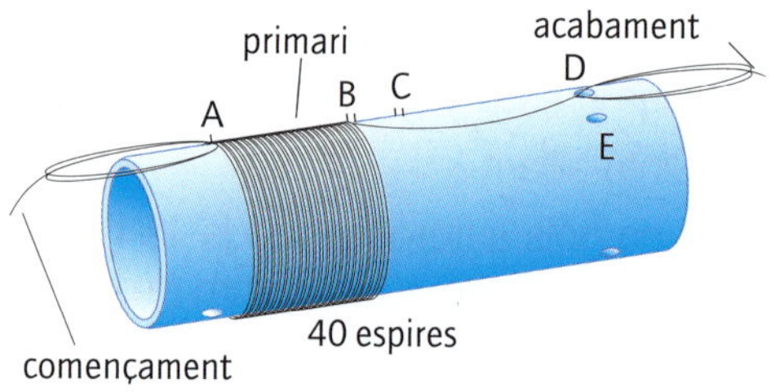

4. El secundari el bobinarem entre els forats C i E, amb 120 espires. Observa que al forat D hi hem acabat el primari, i també ens servirà per començar-hi el secundari. Els dos bobinatges hauran d'estar enrotllats en el mateix sentit.

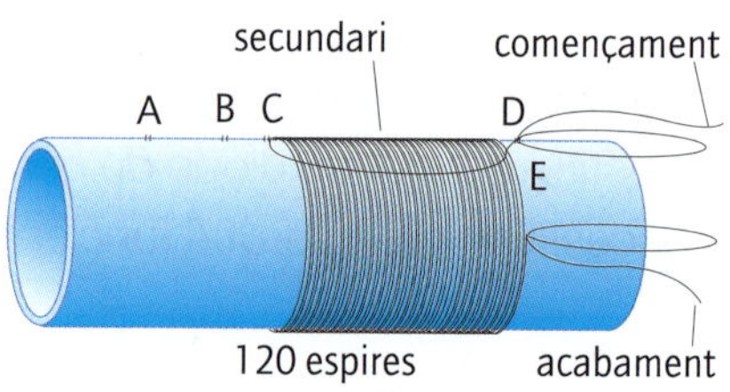

5. Amb un tros de paper de vidre traiem l'aïllant, d'aproximadament 1 cm, de tots els terminals. Enrotllem aquest tros pelat en un dels terminals que prèviament haurem preparat amb el fil de coure. Fem la unió amb soldadura tova i la protegim amb un tros de cinta aïllant.

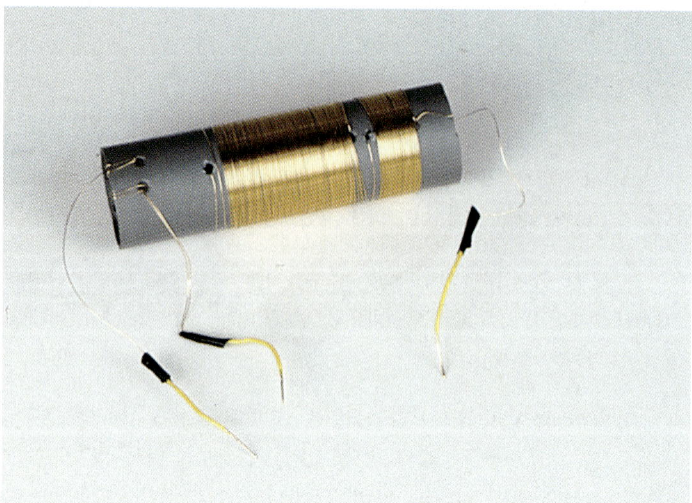

Muntatge d'una ràdio de galena

Connexió del circuit

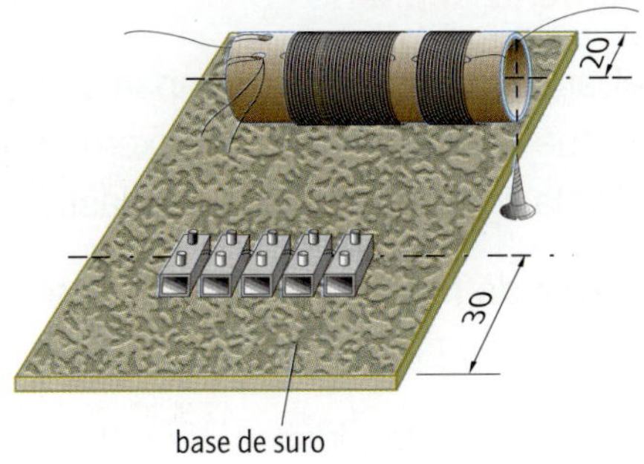

6. Disposem la regleta i la bobina de sintonia a sobre de la base de suro i les hi fixem amb cargols.

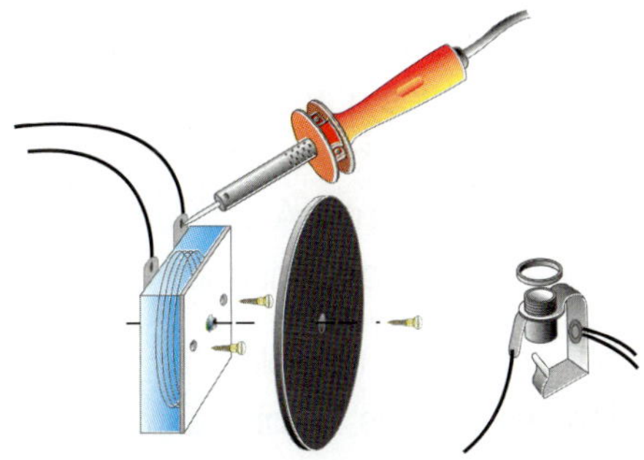

7. Fem amb soldadura tova la connexió de dos terminals d'aproximadament 10 cm cada un al condensador variable C_2. Farem el mateix amb el *jack* de l'auricular.

8. Seguint l'esquema, fem la connexió de tots els elements.

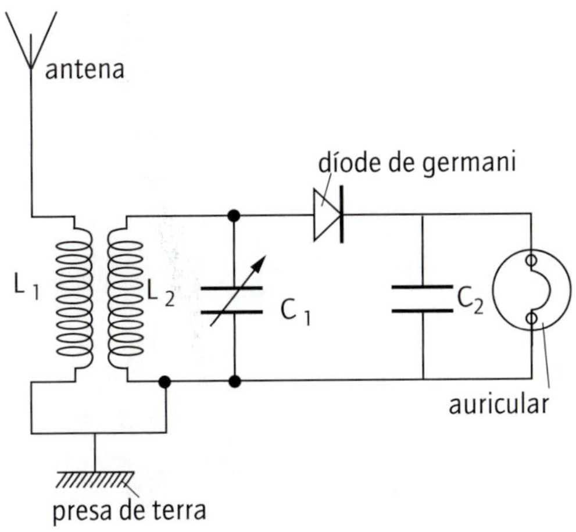

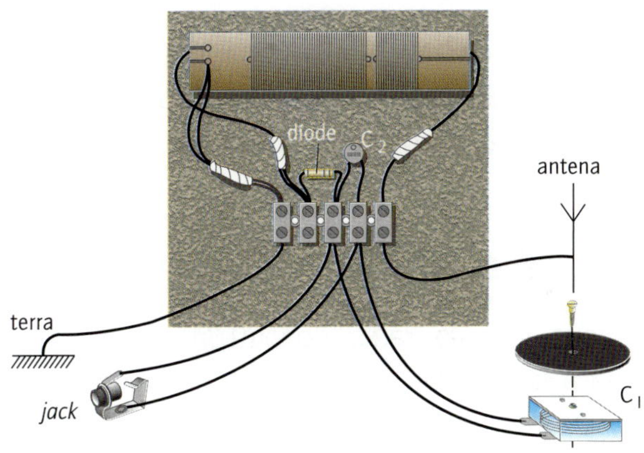

Connexió d'antena i de terra

9. Ja tenim muntat el receptor de ràdio, però el seu bon funcionament dependrà del fet que tinguem una bona connexió d'antena i de terra. La connexió d'antena pot ser de dos tipus:
   - Exterior: amb 25 m de cable de coure podem instal·lar una antena exterior en forma de L, horitzontalment, tal com podem veure a la figura.
   - Interior: en cas que no es pugui fer la instal·lació anterior, podem utilitzar l'antena de televisió que tenim a casa.

10. La presa de terra la podem fer a les canonades d'aigua o calefacció amb una abraçadora, o bé a la presa de terra dels endolls de la instal·lació elèctrica.

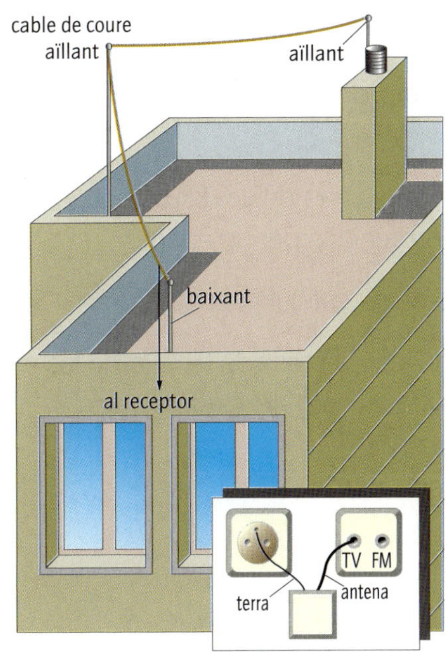

Muntatge d'una ràdio de galena

Construcció de la capsa

11. Per acabar, elaborarem una capsa per protegir el receptor que s'ha construït. Dibuixem el desenvolupament de la figura a la làmina de plàstic.
12. Amb la serra de marqueteria, retallem el contorn de la capsa.
13. Amb la plegadora de plàstics, fem els plecs corresponents a 90º.
14. Fem dos forats a les cares indicades, un per al *jack* i un altre per als cables d'antena i de terra que prèviament haurem trenat. Abans, però, cal mesurar-ne els diàmetres corresponents. A la superfície superior en farem un altre per al condensador variable.
15. Col·loquem el *jack* (femella) al forat corresponent; traiem els cables d'antena i de terra, després d'haver-los fet un nus (que quedarà a l'interior) per tal de no desconnectar-los en el cas que s'estirin involuntàriament.
16. Finalment, hi posem la base amb cura i obrim una mica les solapes inferiors, que hi faran pressió quan quedin soltes.

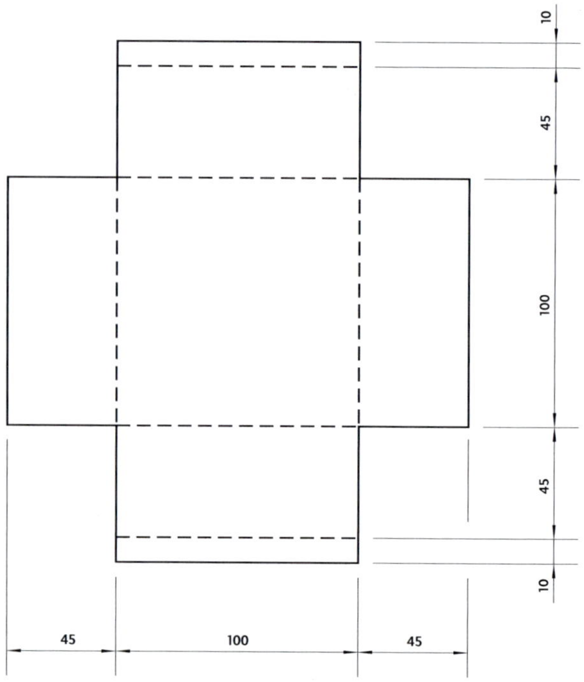

Resultat

Ara ja tens la teva ràdio construïda. Connecta-la a l'antena i a terra i vés girant lentament el condensador variable fins que trobis alguna emissora que t'agradi.

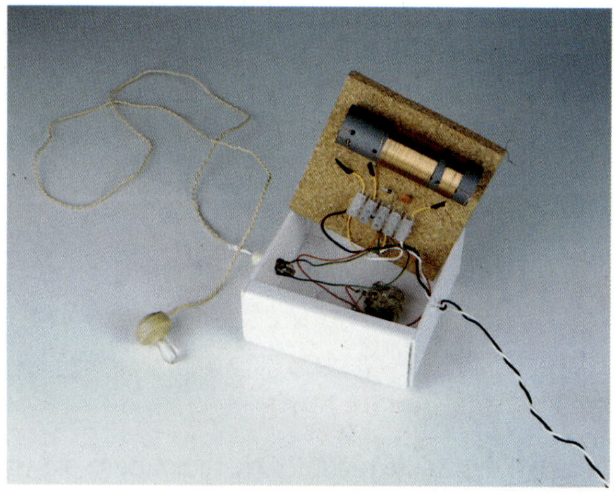

Procura que...

- El bobinatge del transformador de sintonia quedi homogeni.
- Les parts que s'han de soldar no estiguin brutes, oxidades o protegides per un aïllant.
- Les connexions estiguin ben fetes.
- Quan connectis la presa de terra (si ho fas en un endoll) no t'equivoquis amb els forats de fase.

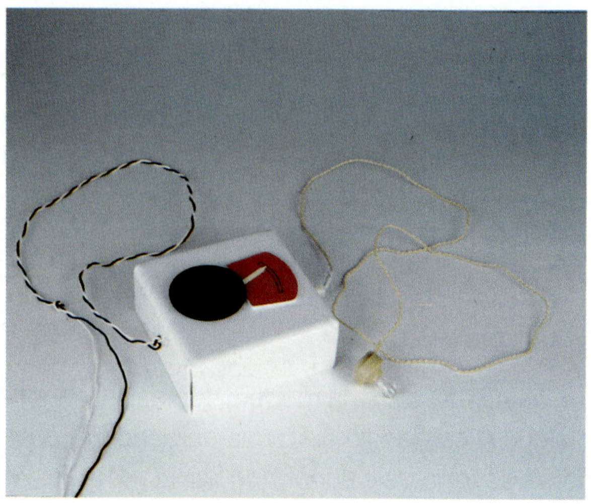

9 Robots mòbils

Grup d'alumnes recomenat: dos
Durada aproximada: 4 hores

Materials	Eines
• Llistó de pi de 60 × 9 mm • DM de 4 mm de grossor • 1 làmina de plàstic PP de 2 mm de gruix • Filferro d'acer d'1 mm de ∅ recobert de plàstic • 2 microruptors • 1 interruptor unipolar • 2 motors reductors d'1,5 - 6 V • 2 rodes de plàstic de 55 mm de ∅, 15 mm de perfil i eix de 4 mm de ∅ • 2 allargadors per a l'eix dels motors • 2 portapiles de dues piles de 3 V (2 × R6) • 2 díodes LED de 5 mm de ∅ • 2 resistències de 150 Ω d'1/4 W • 8 regletes de connexió • Fil de connexió de 0,5 mm de ∅ • 4 cargols autoroscants de cap de 3 × 10 mm • Cola de fuster	• Instruments de dibuix • Serra de vogir • Xerrac de beina • Alicates universals • Tisores d'electricista • Llima fina • Broca de 5 mm de ∅ • Soldador elèctric • Pistola de cola termofusible • Calibrador angular • Màquina plegadora de plàstics

Descripció i anàlisi del problema

Es tracta de dissenyar i construir un robot mòbil que sigui capaç de detectar i salvar obstacles, amb l'objectiu que busqui la sortida d'un recinte tancat.

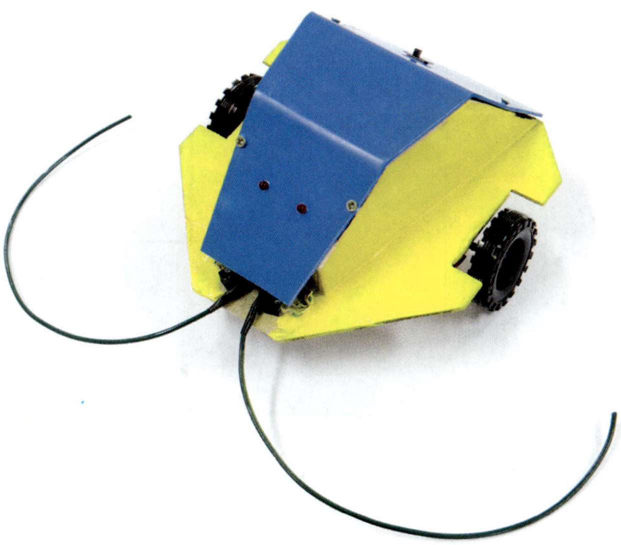

Robots mòbils

Condicions inicials

- El robot disposarà de dues rodes motrius i una roda boja.
- Detectarà els obstacles amb dues antenes, tal com fan alguns insectes, de manera que quan els detecti girarà per evitar-los.
- Tindrà dos ulls que s'implementaran amb díodes LED. Quan el robot giri cap a un costat ho indicarà l'ull corresponent.
- Es podrà construir a l'aula de Tecnologies.

Construcció

Estructura

1. Dibuixa la base de l'estructura al DM de 4 mm, amb l'ajuda dels instruments de dibuix.
2. Talla amb la serra de vogir el dibuix que has fet, respectant les mides.

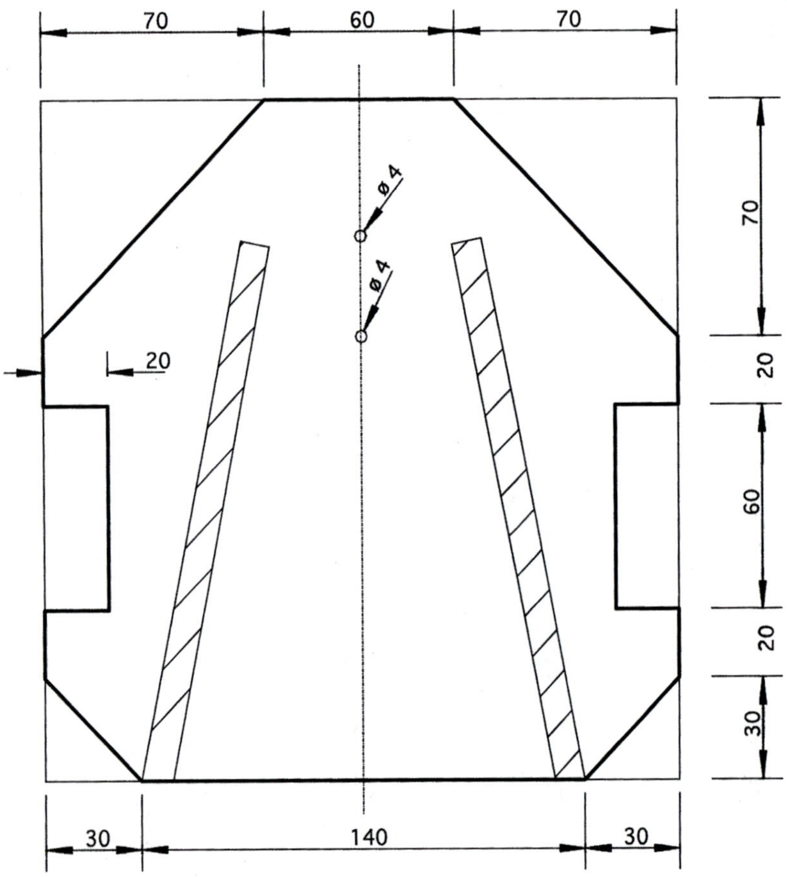

Base de l'estructura.

3. Dibuixa en un llistó de pi de 60 × 9 mm d'escaire el costat representat a la figura inferior, per tal de donar volum a l'estructura.

4. Amb el xerrac de beina talla el costat dibuixat sobre el llistó de pi del punt anterior.

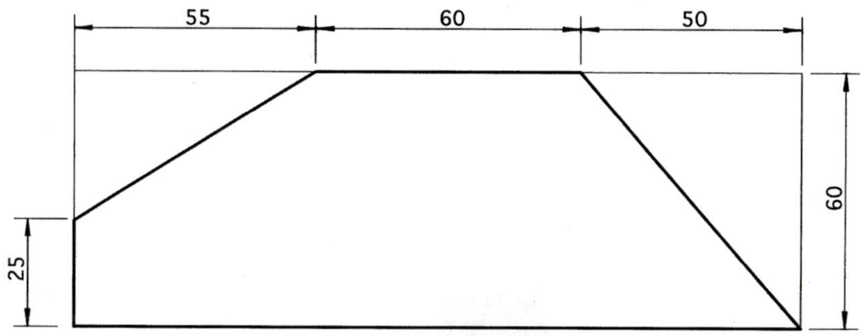

Costat.

5. Uneix les peces amb cola de fuster, tal com indica la figura, i obtindràs l'estructura del robot.

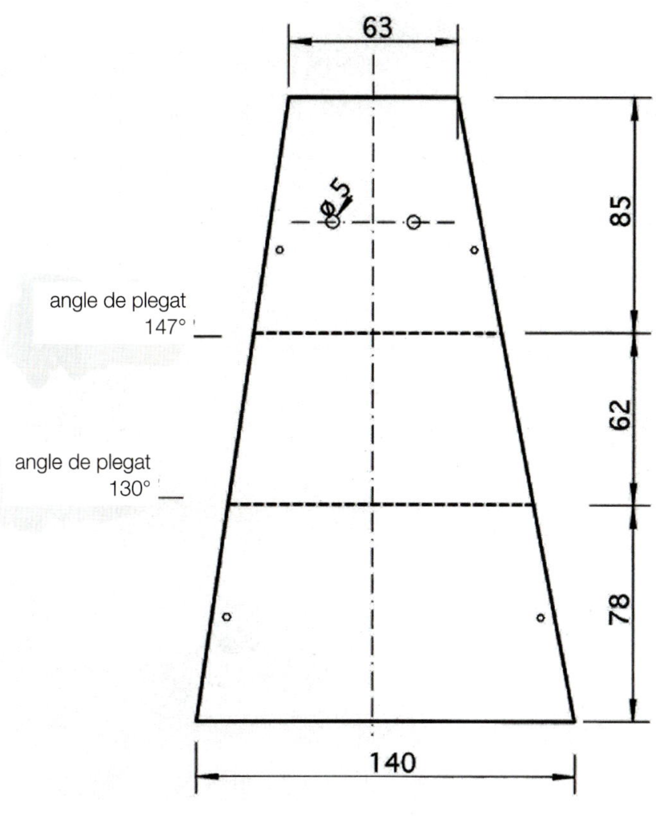

Tapa del robot.

6. Dibuixa la tapa de l'estructura sobre la làmina de plàstic i talla-la amb una serra de vogir.

Robots mòbils

7. Doblega la tapa per les línies de traços amb els angles indicats, utilitzant la plegadora i el calibrador angular.

8. Fes a la tapa els forats per als ulls, els forats per subjectar-la al llistó de pi i el forat per a l'interruptor unipolar.

Rodes

1. Col·loca les rodes a l'eix del motor reductor. Per fer-ho, pots guiar-te amb la fotografia inferior. En aquest cas, s'han utilitzat allargadors de plàstic que adapten l'eix del motor reductor de 2,4 mm de ∅ a l'eix de la roda de 4 mm de ∅.

2. Enganxa amb cola termofusible els motors reductors a la base de l'estructura, per la banda inferior. Procura que la tapa del motor reductor quedi visible per poder-la desmuntar en cas d'avaria.

3. Fixa, també a la base, la roda boja. En aquest cas, se n'ha triat una que es fixa gràcies a un forat central a la part superior.

Sensors

1. Prepara dos trossos de filferro recobert de plàstic d'uns 30 cm cadascun. Dóna'ls una forma arrodonida, com mostren les fotografies, i per un dels costats pela un tros de la mateixa longitud que la llengüeta del microruptor.

2. Uneix amb cola termofusible el filferro a la llengüeta del microruptor i després reforça la unió amb cinta aïllant.

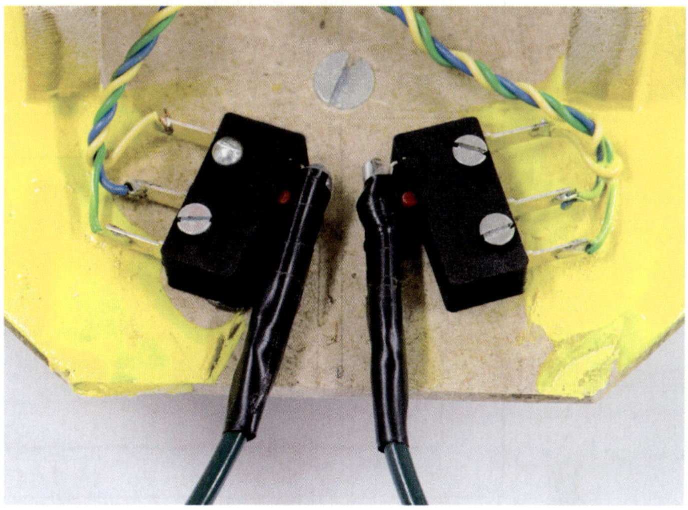

3. Solda tres trossos de fil, d'uns 10 cm, als terminals dels microruptors.

4. Fixa, tal com mostra la fotografia, els dos microruptors ja preparats a la base de l'estructura amb cola termofusible. Pots reforçar la unió amb dos cargols autoroscants de 2 × 10 mm.

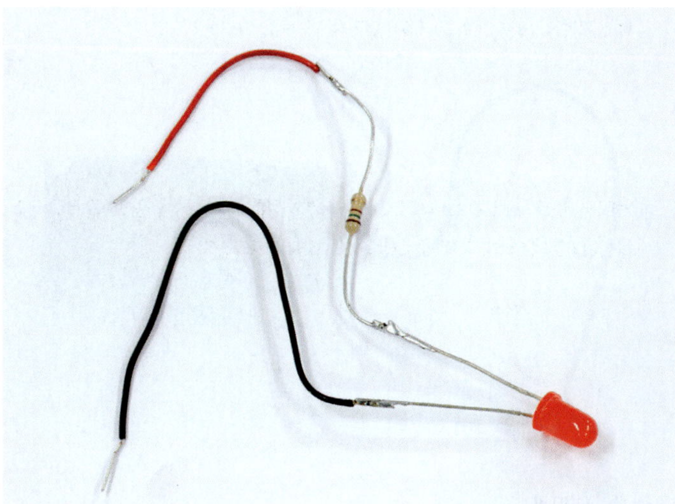

Ulls del robot

Prepara dos díodes LED amb una resistència limitadora de 150 Ω per a cadascun i solda uns 10 cm de fil a cada terminal, tal com mostra la fotografia.

Robots mòbils

Circuit

Connecta tots els elements a les regletes de connexió, tal com indica l'esquema del circuit de la pàgina següent.

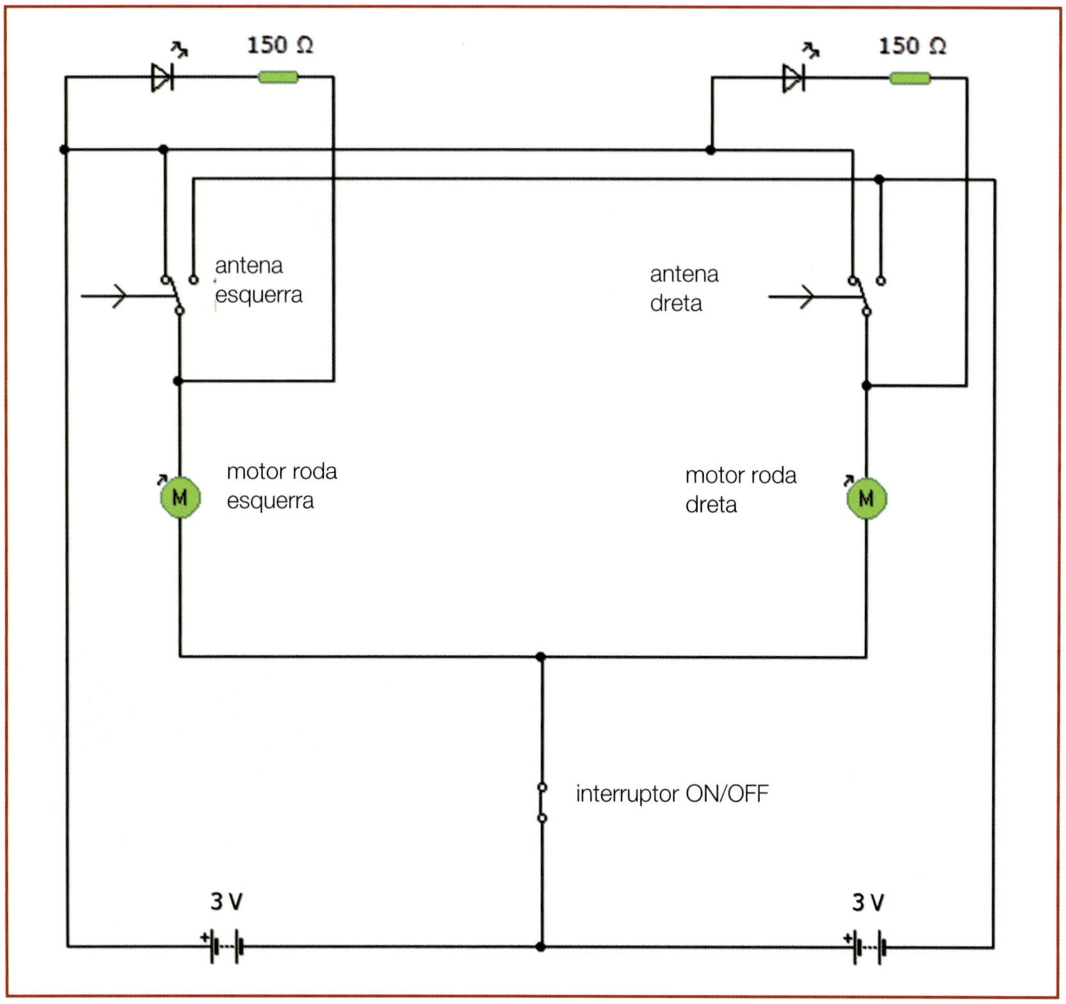

Circuit del robot que busca la sortida.

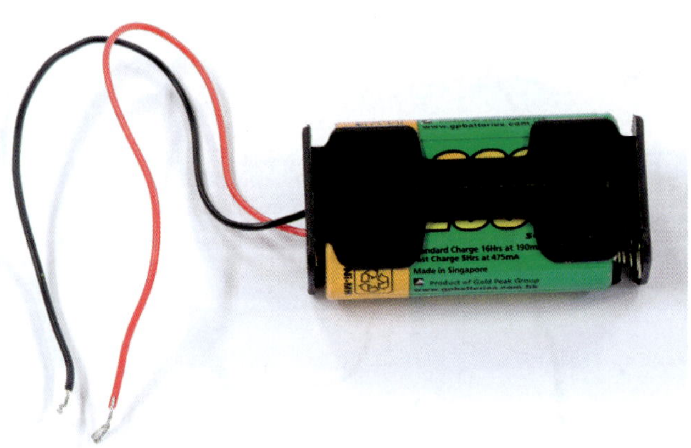

Detall del portapiles.

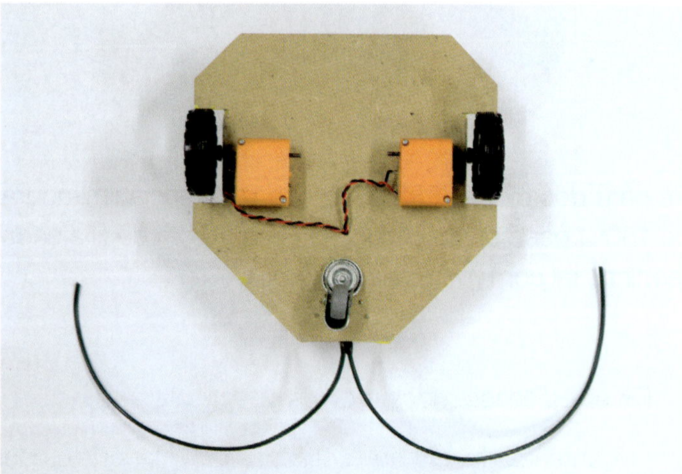

Detall de les connexions.

Resultat

Un cop estigui acabat, col·loca el robot dins d'un recinte tancat que disposi d'una sortida. Pots preparar aquest espai col·locant uns llistons a terra, tal com es veu a la fotografia inferior. Connecta el robot i espera que surti del recinte.

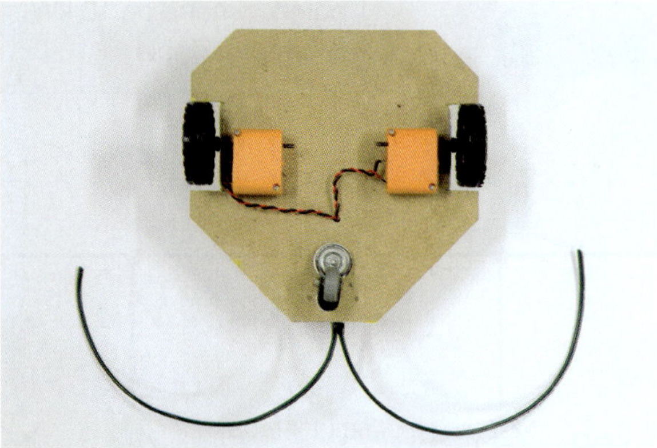

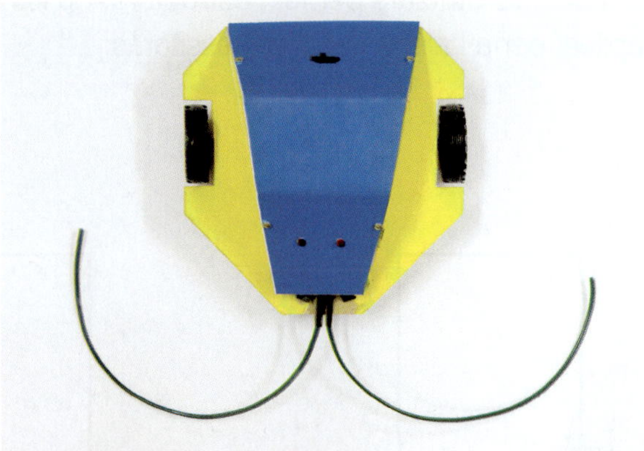

Procura que...

- Els eixos de les rodes motrius quedin alineats.
- Les antenes quedin ben solidàries a les llengüetes dels microruptors.
- Les connexions de l'esquema siguin correctes.

Robots mòbils

Robot seguidor de llum

Pots construir una altra modalitat del robot implementant el circuit següent i substituint els sensors amb microruptors per un sensor de llum.

A més dels materials utilitzats per fer l'estructura, de les rodes i dels portapiles, per a l'alimentació necessitaràs:

Materials
• 1 resistència LDR • 1 díode 1N4007 • 1 transistor Darlington TIP 121 • 1 resistència d'1 kΩ • 1 potenciòmetre de 10 kW • 1 interruptor doble

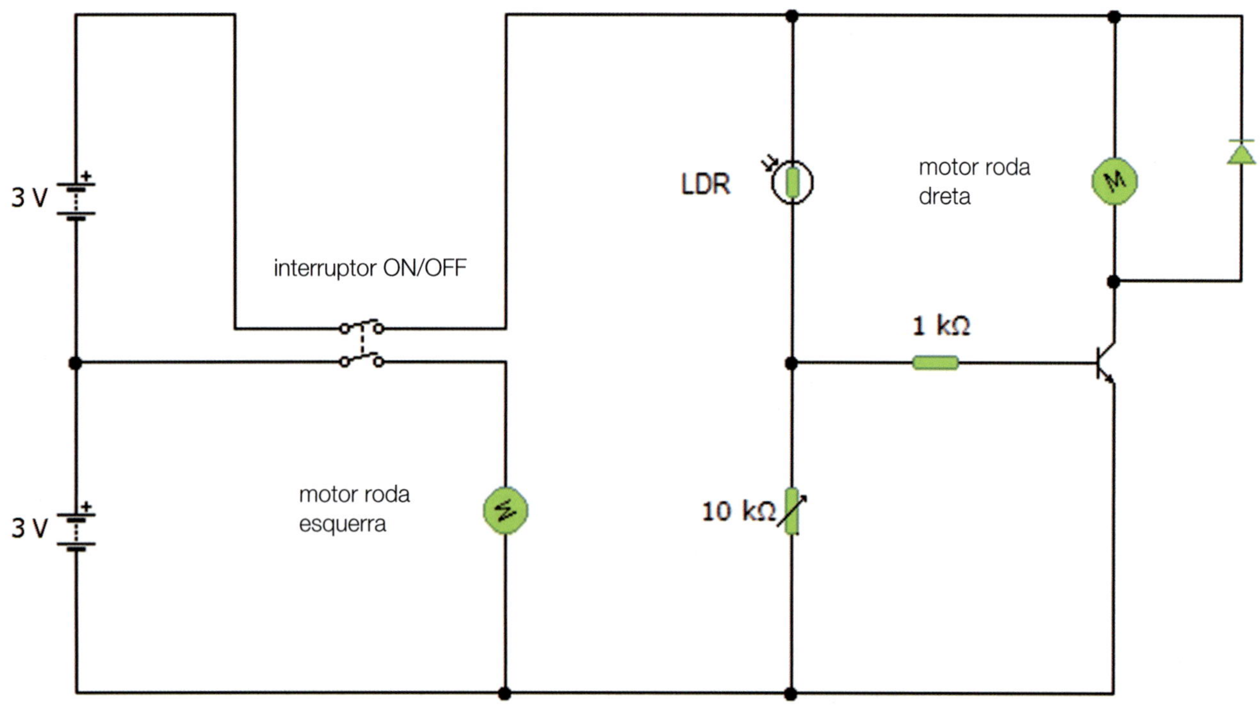

Circuit del robot seguidor de llum.

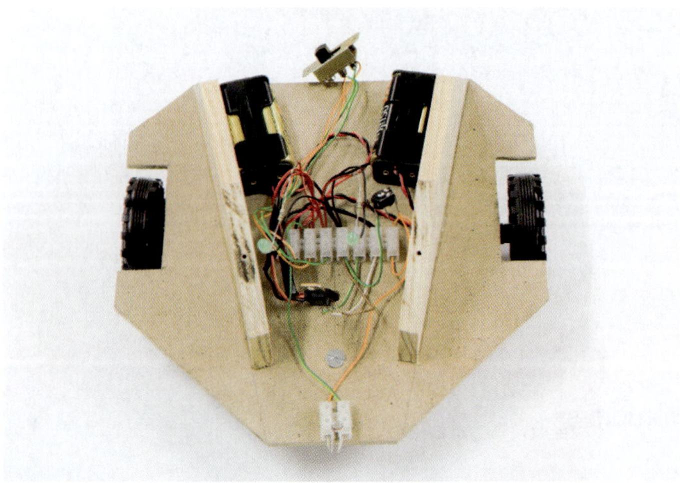

10 Makey Makey

Treball per parelles
Duració aproximada: 1 hora

Materials
• Placa Makey Makey • Connector USB • 6 cables amb terminals de pinces de cocodril • Plastilina

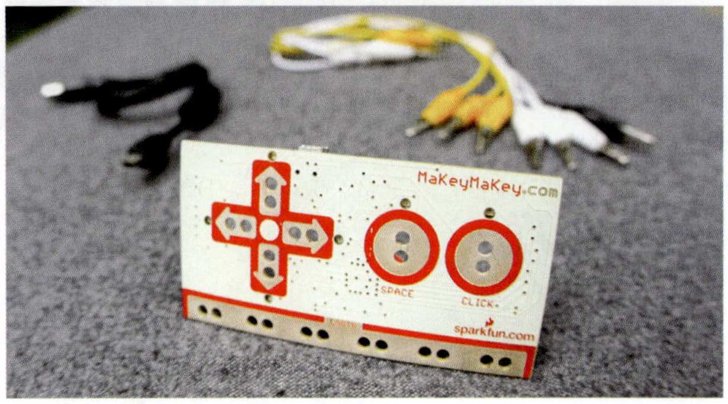

Descripció i anàlisi del problema

La placa Makey Makey converteix qualsevol superfície conductora en un botó del teclat de l'ordinador. Així, materials com la plastilina, el grafit de les mines del llapis, una llimona, paper d'alumini, etc., es poden convertir en teclats per al PC. Es tracta de simular el teclat d'un piano amb peces de plastilina que es connectaran a la placa Makey Makey i després programar-les amb l'Scratch per poder tocar notes musicals.

Condicions inicials

S'utilitzaran blocs de plastilina per simular les peces d'un piano.

Podrem crear el programa amb l'Scratch 2.0 en línia o també amb aquesta versió *offline*.

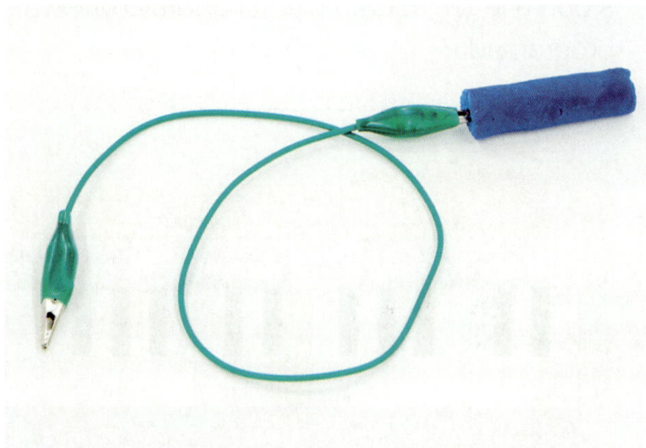

Cable amb terminal de pinces cocodril amb un dels extrems enfonsat en un tros de plastilina.

Procés de treball

Muntatge del teclat

1. Amb la plastilina, crea 6 tecles de forma cilíndrica d'aproximadament 1 cm de diàmetre a la base.
2. Connecta un dels cables a la placa tal com es mostra a la figura de la dreta.
3. Connecta l'altre terminal del cable que has utilitzat anteriorment a un tros de plastilina enfonsant-lo per un dels extrems.
4. Fes les mateixes operacions amb els altres cables.

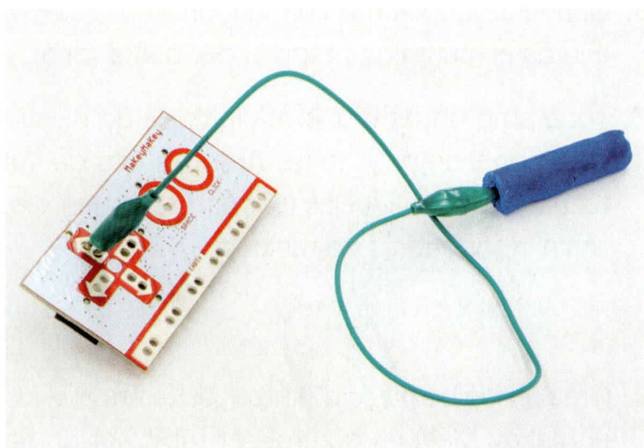

Conexió del cable a la placa.

Makey Makey

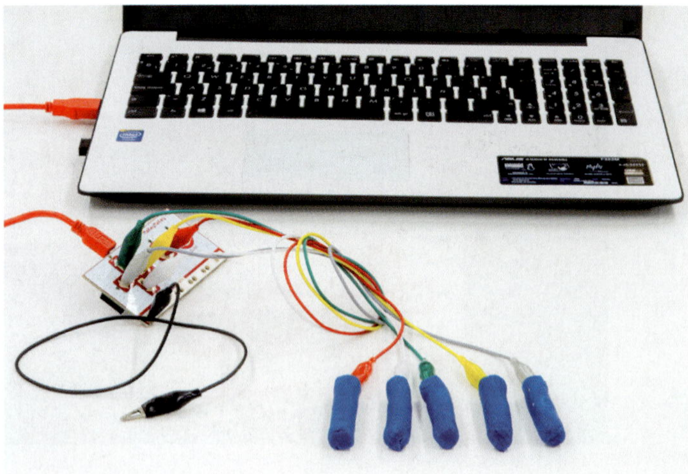

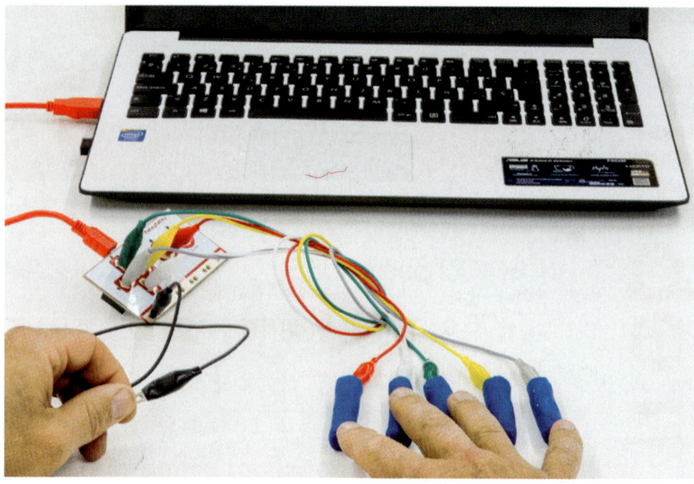

Programa amb l'Scratch

5. Obre l'Scratch i executa el programa de la figura de la dreta. Fixa't que si desplegues el número de la nota s'obrirà el teclat d'un piano i podràs observar la nota programada.

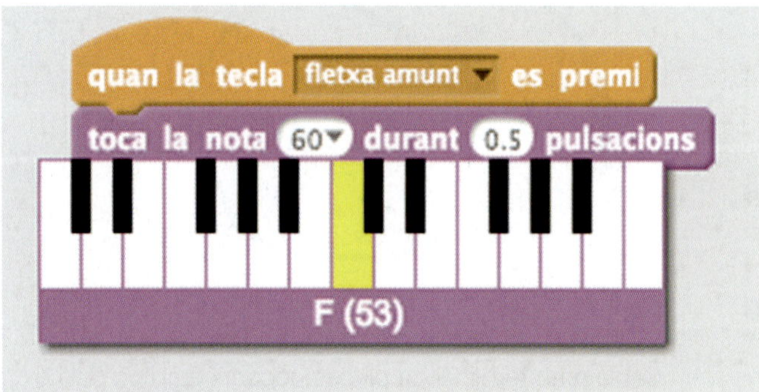

6. Connecta la placa a l'ordinador amb el cable USB i tindràs el muntatge preparat per poder tocar.

7. Toca amb un dit d'una mà la barra de plastilina que està connectada a terra. Amb els dits de l'altra mà toca les diferents tecles (barres) i reprodueix les notes fins a compondre una melodia.

Més muntatges

8. Crea un joc on hagis d'utilitzar les tecles que incorpora el Makey Makey i controla-ho utilitzant un teclat fet amb paper d'alumini com el que veiem a la figura.

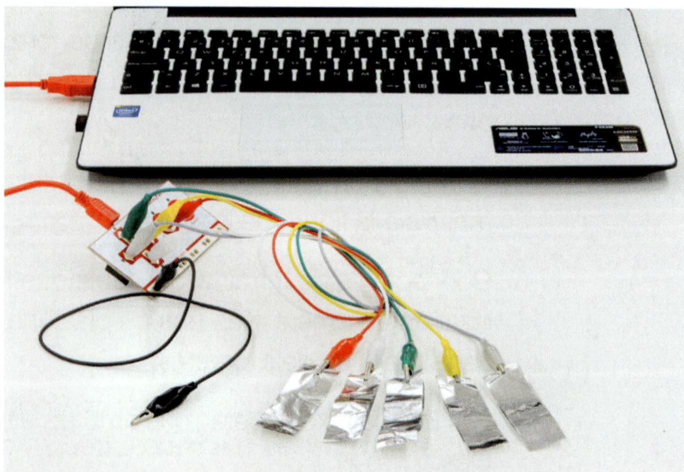

11 Conga Conga

Treball per parelles
Durada aproximada: 2 hores

Materials	Eines
• Placa controladora ZUM BT 328 de bq o compatible amb Arduino • 1 connector USB • 2 ZUM bloq sensors de llum (LDR) • 2 miniservomotors • 1 portapiles de 8 piles AAA • Cinta adhesiva • 2 volanderes o cargols femella • 2 recipients de porcellana o vidre	• Tisores • Cúter

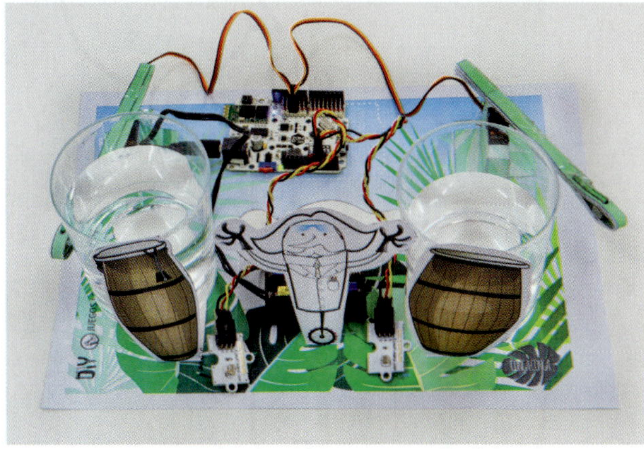

Pots visionar el vídeo del muntatge a: *http://www.diwo.bq.com.*

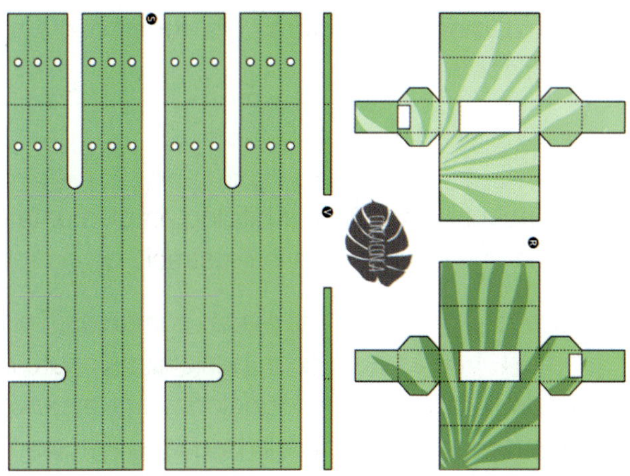

Descripció i anàlisi del problema

Es tracta d'implementar un projecte per treballar amb entrades i sortides digitals i analògiques. A les sortides s'hi connectaran dos miniservomotors. Com a entrada analògica s'utilitzaran dos sensors de llum (LDR).

Condicions inicials

- S'utilitzaran dues sortides digitals per als miniservomotors i dues entrades analògiques per als sensors de llum.
- La programació es durà a terme a la plataforma bitbloq (en línia).
- S'utilitzarà com a suport del projecte les làmines imprimibles que es poden obtenir a l'adreça electrònica *http://diwo.bq.com* o, si no és possible, un disseny semblant.

Procés de construcció

1. Imprimeix les dues làmines del joc Conga Conga. Observa les línies marcades: hauràs de retallar

Conga Conga

Baqueta.

Capsa de suport del miniservo motor.

per les línies contínues i doblegar per les línies discontínues.

2. A la primera làmina, retalla la silueta dels dos tambors i del professor, de manera que les figures quedin subjectades a la làmina per un extrem per poder-les aixecar, tal com pots veure a la il·lustració de la pàgina anterior.
3. Munta cada un dels servomotors dins de la seva capsa i, a continuació, munta les baquetes. Fixa't en les il·lustracions superiors.
4. Seguidament connectaràs els components sobre la placa controladora.

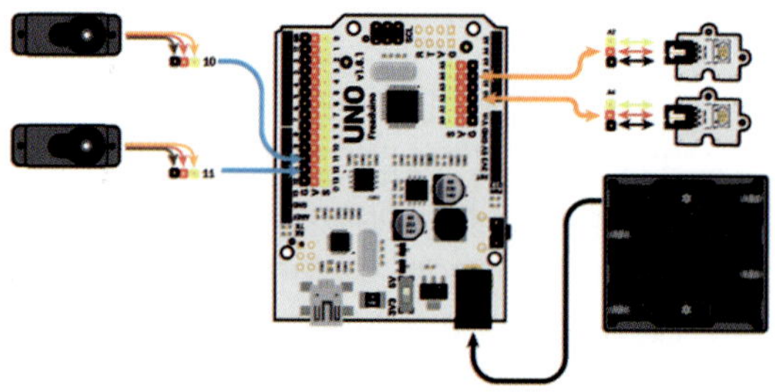

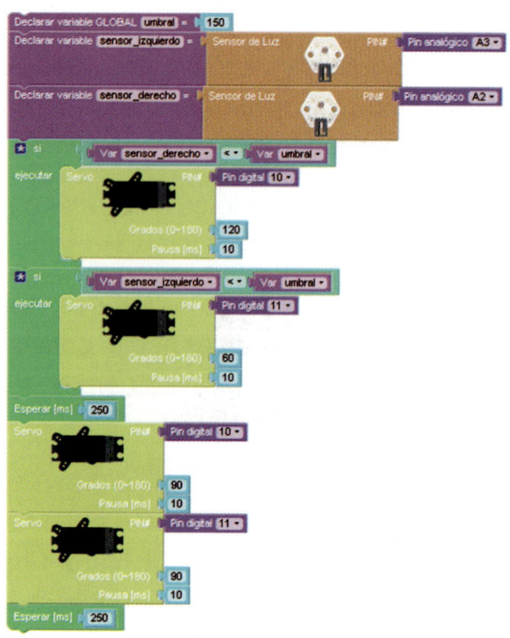

Programació

1. Mitjançant la plataforma bitbloq, implementa el programa que pots veure a la il·lustració de la dreta.
2. Carrega el programa a la placa i comprova'n el funcionament. Veuràs que, quan posis la mà sobre un sensor de llum, entrarà en funcionament el servomotor corresponent fent moure la baqueta i percudint sobre el recipient que hi hauràs col·locat.

12 Casa encantada

Treball per parelles
Durada aproximada: 2 hores

Materials	Eines
• Placa controladora ZUM BT 328 de bq o compatible con Arduino • 1 connector USB • 1 ZUM bloq polsador • 1 servomotor de rotació contínua • 1 miniservomotor • Cinta adhesiva	• Tisores • Cúter

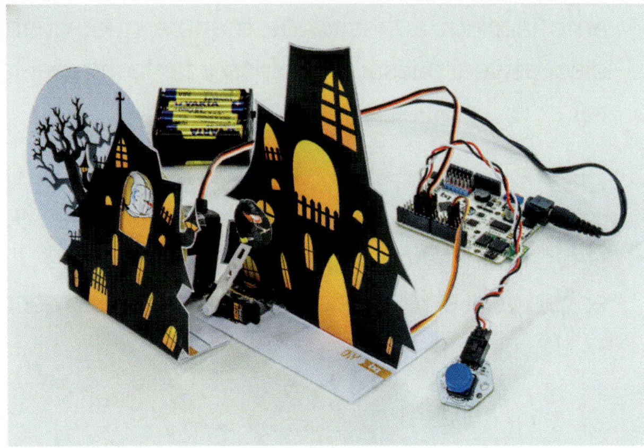

Pots visionar el vídeo del muntatge a *http://www.diwo.bq.com*.

Descripció i anàlisi del problema

Es tracta d'implementar un projecte per treballar amb entrades i sortides digitals. A les sortides digitals s'hi connectarà un miniservomotor i un servomotor de rotació contínua. Com a entrada digital s'utilitzarà un polsador.

Condicions inicials

- S'utilitzarà una entrada digital per al polsador i dues sortides digitals de la placa controladora per al miniservomotor i el servomotor de rotació contínua.
- La programació es durà a terme a la plataforma bitbloq (en línia).
- S'utilitzarà com a suport del projecte les làmines imprimibles que es poden obtenir a l'adreça electrònica *http://www.diwo.bq.com* o, si no és possible, un disseny semblant.

Procés de construcció

1. Imprimeix les dues làmines de la casa encantada. Observa les línies marcades: hauràs de retallar per les línies contínues i doblegar per les línies discontínues.

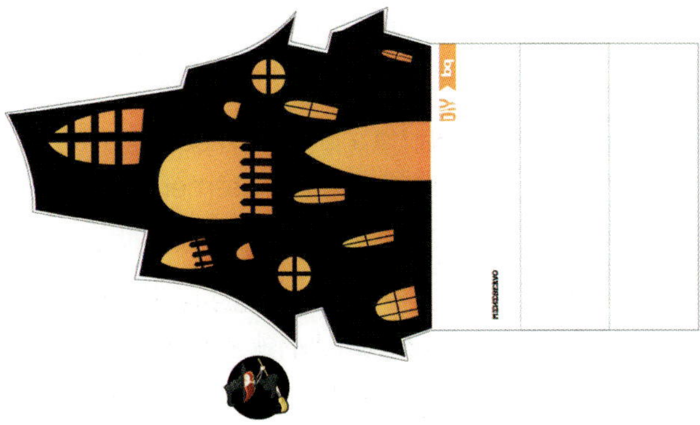

Casa encantada

2. A la primera làmina, uniràs el cercle fantasmagòric 4 amb el capçal rodó del servomotor de rotació contínua. Enganxa el servomotor a la plantilla de la casa 3 amb la cinta adhesiva de manera que, quan giri el disc, es vegi passar el professor fantasma per la finestra.

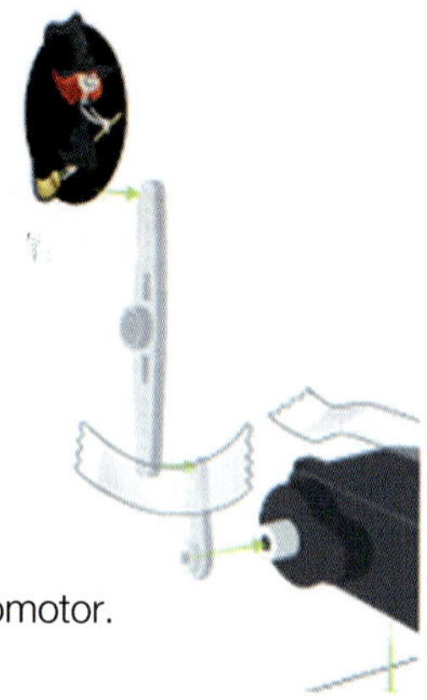

Braç del miniservomotor.

3. Per implementar el muntatge de la segona làmina, primer hauràs de fer la unió de les dues peces del miniservomotor tal com pots veure a la figura. A l'extrem enganxa-hi el retallable de la bruixa sobre l'escombra.

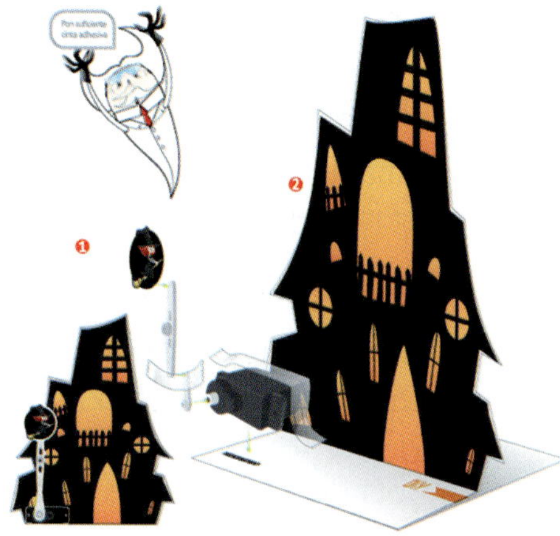

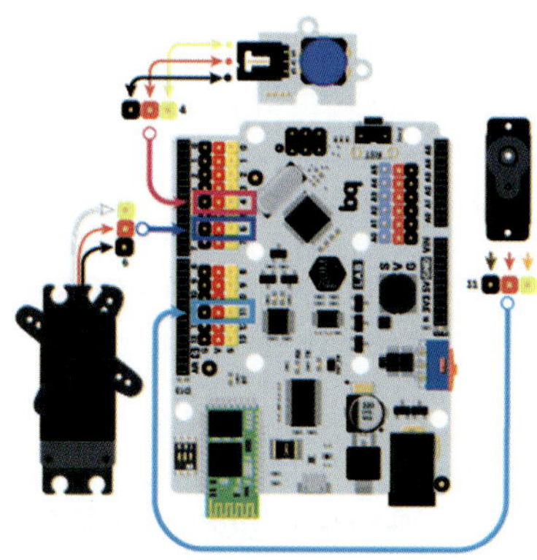

4. Seguidament connecta el polsador, el miniservomotor i el servomotor de rotació contínua sobre la placa controladora.

Programació

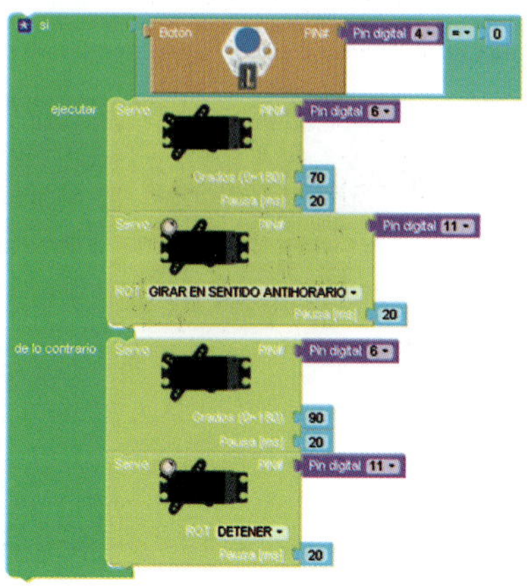

1. Mitjançant la plataforma bitbloq, implementa el programa que pots veure a la il·lustració.

2. Carrega el programa a la placa i comprova'n el funcionament. Veuràs que, sense prémer el botó, el servomotor de rotació contínua gira i el professor fantasma apareix a la finestra de la casa encantada.

   Quan accionis el polsador s'aturarà el servomotor de rotació contínua i girarà el braç del miniservomotor, de manera que es veurà la bruixa a sobre de l'escombra.

13 Pàrquing

Grup d'alumnes recomanat: 3 o 4
Durada aproximada: 6 hores

Materials	Eines
• 1 o 2 plaques controladores ZUM de bq o Arduino • 1 servomotor • 2 portapiles de 8 piles AA i piles AA • 1 sensor d'ultrasons • 1 sensor de temperatura (NTC de 4,7 K) • 1 sensor d'infrarojos (IR) • 2 díodes LED, un de verd i un de vermell • 1 brunzidor • Tauler aglomerat de 16 mm de gruix • Xapa o DM de 4 mm de gruix (o plàstic) • Cargols • Cola de fuster	• Serra • Trepant • Tornavís d'estrella • Pelacables • Tallafils 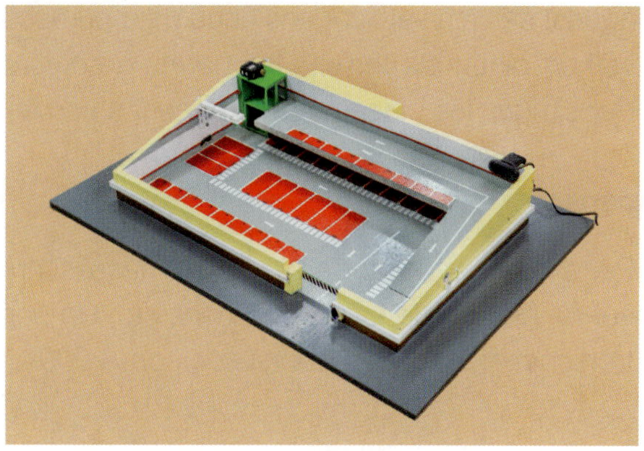

Descripció i anàlisi del problema

L'increment del parc mòbil de les ciutats fa necessària l'adequació d'espais que preservin la mobilitat sostenible i l'accessibilitat de la ciutadania.

Els aparcaments de vehicles són les instal·lacions destinades a aconseguir aquesta mobilitat i gestionar l'espai públic.

En aquesta proposta de treball es tracta de construir la maqueta d'un pàrquing públic. La tecnologia de control ens ajudarà a simular el funcionament real de les diverses instal·lacions d'un pàrquing.

Condicions inicials

- La maqueta del pàrquing es farà a escala (en aquest cas, E = 1/100).
- Disposarà de dos nivells i un ascensor.
- La programació es farà sobre plaques controladores de bq o Arduino.
- El programa es durà a terme mitjançant la plataforma bitbloq o Arduino.
- S'utilitzaran sensors d'ultrasons, temperatura i infrarojos.
- En cas que no es duguin a terme els subprojectes d'ampliació, només cal una placa controladora.

Pàrquing

Procés de treball

Construcció de l'edifici

1. La proposta de maqueta presentada en aquesta pràctica ha estat implementada en una base de 50 cm × 75 cm d'espai útil. S'ha fet a escala E = 1/100 en dos nivells.
2. La solució constructiva adoptada s'ha dur a terme amb tauler aglomerat de 16 mm de gruix utilitzant unions simples amb cola de fuster reforçades amb cargols autoroscants.
3. Per als acabats es poden aplicar diferents tècniques. En aquest cas s'ha aplicat una capa d'emprimació en blanc, i s'han pintat els terres i les parets de colors diferents. Per simular les places d'aparcament s'han fet servir làmines autoadhesives de PVC Aironfix de color vermell i blanc.

Ascensor

1. Per a la construcció de l'ascensor necessitaràs dues peces: una per a l'estructura i una altra per a la cabina. Poden ser de plàstic, de fusta, d'alumini, etc. Un possible disseny el trobaràs als arxius per imprimir en 3D a l'adreça electrònica *http://www.editorialteide.com/?9094*, i seria el següent:

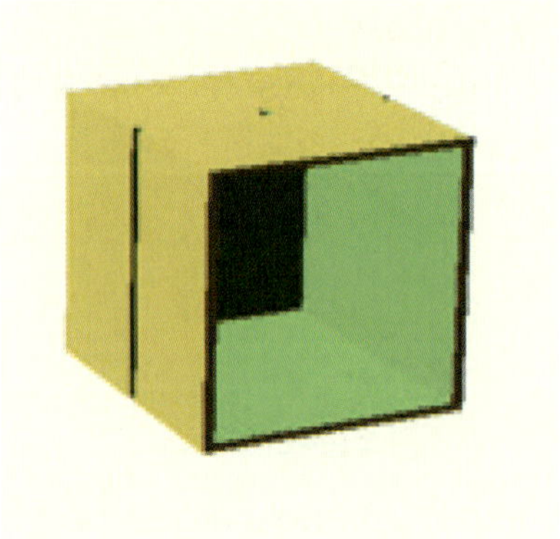

Cabina.

Estructura.

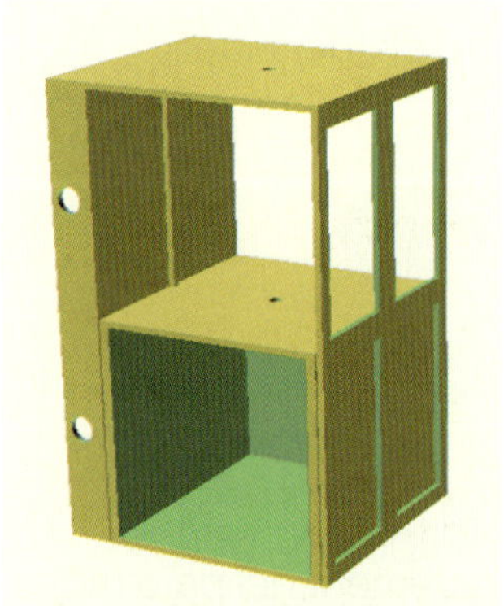

Conjunt cabina-estructura.

2. Un cop tinguis muntades les dues peces, acobla-les mitjançant les guies. Has de col·locar el servomotor a la part superior de l'estructura i dotar el seu eix d'una politja sobre la qual disposaràs un fil d'empalomar que subjectarà la cabina per la part interior.

3. Dos polsadors NO han d'anar allotjats a l'estructura de l'ascensor per controlar la pujada i la baixada de la cabina, que es podrà fer indistintament des de cada polsador. Fes les connexions a la placa tal com es representa a l'esquema que tens al marge:

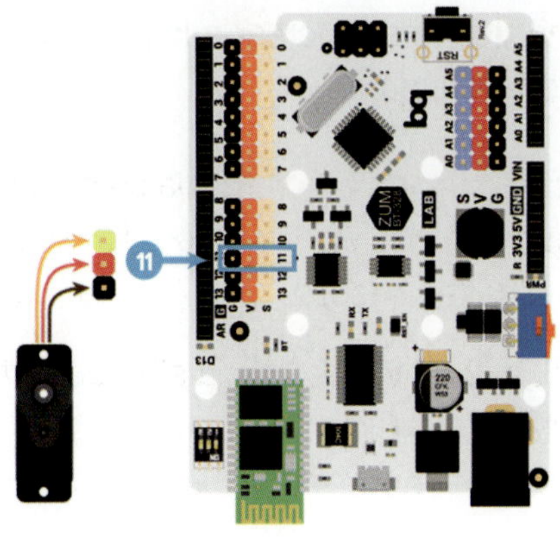

Placa 1.

4. El programa que has de crear a la plataforma bitbloq per fer funcionar l'ascensor és el que tens a la dreta:

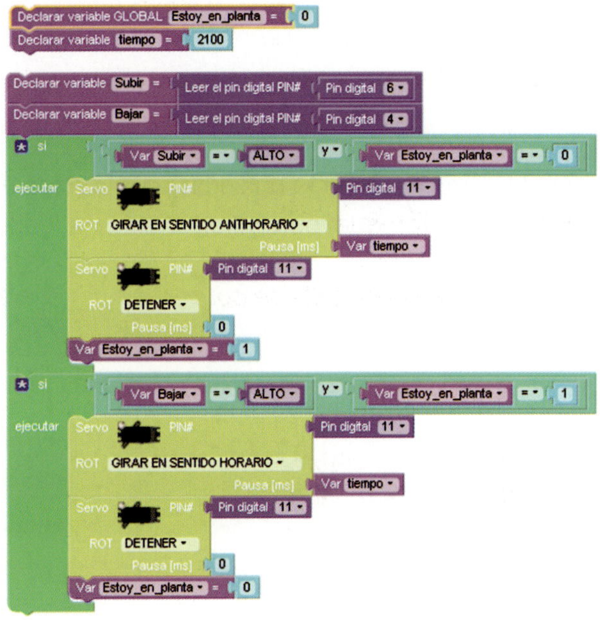

Detector de presència

1. Instal·laràs un sensor d'ultrasons per detectar la presència de vehicles en una plaça d'aparcament. Un díode de color verd indicarà que està lliure i un díode de color vermell indicarà la presència d'un vehicle.
2. L'esquema de connexions es representa a continuació:

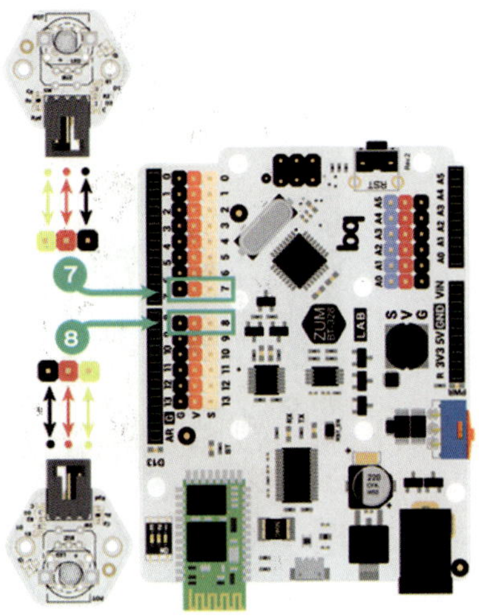

Placa 2.

Pàrquing

3. El programa que has de crear a la plataforma bitbloq és el que tens a la dreta:

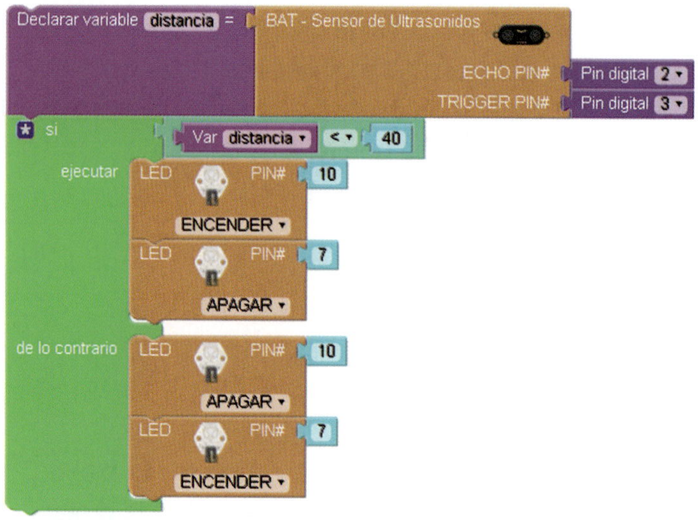

Barrera

1. Per obrir la barrera utilitzaràs un sensor d'infrarojos IR i un miniservomotor que pots allotjar en una capsa construïda amb DM.

2. L'esquema de connexions es representa al margen:

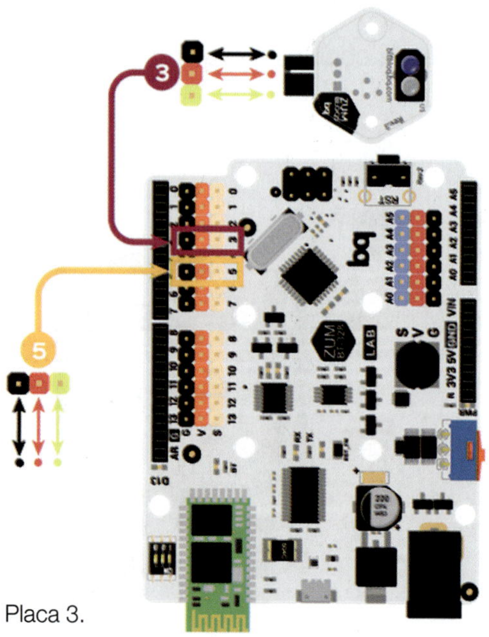

Placa 3.

3. El programa que has de crear a la plataforma bitbloq és el següent:

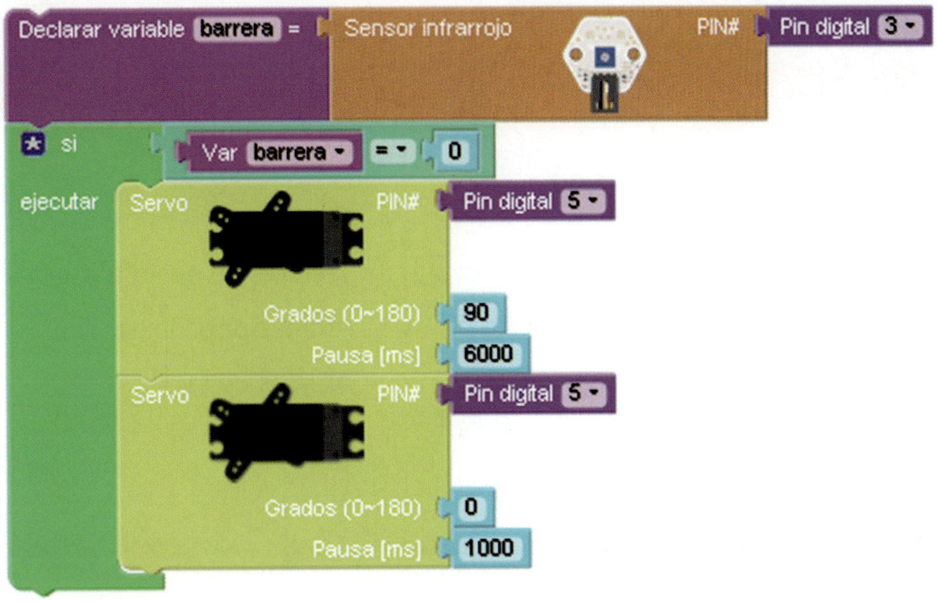

Ampliació

Pots implementar dos subprojectes més amb la finalitat de dotar el pàrquing d'una alarma contra incendis i d'una càmera de vigilància.

Alarma contra incendis (1)

Quan la temperatura passi d'un valor determinat sonarà un brunzidor que ho indicarà.

Càmera de videovigilància (2)

Una càmera web farà la vigilància del pàrquing. Per a aquest subprojecte no cal fer servir la placa de control.

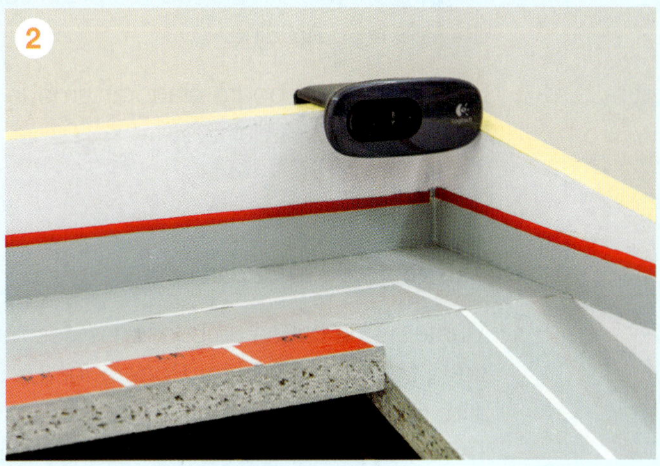

14 Capsa màgica

Treball per parelles
Durada aproximada: 4 hores

Materials	Eines
• Placa Zum de bq o Arduino	• Serra
• 1 servomotor	• Barrina
• 1 portapiles de 8 piles AA i piles AA	• Tornavís de punta d'estrella
• 1 interruptor de palanca	• Alicates pelacables
• Fusta aglomerada de 10 mm de gruix	• Alicates de tall
• Fullola o DM de 4 mm de gruix	
• 2 frontisses petites i cargols de subjecció	
• 4 cargols autoroscants de 15 mm de longitud amb cabota cilíndrica d'estrella.	
• Cola de fuster	

Descripció i anàlisi del problema

Es tracta de construir una capsa de fusta amb una utilitat lúdica que, mitjançant un interruptor, s'obri i es tanqui automàticament.

Condicions inicials

- La capsa serà prou gran perquè hi càpiga la placa controladora, el portapiles, el servomotor i les seves peces d'ancoratge.
- La programació es farà sobre la placa controladora de bq o Arduino.
- El programa es podrà elaborar amb la plataforma bitbloq o Arduino.

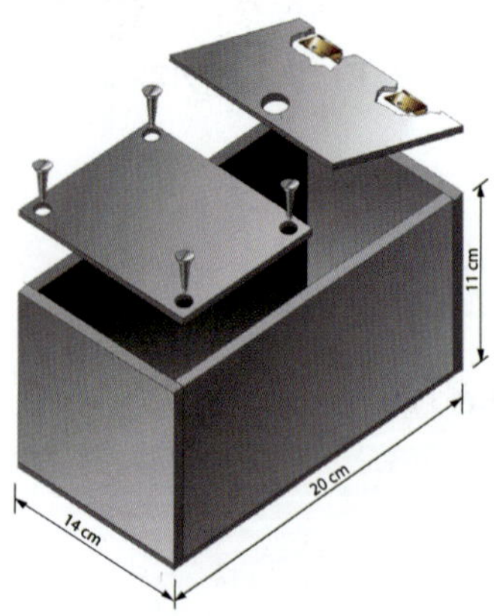

Procés de treball

Construcció de la capsa

1. Muntem una capsa amb les mesures mínimes de la figura de la dreta. Podem fer les unions amb cola de fuster i amb l'ajuda de claus petits. També podem utilitzar altres materials com cartró, cartró ploma, etc.
2. Fem a part la tapa superior, que dividirem en dues meitats: una, fixa, i l'altra, abatible sobre un dels laterals.

Disseny i construcció de les peces interiors

3. Construïm dues peces, una per a subjectar el servomotor i una altra que s'encarregarà d'accionar l'interruptor. Podem fer aquestes peces amb plàstic, fusta, alumini, etc. Un possible disseny, que trobarem als arxius per imprimir en 3D disponibles a *http://www.editorialteide.com/?9094*, seria el de les figures de la dreta.

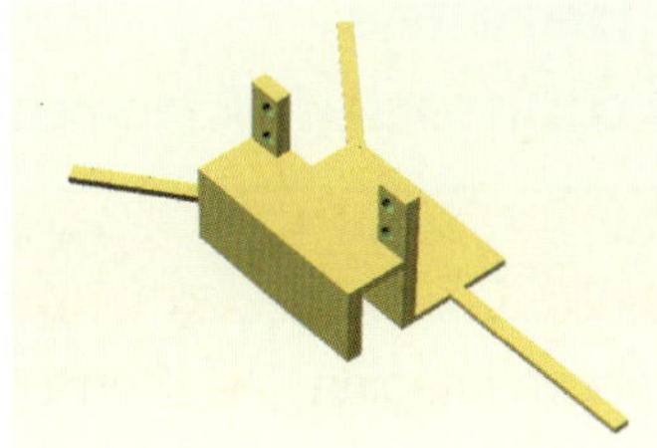

Suport del servomotor.

Peça que acciona l'interruptor.

Muntatge del conjunt

4. Muntem els diversos components tal com indiquen les il·lustracions següents:

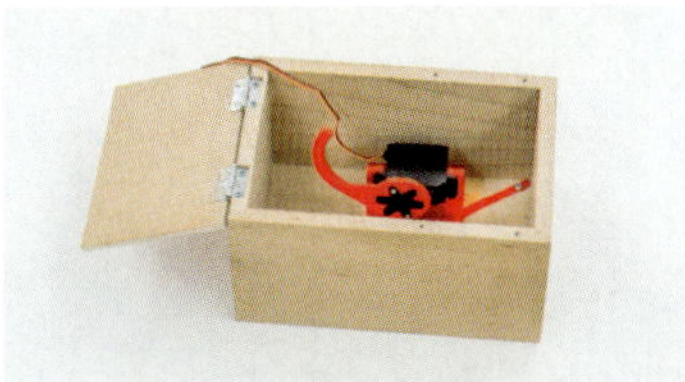

Esquema de connexions

5. Sobre la placa, fem les connexions de la figura inferior.

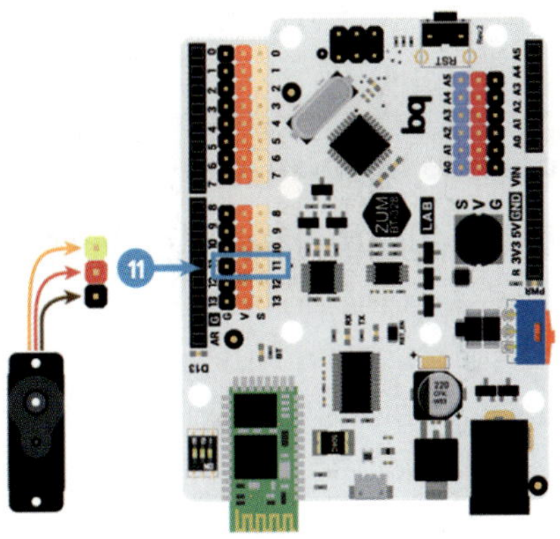

Programa amb bitbloq

6. Implementem a la plataforma bitbloq el següent programa i després el carreguem a la placa.

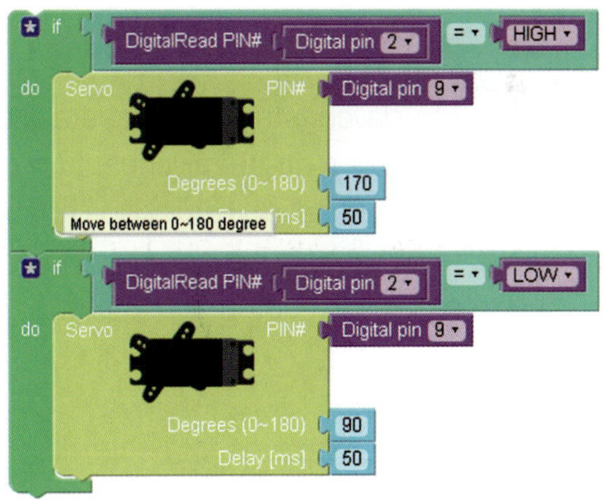

Posada en funcionament

15 Caixa de seguretat

Treball per parelles
Durada aproximada: 4 hores

Materials	Eines
• Placa controladora Imagina Android • 1 connector USB • 8 sensors CNY70 • 1 servomotor de rotació contínua • 1 portapiles de 4 piles AA • 1 interruptor de palanca • Fil de connexió • Xapa o DM de 4 mm de gruix • 2 frontisses • Cargols • Paper de vidre	• Serra de marqueteria • Llima fina • Trepant i broca • Tornavís

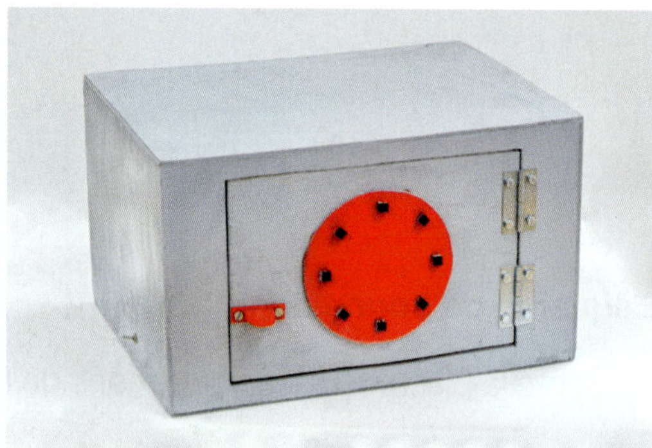

Descripció i anàlisi del problema

Es tracta de construir la maqueta d'una caixa de seguretat que s'obrirà mitjançant una determinada seqüència de senyals lluminosos aplicats a sensors CNY70. Quan hagi passat un temps determinat, la caixa es tancarà automàticament.

Condiciones inicials

- La programació es farà sobre la placa Imagina Android.
- S'utilitzarà una sortida digital per a un servomotor de rotació contínua i tres sortides digitals més per als sensors CNY70.
- El programa es durà a terme amb Logicator.
- La maqueta tindrà unes dimensions semblants a les d'una caixa de seguretat real.

Procés de treball

Construcció de la caixa

1. Construeix una caixa de fusta amb les dimensions aproximades de la figura de la dreta. Fes les unions amb cola de fuster. Si ho prefereixes, pots utilitzar altres materials com el cartró ploma, el plàstic, etc.

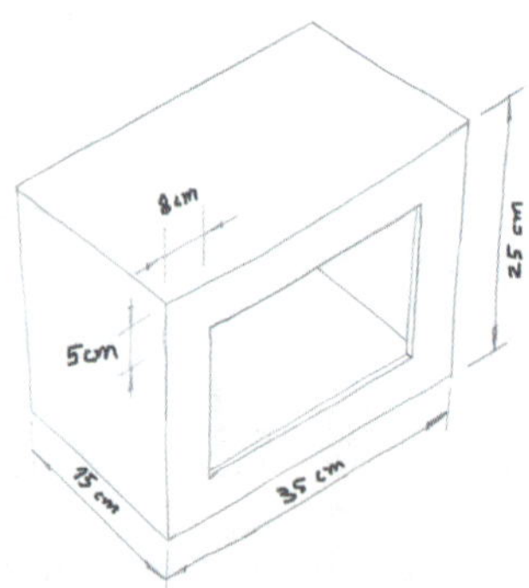

2. Munta la porta de la caixa amb un parell de frontisses.

Disseny de les peces d'ancoratge i tirador

1. Construeix dues peces d'ancoratge per al sistema de tancament. Una d'aquestes peces anirà acoblada al servomotor de rotació contínua i l'altra a la part interior de la porta. El tirador ha d'anar col·locat a la part exterior de la porta de la caixa. Les peces poden ser de plàstic, alumini, etc. Un possible disseny, que pots trobar als arxius per imprimir en 3D a *http://www.editorialteide.com/?9094*, seria el següent:

Peça del servomotor.

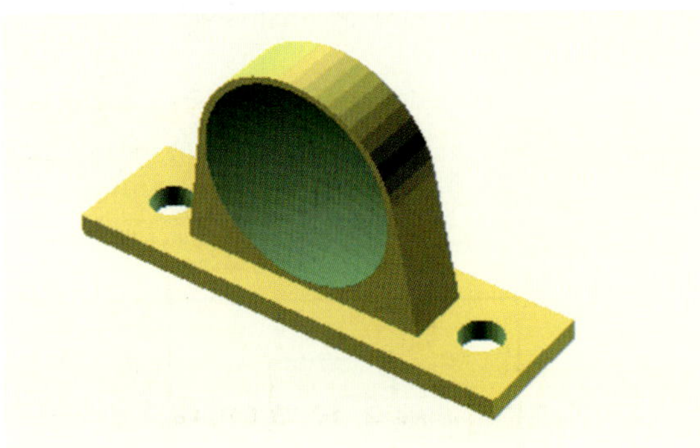

Peça de l'ancoratge i tirador.

Peça de l'ancoratge de la porta.

Muntatge

4. Munta els components de la caixa tal com mostren les següents fotografies:

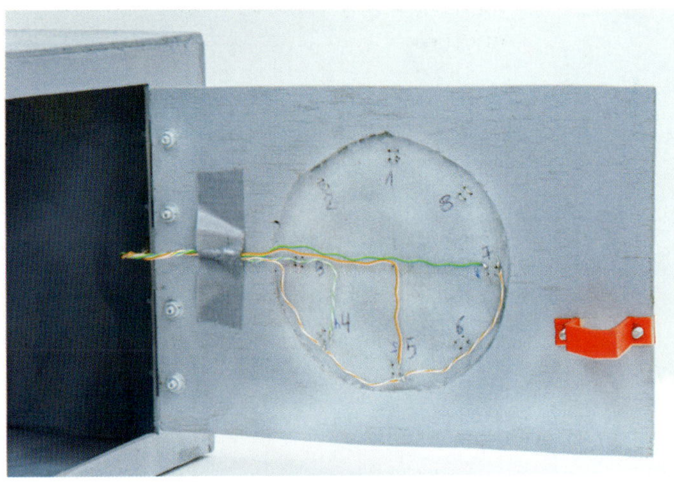

Caixa de seguretat

Esquema de connexions

Efectua sobre la placa les connexions de la figura.

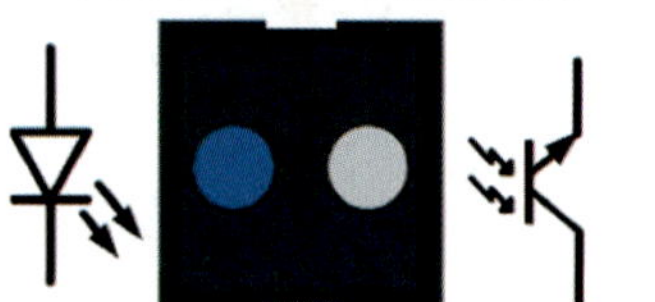

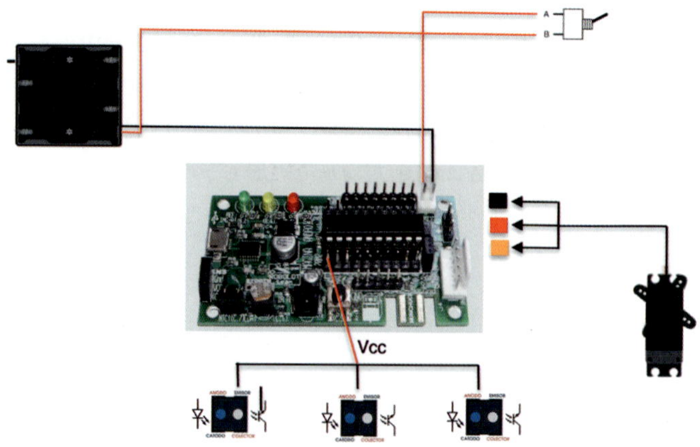

El CNY70 té quatre pins de connexió, dos dels quals es corresponen amb l'ànode i el càtode de l'emissor, i els altres dos amb el col·lector i l'emissor del receptor. Quan la llum incideixi sobre el sensor hi haurà flux de corrent entre l'emissor i el col·lector, és a dir, es comportarà com un interruptor tancat.

Utilitza els pins de l'emissor i el col·lector, connecta el primer a Vcc i el segon al pin corresponent de la placa Imagina Android. En aquest cas, aniran en els pins C.4, C.5 i C.7.

Programació

Implementa, utilitzant el Logicator, el programa de la dreta:

Funcionament

Carrega el programa a la placa i comprova'n el funcionament. Per aconseguir obrir la caixa de seguretat disposaràs d'una llanterna que il·luminarà els sensors CNY70 a la seqüència programada C.7, C.5 i C.4.

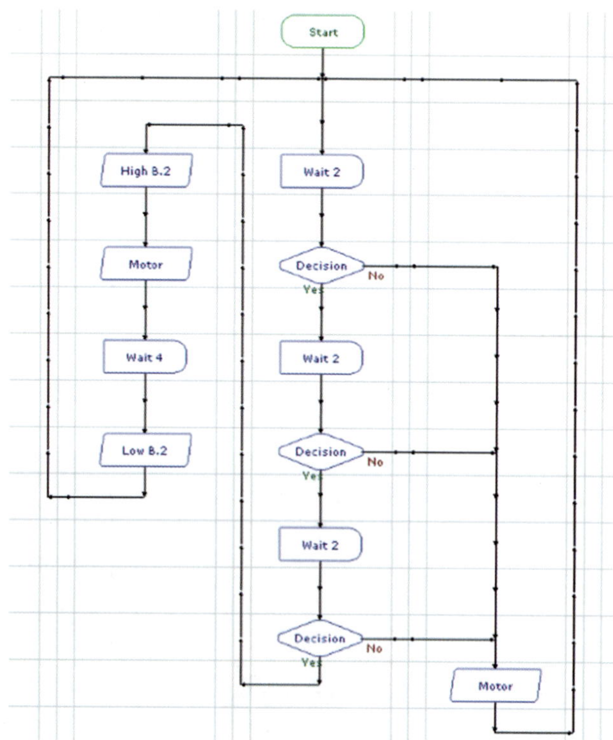